作者考察元碑

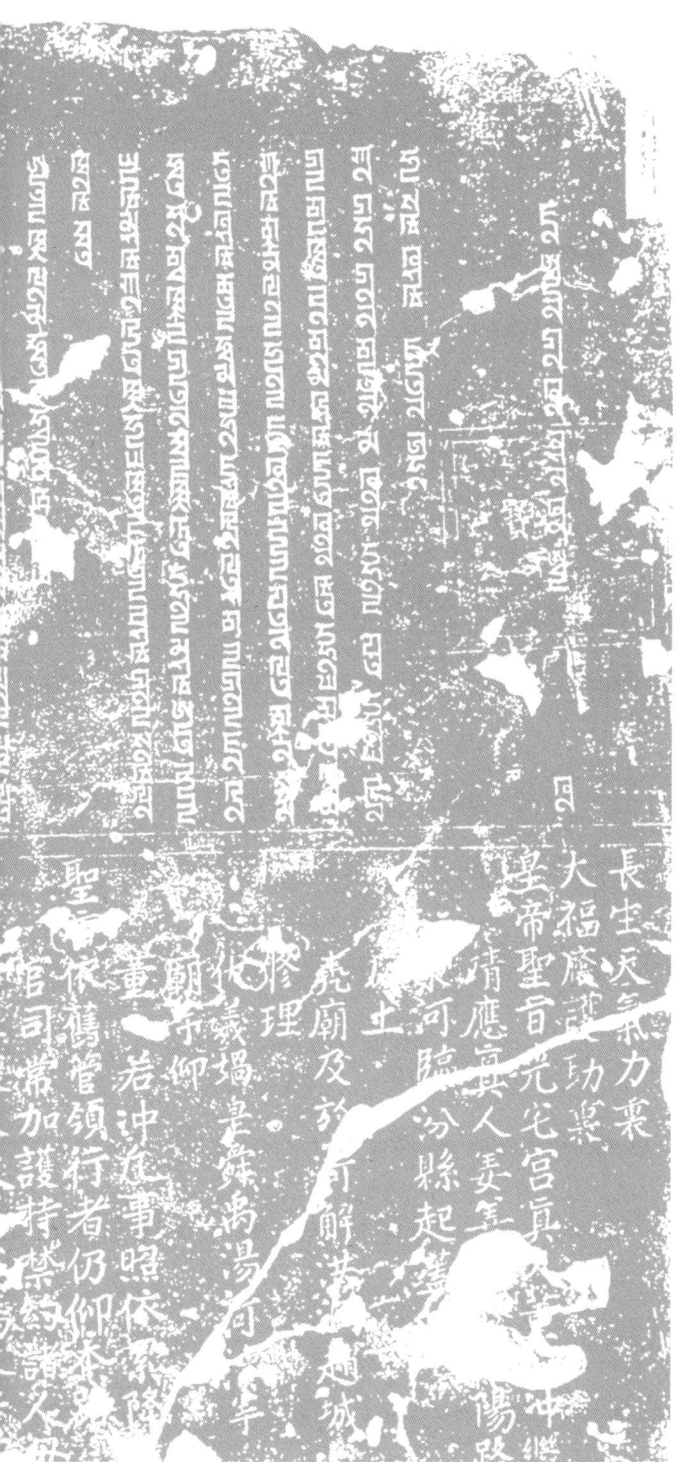

八思巴字碑刻文物集释

蔡美彪 ○ 著

中国社会科学出版社

图书在版编目（CIP）数据

八思巴字碑刻文物集释／蔡美彪著 . —北京：中国社会科学出版社，2010.11
（2024.3 重印）
　ISBN 978 - 7 - 5004 - 9377 - 8

　Ⅰ.①八… Ⅱ.①蔡… Ⅲ.①八思巴字—碑文—研究—中国—文集
Ⅳ.①K877.424 - 53

中国版本图书馆 CIP 数据核字（2010）第 236247 号

出 版 人	赵剑英
责任编辑	宋燕鹏
责任校对	李　硕
责任印制	李寡寡

出　　版	中国社会科学出版社
社　　址	北京鼓楼西大街甲 158 号
邮　　编	100720
网　　址	http://www.csspw.cn
发 行 部	010 - 84083685
门 市 部	010 - 84029450
经　　销	新华书店及其他书店

印　　刷	北京明恒达印务有限公司
装　　订	廊坊市广阳区广增装订厂
版　　次	2010 年 11 月第 1 版
印　　次	2024 年 3 月第 2 次印刷

开　　本	787 × 1092　1/16
印　　张	24.25
字　　数	428 千字
定　　价	98.00 元

凡购买中国社会科学出版社图书，如有质量问题请与本社营销中心联系调换
电话：010 - 84083683
版权所有　侵权必究

前　　言

　　本书是我历年所写八思巴字碑刻文物考释文字的汇集。上编主要是八思巴字音写蒙古语碑文的考释。下编是考释八思巴字音写蒙汉语及其他语言的若干文物。大部分文稿曾在各刊物上发表过。未经发表的考释文字约占三分之一。

　　上世纪初年以来，传世八思巴字音写蒙汉语的碑刻文物，就已受到中外学者的关注。收集刊布资料，以拉丁字母转写，再译为本国文字，是当时西方学者常用的研究方法。三十年代以后，由早期的刊布转写，发展为语言学的综合研究。汉语研究的代表作是龙果夫（A. Dragunov）的《八思巴字与古官话》（1930年），蒙古语研究的代表作是包培（N. Poppe）的《方体字》（1941年）。两书先后出版，标志着八思巴字文献的研究迈入了一个新阶段。五十年代以来，八思巴字蒙古语碑刻文物不断有新的发现。国内和国外的多位学者继续从事文献的收集整理和转写音释工作，又做出了一些新成果。语言学研究也取得进展。

　　我自1950年在北京大学文科研究所整理八思巴字石刻拓本，开始从事这项工作。但此后五十多年间，一直未能集中时间和精力对八思巴字蒙古语文献进行有计划的研究。只是断断续续地写了一些考释文字。工作的途径和目标，是继续包培的碑铭译注工作，资料有所扩展，注释侧重在汉译词汇的考索和历史文献的求证。希望历史考证有助于对古典蒙古语义的理解，也希望八思巴字文献的研究纳入历史学范畴。工作时作时辍，矛盾重复，在所难免。限于体例，涉及历史学的一些问题也未能在注释中展开。历年积存的零散文稿，现在汇集成书出版，倘若其中某些考释能使读者略省翻检之劳，某些浅见可供研究参考，便深以为幸了。

　　感谢北京大学图书馆胡海帆先生协助提供碑拓照片，近代史所柴怡赟女士协助编制词汇表及索引，中国社会科学出版社张小颐女士对本书的出版给予很多帮助，在此一并致谢。

　　在本书出版之际，请允许我对已故的包培教授和我国首倡八思巴字蒙、汉语研究的前辈韩儒林、罗常培两先生，表示深切的怀念与敬仰。

　　本书疏漏之处，敬请读者指正。

蔡美彪

2009 年 3 月

目 录

凡例
八思巴字字母转写符号标示

上编　碑刻

〔1〕龙门建极宫碑（1275年，1276年） …………………………………（3）
〔2〕周至重阳万寿宫碑（1280年，1277年，1283年） …………………（28）
〔3〕泾州水泉寺碑（1289年） ……………………………………………（57）
〔4〕平谷兴隆寺碑（1294年） ……………………………………………（72）
〔5〕昌黎云峰寺残碑（1297—1307年） …………………………………（94）
〔6〕林州宝严寺碑（1298年） ……………………………………………（97）
〔7〕河东延祚寺碑（1303年） ……………………………………………（106）
〔8〕易州龙兴观碑（1309年） ……………………………………………（121）
〔9〕周至重阳万寿宫碑（1313年，1314年，1318年） …………………（135）
〔10〕林州宝严寺碑（1313年附1244年） ………………………………（156）
〔11〕周至重阳万寿宫碑（1314年） ……………………………………（169）
〔12〕彰德善应储祥宫碑（1314年） ……………………………………（183）
〔13〕元氏开化寺碑（1314年） …………………………………………（192）
〔14〕郃阳光国寺碑（1318年） …………………………………………（199）
〔15〕濬州天宁寺碑（1321年） …………………………………………（208）
〔16〕邹县仙人万寿宫碑（1335年） ……………………………………（220）
〔17〕周至重阳万寿宫碑（1341年，1351年，1358年） ………………（230）
〔18〕长安竹林寺碑（1343年） …………………………………………（245）
〔19〕兖州达鲁花赤墓碑（1318年） ……………………………………（257）
〔20—23〕泉州基督教徒墓刻石（1311—1324年） ……………………（260）
附录：碑刻存目 ……………………………………………………………（266）

下编 文物

- [24] 立皇后玉册 ·· (271)
- [25] 加上皇太后尊号玉册 ·· (275)
- [26] 叶尼塞州蒙古长牌 ··· (279)
- [27] 兰州圆牌 ·· (297)
- [28] 省府巡牌 ·· (304)
- [29] 扬州出土巡牌 ··· (309)
- [30] 洛阳出土令牌 ··· (313)
- [31—37] 吐蕃国师帝师玉印及白兰王金印 ··························· (318)
- [38] 亦都护高昌王玉印 ·· (332)
- [39] 怀庆达鲁花赤之印 ·· (336)
- [40] 宁远务关防课税条印 ··· (339)
- [41] 总把之印 ··· (343)
- [42] 传世印押 ··· (347)
- [43] 加官进禄牌 ·· (355)

附 录

- 八思巴字蒙语词汇简表 ·· (363)
- 注释及释名索引 ··· (372)

- 后记——忆包培 ··· (378)

凡　例

一、上编碑刻，以碑为单位，依碑文年月编序，一碑数文者以较早的年月为准。下编依玉册、牌符、印章、文玩分类编序。

二、碑刻标题只标所在地及寺观名称。一碑或有数文，不再标注文书性质，以免误解。原题"考释""译释"字样，一律省略。

三、碑题括注碑文书写年代，概用公元纪年。一碑数文者同时标注。书写年代不同于立石年代，请读者留意。

四、八思巴字字母转写符号，历来诸家所拟，互有异同。本书参据诸家，略有调整，以求简明。转写依书面字母为准，不采用译写与标音两套符号。《八思巴字与元代汉语》转写汉语的符号，间有不同，一并在卷首标示。

五、本书所收碑刻考释文字，以蒙古语碑文为主。少数碑刻兼有八思巴字译写汉语的碑文，也一并收录译释，以便相互参证。文物考释，依据实际情况，不限蒙语。

六、碑刻文物的资料来源，分别在文中说明。考释文字曾经发表者，在文末注明原载刊物名称及出版年代。无注者系未刊稿。依原稿改作者也在文末说明。

七、考释文字的刊布，先后经历五十余年，编写体例不一。收入本书基本保持原状，只对已发现的疏误作了必要的修订。引文一律改为页下注，引书版本不作变动。

八、本书所有碑刻依碑文写作年代编序，与考释文字刊布的年代次序不同。因而有些注释不见于编序在前的初见文献，而是在以后的文献出现。附编注释索引，以备检索。

八思巴字字母转写符号标示

ꡐ p　　ꡌ b　　ꡏ m

ꡈ t　　ꡉ t'　　ꡊ d　　ꡋ n　　ꡙ l

ꡑ ts　　ꡒ ts'　　ꡜ dz　　ꡛ s　　ꡕ z

ꡄ č　　ꡅ č'　　ꡆ ǰ　　ꡚ š　　ꡖ ž

ꡀ k　　ꡁ k'　　ꡂ g　　ꡝ h　　ꡟ ɣ　　ꡢ q

ꡊ ŋ　　ꡇ ń　　ꡘ r　　ꡗ j　　ꡓ w

ꡋ ·　　ꡖ '[a]　　ꡎ u　　ꡞ o　　ꡦ ü

ꡠ i　　ꡡ ia　　ꡣ e　　ꡤ è

附注：（一）实际读音　eo=ö　　eu=ü

（二）《八思巴字与元代汉语》转写符号 ʒ=ǰ　é=e　e=è

上编

碑刻

〔1〕龙门建极宫碑
（1275 年，1276 年）

元建极宫碑原在山西与陕西交界处的黄河龙门口禹王庙。元代属平阳路河津县，清代属陕西韩城县。原碑两面刻，碑阳为至元十二年圣旨，上截八思巴字译写汉语，下截汉字圣旨原文。碑阴为至元十三年丙子皇子安西王令旨，上截八思巴字写蒙古语，下截为汉字白话译旨。目前所知，八思巴字蒙汉语碑刻，以此碑年代为最早。

1907 年，法国学者沙畹（Édouard Chavannes）曾在韩城访得此碑，将两面碑文拓本及法文译文刊于次年《通报》（T'oung Pao）。1931 年冯承钧据以编入《元代白话碑》，分别题为《一二七五年龙门神禹庙圣旨碑》《一二七六年龙门神禹庙蒙汉文令旨碑》，附有说明，称"下二碑文勒于一碑之上。碑在陕西韩城县东北八十里、山西河津县西北二十五里之神禹庙"。"兹二文诸金石志地方志皆未见著录。原碑在庙侧一室之中，室为渔人所居，即以此石作为厨案。法国沙畹教授 1907 年 9 月 22 日路经此地见之，曾拓其文并嘱庙祝保存之。其拓本影载 1908 年通报。"[①]此后，龙门神禹庙碑题，遂为研究者所沿用。我在《八思巴字与元代汉语》碑目中也用此题。今考习称之神禹庙，元代正名为建极宫。《元史·世祖纪》：中统三年四月"辛卯，修河中禹庙，赐名建极宫"。作为正式宫名，至清代仍然沿用。金石志地方志均有著录。金石目中，如孙星衍《寰宇访碑录》卷十一著录："龙门建极宫圣旨碑。上层蒙古字下层汉字正书，至元十二年二月。陕西韩城。"地方志书中乾隆《韩城县志》卷十六碑版考著录："建极宫蒙古字圣旨。至元十二年二月立。在龙门建极宫。"今依名从主人之义，参据前代著录，改题为龙门建极宫碑，以便考索。

山西境内，太原、夏县、绛县、乡宁都有禹庙古祠。相传"禹受禅于平阳"，

---

① 冯承钧：《元代白话碑》，第 33—34 页，商务印书馆 1931 年版。Édouard Chavannes, "Inscriptions et pieces de chancellerie Chinoise de L'époque mongole", T'oung Pao, 1908。

又传说龙门口为禹时开凿。因而龙门禹庙，历代奉祀不绝。古庙始建于北魏，唐贞观时重修[①]，金末毁于战乱，金元之际再建。毕沅等纂乾隆《韩城县志》卷十收有王鹗撰《龙门建极宫记》碑文，略称道士姜善信（河东赵城人）师事莲峰靳贞常，因见"禹庙神祀因兵而毁"，去龙门聚众重建，"肇基丙午（元定宗元年，1246年）而落成于壬戌（中统三年，1262年）。为殿五楹，其门称是，两庑间架，各十有八，寝殿营于其后"。碑文又记"（元世祖）即位之初，三见征聘，公（姜善信）奏对平实，中多禆益。陛辞，敕赐宫曰建极，殿曰明德，阁曰临思。仍命大司农姚枢大书其额，以示归荣。别遣右相张启元诏臣（原误为'公'）鹗为文以记"。王鹗说"吾皇眷知，为赐嘉名，诚盛事也"。建极一词，出于《尚书·洪范》："皇建其有极。"禹建夏朝，创立帝制，题名建极，自是恰当的称颂。

明胡谧纂成化《山西通志》卷十五仙释[②]收有元翰林直学士李槃撰"敕赐靖应真人道行碑"，至元二十六年三月立。清胡聘之编《山右石刻丛编》卷二十七，曾据拓本收录，文字多已磨泐。成化志为胜。靖应真人即道士姜善信。志载碑文称"庙成，上褒其功，因问以禹所行之道，公引《尚书·大禹谟》以对"，又称"告成于上，赐白金二百两，良田十有（下缺）"。《元史·世祖纪》至元元年七月丁酉条又见："龙门禹庙成，命侍臣阿合脱因代祀。"元世祖对龙门禹庙赐名褒赏又以皇帝名义遣官代祀，礼遇甚隆，当在显示新建的蒙古王朝对汉人古帝先王的尊重，也显示新王朝是汉地帝王传统的继承。

建极宫碑所刊圣旨，颁于至元十二年二月，已是建极宫落成赐名十余年之后。圣旨内容是关于光宅宫真人董若冲在荣河、临汾起盖后土、尧庙禁约骚扰事，也与龙门禹庙无关。建极宫道士将此圣旨上石，当是由于碑阴刊刻安西王令旨禁约骚扰董若冲管领的后土、尧、禹三庙，遂将前此的圣旨一并上石，借以自重。这道八思巴字汉字对译的圣旨也因而得以留存。

此碑拓影，自刊布以来，受到国内外学者的广泛注意。有关八思巴字蒙汉语研究的学术论著无不采录此碑。龙果夫（A. Dragunov）、列维茨基（M. Lewicki）、包培（N. Poppe）、李盖特（L. Ligeti）诸家曾先后对此碑八思巴字圣旨或令旨，以拉丁字母转写译注。[③] 前人的研究多侧重于古汉语音韵和蒙古语的解读，对于有关

[①] 王轩等纂：光绪《山西通志》卷三十二，山川，龙门山条，清光绪十八年刊本。
[②] 胡谧纂：成化《山西通志》卷十四，坛庙类，明成化十一年刊本，国家图书馆善本部藏书。
[③] 龙果夫，"The hphags – pa script and Ancient Maderin"，《苏联科学院通报》1930年；列维茨基，"Les Inscription mongoles inédites en écriture carrés"，《东方学集刊》，维尔诺，1937年；包培：《方体字》（俄文），苏联科学院，1941年；李盖特，*Monuments en écritnre' phags. pa*，布达佩斯，1972年。

史事较少留意，碑刻文字也有待校勘。因撰本篇考释，包括三个部分：（一）碑阳八思巴圣旨的音写对译，汉字圣旨的校录。（二）碑阴八思巴字蒙古语令旨的音写及旁译，汉译令旨的校订。（三）碑文笺释，兼及词汇的解读与史事的考订。一些习见的名词，如和尚、先生、也里克温、达失蛮及铺马、祗应等，已在前此发表的《元代道观八思巴字刻石集释》有过注释者，不再重释。

诸家所藏拓本，各有短长，可以互校互补，现将北京大学图书馆藏拓、国家图书馆藏拓及沙畹旧刊拓本一并录入，以供参考。

一 碑阳圣旨

（一）上截 八思巴字音写旁释

(1) čaŋ shiŋ tʼen kʼi li li
    长 生 天 气 力 里

(2) taj hụu ʼim ru zu li
    大 福 荫 护 助 里

(3) γoŋ di šiŋ J̌i guaŋ čaj geuŋ zin J̌in duŋ žěw čʼuŋ gi
    皇 帝 圣 旨 光 宅 宫 真 人 董 若 冲 继

(4) dziŋ ʼiŋ J̌in žin giaŋ šěn sin eu piŋ jaŋ lu
    靖 应 真 人 姜 善 信 于 平 阳 路

(5) ʼeuŋ γo lim hụun hụen k[i] [ge]j
    荣 河 临 汾 县 起 盖

(6) γiw tʼu
    后 土

(7) jew měw ki ʼeu γo hiaj γuŋ tʼuŋ čěw šiŋ siw li
    尧 庙 及 于 河 解 洪 洞 赵 城 修 理

(8) hụu hi gua γoŋ šeun tʼaŋ γo tu dhiŋ měw ʼeu ŋeŋ
    伏 牺 娲 皇 舜 汤 河 渎 等 庙 宇 仰

(9) duŋ žěw čʼuŋ hụam chi J̌ěw ʼi luè geŋ šiŋ J̌i ʼi
    董 若 冲 凡 事 照 依 累 降 圣 旨 依

(10) kiw gon liŋ hein J̌e žiŋ ŋeŋ bun lu gon shi
     旧 管 领 行 者 仍 仰 本 路 官 司

(11) šaŋ ge γu či gim ʼěw J̌eu žin wu dhij tseu γụaj
     常 加 护 持 禁 约 诸 人 毋 得 沮 坏

(12) Ki　šhi　šin　geun　ma　žin　dhiŋ　bu　dhij　ʼan
　　　及　使　臣　军　马　人　等　不　得　安

(13) hia　saw　žiw　J̌eun　tsʼhi
　　　下　搔　扰　准　此

(14) J̌i　ʼu̯en　ši　ži　nèn　ži　ʼu̯e　ži
　　　至　元　十　二　年　二　月　日

末行"二"字旁有一汉字"宝"字，系原旨钤盖御宝处。

（二）下截　汉字校录

(1) 长生天气力里
(2) 大福荫护助里
(3) 皇帝圣旨。光宅宫真人董［若］冲继
(4) 靖应真人姜善［信］［於］［平］阳路
(5) 荣河、临汾县起盖
(6) 后土
(7) 尧庙及于河解、洪洞、赵城
(8) 修理
(9) 伏牺、娲皇、舜、禹、汤、河渎等
(10) 庙宇。仰
(11) 董若冲凡事照依累降
(12) 圣旨，依旧管领行者。仍仰本路
(13) 官司常加护持，禁约诸人毋
(14) 得沮坏及使臣［军］马人等不
(15) 得［安］下搔扰。准此。
(16) 至元十二年二月日

末行左侧小字一行：提点成若安立。

二　碑阴令旨

（一）上截　八思巴字蒙语令旨转写旁译

自左至右行

(1) ［moŋkʼ］　dèŋ-r［i］　jin　kʼu-cʼun　dur
　　长生　　　天的　　气　力　　里

[1] 龙门建极宫碑（1275 年，1276 年）

(2) qa·anu　su　du[r]
　　皇帝的　福荫　里

(3) Yoŋ　tshi　·an　[si]　'υaŋ　'eu – ge　ma – nu　č'è – ri – ·u – dun
　　皇　子　安　西　王　言语　俺的　军

no – jad – da　č'è – rig　ha – ra – na　ba – la – qa – du[n]
官人每　　军　　人每　　城子的

(4) šil – de·e – dun　da – ru – qas – da　no – jad – da　jor – č'i – qun
　　村镇的　　　达鲁花赤每　　　官人每　　来往

ja – bu – qun　èl – č'i – ne　duul – qa – què
行走　　使臣每　　省谕

(5) bi – č'íg
　　文书（令旨）

(6) Ǐiŋ – [gis]　qa – nu [ba]　qa·a – nu　ba　Ǐar – liq – dur
　　成吉思　　罕的也　　合罕的　也　圣旨里

do – jid　èr – k'e·ud　sèn – šiŋud　daš – mad
道人（和尚）每　也里克温每　先生（道士）每　达失蛮每

(7) ts'a[ŋ]　[t'am] – qa – da – č'a　bu – ši　'ali – ba　'al – ba
　　仓（地税）　印（商税）　　外　任何　差发

qu – bu – č'i – ri　'eu – lu – 'eu – Ǐen
科敛　　　　不　承担

(8) [dèŋ] ri – ji　Ǐal – ba – ri – Ǐu　hi – ru – ·er　'eo – gun　'a – tu – qaji
　　天　　祷告　　　祈福　　给与　　在

ge·ek' – deg – sed　'a – Ǐu·
以为　　　　有

(9) – ·uè　è – du – ·e　ber beo – è – su　u – ri – da – nu
　　　　今　　　　　　　先前

(10) Ǐar – li – qun　jo – su　ts'aŋ　t'am – qa – da – č'a　bu – ši　'ali – ba
　　圣旨的　　体例　仓　　印　　　外　任何

'al – ba　qub – č'i – ri　'eu – lu'eu –
差发　　科敛　　　不

(11) Ǐen　dèŋ – ri – ji　Ǐal – ba – ri – Ǐu　hi – ru – ·er　'eo – gun
　　承担　天　　祷告　　祈福　　给与

'a – tu' – qaji　　ge・en　　piŋ – jaŋ – hy̲u –
　在　　　　　　以为　　　平阳府

(12)　　– da　bu – gun　jèw　[mèw]　γiw – t'u – mèw　jeu –'uaŋ – mèw – dur
　　　　　　　有　　　尧　庙　　后土庙　　　　　禹王庙里

'a – qun　geŋ –J̌in – ži – nu
　在　　　　姜真人的

(13)　　o – ro – na　duŋ – jin – ži – ni　sèn – ši – ŋu – di　'eo – t'eo – gu – le – J̌u
　　　　位子　　　　董真人　　　　　先生每　　　　　为头儿

hi – ru –・er　'eo –
　祈福　　　给与

(14)　　– gun　'a – t'u – qaji　ge・en　ba – ri – J̌u　ja – bu –・aji
　　　　　　在　　　　　　以为　　　执　　　　行走(持续)

(15)　bi – č'ig　'eog – beè　è – de – nu　gu̲en – dur　ge – jid – dur　'a – nu
　　　令旨　　已给与　　　这些　　　　宫里　　　　房舍内　　　他每的

èl – č'in　bu　ba –・u – t'u
使臣　　　勿　安下（住宿）

(16)　　– qaji　u – [la]・a　ši –・u – su　bu　ba – ri – t'u – qaji　qa – J̌ar
　　　　　　　铺马（兀剌）　祗应（首思）　勿　　索取　　　　　田土

u – su　ja –・u – k'e　'a – un　bu – li – J̌u
水　　　等物　　　　他每的　　夺要

(17)　　[tá – tá]　– J̌u　bu　'ab – t'u – qaji　è – de　ba – sa　sén – ši – ŋud
　　　　征收　　　　　勿　　要　　　　　　这　　又(再者)　先生每

(18)　bi – č'ig – t'en　ge・e – J̌u　jo – su　'eu – ge –・uè　'euè – les　bu
　　　有令旨　　　　以为　　　　体例　　无　　　　　事　　　　勿

'euè – led – t'u –
　做

(19)　　– geè　'euè – le – du –・e – su　'eu – lu –・u　'a – J̌u – qun　mud
　　　　　如做　　　　　　不…么　　　　　　　　惧怕　　　　　他每

(20)　bi – č'ig　ma – nu　qu – lu – qa – [na]　[J̌i]l　qa – bu – [ru]n
　　　令旨　　俺的　　　鼠　　　　　　　　年　　　　春

t'è – ri –
首

(21) - · un   za – ra – jin   qo – rin   Ǐir –
          月的   二十

(22) - qo – ˈa – na   giŋ – čèw – hu̯u – da
        六日   京兆府

(23) bu – guè – dur   bi –čʼi – beè
       在时   书写

（二）下截　汉字令旨校录

(1) 长生天气力里

(2) 皇帝福荫里

(3) 皇子安西王令旨。道与管军官人每并

(4) 军人每、州城县镇达鲁花赤、官人

(5) 每、来往行踏的使臣每，遍行省［谕］

(6) 令旨。

(7) 成吉思皇帝、匣罕皇帝圣旨里，和尚、也里

(8) 克温、先生、达失蛮，地税、商税，不拣

(9) 甚么差发休着者，告

(10) 天祈福者，那般道来。如今照依［先］前

(11) 圣旨体例，地税、商税，不拣甚么

(12) 差发休着者，告

(13) 天祈福者，那般。这平阳府有的

(14) 尧庙、后土庙、禹王庙里住的

(15) 姜真人替头里董真人，交先生每

(16) 根底为头儿

(17) 祈福者，那般，收执行踏的

(18) 令旨［与了］也。这的每宫观房舍里，使臣

(19) 每休安下者。铺马、祗应休要者。田

(20) 产物业休夺要者。这先生每休倚

(21) ［令旨］做没体例勾当者。没体例行呵，

(22) 他每不怕那甚么。

(23) ［令］旨俺的，鼠儿年正月二十六日。

(24) 京兆府住时分写［来］。

三　碑文笺释

（一）碑阳圣旨

圣旨碑额　圣旨碑额中镌八思巴字四字 γoŋ di šiŋ J̌i，自左至右行，音写汉语，识为"皇帝圣旨"。八思巴字正体，不用双钩或篆体，无对译的汉字。两旁为牡丹花纹。现存碑刻中，这是最早的一件八思巴字圣旨碑额，形式甚为简朴。

长生天气力里　此碑圣旨用汉语雅言文体，八思巴字音译，系由汉人文臣拟旨，依汉译蒙，而不是以蒙译汉。首称"长生天气力里"系蒙古语直译。碑阳上截八思巴字仍依汉字音译，并没有还原为蒙语。碑阴令旨上截重见此词，八思巴字写蒙语，作 moŋk'a dèŋri jin kú č'un dur。沙畹拓本 moŋk 磨泐。包培据他碑所见拟补。① 细审拓本，此字仍依稀可辨。习见的八思巴字碑文，此字写法相同，八思巴字母为 moŋk'。依八思巴字正字法，辅音 K' 不缀元音字母即表示 K'a，但依据蒙古语的元音和谐律，K' 应联结前列元音而不应是后列元音 a。这一矛盾现象曾受到包培等研究者的注意。亦邻真认为，这可能是由于八思巴字蒙文机械地搬用了蒙古畏兀字的拼写形式②，此字源于突厥语，《元朝秘史》音译作"蒙客"。

长生天即永恒的天，是古代蒙古族对于非人格化的天体的自然崇拜。《元朝秘史》卷九记载丙寅年（1206 年）铁木真建蒙古国时的自述，总译见"如今天命众百姓都属我管"。"天命"一词音译作"蒙客腾格里因古纯突儿"，旁译作"长生天的气力里"，总译天命是引申的雅译。此处原为铁木真对长生天的感戴之词，建国后遂演为对成吉思汗及其继承者的颂称。《元朝秘史》续集卷二载巴禿（拔都）西征途中向窝阔台使臣的奏报，音译"蒙客腾格里因古纯突儿合罕阿巴哈因速突儿"，旁译作"长生天的气力里皇帝叔叔的福荫里"。元朝建国后，蒙语及汉译的"长生天气力里皇帝"渐成为赞颂皇帝的固定的专称，为蒙汉文书所常见。汉文圣旨或作"上天眷命皇帝圣旨"。"上天眷命"系"长生天气力里"的雅译。

大福荫　此词是蒙古语 jèke—su，汉译曾见于周至重阳万寿宫碑庚戌年弥里杲带太子令旨，称"天地底气力里大福荫里弥里杲带太子"。元朝建立后的文献里，"大福荫护助里"多接"长生天的气力里"联用为皇帝的颂称，意为天命福荫皇

---

① N. Poppe（包培）：《方体文字》Ⅰ号碑铭，苏联科学院，1941 年，内蒙古影印本。R. Krueger 英译本，*The Mongolian Monoments in hp'agspa seript*，威思巴登，1957 年，郝苏民中译本《八思巴字蒙古语碑铭译补》，内蒙古文化出版社 1986 年版。

② 亦邻真：《读 1276 年龙门禹王庙八思巴字令旨碑》，载《内蒙古大学学报（社会科学版）》1963 年第 3 期。

帝,"大福荫"似为具有特定意义的洪福,为皇帝所专用。"大福荫护助里"也和"长生天气力里"一样,形成既定的颂词。故碑文仍用直译,不予雅化,以免歧义。元朝建国后,诸王令旨已不再沿用此词,而多称"皇帝福荫里",即托赖皇帝福荫。

光宅宫 即临汾尧庙,道士姜善信在禹庙落成后奏请修建,也是元世祖敕赐宫名。明胡谧纂成化《山西通志》卷十四收有元翰林学士王磐撰"重建尧帝庙碑",略称:"平阳府治之南有尧帝庙,李唐显庆三年所建,岁年深远,室宇弊陋,潦水流行,齿蚀墙垣,牙豁沟坑,渐就倾圮。有全真道士曰靖应真人姜善信,愿以道众行化河东。更择爽坛,重建庙貌。请于朝,上嘉其意……""经始于至元元年之春,落成于至元五年之八月。诏赐其额曰光宅之宫,殿曰文思之殿,门曰宾穆之门。赐白金二百两,良田十五顷为赡宫香火费。仍诏词臣制碑文以纪其成。"近刊《全元文》引录雍正《山西通志》卷二〇四收入此碑,题为修尧庙记,作"诏赐其额曰光泽之宫"[①]。案建极宫碑圣旨作"光宅宫真人董若冲",前引靖应真人道行碑也署"宣授光宅宫真人董若冲"。"光宅"出于《尚书·尧典》序:"昔在帝尧,聪明文思,光宅天下",即光被天下。成化《山西通志》卷五尧帝庙条:"在平阳府城外汾水西","正统末重建,后建丹朱庙,旁建光泽宫"。据此光泽宫乃明正统末所建,雍正志误据以改元之光宅为光泽。光绪《通志》沿袭其误。光宅宫建成后,未见世祖命官代祀的记录,但诏赐宫额、赏金赐田、敕撰碑记,均与建极宫禹庙同一规格。

光宅宫尧庙系在旧址重建。据王磐碑记,旧庙建于唐显庆三年(658 年)。光绪《山西通志》卷七十二秩祀略载"帝尧陵庙在临汾县"注云:"金皇统三年重修,高平郡范橐撰记"。考范氏碑记曾载于《浮山县志》,清人张金吾编《金文最》卷六十五收录。所记实为浮山县境尧山顶上之尧祠,与临汾尧庙无关,光绪《通志》混误。山西境内,浮山、清源、长子等县也都有尧庙。相传尧都于平阳,故临汾尧庙为历代帝王崇祀之所,与他处不同。

尧庙之重建系由姜善信奏准。据王磐碑记,元世祖曾赐银及木材,姜氏辞不受,而由道俗协力,募化建成。庙成后"为地七百亩,为屋四百间,耽耽翼翼,俨然帝王之居",可见规模之宏伟。庙成于至元五年。建极宫碑至元十二年圣旨称董若冲继姜善信"起盖"临汾尧庙,当是继续修建或扩建。

[①]《全元文》第二册王磐部,页二五四。同册页三〇五重见此文,题"重建尧帝庙碑"。注据明成化十一年《山西通志》,但文中"光宅之宫"误据《雍正志》改为"光泽之宫"。

成化《山西通志》卷十四，收录明陈祯重建尧帝庙碑，内称元至元间姜善信请建之尧庙，于大德六年秋，毁于地震。仅存垂树寝殿，皇英、丹朱二祠及宾穆门。正统十一年丙寅重修。据光绪《山西通志》秩祀略记事，明代几经扩建，配以舜、禹两殿，号为三皇，扩地七百亩，春秋致祭。清康熙三十四年又因地震倾塌，重建。民国《临汾县志》卷一尧庙图，绘出三殿，颇见规模。

姜善信 圣旨碑汉字"信"字，磨泐，可据八思巴字 sin 及有关文献补入。姜善信，河东赵城人，见前引王鹗龙门建极宫记。字彦诚，见李槃撰靖应真人道行碑。又据前引王盘重建尧帝庙碑记，知其人为"全真道士"。金元之际，全真道曾传播于平阳地区。元河中府吉州所属乡宁县有重修玉莲洞碑，题"洞主全真吴全海重修，伊川进士李存玉撰"。"大蒙古国岁次戊午（1258年）"立石。《山右石刻丛编》卷二十四录入。《道家金石略》未收。内称长春弟子孙老先生"开辟化习，全真正教尚梗涩于人伦耳目，自北而南实由平阳孙老先生始道其源也。三晋士民方得根熟，惜乎已遗杖舄于天坛玉阳山，门众分散，各处一方"。《丛编》编者案："其云平阳孙老先生当即《西游记》之虚寂大师孙志坚。碑为孙氏门人吕志忠于乡宁得缘重建庙而立。"姜善信属籍赵城，金属平阳府，但崇奉全真并非出于平阳孙氏一系，而是西奉华山道士靳道元。前引道行碑作"莲峰真人靳道元"。王鹗龙门建极宫记作"师莲峰靳贞常"。道元其名，法号贞常，"莲峰"称号当是得名于华山莲花峰。靖应真人道行碑铭曰"弃家入道，西走秦川，适遇莲峰，而得其秘"。据道行碑，姜善信卒于至元十一年（1274年），寿七十八岁，生年当在金承安二年（1197年）。十九岁西行入道，在金泰和五年（1205年）。

道行碑记"莲峰殁，即以法席付之"，无具体年代，只说"自是而后洞居者十余岁"。据王鹗建极宫记，靳师亡后，姜氏往龙门修建禹庙"肇基丙午，而落成于壬戌"。丙午为蒙古定宗元年（1246年），壬戌为世祖中统三年（1262年），在此期间，曾受到元世祖忽必烈的几次召见。道行碑记忽必烈"迨己未奉命南伐，驻师曹濮间，召公驰驿，谒于帐殿"。己未即宪宗九年（1259年）。《山右石刻丛编》案语引《元史·世祖纪》"岁己未春二月会诸王于邢州，夏五月驻兵濮州"。考订"与碑己未南伐驻师曹濮合"，这当是忽必烈的初次召见。碑记"已而乞还故山，以金鞍白马宠其行"，"其圣眷之隆盖如此"。此时姜氏已年逾六旬。

王鹗建极宫记："上在藩邸，熟闻公名，召而询之，言多应验。""即位之初，三见征聘，公奏对平实，中多裨益。陛辞，敕赐宫曰建极。"所记"三见征聘"，无年月。最后一次敕赐建极宫名，据《元史·世祖纪》当在中统三年四月，此后又请修临汾尧庙，至元五年落成。此期间，姜氏当在临汾督修尧庙。

至元十年癸酉姜氏奉世祖谕去长安，往见出镇的安西王忙哥剌。道行碑记："王待以殊礼。""明年，辞以老疾，遣侍从官秃林直安车束帛送之以归。"下接"一夕召若冲等属以后事，言讫怡而逝，春秋七十有八"。时为至元十一年正月十八日。

光绪《山西通志》卷九六金石记著录"道士姜善信碑""旧在河津县禹门"。又引《河津县志》"姜真人碑，世祖御制。蒙古字，今废"。此碑应当就是《山右石刻丛编》收录的"敕赐靖应真人道行碑"。所谓"御制"实为敕修。所称"蒙古字"或是八思巴字题额，今已不存。又成化《山西通志》卷一七碑目，有靖应真人祠堂记，在临汾。碑文未见。

综上考察，姜善信作为全真道士，曾经被元世祖多次召见，先后倡修禹庙、尧庙，敕赐宫名，屡加褒奖。晚年安西王待以殊礼，死后，元世祖敕撰碑铭，实为金元之际平阳地区最富声望和最有影响的全真名士。全真道史，应著其人。

董若冲 圣旨碑拓末"若"字磨泐，八思巴字作 ẑew，据补。姜善信弟子。前引道行碑称姜善信死前"召若冲属以后事"。圣旨颁于至元十二年二月，在姜氏逝后年余。董若冲继承姜氏，继续修建各地祠庙，故称"继靖应真人姜善信"云云。靖应真人道行碑称"提点尧禹庙事董若冲"。末署"宣授光宅宫真人董若冲"，可知当时已受元世祖宣命，但无赐号，只称真人。碑阴令旨也作"董真人"。

平阳路 碑拓"平"字及上一字磨损。冯书拟补"在平"二字。据上截八思巴字 eupiŋ 应是"於平"。《元史·地理志》晋宁路条："唐晋州，金为平阳府。元初为平阳路，大德九年以地震改晋宁路"。荣河为平阳路河中府领县。临汾为平阳路领县。

后土庙 后土即地神，又称地祇。成化《山西通志》卷五记后土庙"在荣河县北九里，汉武帝元鼎初立于汾脽，躬祀。其后宣帝及唐玄宗、宋真宗亦皆躬祀之。金哀宗元世祖皆遣官致祭"。光绪《山西通志》卷五十六古迹考："汾脽后土祠在荣河县北。"案此祠始建于汉武帝时。《史记》封禅书记："天子郊雍，议曰今上帝朕亲郊而后土无祀则礼不答也。""于是天子遂东，始立后土祠汾阴脽丘。"事又见《汉书》郊祀志，武帝纪系于元鼎四年（公元前113年）十一月甲子。汾阴，汉代置县，唐代已废。汾阴脽见于《水经注》汾水注："汾水南有长阜，背汾带河，长四五里，广二里余，高十五丈"，"《汉书》谓之汾阴脽"。后土祠建立后，自西汉经唐宋至于金代祠祀不绝，屡经敕修，规模宏伟，号为"庄严宏巨，为海内祠庙之冠"。建极宫碑圣旨所称于平阳路荣河起盖后土庙即此古祠无疑。所谓"起盖"当是金末战火后重修。此古祠毁于清初战乱，遗址在今山西万荣县荣河镇西。

王恽《秋涧集》卷五十三有"平阳府临汾县重修后土庙碑",记平阳府治之西,有"樊氏里后土祠""日就芜圮",里中父老合力重修。平阳路乡宁县也有后土庙,建于金大定二十五年(1185年),蒙古太宗五年(1233年)民间重修。《山右石刻丛编》卷二四收有壬寅年(1242年)立石的《后土庙重修记》记其事。解州也有后土庙,始建于宋代,见民国《解县志》。河津古垛后土庙,元成宗元贞二年建,见《河津县志》。均与圣旨碑所称荣河修庙事无涉。

河解 汉字碑文"河解",八思巴字作 γohiaj。冯承钧《元代白话碑》据沙畹文录入此碑,有注云:"按元时龙门隶河津。八思巴字音译亦作河津,此河解应是撰文者或书石者之误。"检八思巴字碑文 γohiaj 实为河解之音译,并非河津(γotsiŋ)。解字用于地名及姓氏,均读如 hiaj。诸本《蒙古字百家姓》均作 hiaj 可证。《元史·世祖纪》至元十二年二月记此事作"立后土祠于平阳之临汾,伏牺、女娲、舜、汤、河渎等庙于河中、解州、洪洞、赵城"。碑文圣旨之"河解"即河中、解州之省。《元史·地理志》河中府条:"元宪宗在潜,置河解万户府,领河、解二州。"至元三年罢万户府,而河中府仍领解州。八年,割解州直隶平阳路。此碑圣旨颁于至元十二年,河中府治河东县(今山西永济蒲州镇),解州治所在解县(今山西运城西南)。两地毗连,习称河解。

修理 元人习用语。此指庙宇宫观的修缮、治理。河中府封二贤碑碑阴节录中统诏书:"名山大川五岳四渎圣帝明王忠臣烈士载在祀典者所在官司以时致祭,庙宇损坏,官为修理。"① 碑文圣旨所称修理伏牺、娲皇、舜、汤、河渎庙宇,即修缮已损坏的前代旧庙,并非新建。前引《元史·世祖纪》据圣旨简括纪事,冠以"立"字,省略"修理",遂将"起盖后土尧庙"与修理诸庙混同。

伏牺庙 在洪洞。光绪《山西通志》卷五十五古迹考"洪洞县伏牺庙在县东南五十里"。庙东有台,相传伏牺画卦处。同书卷七十二秩祀略引旧志称"元大德十年建"。当是至元间修理后,又在大德时重建。

娲皇庙 娲皇即传说中之女娲。成化《山西通志》卷五赵城县有娲皇庙,在县东八里。"宋开宝六年建,元至元初修"。《山右石刻丛编》卷十一有女娲庙碑,在赵城,宋开宝六年山西道节度使裴丽泽撰文。卷二十六又收有元重修娲皇庙碑,翰林直学士高鸣奉敕撰文,至元十四年立石。碑文首举中统崇祀诏书(见前),继

---

① 引见胡聘之:《山右石刻丛编》卷二十九。《元典章》卷二节录中统元年庚申诏书,省略"官为修理"等字。同卷收至元三十一年诏书见"庙宇损坏,官为修理"。

称"至元十四年四月平阳赵城县道士臣申志宽奉其先师臣张志一治命诣长春宫，恳诚明真人臣志敬奏言：志一所居赵城东五里有娲皇庙"，"庙废于兵已久。臣以〔壬〕戌岁承郡人礼召，始来住持"。"逮乙卯（丑）岁，庙貌小成。庙旧以娲皇名，至是奉制改名补天宫，迄今又十三年"。《丛编》所录碑文"戌"上缺泐，今补"壬"字，即中统三年壬戌。乙卯之"卯"字系"丑"字之误识，即至元二年乙丑。下文"今又十三年"可证。诚明真人志敬即李志常弟子张志敬，至元初为全真掌教。可知娲皇庙之重修也发端于全真道士，曾经奏准，奉敕撰碑，并曾赐名补天宫。碑立于至元十四年，即建极宫碑所刊圣旨两年之后。

舜庙 在河中府，为唐宋古祠。唐《元和郡县志》见"蒲州河东县舜祠""贞观十一年诏以时洒扫"。宋代，奉祀不绝。元河中府治河东县即唐蒲州。明代又改河中府为蒲州，清治永济县。故光绪《山西通志》秩祀略称"舜庙在永济县"。

禹 汉字圣旨碑文"修理伏牺、娲皇、舜"等字之后为"禹"。龙门建极宫禹庙，至元元年（1265年）即已落成。圣旨颁于至元十二年（1275年），何以又有修理禹庙之旨，颇为费解。检视碑石上截八思巴字译文，原来并无"禹"字。前引《元史·世祖纪》至元十二年纪事作"伏牺、女娲、舜、汤、河渎等庙"，也无禹字。由此可以明白，汉字圣旨碑文之禹字乃是立碑道士擅自增添。圣旨原为保护修造后土、尧庙兼及平阳属县伏牺等古庙，本与禹庙无涉。禹庙道士将此圣旨与保护禹庙的安西王令旨合刻一石，遂擅加"禹"字以自重。元代道观刻石，道士擅作手脚加减文字之事，所在多有，此其一例。碑阴令旨也有此等事，见下文注释。

汤庙 成化《山西通志》卷五："汤王庙凡十有七。一在荣河县东北十里，以陵寝所在而建，配以伊尹、仲虺。宋开宝六年敕修。"光绪《荣河县志》卷二："汤庙在县北十里，宋初所建。"光绪《山西通志》卷七十二也见"商汤王陵寝在荣河县北四十里，遣祭岁祀如制"。此圣旨碑文"伏牺、娲皇、舜、汤"系依传说时代顺序，与前列地名顺序并不对应。伏牺庙在赵城，娲皇庙在洪洞、舜庙在河解，汤庙所在地为荣河。因荣河已见上文，故不重出。

河渎庙 祭祀黄河河神。《新唐书》卷三十九地理志河东道河西条："开元八年析河东置，寻省。""十五年自朝邑徙河渎祠于此。"肃宗时建庙。宋乐史《太平寰宇记》卷四十六蒲州河东县条："河渎庙在县正西北，城外一里。"元河东县属平阳路河中府，在今永济，清属蒲州。光绪《山西通志》卷七十二："河渎神庙在蒲州府南门外。"自伏牺庙以下至河渎等庙均为前代所建古庙，非元代起盖，故称修理。

照依累降圣旨 碑文圣旨："仰董若冲凡事照依累降圣旨依旧管领行者"。即命董若冲依前旨继续管领庙宇修建等事。"累降圣旨"并见高鸣重修娲皇庙碑及河中府封二贤碑，即前引中统元年以来的崇祀诏书，"岁时致祭""庙宇损坏，官为修理"。

禁约 元代公文习用语，原义为限制、约束。此圣旨不同于习见的告谕文武官员禁约骚扰的文告，而是"命本路官司"即平阳路官员"常加护持"，禁约诸人。"勿得沮坏"即不得破坏各地庙宇的修建。下文特为指出禁约"使臣军马人等"，"不得安下搔扰"。"安下"指在庙宇住宿。"搔扰"又作"骚扰"。徐元瑞《吏学指南》骚扰条："搅动于人曰骚，捃摭烦乱曰扰。"元初，使臣强行住宿庙宇勒索等事所在多有，故为明示。

成若安 圣旨碑文之末有小字立石人题名"提点成若安立"。无年月。碑阳刊圣旨为至元十二年正月，碑阴令旨写于至元十三年二月。立石当在此后某年。其时成若安任建极宫提点，其人事迹无考。以"若"字排名，与董若冲同辈，当也是全真道士姜善信弟子。由此可知，元初平阳地区曾有靳道元→姜善信→董若冲、成若安一支全真道传播，得到元世祖的支持。前引娲皇庙碑，见赵城全真道士张志一、申志宽，当是平阳地区另一宗支。均可补入全真道史。

（二）碑阴令旨

安西王 碑阴"皇子安西王令旨"，安西王即元世祖忽必烈第三子忙哥剌，至元九年（1272年）十月封安西王，受京兆分地，驻兵六盘山，见《元史·世祖纪》。姚燧撰《延厘寺碑记》："当至元九年诏立皇子为安西王，以渊龙所国国之。"可知安西王分地即继承了忽必烈即位前的京兆分地，包括京兆府及河南怀、孟地区。

蒙古宗王发布令旨一般限于本投下分地。此令旨颁于平阳府，地处京兆府与怀、孟之间，原不属忽必烈分地而属于宗王拔都。《元史·太宗纪》：八年（1236年）七月诏"中原诸州民户分赐诸王贵戚斡鲁尕"，首列"拔都：平阳府"。拔都西征，攻占钦察草原，约在宪宗六年丙辰（1256年）病死。次年拔都弟别儿哥奉诏为钦察汗。此时平阳府分地的状况，平阳文士郝经的《河东罪言》有所陈述。略称："平阳一道隶拔都大王""今王府又将一道细分，使诸妃王子各征其民。一道州郡至分为五、七十头项。有得一城或数村者，各差官临督"，居民遭受刻削，转徙逃散。元世祖即位后，诸投下五户丝税改由地方官员征收，统交中书，再由朝廷颁赐，见王恽《中堂事记》中统元年十月记事。建极宫碑安西王令旨写于至元十三年（1276年）。令旨晓谕当地军官及州城县镇官员不得对庙宇骚扰勒索，称引前此颁发平阳府尧、禹等庙董真人的令旨，依前例免除差发科敛，可知忙哥剌出镇长安后，邻近长安的钦察汗平阳分地，已归由安西王府统辖。前引靖应真人道行碑记："癸酉（至元十年，1273年），上遣使谕公（姜善信）谒皇子安西王于长安，王待以殊礼"。元世祖命平阳道士姜善信往谒安西王也说明忙哥剌于至元九年出镇长安后，平阳地区已属安西王府的管辖范围。

令旨省谕 八思巴字蒙文 γoŋ tshi an si'uaŋ·eu-ge ma-nu，原意为"皇子安西王言语俺的"。下文又见 du·ulqaquè bičig，意为"晓谕的文书"。汉字碑文，将蒙语·euge（言语）bičig（文书）两字，均译为"令旨"，系依汉制，皇帝称圣旨，诸王称令旨。第一处作"安西王令旨"系属标题。第二处作"遍行省□令旨"，省下一字磨损。冯承钧《元代白话碑》误为"遍×行省令旨"，我在《元代白话碑集录》中未能校出，沿袭其误。今细审拓本，省下缺损，仍有残存笔划可辨，当是"谕"字。此句应校补为"遍行省谕令旨"。八思巴字蒙文 du·ulqaquè 原意为告谕。包培注："du·ulqaquè 这个词是源于 du ulqaq 的一个未来式名词的形式，是由 du—ul 构成的祈使动词。"他把此词译为英语的 addressed（说与）。汉译碑文此处采用意译，在"管军官人每"之前冠以"道与"二字，形成"道与管军官人每……遍行省谕令旨"。"道与"与"省谕"重出。通例，皇帝圣旨、皇后懿旨称"宣谕"，诸王令旨称"省谕"或"晓谕"。元代公文，例多如此。此碑安西王令旨汉译"省谕"是规范用语。

达鲁花赤 八思巴字蒙文"ba—la—qa—dun šil—de·ed—un da—ru—qas da no—jad da"。汉译碑文作"州城县镇达鲁花赤官人每"。daruqas 系达鲁花赤的复数。韩儒林《成都蒙文圣旨碑考释》释此词云："字根 daru 有压胜等义 darugha 译言头目首领，darughas 其复数也"，"元代通称达鲁花赤，译云掌印官"[1]。翁独健《元典章译语集释》曾对此词的构成，详加诠释，称："蒙古语有动词 daruxu，意为镇压、制裁、隐蔽、封藏、盖印等。daru 为语根，xu 为动词未定形语尾。语根 daru 加 γa 则为名词。Daruγa 加 či 或 čin，则为 daruqačin，意为镇压者、制裁者、盖印者等。"[2] 蒙古达鲁花赤之设，源于太祖时征服西域，占领诸城。《元史》太祖纪十八年"遂定西域诸城，置达鲁花赤监治之"。太宗时，拔都征服斡罗思，也置

---

[1] 韩儒林：《成都蒙文圣旨碑考释》，《华西大学中国文化研究所集刊》第二卷合刊，1941年9月。
[2] 翁独健：《元典章译语集释》，《燕京学报》第30期，1946年。

达鲁花赤以统治降服百姓,见《元朝秘史》续集,译名作答鲁合臣。太宗灭金,汉人地区任命达鲁花赤统治。元世祖行用汉法,沿用汉地路府州县的行政建置和官制,任用汉人、南人为各级地方官员,另设达鲁花赤为各级监临长官。《元史·世祖纪》至元二年二月"以蒙古人充各路达鲁花赤,汉人充总管,回回人充同知,永为定制"。由于前此任命的达鲁花赤并不限于蒙古人,至元五年三月,又诏"罢诸路女真、契丹、汉人为达鲁花赤者,回回、畏兀、乃蛮、唐兀人仍旧",见《元史·世祖纪》。路以下散府及州县也各设达鲁花赤,见《元史·百官志七》。经过元世祖的"定制",原来设置于占领地区不限族属的官长遂演为汉化行政系统之内,汉南人地方官职之外和之上的蒙古或色目人的特殊官职,以监督、节制汉南人各级地方官员,权位居于其上。叶子奇《草木子》称"元路府州县各立长官曰达鲁花赤,掌印信以总一府一县之治"。这一新设立的长官,在汉人原有的官职中并没有与之相当的称谓,或译作"镇守官""掌印官",都不能确切表达它的特殊地位和特殊职能。因而蒙古语音译的达鲁花赤遂成为这一官职的专称和定名,为元人所习用。其复数形也不再音译达鲁花思,而用专称达鲁花赤。

州城县镇 汉地路府州县,在蒙古语中并没有与之相当的称谓。此碑蒙古语令旨 balaqadun 原意为城子的,silde·edun 原意为村落的。汉译令旨"州城县镇",系取意译。达鲁花赤的设置曾推广到中书所属各总管府与各级军事系统,与此无涉。令旨此处是专指平阳府各州县的达鲁花赤。nojad 是 nojan 音译那颜的复数形,意译官人每。这里并不是达鲁花赤的尊称,而是与之并列,意指州尹、县尹以下的地方官员。两字都系以后缀—da 表示蒙古语的与格,意近"对"、"向"。前后文的管军官人、使臣等也都为与格。全句表示对军官、军人、州县达鲁花赤、各级官员及使臣人等省谕。所谓"遍行省谕令旨"即遍谕各州县的公告。

成吉思皇帝 八思巴字蒙文作 Jiŋ [gis] qanu。拓本脱 gis。汉字碑文作"成吉思皇帝"。元太祖铁木真在金泰和三年丙寅(1206年)斡难河大会上,由诸王群臣共上尊号成吉思罕,中外有关史籍,所纪事实,大致相同。但"成吉思"名号的含义,历来众说纷纭,尚无确解。波斯拉施特《史集》成吉思汗纪称:"成为强大、坚强的意思,成吉思为其复数。"它与哈剌契丹的伟大君主所拥有的古儿汗是一个意思,都是强大君主之意。[1] 近年,罗依果(Igor de Rachewiltz)教授自突厥碑铭中检出 ciŋiz 一词,意为勇猛、刚强,与《史集》所释略同。[2] 元代汉文文

---

[1] Rashid—ad—din(拉施特):《史集》,余大钧、周建奇中译本第一卷第二分册页208,商务印书馆,1983年。
[2] Igor de Racheuiltz(罗依果):《成吉思汗合罕称号再探》,载《包培九十寿辰纪念论文集》,1989年,陈得芝中译文,载《元史及民族史研究集刊》第十六集。

献，未见对"成吉思"一词的明确译释。元世祖采用汉法，为铁木真上庙号太祖，又命儒臣赵璧拟制谥号"圣武"，题于神主，供奉太庙。至元十三年将太祖神主改题为"成吉思皇帝"，以蒙语尊号为谥号，见《元史·祭祀志》。于是"成吉思"与"圣武"蒙汉两谥号并用，含义相同。赵璧精通蒙语，所拟"圣武"应即是依据成吉思尊号的含义。"圣武"一词反映了赵璧等人对"成吉思"的理解，是对"成吉思"的最为恰当的汉语释义。"圣"字是元人对皇帝的颂称，今译也可作英武、雄武，成吉思罕即雄武之王，成吉思皇帝即英武皇帝。

八思巴字碑文 Jin [qis] qan，音译成吉思汗，是群臣共上的正式尊号。"汗"原是柔然、鲜卑、突厥以至蒙古等草原民族部落首领的泛称。两个以上部落的联合或联盟的大首领，则尊称为可汗或合罕，即所谓"汗中之汗"。多民族的首领，或征服了其他民族的首领，如西辽耶律大石则被称为古儿汗，即所谓普汗。所以前引《史集》称成吉思罕与古尔汗同义。蒙古建国时，已先后征服了塔塔尔、克烈、乃蛮、蔑尔乞并已统治原属金朝统治的广大汉地。成吉思罕这一尊号事实上已是包括汉族在内的各民族的大汗，统治范围之广大与地位之崇高，远在合罕之上。后人或称他为成吉思合罕，乃是沿用了蒙古传统的称谓。

汉字碑文"成吉思皇帝"，是元代法定的汉语尊称。"成吉思"是音译，"皇帝"是义译。《辍耕录》收录元太祖十五年颁给丘处机的诏书称"成吉思皇帝圣旨"。周至重阳万寿宫碑也见癸未年即太祖十八年"宣差阿里鲜奉成吉思皇帝圣旨"。可见太祖在位时，成吉思皇帝"这一汉译名已在汉地通行。元世祖改题于太庙神主后，成吉思皇帝更成为法定的译名，为元代汉文文书所遵用。

匣罕皇帝 八思巴字碑铭 qa·an，汉译"匣罕皇帝"，音译之后又加意译。匣罕又译合罕、哈罕，指太宗窝阔台。窝阔台嗣位，没有再立尊号，仍依传统旧制称合罕，以示低于乃父成吉思罕。但这已不同于蒙古诸部的合罕而是大蒙古国的合罕。参见《泾州水泉寺碑》合罕皇帝条注释。

地税商税外 八思巴字蒙文令旨引据成吉思罕、合罕圣旨："tsaŋ támqada ča buši'aliba'alba qubuc'iri'eulu'eu Jen. 碑拓 támqada 原缺，沙畹、包培参据他碑拟补。Támqa 源于突厥—畏兀语，意指印契，即商税（参见泾州水泉寺碑注释）。buši 有其外之义。此句原意为地税商税之外，不承担任何差发。《元典章》户部种田纳税条中书省奏文曾引述成吉思皇帝合罕皇帝时制度"外据僧道也里可温答失蛮种田出纳地税，买卖出纳商税，其余差役捐免有来"。与此碑蒙文令旨相符。但汉译令旨作"地税商税不拣甚么差发休着者"。省去蒙语 buši 一字的译文。亦邻真前引文认为原碑汉译文"全乖原意""可见汉译文是错误的"。我意此处未必是译文错误，而是道士刻石时有意删去"除"字或"外"字,借以规避赋税。原文应是"除地税商税"或"地税商税外"。《安阳金石录》卷九收录太一教的上清正一宫碑,其中第二截引述成吉思皇帝合罕皇帝圣旨,正作"除地税商税,不拣什么差发休交当者"。可为佐证。建极宫碑碑阳圣旨增添"禹"字,碑阴令旨删去"除"或"外"字,都是全真道士所做的手脚。

蒙古语 'aliba,此碑汉译"不拣甚么",是元人通用语。《华夷译语》通用门:"不拣甚么:阿里别。""不拣甚么",犹言不论甚么不管甚么,雅译"任何"。"休着者"之"着"应读为 zhao,汉语俗语动词,意为承受,此处译蒙语 Jen,犹言承担。

告天祈福 八思巴字蒙文作 deŋri ji JalbariJu hiru·er 'eogun 'atuqaji,即祷告天降(给)福。此碑令旨译为"告天祈福"。他处圣旨碑或译为"告天祈福祝寿""与俺每祝寿",令旨或译为"与皇帝并俺每祝寿祈福""与皇家告天祝寿",等等,所谓"祈福"即为皇帝和皇家祈福祝寿,语意甚明。

"告天祈福"不是求"神"保佑,而是祈祷上天降福皇帝,与"长生天气力里"的观念是一致的。

照依先前圣旨体例 八思巴字蒙文 uridanu Jarliqun josu·ar。Josu 一词曾见于《元朝秘史》音译约孙,旁译"理",原有规约之意。后缀工具格·ar,可理解为依据。此碑拓本汉译"照依",以下磨损,再下残存"先"字末笔及"前"字。刻石因碑面剥落不得不绕开剥损处续刻文字,每有其例。现存北京平谷兴隆寺碑即有此情形。建极宫此碑显然也是碑石有损,文字无缺。左行"不拣"与"甚么"之间,后文"平阳府有的"之间均有剥损,可以为证。前引冯承钧书收录此碑文,因疑剥落处有缺文,在"先前"之上补"着在"二字。今细检碑拓实无缺文,应订正为"照依先前圣旨体例"。

姜真人替头里董真人 汉译令旨"这平阳府有的尧庙、后土庙、禹王庙住的姜真人替头里董真人交先生每根底为头儿祈福者"。八思巴字尧庙、后土庙、禹王庙均依汉语音译。尧庙居首,在后土庙之前,与碑阳圣旨不同。这当是由于董若冲继姜善信提点尧庙为其本职,后土庙建成后仍由董若冲兼管。禹王庙原为姜善信倡修,董若冲继领,靖应真人道行碑见"其门人提点尧、禹庙事董若冲"。

八思巴字蒙文 giaŋ Jin zinu orana duŋ Jin zini、姜真人、董真人均据汉语音译。orana 即 orona,原意为位子。此处用为董真人的修饰语。在姜真人位子的董真人,即继承(接替)姜真人职位的董真人。汉译"替头"系元代习用的俗语,犹言接替、继承。参见泾州水泉寺碑"替头里"注释。碑阴令旨颁于至元十三年正月,已是董真人接替姜真人两年之后。近人或释此禁约令旨为董真人接替姜真人的任命，系出误解，应予订正。①

交先生每根底为头儿 "交"也是元代俗语，同"教"或今语的"叫"。系用以翻译蒙文董真人后缀 i 的语法形态宾格。

蒙文 sèn-šhi-ŋu-di 汉译"先生每根底"。汉语"根底"一词习见于元代公文，也是民间习用的日常用语，并非专用于蒙语翻译。朝鲜《朴通事谚解》单字解"底"字条："语助：根底。"同书卷上见"你谁根底学文书来"，意即你向谁学，跟谁学。元刊本《事林广记》卷十一拜见新礼平交把盏条："主人进前跪云：哥每到这里，小弟没甚么小心，哥每根底拿盏淡酒。"意即对哥们拿盏淡酒或向哥们拿盏淡酒。碑文此处"先生每根底"系以根底对译蒙古语附加 di。意近"对道士们"。②

八思巴字蒙文 'eotéoguleJu 是源于蒙语名词 'eotéogus（长老、首领）而形成的联结副动词。汉译"为头儿"也是元代习用语，义近"作为首领"。"先生每根底为头儿"即对道士们作为头儿，或作为道士们的头儿。全句"董真人交先生每根底为头儿祈福者"，意即"教董真人率领道众们祈福"。

收执行踏的令旨 蒙文作 bariJu jabu·aji bičig。包培注云：我将 bari ǰu yabu 'ayi 这个短语译作"被继续持有"或"被保存的〔他们占有〕"。③ 亦邻真云："bari 是执、持的意思，jabu 义为行走，转义而表示动作的持续状态。bariJu jabu·aji 表示持、执的持续性，并以静动词形态修饰令旨一词，意示这份令旨归寺院经常收执。"④ 此词在其他元碑中又有"执把行的""把着行的"等直译，汉文作"常住收执"，见汲县北极观懿旨碑。

碑拓汉字令旨的"旨"字下磨泐，下接"也"字。八思巴字蒙文 'eog beè 为"给与"的过去时。汉字缺文，依他碑译例，可补"与了"二字。"与了也"即已经给与。此碑令旨颁于至元十三年正月，文中所述已经给与的令旨当在此前。内容即是文中所述照依前旨，免差祈福。

元代公文往往援引前此的有关文书以为依据，层层援引，极易误读。此碑所

---

① 近刊呼格吉勒图、萨如拉编著《八思巴字蒙古语文献汇编》第 371 页题解，将这篇省谕官员禁约骚扰的公告，说成"是赐予元平阳府尧庙后土庙禹王庙令〔董〕真人代替姜真人为首领的令旨"编者未能读懂碑文，任意解说，并脱落了"董"字。

② 参看张相《诗词曲语辞汇释》根前、根底等条；田中谦二《关于蒙文直译体白话》根底条，《东洋史研究》1961 年 3 月；祖生利《元典章刑部直译体文字中的特殊语法现象》根底条；《蒙古史研究》第七辑，2003 年。

③ 包培前引书注 12。郝苏民中译本，前引书第 205 页。

④ 亦邻真前引文。

刊至元十三年令旨，主旨在于下文的禁约骚扰。文中引据前此已颁的令旨又引据先前圣旨，旨中有旨，不可混淆。

祠庙宫观 安西王令旨所称平阳府尧庙后土庙禹王庙都是汉族传统的祠祀并非道教宫观。各地祠庙也并非都由道士奉祀。这三所奉旨敕修的祠庙由于系全真道士姜善信师徒主持修建，遂命提点庙事并由道士常住奉祀。但八思巴字原旨仍只称"宫里"，无"观"字。王鹗《建极宫碑记》称建极宫禹王庙，"别为道院，殿则有四，方丈云斋，无一不具。又广构神祠，凡可以为国祈禳者，悉有香火之奉。"由此可知，禹庙之中，另建有道院神祠，供奉香火，是则祠庙兼具道观，由道士奉祀。这应是平阳敕建祠庙的特例，与各地居民供奉的祠庙不同。尧庙光宅宫也由姜氏师徒主持修建，规模宏伟，前引王磐碑记说是"俨若帝王之居"，有屋八百间。如依禹庙建制，当也有道院神祠方丈云斋。

安西王在其辖地范围，向三庙发布优遇道士的令旨免除差发告天祈福，显示已将祠庙视同道观，也显示安西王在其辖地所具有的权限，可供研究参考。

田产物业 八思巴字蒙文 qaJar usu ja·uke。qaJar 意为田土，usu 原义"水"，此指田间水利，两字或合译为"水土"。ja·u 原义"甚么"，ké 泛指物件。《元朝秘史》卷五音译牙兀客，旁译"等物"。元碑或译"一切物件""不拣甚么"。此碑雅译"田产物业"，颇合原意，用字也很切当，是少见的精译。前引亦邻真文将蒙古语物件 ké，意译为"谁"，当是误读。

休倚令旨 汉译令旨"休倚□□做设体例勾当者"。碑拓断损缺字。八思巴字相应之字为 bičig。据以补出"令旨"两字。

京兆府住时分 《元史·地理志》陕西行省奉元路条："元中统三年立陕西四川行省，治京兆。""［至元］十六年改京兆为安西路总管府。"又据《元史·世祖纪》，"改京兆府为安西府"在至元十五年七月。此碑令旨署鼠儿年，即碑阳圣旨之次年至元十三年丙子。其时尚未改安西府，故仍称京兆府，即安西王驻地长安。

（三）附录　蒙文令旨新译

此碑令旨，前人曾先后译为法文、俄文、英文以及所谓"现代汉语"，不无可商。现不再据蒙语词汇语法逐字直译，试依汉文公文通用文体酌译大意，以明原旨。附录于此，供参考。

上天眷命皇帝福荫皇子安西王令旨。

省谕军官、军士、州县达鲁花赤、地方官员、过往使臣人等。

成吉思皇帝、合罕皇帝曾有旨，僧、道、也里克温、达失蛮等，除地税商税外不当任何差发,告天祈福。今依前旨规约:地税商税外,不当差发,告天祈福,已颁令旨授与平阳府尧庙、后土庙、禹王庙承继姜真人之董真人常住收执,率道众祈福。

宫里的房舍,使臣不得占住。铺马祗应不得征收。田产物业不得夺取。

道士们亦不得恃有令旨,擅行不法。倘行不法,宁不知惧?

令旨。

鼠年正月二十六日写于京兆府。

建极宫碑碑阳拓本　北京大学图书馆藏

建极宫碑碑阳拓影　采自沙畹

建极宫碑碑阴拓本　国家图书馆藏

建极宫碑碑阴拓影　采自沙畹

[2] 周至重阳万寿宫碑
（1280年，1277年，1283年）

　　元周至重阳万寿宫在今陕西户县西祖庵镇。金代原名刘蒋村，为全真道祖王重阳（嚞）修行创道之地，后又葬柩于此。全真第二代祖师马丹阳（钰）在此构庭，额书"祖庭心死"，因而又称祖庭。重阳宫初名灵虚观。原由全真祖师丘处机在刘蒋村重阳故址营建。《甘水仙源录》卷一刘祖谦撰《重阳祖师仙迹记》称："丹阳东归，长春因刘蒋故庵大加营葺，玉阳又买额为灵虚观。"丹阳东归，在金世宗大定二十一年（1181年）冬，"以关中教事付丘长春为主张焉"，见同书同卷《马宗师道行碑》。同书卷二《长春真人本行碑》："师既至，构祖堂轮奂，余悉称是，诸方谓之祖庵，玄风愈振。"玉阳即王处一，宁海东牟人，重阳七弟子即所谓七真之一，号玉阳真人。姚燧有《王宗师道行碑》纪其生平，内称承安二年（1197年）"吕道安将建祖庭，盖真君故庐，以无敕额，不敢集众，真人奏立观灵虚，赐道安冲虚大师，而祖庭造建始盛"（《甘水仙源录》卷二）。吕道安亦宁海人，来祖庭从全真修道。《甘水仙源录》卷五有赵九渊撰《冲虚大师吕君墓志》记其事。金章宗承安二年为补国用"卖度牒、师号、寺观额"，见《金史·百官志》。此年，王处一适应征入朝。《仙迹记》称玉阳买额，当是事实，姚燧撰碑讳言其事。

　　全真初兴，倡导苦修，不事营建。自丘处机构建祖庵，王处一买额立观，关中始有全真宫观。蒙古灭金战争中，灵虚观曾遭到战火破坏。蒙古太宗十年（1238年）四月，长春弟子李志常奏陈"终南山灵虚观系重阳祖师炼真开化之地"，"得旨，赐重阳宫号，大为营建"。见《甘水仙源录》载《真常真人道行碑铭》。己巳岁（1245年）加号重阳万寿宫。宫中原有大蒙古国屡朝崇道恩命之碑，末刊李庭撰序，并见《寓庵集》卷四，字句间有异同。碑序称："维重阳万寿宫，实祖师修证之地，故朝廷注意为尤重。累年以来，所受诏旨烂然盈箧。""今乃命工刻石，以传永久，亦庶几使后世有以知大朝崇道之意云。"序作于乙酉岁，即蒙古定宗四年（1249年），宪宗元年辛亥岁（1251年）立石。元世祖以后，历朝诏命及保护宫观的圣旨，也都遵此传统，刻石立碑，因而宫中碑石林立，自成吉思汗付丘处机的手诏至顺帝时诏旨，代有留存。1958 年，祖庵镇划归鄠县管辖。1964 年改名户县。1973 年建房十一间，将现存碑石三十一通集中陈列，号为祖庵碑林，蔚为壮观。

明万历时，赵崡搜集历代碑拓，撰写跋语，编为《石墨镌华》一书。重阳宫在明代屡经修葺，其时仍为规模宏大的名观。赵氏注意到宫中碑刻勒有蒙古字碑铭，曾将其中虎儿年一碑八思巴蒙古字全部抄录书中，并跋云："重阳万寿宫元碑无数，皆以蒙古字书而以汉字译之"，"敝邑有力者多以此为胡碑，取作他用，今存者尚五六碑"。此书附录"访古游记"也称重阳宫"蒙古字碑甚多，多不能识"。赵氏所称其时尚存五六碑，似非确数。今存祖庵碑林勒有八思巴字之元碑，可见五座。八思巴字译写的圣旨、令旨共得十通。其中八思巴字蒙古语圣旨与汉语白话直译合刻者四通。八思巴字音译汉语与汉文合刻之圣旨、令旨共五通，八思巴字音译汉语令旨但无汉文原旨者一通。另有汉字圣旨两道、令旨一道，无对译之八思巴字，但与八思巴字译旨合刻立石。民国《续修陕西通志稿》之《陕西金石志》称重阳万寿宫此类元碑为"元汉会文圣旨碑"，只收录刻有皇庆二年至延祐五年圣旨的汉文碑文一通，附有案语，云："元汉会文圣旨碑，周至楼观甚夥"，"或一事一碑，或数事一碑，要不外命某人掌玄教与保护宫观庵庙产业两事，无关大计，且汉字亦不足传，故一概屏弃，存其名，附记于此"。

重阳万寿宫诸碑所刊八思巴字蒙古语圣旨，应以龙儿年一旨为最早。此碑高约三公尺，分为三截。第一截上方，八思巴字蒙古语龙年圣旨，下方为汉语直译的汉文译文。第二截左方为至元十七年（1280 年）汉文圣旨，八思巴字音写，汉语对译。右方为至元十四年（1277 年）汉文安西王令旨，八思巴字音译。第三截右方至元十四年汉文令旨，无八思巴字译文。左方为八思巴字音写汉语至元二十年（1283 年）令旨，无汉字原文。

1940 年，德国的蒙古学家海涅士（E. Haenisch）依据柏林博物院 1914 年收得的重阳万寿宫碑拓，将此碑第一截的八思巴字及汉字圣旨拓本分别拍照刊布，并将蒙古语碑文转写，注释。[①] 1941 年苏联出版的包培（N. Poppe）《方体字》一书，

---

① Erich Haenisch, Steuergerechtsame der chinesischen Klöster unter der Mongolenherrschaft-Phagspa-Inschriften. Berichte über die Verhandlungen der Sächsischen Akademie der Wissenschaften, zu Leipzig, Ph-His Klasse. 92 Band 1940. 2 Heft.

未及收入。1957 年本书出版英文增订版，在词汇部分补收了此旨蒙古语单词。①1972 年，匈牙利蒙古学家李盖特（L. Ligeti）刊行《八思巴字文献》，据海涅士拓本音写录入。②

1952 年，我曾据前北大文科研究所收藏的柳风堂张氏旧藏拓本，编为《序目》刊布。③ 现将此碑拓本整体刊出，以使读者得见其全貌。第一截八思巴字蒙古语圣旨及二、三截八思巴字音写汉语的圣旨、令旨，分别转写、旁译。碑铭中有待探讨的问题，在注释中酌加考释。前人已有注释，无须再议以及见于其他碑文，我已加注释者，不再重录。读者鉴之。

此碑第一截圣旨署龙儿年。海涅士拟为 1352 年即顺帝至正十二年，显然过晚。我在《序目》中拟为世祖至元五年（1268 年），又失之过早。李盖特在此碑题注中假定为 1280 年或 1292 年。现据有关文献重加考订，定为世祖至元十七年即 1280 年。所据理由，在注释中申明。

第一截上方
八思巴蒙文圣旨转写旁译

(1) moŋ – k'a dèŋ – ri jin k'u – č'un dur
　　 长　生　　天　　的　气力　　里

(2) jè – ke su Ǐa – li jin ì – he·en dur
　　 大　福荫　福威　的　护佑　　里

(3) qa·an ǰar – liq ma – nu
　　 合罕　圣旨　俺的

(4) č'e – ri -·u – dun no – jad da č'e – rig ha –
　　 军（的）　　　官人每　根底　军

(5) – ra – na ba – [la] – qa – dun da – ru – qas da no – jad
　　 人每根底　　城每　　　的　　达鲁花赤每　根底　官人每

da
根底

---

① Н. Н. Поппе, Квадратная. письменность. Москва. 1941. N. Poppe, *The Mogollian Monumens in Hp'ags – Pa Script*, Wiesbaden, 1957.

② L. Legeti, *Monuments en Ecriturc'Phags – pa*, Budpest, 1972.

③ 《北京大学文科研究所所藏八思巴字碑拓序目》，北京大学《国学季刊》第七卷第三号，北京，1952 年。

(6)　jor-č'i-qun　ja-bu-qun　èl-č'i-ne　d·ul-qa-què
　　　 去往　　　　行走　　　　使臣每根底　　宣谕的

(7)　ǰar-liq
　　　 圣旨

(8)　ǰiŋ-gis　qa-nu ba　qa·a-nu ba　ǰar-li[q]　[d]ur　do-jid
　　　 成吉思　 罕的　　　合罕的　　 圣旨　　　里　　道人每
èr-k'e-·ud　sèn-ši-
也里可温每　 先生

(9)　-ŋud　daš-[ma]d　'a-li-ba　'al-ba　qub-č'i-ri
　　　 每　　达失蛮每　不拣甚么　差发　　科敛
[·eu-lu]·eu ǰen
不承　　 担

(10)　dèŋ-ri　ji　ǰal-ba-ri-ǰu　hi-ru-·e-r　'eo-gu[n]
　　　 天　　　 祷告　　　　　祝福　　　 给
'a-t'u-qa-ji'　ge·ek'-
在　　　　　 说

(11)　deg-sed　a-ǰu-·uè　è-du-[·e]　ber　beo-·e　-su
　　　 了　　　 有　　　 如今　　　 　　有
u-ri-da-nu
先前

(12)　ǰar-li-qun　jo-su-·ar　'a-li-ba　'al-ba　qub-č'i-ri　'eu-lu
　　　 圣旨　　　 体例　　　不拣甚么　差发　　科敛　　　休
'euǰen
承担

(13)　dèŋ-ri　ji　ǰal-ba-ri-ǰu　hi-ru-·er　'eo-gun　a-t'u-qaji
　　　 天　　　 祷告　　　　　祝福　　　 给　　　 在
ge·en[è-]
说道

(14)　-ne　li-taw-k'èm　gaw-ǰin-ži-nu　oro[na]　[ti]-dèm
　　　 这　 李道谦　　　高真人　　　 位置　　 提点
[bo]-l-ǰu　šem[si]　u
成为　　　 陕西　　五

(15) lu　si　šeu　shi　č'eon　dur　bu-k'un　sen-ši-ŋu-[d]i
　　 路　西　蜀　 四　 川　 里　有的每　 先生每

'eo-teo-gu-
首领

(16) 　-le-ǰu　a-t'u-qaji　ge·en　li　ti　dè-[me]　ba-ri-ǰu
　　　 做　　　在　　　 说　李　提　 点　　 收执

ja-bu-'aji
行走

(17) ǰar-liq　'eog-beè　è-de-nu　geuŋ　gon　dur　ge-jid　dur
　　 圣旨　 给了　 这些人的　 宫　 观　 里　 房舍　里

'a-nu
他每的

(18) èl-č'in　bu　ba-·u-t'u-qaji　k'ed　k'ed　ber　bol-ǰu
　　 使臣　勿　 住下　　　　 谁　 谁　　 成为

k'u-č'u-de-ǰu
倚气力

(19) bu　sa-·u-t'u-qaji　geuŋ　gon　dur　ha-ran　bu
　　 勿　 住坐　　　　 宫　 观　 里　 人众　 勿

ǰar-qu-la-t'u-qaji　qa-nu
判断　　　　　　 罕的

(20) ts'aŋ　a-mu　bu　č'id-qu-t'u-qaji　ja-·u-k'e　bu
　　 仓　 米　 勿　 顿放　　　　　 任何东西　 勿

tal-bi-[t'u]-qaji　u-la·a
存放　　　　　 铺马

(21) ši-·u-su　bu　ba-ri-t'u-qaji　ts'aŋ　tam-qa　bu
　　 祇应　 勿　 拿要　　　　 仓(地税) 印(商税)　勿

'eog-t'u-geè　geuŋ　gon
给与　　　　 宫　 观

(22) dur　a-la　qa-ri-ja-t'an　qa-ǰar　u-sun　qu-lud
　　 里　凡　 属于　　　　 地土　 水　 竹苇每

t'e-gir-med　baq　gej-
碾磨每　　　 园　解

[2] 周至重阳万寿宫碑（1280 年，1277 年，1283 年） 33

(23) den – k'u   qa – la -'un   u – sun   dem   k'e – bi – d   eče šir – ge
     典库   热   水（汤）   店   铺席   醋

k'eo – neor – ge –
曲

(24) de – če   'a – li – ba   'al – ba   qub – č'i – ri   bu   'ab – t'u – qaji   basa
     不拣甚么   差发   科敛   勿   取要   又

(25) bi – da – na –ča   qa – qar – qaji   ǰar – liq   'eu – ge -'un
     咱每的   明白的   圣旨   无

beo -'e – te – le   'aji – ma -'ud
既   诸爱马（投下）

(26) da   ala   šil – t'a – ǰu   sèn – ši – ŋud   dača   ja -'u – ba   qu – ǰu – ǰu
     里   只   推称   先生每   不拣甚么   请

bu   ab – t'u –
勿   取者

(27)   – qaji   sen – ši – ŋud   ba   bu   'eog – t'u – geè   ba – sa
        先生每   勿   给者   又

sen – ši – ŋud   a – li –
先生每

(28)   – ber   'euè – les   a – nu   beo -'e – su   è – ne   li   ti   dèm
        不拣甚么 公事   他每的   有   这   李   提   点

ǰu – ki – jer qa –
依理

(29)   – qaj -ǰu   'eog – t'u – geè   t'a   ber   o – lan   sen – ši – ŋud   è – ne
        归断   给与者   你每   众   先生每   这

li   ti   dè
李   提   点

(30)   – mun   'eu – ge -'er   ǰu – ki – jer   ja – bud –   – qun   ba – sa   è – gil
        的   言语   依理   行者   又   凡俗

ha – ran   sen –
人众   先

(31) ši – ŋu –ǰ(d) i①   bu   ǰar – qy – la – t'u – qaji   sen – ši – ŋu – dun
      生每   勿   理问者   先生每

è – gil   ha – ran
凡俗   人每

(32)   – lu˙a   'eu – gu – lel – du – k'un   'eu – ges   a – nu   beo –˙e – su
      与（同）   有争告的   言语   他每的   如若

t'eu – šig –
倚付

(33)   – deg – sed   sen – ši – ŋu – dun   'eo – teo –   – gus   ba – la – qa – dun
        的   先生每的   头目每   管城子的

no – jad – lu˙a
官人（同）

(34) qam – t'u   jar – qu – la –ǰu   qa – qal – t'u – qaji   sen – ši – ŋu – dun
      共同   理问   归断者   先生每

jo – su – ar   èu –
体例   无

(35)   – lu   ja – bu – qun   ma –˙uè   'euè – les   'euè – led – k'un   qu – dal
        行走的每   歹   行为每   做   伪

qu – la – qaji
贼

(36) k'ik'un   sen – ši – ŋu –ǰ(d) i   ba – la – qa – dun   da – ru – qas   da
      做   先生每   管城子的   达鲁花赤每   里

no – jad   da   t'a – ha –˙ul –
官人每   里   分付

(37)   –ǰu   'eog – t'u – geè   è – ne   basa   〔li ti〕   dèm   t'eu – šig – de – be
        给与   这个   又   李提   点   倚付

è – le   ge˙e—
只   说

(38)   –ǰu   jo – su   'eu – ge –˙uè   'euè – les   bu   'euè   – led
           体例   无   行为每   勿   做   者

---

① 原碑刻 d 为 ǰ，今改 d，写在（ ）内，下同。

　　　　　　－du(tʻu)　　－geè　　ʼeuè－le－

(39)　　－du　－ˑe－su
　　　　　　如做

(40)　　bi－da－na　　ʼeo－čʻi－d－kʻun　　kʻer ber　　geˑe－run
　　　　　　咱每　　　　　奏报者　　　　　　　如　　　　说

(41)　　bi－da　　u－qad－ǰe
　　　　　　咱每　　　理会

(42)　　ǰar－liq　ma－nu　lu　ǰil　ʼeu－bu－lun　dum－da－du　za－ra　jin
　　　　　　圣旨　　俺的　龙　年　　冬　　　　　中　　　　月　　的

tʻa－bun
五

(43)　　ši－ne　　de　　taj－du　　da　　bu－guè　　dur　　bi－čʻi－beè
　　　　　　初　　　　　　大都　里　　在时分　里　　　写了

第一截下方
汉字圣旨碑文

　　长生天气力里，大福荫护助里，皇帝圣旨。

　　管军官人每根底，军人每根底，管城子达鲁花赤官人每根底，过往使臣每根底，宣谕的圣旨。

　　成吉思皇帝、哈罕皇帝圣旨里：和尚、也里可温、先生、达失蛮，不拣甚么差发休着，告天祝寿者么道有来，如今依着以前的圣旨体例，不拣甚么差发休着，告天祝寿者么道，这李道谦高真人替头里做提点，陕西五路西蜀四川有的先生每根底为头儿行者么道。这李提点把着行的圣旨与来。

　　这的每宫观里房舍里，使臣休安下者。不拣甚么人倚气力休住坐者。宫观里休断公事者，休顿放官粮者，不拣甚么休放者。铺马祗应休与者。地税商税休着者。但属宫观的水土、竹苇、水磨、园林、解典库、浴堂、店舍、铺席、曲、醋等，不拣甚么差发休要者。

　　更，没俺每的明白圣旨，推称诸投下，先生每根底不拣甚么休索要者，先生每也休与者。

　　更，先生每不拣有甚么公事呵，这李提点依理归断者。你每这众先生每，依着李提点言语里,依理行踏者。更,俗人每,先生每根底休理问者。先生每与俗人每有争告的言语呵,倚付了的先生每的头儿与管民官一同理问归断者。不依先生体例行,做歹勾当的、做贼说谎的先生每,管城子达鲁花赤官人每根底分付与者。

李提点倚付来么道。无体例勾当休行者。行呵,俺每根底奏者。不拣说甚么呵,俺每识也者。圣旨俺每的。

龙儿年十一月初五日大都有的时分写来。

第二截左方
双钩八思巴字译汉题辞转写旁译

```
suen  huu  li  taw  k'em
宣    付   李  道   谦
```

八思巴字译汉圣旨转写旁释

(1) čaŋ šhiŋ tèn ki li li
    长   生   天   气 力 里

(2) γoŋ di šiŋ ǰi baw ǰin taj šhi ǰeu lu taw gew ti geu
    皇   帝 圣   旨 葆   真   大   师   诸   路 道   教   提 举

(3) li taw k'ew k'o šiw šèm si u lu 〔si〕 šeu shi
    李 道   谦   可   授   陕   西 五 路 西   蜀   四

č'uen
川

(4) taw gew ti dèm gem liŋ čeuŋ ǰaŋ wan šiw geuŋ
    道   教   提 点   兼   领   重   阳   万   寿   宫

(5) čhi ŋi liŋ li taw k'em ǰeun ts'hi
    事   宜 令   李 道   谦   准   此

(6) ǰi 'uen ši ts'i nèn ǰiŋ 'ue ži
    至 元   十 七   年   正   月   日

汉字圣旨碑文

长生天气力里

皇帝圣旨。葆真大师诸路道教提举李道谦可授陕西五路西蜀四川道都提点兼领重阳万寿宫事。宜令李道谦。准此。至元十七年正月　日。

第二截右方
双钩八思巴字译汉题辞转写旁释

liŋ	ǰi	hṳu	li	taw	kʻém
令	旨	付	李	道	谦

八思巴字译汉令旨转写旁释

(1) čaŋ　šhiŋ　tén　kʻi　li　li
　　长　　生　　天　气　力　里

(2) γoŋ　di　hṳu　ʼin　li
　　皇　　帝　福　　荫　　里

(3) γoŋ　tshi　ʼan　si　ʼu̯aŋ　liŋ　ǰi　baw　ǰin　taj　šhi　dzʻèn
　　皇　　子　　安　西　王　　令　旨　葆　真　大　师　前

(4) ǰeu　lu　taw　gew　ti　geu　li　taw　kʻem　bi　ki
　　诸　　路　道　教　　提　举　李　道　谦　　比　及

(5) wun　tshiw　ji　laj　ko　ti　dèm　šèm　si　u　lu　si　šeu　shi
　　闻　　奏　　已　来　可　提　点　　陕　西　五　路　西　蜀　四

(6) čʻu̯en　[taw　gew]　ghiw　daŋ　ǰeun　tsʻhi
　　川　　　[道　教]　　勾　　当　　准　　此

(7) ǰi　ʼu̯eun　ši　shi　nèn　u　ʼu̯e　ži
　　至　　元　　十　四　年　　五　月　日

汉字令旨碑文

长生天气力里

皇帝福荫里

皇子安西王令旨。葆真大师前诸路道

教提举李道〔谦〕，比及

闻奏已来，可提点陕西五路西蜀四川道

教勾当。准此。

至元十四年五月　日。

第三截右方
汉字令旨碑文

（1）长生天气力里

（2）皇帝福荫里

（3）皇子安西王令旨，谕道教提点李道谦：

（4）我国家祖宗列圣相传，莫不以敬

（5）天崇道，奕世受祜。王祖师得全真之道，教法弘开。

（6）丘神仙尽启沃之识，玄风庆会。是以

（7）先朝眷遇，恩命优崇。凡厥道流，商税地税，应干差

（8）役，咸与蠲免。醮醑亦从食用。

（9）今皇帝圣旨，亦依旧例，继世相承，以为定例。迩者

（10）荐膺帝命，分莅西秦，封建以来，于今五载。高真人率所

（11）属道众修醮告

（12）天，屡获灵应，故尝赠以金冠锦服。今已羽化，继传

（13）者必选其人。以尔李道谦道行〔素〕著，文学

（14）该通，深明三箓之法科，确守一纯之净戒。

（15）得丹阳之正统，践洞真之遗言，不有褒崇，

（16）曷为奖率。可授提点陕西五路西蜀四川

（17）道教兼领重阳万寿宫事，别赐金冠法服。

（18）仰益励操修，以彰殊绩。仍戒谕所属道众

(19) 宣令倾心报

(20) 国，精意告

(21) 天，朝夕诵持，殷勤进道，无负

(22) 我朝敬

(23) 天崇道之心，祖师立教度人之意。若有违条犯戒

(24) 紊乱道风者，惟尔汰择，其慎之焉。无忽。

(25) 至元十四年六月　日。

第三截左方
双钩八思巴字译汉题辞转写旁释

liŋ　ǰi　hu̯u　li　taw　kʻem
令　旨　付　李　道　谦

八思巴字令旨转写旁译

(1) čaŋ　 šhiŋ　 tén　 ki　 li　 li
　　长　　生　　天　　气　力　里

(2) γoŋ　 di　 hu̯u　ʼin　 li
　　皇　　帝　福　　荫　 里

(3) ʼa–nan–da　 □　 ʼu̯an　 liŋ　 ǰi　 šèm　 si　 u　 lu　 si　 ǰeu(šeu)
　　阿难答　　　　　王　　 令　 旨　 陕　 西　五　 路　西　 蜀

(4) shi　(čʻu̯)　en　(taw)　gew　ti　dèm　gem　liŋ　čuŋ　ǰaŋ
　　四　　川　　　　道　　　教　提　 点　 兼　　领　 重　 阳

(5) wan　šiw　geuŋ　ši　li　taw　kʻem　gi　ǰi
　　万　　 寿　　宫　 事　李　道　 谦　　给　以

(6) wun　□　 tèn　 □　 ǰin　 ž〔in〕　 miŋ　γaw　ǰi　laj　i
　　文　靖(?)　天　乐(?)　真　　人　　　 名　 号　 以　来　依

kiw
旧

(7) ghiw　 daŋ　 ǰeun　 tsʻhi
　　勾　　 当　　 准　　 此

(8)　ǰi　'uen　ži　ši　nèn　si　ji　'ue　ži
　　　至　元　二　十　年　十　一　月　日

拟汉文令旨还原

案本碑第三截左方题辞及令旨本文均由八思巴字音译汉语，但汉文原旨不见刊刻。此种碑例，甚为罕见。现据上拟旁译，试将令旨全文还原如下：

长生天气力里，皇帝福荫里，阿难答〔秦〕（大?）王令旨：陕西五路西蜀四川道教提点兼领重阳万寿宫事李道谦，给以文〔靖〕天〔乐〕真人名号以来，依旧勾当。准此，至元二十年十一月　日

碑文笺释

成吉思皇帝　八思巴字蒙文作 J̌iŋ-gis qan。此称号在八思巴字蒙古文文献中存在两种写法，qan 与 qa'an。本碑圣旨作 qan 以与下文之哈罕相区别。汉译"成吉思皇帝"，曾见于颁给丘处机的诏书。元世祖至元十三年（1276 年）将此名号题于神主，此后遂成为朝廷认定的正式的汉文称号。参见《元史·祭祀志》。

哈罕皇帝　八思巴字蒙文作 qa'an。此字原为蒙古部落联盟长的称号，源于突厥。蒙古太宗窝阔台即帝位，加上哈罕尊号，遂用为窝阔台之专称，意为蒙古国的皇帝。汉译又加皇帝二字，形成蒙汉两尊号联称。此联称尊号见于《元史·刘秉忠传》和林上忽必烈书。汉译碑文和公文中又作匣罕皇帝或合罕皇帝。元世祖以后诸帝蒙语均称合罕，因而成宗以后的碑文和公文，多直称窝阔台皇帝，以免混误。参见泾州水泉寺碑注释。[①]

和尚　八思巴字蒙文作 dojid，是汉语借词"道人"的复数。汉语道人一词，原可用指佛教僧徒。宋叶梦得《避暑录话》："晋宋间，佛学初行，其徒犹有僧称，通曰道人。"但"道人"并非佛徒的专称，宋元文献中也用指道教徒。宋耐得翁《都城纪胜》三教外地条：凡道流"道院皆系舍俗道人及接待外路名山洞府往来高士"。宋元间话本《西山一窟鬼》："癫道人将拐杖望空一撇，变做一只仙鹤，道人乘鹤而去。……只见道人道：我乃上界甘真人。"蒙古早期公文，也称道教徒为道

[①]《元史论丛》第三辑，1986 年。本书第 3 碑。

人。重阳万寿宫宪宗元年辛亥立石的圣旨碑，刊有太宗七年（乙未，1235 年）付予全真道尹志平、李志常圣旨："我于合刺和林盖观院来，你每拣选德行清高道人，教就来告天住持。"太宗十年凤翔长春观公据碑："今据全真道人张志洞等告给公据"，给付九人统称"全真道人"（两碑碑文均见《元代白话碑集录》）。此圣旨所付陕蜀提点李道谦也曾称"天乐道人"见《七真年谱》后序。大抵元世祖建国前后，用指佛教徒的"道人"一词逐渐成为蒙古语中稳定的借词。汉译不还原为"道人"，或音译"脱因"，或意译"和尚"，以表明专指佛徒，避免与道士相混。和尚一词原为印度对师长的通称，又译"和上"。汉语"和尚"译名初见于《晋书·佛图澄传》，后演为出家僧人的通称。

也里可温 八思巴字蒙文 érke·ud 是也里可温 érke·un 的复数形，指基督教教士。蒙古国早期汉译"也立乔"，见前引凤翔长春观公据碑。元代文献通译也里可温或也里克温。关于此词的语源，学者或有不同解释。长春观公据碑见"也立乔大师胡木剌"。胡木剌指基督教堂，《至顺镇江志》作忽木剌，源于叙利亚语 'umra。因而，也立乔一词源于叙利亚语 Arkün 之说，较为合理。原义系指基督教的聂思脱里派（Nestorians），即唐代传入中国的景教。元代用以泛指基督教，称基督教为也里可温教，教士为也里可温大师，信教者为也里可温人，有时还用以泛指来自基督教国家的人氏为也里可温氏。应用于不同含义时，又都可以简称为也里可温。本碑所刊减免差发赋税一类圣旨所称也里可温，应指基督教寺院以从事宗教活动为职业的教士，非一般信教人众。元代基督教堂习称为寺，如镇江大兴国寺、杭州大普兴寺等，见《至顺镇江志》载梁相碑记。参阅陈垣《也里可温考》、《挽陈横山诗注》，具见《陈垣学术论文集》。

先生 八思巴字蒙文作 sèn－shiŋ，为汉语借词，碑文加－ud，复数形，指道教徒。汉译还原为"先生"，又音译为"赏生"。汉语"先生"一词原为对长者、师长之尊称，并非指称道士。唐殷尧藩《中元日观诸道士步虚》诗："玄都开秘箓，白石礼先生"，这里的先生仍是用为尊称，并非专号。宋代"先生"一词成为朝廷封赐道士及方士的名号。如王仔昔封通妙先生，林灵素号元妙先生，见《宋史·方技传》。龙虎山张道陵的后裔自第二十四代入宋以后，历代传人多封赐某某先生名号，见《事林广记》道教类"道教源流"。吴自牧《梦梁录》卷十七"历代方士"条载有赐号某某先生的道士及方士多人。宋代民间也因而习用"先生"一词称指道士。话本《西湖三塔记》："只见帘子走起，一个先生入来。""这先生正是奚统制弟奚真人，往龙虎山方回。"元代不再以"先生"作为道士的正式名号而用为一般的泛称。前引长春观公据碑称张志洞为道人，但文中有"先生根底观院"即泛指观院道士。元代公牍用为泛称之例，随处可见，不需赘举。白话文学作品也多有其例。杂剧《黄粱梦》吕洞宾云："一个先生，好道貌也。""这先生开大言，似你出家有甚么仙方妙诀。"《勘头巾》："正末云：你那奸夫，不是俗人，是个先生。旦云：谁道是和尚来，可知是个先生。"但元代汉语口语中，"先生"也并非专指道士，还可有其他含义。宋代理学家多尊称为某某先生，元代仍沿此称，如许衡称鲁斋先生，吴莱称渊颖先生等是。民间也用为读书人的尊称。《西厢记》杂剧中的张珙，即被称为"先生"。《王粲登楼》杂剧："王先生你是读书人。"从事医卜星相的方士也称先生。《朴通事》："我一发待算卦去。这里有五虎先生最算的好。""那卦铺里坐定，问先生，你与我看命。"元代汉语口语中的"先生"可有多种用法。蒙古语中的 sèn šiŋ 则是专指道士的稳定的借词，汉译还原为本字。

达失蛮 八思巴字蒙文 dašimad 是 dašiman 一词蒙古语的复数形。此字源出波斯语，原为学问家、有学识者之尊称。中亚地区伊斯兰教徒用以称谓宗教长老、教师或教士。汉译有达失蛮、答失蛮、达识蛮、达实蜜、大石马等多种译法，均取音译，用字不同。元代伊斯兰教礼拜寺，蒙古语称蜜昔吉，源于阿拉伯语，汉文音译。减免差发赋税圣旨所称达失蛮，系指密昔吉中"告天祈福，祝延圣寿"的教士，不包括一般伊斯兰信徒，与元代文献中的木速蛮（今译穆斯林）含义不同。

不拣甚么差发休着 八思巴字蒙文此句作 'aliba 'alba qubčiri 'eulu 'eujěn 'alba，《元朝秘史》旁译"差发"，qubčiri 旁译"科敛"。两词合用并非专指赋役项目，而是泛指各种赋役。汉文译为"不拣甚么差发"，省去"科敛"，仍然符合原意。"不拣"，元代常用语，犹言"不论"或口语中的"不管……"《水浒》第二十四回："西门庆道：不拣怎的，我都依你，干娘有甚妙计？"此犹言"不论怎样"、"不管怎样"。《华夷译语》："不拣甚么：阿里别，又黯巴儿伯。"'eulu - 'eujěn 蒙古语义为休承担或休承受。汉译"休着"。"着"字是元代汉语习用的语词。张相《诗词曲语辞汇释》着字条（七）引《后庭花》杂剧"你明知是鬼，怕他来缠你。常言道，爱他的，着他的"。释云："着他的，犹云受他的。即一切甘受、愿受之义。"所释甚惬。现代北方汉语口语，如说"受凉"为"着凉"，即同此义。碑文汉译"休着"即蒙语的休承受、休承担。

李道谦 汴梁人，字和甫。周至楼观有玄明文靖天乐真人李公道行碑，集贤学士宋渤撰文，大德十年（1306年）立石。陈垣等编《道家金石录》收录，记其生平甚详。道谦，汴梁人，七岁以六经童子贡礼部，金亡，在儒籍。壬寅（1242年）西游秦中，师从全真道马钰弟子于志道。庚戌（1250年）志道卒。次年，全真掌教李志常署李道谦提点重阳宫事。戊午（1258年）全真掌教张志敬以李道谦充京兆路道录。至元二年（1265年）升京兆道门提点。九年（1272年）至京师，授诸路道教提举，辞归。十四年（1277年）安西王署为提点陕西五路西蜀四川道教兼领重阳万寿宫事。十七年（1280年）世祖申降玺书，守前职。成宗即位，赐号玄明文靖天乐真人。元贞二年（1296年）病卒。年七十八。李道谦自1251年提点重阳宫事至1296年病死，掌管重阳宫达四十五年，受命提点陕西四川道教事也长达二十余年，是元初全真道在陕川地区的重要人物。道谦由儒而道，博通文史。宋渤碑铭称他"经史百家，靡不周览"。一时名士王恽、王磐、杨奂、商挺、姚枢、姚燧等均有交往，所著诗文，编为《筠溪集》传世。于全真文献史事，尤多致力。今本《道藏》所收《祖庭内传》、《七真年谱》、《甘水仙源录》等书均出其手。全真碑铭如长春真人丘处机内传、终南山圆明真人李志源、楼观宗圣宫主李志柔等人道行碑等皆李道谦撰文。著名的《全真教祖碑》由李道谦书篆，书法也著称于世。清王昶《金石萃编》卷一五八全真教祖碑按语：谓"王弇州（世贞）称之云'道流李道谦书，遒伟有法'，洵不虚也。"王恽《秋涧先生大全集》卷一"未央瓦研赋"、"赠终南李炼师和甫"，卷十六有"寄李和甫觅未央瓦研诗"，卷十八又有"题李炼师宗圣宫图，姚左丞索赋"。传世元至治本及明弘治翻刻本均误"宗"为"崇"。崇圣宫在晋阳，大德时建。宗圣宫在周至古楼观，元太宗时修建更名。李道谦撰有《楼观大宗圣宫说经台记》。姚左丞即姚枢，至元十七年卒。秋涧诗当作于至元中叶，其时李道谦尚未赐号真人，故称炼师。据此可知，道谦又长于绘事。李道谦作为重阳万寿宫住持，兼通诗文书画，又于道史文献的编纂贡献独多，实为全真道诸真人中罕见的学人。《秋涧集》卷二十三有"赠道者李云叟"七律，有序云："道人讳道谦，山东齐世家"，"今主东雍之神霄宫，曰云叟者，著其别号云。"此山东人李道谦，主神霄宫，与重阳宫汴人李道谦同名。钱大昕《潜研堂金石文字跋尾》误混两人为一人。陈垣《南宋初河北新道教考》卷一已予订正。

高真人 法名道宽，字裕之，应州怀仁人。《甘水仙源录》卷八有洞观普济圆明真人高君道行碑，题"安西王府文学姚燧撰"，文不见今《牧庵集》。道宽为于志道传人，赐号圆明子，署知重阳万寿宫。壬子（宪宗二年，1252年），李志常擢任为京兆道录，凡十年。碑铭称："中统辛酉（中统二年，1261年）诚明荐之朝，制以为提点陕西兴元等路道教兼领重阳万寿宫事。至元辛未（八年，1271

年）纯真易子为尊师，加知常抱德于圆明之上。丙子（至元十三年，1276 年）天后、皇子安西王各赐黄金云罗冠服一被。教令又益以西蜀道教，犹仍圆明，第易知常抱德为洞观普济，尊师为真人。"举荐高道宽之"诚明"即诚明真人张志敬，时为全真掌教。至元七年（1270 年）卒。继任掌教为淳和真人王志坦。原号纯真大师，即碑铭所称"纯真"。天后即世祖皇后察必，皇子安西王为世祖第三子忙哥剌，陕西为安西王封地范围，故得以委署道官。前引全真教祖碑，至元乙亥（十二年，1275 年）中元日，高道宽领衔立石，已署"陕西五路西蜀四川道教提点兼领重阳万寿宫事洞观普济圆明真人"。碑石今存，了无疑义。姚燧撰碑铭，纪年不明，可为补证。高道宽受命提点秦蜀道教成为朝廷任命的道官，重阳宫的地位也因而更为尊显。高道宽卒于至元十四年正月，年八十三岁。同年五月，李道谦接任其职事。见本碑第二截安西王令旨。第三截令旨称"高真人率所属道众修醮告天，屡获灵应，故尝赠以金冠锦服。今已羽化，继传者必选其人"也指此事。"羽化"为道家术语，羽化登仙，此指高真人之死。或释为"因为高真人年老的缘故"，误。

替头里 汉译碑文"高真人替头里"，八思巴字蒙文碑文 gaw ǰin ži—nu 以下两字，柳风堂拓本磨泐。海涅士影刊拓本存 oro，海涅士转写补作 orona。蒙古语 oro 原有位置之意，在……位置，即代替或接替某位置。汉译"替头"为元代汉语俗语。元杨瑀《山居新语》："因问曰：汝等是正身耶？替头耶？"此言"代替者"与现代口语中的"替身"义近。《通制条格》卷六选举门"军官袭替"条："大德十一年七月初一日，枢密院奏：军官每殁了呵，他每的替头里，委付他每的兄弟孩儿呵。"此言军官们死后，委付其子弟接替其职位。"他每的替头里"意即接替他们的〔职位〕。本碑汉译圣旨此句应读为"李道谦，高真人替头里做提点"，即李道谦接替高真人做提点。

陕西五路西蜀四川 此为元初行省的全称。陕西，宋代分为六路，金代并为四路，元初分设五路，见《元史·地理志》。四川原为宋代川峡四路的总称，地属川东，不包括西蜀，见《宋史·地理志》，故西蜀四川并称。元世祖中统三年（1262 年）建立行省，《元史·地理志》作"立陕西四川行省"系简称。《元史·赛典赤瞻思丁传》："至元元年，置陕西五路西蜀四川行中书省，出为平章政事。"同书"兵志"："至元二年八月，陕西五路西蜀四川行省言（下略）"，均用全称。文献中又作秦蜀行省或陕蜀行省。元代道教的管领，统属于元廷集贤院，下设诸路都提点、都道录等道官，地方路设道录，州设道正。正一、全真等各教分别设官，自成系统，不相统属。陕西周至终南山为全真创兴之地，周邻各地，多有属观，特设行省提点管领，遂成为元代地方道教中统领地区最为广大的显贵的道官。提点以上的道官，需由朝廷任命，故有此圣旨。

为头儿 八思巴字蒙文 'eo-teo-gu-le-ǰu，汉译为头儿。此字之词根 'eo-teo-gu 又见于本碑下文第33行，作复数形 'eo-teo-gus，汉译"头儿"。此字曾见于《元朝秘史》，音译作斡脱古思，旁译"老的每"。本义有长老、首领等意。后置—leǰu 为联结副动词。"为头儿"系元代汉语习用的口语，可有二义。一是开头、从头。《朴通事》："为头儿他瞒别人来，临了他也着我道儿。"段克已鹧鸪天词："便从今日为头数，比到春归醉几回。"参见张相《诗词曲语辞汇释》"为头"条。另一义是"为首"。《朴通事》："老官人为头儿大小家眷小娃娃以至下人们，都身已安乐。"《丽春堂》杂剧："宰臣每为头儿，又尽忠。"直译蒙古语的汉语白话公文和碑文中，此词屡见不鲜。多取第二义。但汉译某人"为头儿"，在蒙古语中依语法形态不同，又有两义。一是以某人为首（的某些人）。另一义是某人为（某些人的）首领。本碑此句当属后者。连同前半句，意为：李道谦，接替高真人做提点，作为陕西五路西蜀四川道士们的首领。

这的每宫观里 八思巴字蒙文作：è-de-nu geuŋ gon dur。geuŋ gon 二字是汉语借词宫观的音译。è-de-nu 为蒙古语代词属格，义为"这些的"。汉译"这的"是元代汉语口语的指示代词，可广泛用于事、物、地、人。杂剧中多有其例。《合汗衫》剧："这的是则好谎庄家"，这的指这事（阴阳造化）。《勘头巾》剧："正末云：文卷在此。府尹云：是那几件？你说。正末唱：这的是行恶的供成招状，这的是打家贼责下口词，这的是远仓粮犹未关支，这的是……"这的指这文卷。《东坡梦》剧："俺本是庐山长老恰升堂。旦儿云：这的是东林寺。""这的"指这里、这地方。《东平府》剧："某乃王矮虎是也，这的是浑家一丈青。"这的指这人。本碑汉译"这的每宫观里"省略蒙古语属格，意为"这些人们的宫观里"。此处应指李道谦所管领的陕西五路西蜀四川地区所有的道观，并非专指重阳万寿宫。

铺马祗应休与者 八思巴字蒙文作 u-la'a si-'u-su bu ba-ri-t'u-gaǰi。ula'a 汉译铺马或音译兀剌。金元文献中所见的铺马，可有两种意义。（一）驰驿使臣官员依定制乘骑的驿马。金初自京师至南京，每五十里置驿，设"铺递"传送军情。由民户供应铺递驰驿使臣乘骑的马匹，称为铺马。楼钥《北行日录》："金法：金牌走八骑，银牌三、木牌二，皆铺马也。"使臣依据朝廷颁给的不同等级的牌符征用不同数量的铺马。元代制度，使臣乘骑铺马，需有朝廷颁给的铺马札子，应起铺马匹数，也依不同品级而有定例，见《元典章》兵部铺马门至元八年尚书省札付。这种马匹，蒙古语称为兀剌木里，见元刊本《事林广记》"蒙古译语"，汉译"铺马"或音译兀剌马。(二) 金元文献中"铺马"的另一种含义，非指马匹，而指铺马名目的赋役。金代赋役有"铺马钱"名目，由户部向全国民户征收。元设驿站制，由站户饲养马匹，供过往官员、使臣需用。有的地区还要供应车船。蒙古语称此种赋役为"兀剌"，汉译也作"铺马"。本碑汉译圣旨文字，即属此类。蒙古语 ši·usu，原义为"汤"，见《华夷译语》饮食门，音译"书速"。元代公文意译"祗应"，音译"首思"，指驿站站户对往来官员、使臣的饮食等供应。元人习用"铺马祗应"合称，作为站户的一种赋役，即供应驰驿官吏人马所需。《元史·兵志》载中统五年八月诏："站户贫富不等，每户限四顷除免税石，以供铺马祗应。"站户减免限额地税，代之以"铺马祗应"，仍是沉重的负担。驰驿官员恃有牌符、铺马札子，往往恣意勒索，使站户深受其苦。见于《永乐大典》"站赤"中的公文，此类事例甚多，不需引录。寺观僧道并非站户，但驰驿官员往往在沿途所经之地，不住馆驿，而强住寺观或富户民宅，多方索取。保护道观的圣旨特为指出，使臣不得停住宫观房舍，不得索要"铺马祗应"，便是基于这样的社会背景。八思巴字蒙文 bu barituqaji，原义为勿拿要、勿索取。汉译碑文作"休与者"，非本义的直译。他碑圣旨此句，或译"休拿者"、"休索要者"，较切原意。圣旨已申明，免除宫观一切差发，铺马祗应作为差发赋税之一种，也不得向宫观索取。其义甚明。

地税商税休着者 八思巴字蒙文作 ts'aŋ t'am-qa bu 'eog-t'u-geé。ts'aŋ 是汉语借词"仓"，引申为仓粮，汉译地税，系指宫观占有田地的税粮。tamqa 是畏兀语借词，原义为"印"，音译"探合"，见《事林广记》"蒙古译语"，引申为印契。元制，交纳商税需执文契赴税务，在缝合处钤课税条印。"若无印契，即同匿税"，因以"探合"称谓商税。参见拙文《元宁远务关防课税条印音释》[①] 及前引《泾州水泉寺碑注释》。bu'eog-t'u-geé 义为勿给与，即不交纳。他碑此词或译为"休与者"，汉语"与"有给与之意，译文较切原意。此碑前文已译"休与者"，此处译"休着者"借以换字修辞。汉语"着"有承受之意，已见前注。此处译"休着者"并不完全符合原意。蒙古太宗时期寺观僧道只免杂泛差发。《通制条格》僧道门载太宗元年"己丑年十一月钦奉条画内一款……其僧道种田作营运者，依例出纳地税商税，其余杂泛科差并行免放"。元朝建国后，僧道逃

[①] 《文物》1995 年第 7 期。

避纳税，渐被认可。世祖至成宗朝有关僧道纳税的法令屡有变动。泾州水泉寺碑及林州宝严寺八思巴字圣旨碑①的注释已有所讨论，不复述。参见《通制条格》卷二十九僧道门商税地税条。

竹苇 八思巴蒙文作 qu–lud，即 qu–lu–sun 的复数。此指陕蜀宫观所有的竹苇物业。竹苇可用为造纸原料，是元廷征收的额外课税之一。《元史·食货志》额外课条："元有额外课，谓之额外者，岁课皆有额，而此课不在其额中也。然国之经用亦有赖焉。课之名凡三十有二。……三十曰竹苇。"下列"竹苇，奉元路三千七百四十六锭三两六钱"。《元史·食货志》列入竹苇额外课，只有奉元路一路，可见当时为这一地区的特产。道观所有，则予免课。

磨 八思巴字蒙文 t'e–gir–med，即 t'e–gir–me 的复数。包培释为出自突厥语。见前引书注34。此碑汉译水磨，又译碾磨，实指宫观所有的磨坊，可供宫观需用，也可作商业性经营，予免差发科敛。

园林 八思巴字蒙文作 baq，前引包培书注：源于波斯语。斯坦因嗄斯（Staningas）《波英辞典》释此词为花园（a garden）。《华夷译语》地理门见"园：巴黑"，可知明初此字已成为蒙古语中稳定的借词。碑文汉译"园林"，系汉语成语。用指花园，也可指花园式的别业。话本《碾玉观音》："曾向园林深处，引教蝶乱蜂狂。"此指花园。唐贾岛《郊居即事》诗："住此园林久，其如未是家。"此指花园式的别业。前引"天乐真人道行碑"纪事云："〔重阳〕宫西北小溪，竹石林樾可爱，洞真（于志道）居时尝名曰筠溪。公（李道谦）复为堂其上，为文章诗咏其中。"《秋涧集》卷廿五有《李提点筠溪亭》七绝二首，其一云："碧鲜庭户玉琤琮，影透疏帘翠几重，中有道人高节在，青青初不易秋冬。"重阳万寿宫所属筠溪亭堂，即圣旨中予以免除差发赋税的园林或 baq。道行碑又云："重阳为宫，四方都会，园田殖产，收入不少。"此所谓"园"应是殖产的菜园、果木园之类，属于圣旨中所说的田土 qajar 一类。

解典库 八思巴字蒙文 giè dèn k'u 系汉语借词"解典库"音译，汉译还原为本字。解典义为"以物为质。典借银钱"。解字应读去声，义为解送、解押，与质（抵押）同义。唐代已有专营质业的质库、质舍，宋代北方称解库，江南称质库，见吴曾《能改斋漫录》。金代称质典库。典之本义为典册，抵押物品，商定金额利息、年限，记录在册，写明姓名，发给典帖为凭，到期取赎。金世宗大定十三年，在中都、南京、东平、真定等地官设质典库，名为流泉，典质之物评定价值后许

---

① 《考古》1995年第4期。本书第6碑。

典借，七分，月利一分，二周年后逾月不赎下架出卖。见《金史·百官志》中都流泉务条。元代解典库，一般是民间经营，官方定制。元禄本《事林广记》壬集收有"至元杂令"，典质财物条记："诸以财物典质者并给帖子，每月取利不得过三分。经三周年不赎，要出卖，许。"《元典章》户部解典条：元贞二年"中书省议得，今后诸人解典，二周岁不赎，许令下架。"寺院经营典质业由来已久，南北朝时已见记载。元代佛寺道观开设解典库，受到朝廷保护和支持，特予免除差发赋税。解典库，元代又称解库、典库或解典铺。蒙古语中"解典库"一词成为固定的借词。元以后，又称典铺、当（去声）铺，帖子称当票。

浴堂 八思巴字蒙文作 qala·un usun，原义为热水，汉译浴堂。汉语古称洗浴用汤，因而有汤沐之邑。《礼记·王制》篇："方伯为朝天子，皆有汤沐之邑。"郑玄注："浴用汤，沐用潘（米汁）。"此语历代相传，元人仍然沿用。元廷中政院"掌中宫财赋营造供给并番卫之士汤沐之邑"。大都留守司兼理"行幸汤沐宴游之所门禁关钥启闭之事"，具见《元史·百官志》。此所谓"汤沐之所"，即沐浴之所，汤字已引申为浴。朝鲜《朴通事谚解》正文："孙舍，混堂里洗澡去来。"注解："人家设温汤浴室处，燕都多有之，乃爇水为汤，非温泉也。或称堂子，旧本作汤子。"正文下文又见："多少汤钱？""我说与你，汤钱五个钱。"此书原为元代朝鲜人学习汉语口语的民间读本。明永乐时经过增删在朝鲜刊行。现行"奎章阁丛书本"，系清康熙时刊本。书中多窜入明代地名、职名，如顺天府、李指挥等，屡见不鲜。注中所称"旧本"，当指元代流行本。称浴钱为汤钱，浴室为汤子，是元人俗语。汉语"汤"原有热水之义。《孟子·告子》篇："冬日则饮汤，夏日则饮水（凉冰）。"八思巴字蒙文圣旨将汉语"汤"意译为热水，乃是有所依据的译名。"浴堂"为汉语旧有的名词，原指佛寺中所设的浴室。北魏杨衒之《洛阳伽蓝记》城西宝光寺条："指园中一处曰：此是浴堂。"元代官方文牍习用浴堂为汤子之雅称。《秘书监志》卷一位序条：至元十年"秘书监札马剌丁于万寿山下浴堂根底爱薛做法里马赤奏……"大都万寿山下有便殿，见《元史·礼乐志》。元代保护寺观之圣旨汉译文都不据蒙古语还原为热水或汤，而译为浴堂，是切当的译名。此指道观经营的浴堂，故免差发。混堂为浴堂之别名，曾见于宋周密《癸辛杂识》："鞑靼地面极寒……仅有一处开混堂。"元代民间习用。明代成为官方用语。明廷宦官十二监所属四司有混堂司，掌沐浴之事。见《明史·职官志》。

店舍 八思巴字蒙文作 dèm，汉语"店"借词。此指供住宿的客店、旅店。汉译店舍，以区别于货贩的店铺。旅店称店舍，曾见于《隋书》卷六六李谔传，

"临道店舍"为"行旅之所依托"。诸宫调《董西厢》:"张生寻得一座清幽店舍下了。住经数日。心中似有闷倦。"下文演说张生移居普救寺事:生曰:"月终聊备钱二千,充房宿之资,未知吾师允否?"法本曰:"空门何计此利?寮舍稍多……何必留房缗?"生曰:"愚意不留房缗,更不敢议。有白金(银)五十星,聊充讲下一茶之资。"寺院寮舍留客住宿,收取房缗(房金),实即店舍。舍指房舍,元人又有官舍、廨舍、书舍等称谓。本碑圣旨前文 gejid "房舍里"系指宫观中的房舍,因令使臣不得安下。此所谓 dèm 店或店舍,乃指宫观所经营的供客人住宿、收取房金的客舍,故在免除差发之列。

铺席 八思巴字蒙文作 k'ebid,包培书据卫里(Wylie)注出突厥—畏兀语,意为商店。《华夷译语》此字音译"客必惕",汉语"铺面"。碑文汉译"铺席"为宋元间习见的汉语名称,指经商货卖的店铺。唐人已有此称,孙棨《北里志》:张住住"为小铺席,货草剉姜果之类"。宋吴自牧《梦粱录》记述汴京市景:"自大街及诸坊巷,大小铺席,连门皆是,即无虚空之屋。"经营某种货物的铺席即称为某铺。南宋耐得翁《都城纪胜》铺席条记杭州城内"又有大小铺席,皆是广大物货,如平津桥沿河布铺、扇铺,温州漆器铺、青白碗器铺之类"。元人杂剧《铁拐李》:"你问他开铺席为经商,可也做甚手作?"碑文圣旨中的铺席专指宫观开设的店铺,是道士们兼营的商业。

曲醋 八思巴字蒙文 šir–ge k'eo–neor–ge de–če,原为醋曲(夺格),汉译颠倒其字,当是为了与课税名目相符。曲指酒曲,即酿酒业。《元史·食货志》有酒醋课为定额税课,志云:"元之有酒醋课,自太宗始,其后皆著定额,为国赋之一焉。""甲午年颁酒曲醋货条禁,私造者依条治罪。"宫观有醋曲实为商业经营。本碑至元十四年六月令旨"醋酵亦从食用",乃免课之婉词。

归断 八思巴字蒙文词根作 qaqal。此字曾见于《元朝秘史》卷八,音译合合勒答周 qaqal–taǰu,旁译"分着"。又见于同书卷九,音译合合仑 qaqal–un,旁译"撞破"。《华夷译语》"分离:合中合中察",包培书英文增订本释此词为"解决争端"(to solve a dispute),当是参据圣旨文字拟译。碑文汉译"归断"是元代公牍用语。《通制条格》卷二十七"带行人"条公文:"若有违犯之人,验事轻重归断。"《元典章》礼部释道门革罢各处僧道衙门公文:"归断的勾当有呵,管民官依体例归断者。"元徐元瑞《吏学指南》:"归断:谓事应究竟致罪者。""究竟"义同追究、查究。本碑圣旨文字有关归断的内容,包括三类情形:(一)先生每的"公事"('euè–les)由李提点归断。(二)先生与俗人间的争议,由委付的先生头目即道官与管民官(管城子官 balaqadun nojad)一同理问归断。(三)做坏事做贼等先生每交付管城子达鲁花赤及管民官。大致相同的内容也见于其他圣旨碑及《元典章》所收有关公文，不具引。由此可知，李道谦作为陕西五路西蜀四川道教提点，授权归断的"公事"，仅限于这一地区道士之间的民事纠纷与宗教争议的调解，不包括对道士犯法的处治。

行踏 八思巴字蒙文 ja – bud – qun，见碑文第 30 行，为形动词复数。汉译"行踏者"。全句为"你每这众先生每，依着李提点言语里，依理行踏者"。蒙古语 jabu，原义为行走，此处引申为行事、实行。宋元汉语白话"行踏"，也有两义。一为行走。杂剧《青衫泪》"怕你再行踏，休引外人来"，《汉宫秋》"休怪我不曾来往，乍行踏"。龙门建极宫碑令旨碑汉译"来往行踏的使臣每"即取此义。另一义是行事、行止。《五代史平话》梁史卷上"怎不道我们也学王行瑜的一般行踏"。与本碑汉译文字用法相同。

龙儿年 本碑第一截圣旨末署"龙儿年十一月初五日，大都有时分写来"。关于此龙儿年之年代，前此推断有误，为研究者所引用，深感歉疚。综考本碑所刊圣旨，此龙儿年应定为世祖至元十七年（1280 年）。本碑第二及第三截授李道谦提点秦蜀道教之两令旨，俱颁于至元十四年。第三截实授的圣旨，颁于至元十七年正月。十一月初五日圣旨称，已授李道谦圣旨，命李道谦接替高真人做提点云云，颁于同年，应无疑义。《元史·世祖纪》，是年九月，世祖自上都返回，十一月适在大都，也与圣旨文字相符。

令旨付李道谦 第二截右方令旨左侧，八思巴字拼写六字，双钩书。赵崡《石墨镌华》卷六曾为摹录，字划无误。译释为"至元十四年五月日"，并称"右别二碑署年月字如此"。此六字无对译的汉字。八思巴字自左至右行，汉字右至左行，故赵氏误与署年月字对译。审析此六字实为"令旨付李道谦"之音写，列于令旨本文之前为题，汉文未予刊录。本碑第二截左方为圣旨，右为令旨，但令旨年代在前，故先加注释，以便于说明。

安西王令旨 第二截右方蒙汉文为"皇子安西王令旨"，安西王为世祖第三子忙哥剌。《元史·世祖纪》至元九年"冬十月丙戌朔封皇子忙哥剌为安西王，赐京兆为分地，驻兵六盘山"。曾为安西王府文学的姚燧在所撰"延厘寺碑"中称"当至元九年，诏立皇子为安西王，以渊龙所国国之"（《国朝文类》卷二十二。《牧庵集》卷十）。据此雅言记述，则安西王分地即世祖当年所受之京兆路封地。至元十四年，陕西四川两行省尚未分立，令旨授李道谦提点陕西五路西蜀四川道教，可证此行省系属安西王封地范围。前引李道谦道行碑记至元九年李道谦至京师"授诸路道教提举，寻辞，西归。"令旨因称"前诸路道教提举"。

闻奏 元代公牍用语,即奏闻。《元典章》礼部学校儒学"立儒学提举司"文书:"若有茂异者,提举司申复集贤闻奏,呈省区用。"同书兵部三驿站使臣"出使筳会事理"文书:"如今俺似这般闻奏过,各道行文书禁了呵,似这般犯着底人每,体察出来呵,重底闻奏了要罪过,轻底俺每就断呵,怎生?"闻奏即奏报朝廷知道。元代诸王投下封地,可自行举荐官员,但需奏报朝廷后始得授任。《国朝文类》卷四十《经世大典序录》投下条:"惟诸王邑司与其所受赐汤沐之地,得自举人,然必以名闻诸朝廷,而后授职。"此碑安西王令旨"比及闻奏已来,可提点"云云,为投下宗王奉行此制度的实例。前引李道谦道行碑记至元十四年,"安西王开府陕西,得承制除拜"也依此制度。

勾当 汉语动词,有办理、操作之意,用为名词,意指事务。唐宋间并用于官职称谓,如勾当租庸使、某路勾当公事等。金代有"勾当官"。元代民间习用此词,白话文学作品中或用为动词,或用为名词,均属常见,不赘引。官方文书中,可有二义。一指一般事务或行为。本碑第一截龙儿年圣旨见"做歹勾当的"、"无体例勾当休行者"等句,系泛指坏事、无理行为。勾当一词八思巴字蒙文为'euèles。另一义指公务或职务。《通制条格》卷五学会门"习学书算"条:"如今算子、文字学呵,后头勾当里使唤呵,勾当里教行呵。"卷六选举门"荫例"条:"管民官承荫例,议得:江淮管民官员,除已受宣敕礼任勾当,致仕、身故,子孙比依前项钦奉圣旨事理一体荫叙。"《元典章》吏部官制"医官"条:"省试中选者……收充太医承应勾当。府试中选人,补充随路学官勾当。本碑安西王令旨"可提点陕西五路西蜀四川道教勾当",提点原为职名,此处用为动词。"勾当"指提点管领的公务。

宣付李道谦 第二截左方左侧八思巴字双钩书五大字,无相对的汉字原文。释其音读,当为汉字"宣付李道谦"五字的音译。前引《吏学指南》释宣:"天子亲赐命诰也。"元帝派遣使臣为宣官向受宣官宣授圣旨,称为宣付或宣命。《元典章》礼部迎送门载有宣命礼仪。"执事者先于庭中望阙设宣命案","使者称有制赐卿宣命。受宣命官又再拜,跪。使者取宣〔命〕于案以授。受宣官受讫,置于怀,就,一拜,兴。稍退,恭阅宣命讫,复致于怀,就褥位,再拜。""宣命"原为专用的动词,也用为名词,指宣命的圣旨。本碑以"宣付李道谦"为题,以明皇帝授命,后刊封授提点圣旨。

宣付圣旨 第二截左方"宣付李道谦"的圣旨,右为汉字四行,末署年月一行。左为八思巴字五行,音译右方汉字。末署年月字也为汉字音译。《国朝文类》

卷四十《经世大典序录》帝制条："国朝以国语训勒者曰圣旨。史臣代言者曰诏书。"事实上，圣旨与诏书并无严格区别，八思巴字蒙古语都称圣旨（ǰarliq），但由此可知元帝圣旨实有国语即蒙古语书写与"史臣代言"即汉臣代拟以汉文书写两类。汉臣代拟的圣旨诏书制诰多见于诸家文集。以蒙古语书写汉文直译的圣旨则见于各地寺观的碑石（西藏地区现存八思巴字蒙古语圣旨，无汉译）。验之以现存碑石及碑拓，元代圣旨的书写及翻译体制，也有两类。一类原为八思巴字书写蒙古语，由译史以汉语白话译意，仍依蒙古语序，以免发生歧解。此类圣旨曾被文人讥为俚俗，但就译者说来，则是力求忠于原句，不敢擅作。另一类为汉人文臣代拟的圣旨或制诰，以汉语文言书写，力求典雅，以八思巴字音译汉字，不再以蒙古语译意。现存懿旨、令旨大体上也循例有此两类。本碑第一截龙儿年圣旨属于第一类。第二截宣付李道谦的圣旨则属第二类。圣旨文字显然为汉臣代拟，又以八思巴字音译。《元史·世祖纪》至元十年正月"戊午，敕自今并以国字书宣命"。称"并以国字"而不称"国语"。有此碑汉字国字并书的宣付圣旨，乃得确解。此旨内容仍是封授李道谦提点秦蜀道教兼领重阳万寿宫事，与第二截右方安西王闻奏后封授李道谦的令旨相同，并无新授。此旨署至元十七年正月，上距安西王至元十四年五月令旨两年又七月。重又有此授命，当与安西王府的变动有关。安西王忙哥剌卒于至元十五年十一月，见《元史·赵炳传》。子阿难答年幼，未能袭封。《元史·商挺传》："王薨，王妃使挺请命于朝，以子阿难答嗣。帝曰：年少，祖宗之训未习。卿姑行王府事。"此后，遂有郭琮、郭叔云谋反事，商挺被株连获罪。至元十六年籍其家。事详《元史》赵炳、商挺两传。至元十七年正月，安西王府王位虚悬，世祖亲颁宣命，重申确认李道谦提点职务，李道谦也由此成为朝廷的正式命官。本碑第一截同年十一月蒙汉文圣旨所称"这李提点把着行的圣旨与来"即指此旨。前引宋渤撰李道谦道行碑内称，"十七年，世祖皇帝申降玺书，守前职"，也指此事。

安西王谕旨 第三截右方安西王令旨谕李道谦，汉文雅言，无八思巴字音译。此令旨写于至元十四年六月，在第二截署任李道谦令旨一月之后。前一令旨为署任文书，此令旨则是对李道谦本人之告谕。内称"可授提点陕西五路西蜀四川道教兼领重阳万寿宫事，别赐金冠法服"。前一令旨系署任提点，未书兼领宫事。此旨称全衔，与至元十七年圣旨相同。令旨称"得丹阳之正统，践洞真之遗言"。"丹阳"即全真第二代祖师马钰，元世祖赠号丹阳抱一无为真人。王利用撰马宗师道行碑，记其生平，见《金石萃编未刻稿》。"洞真"指李道谦师于善庆，法名志道，赐号通玄广德洞真真人。杨奂撰有洞真于真人道行碑，载《甘水仙源录》卷三。此令旨多用典故，对仗工整，当出于安西王府文学之手。

阿难答令旨 第三截左方，八思巴字音译汉语，但无对应之汉文原文上石，其例甚为罕见。当系由于碑石已尽，故予省略。左侧首行八思巴字双钩书六字，识为"令旨付李道谦"汉字音译。令旨本文音写旁译系参据有关文献拟作。末署年月字译为"至元二十年十一月日"。首称"长生天气力里皇帝福荫里阿难答□王令旨"。阿难答原为'a-nan-da三字音译，但可确认为安西王忙哥剌之子阿难答无疑。王上一字磨损，得为"大"字，也得为"秦"字。《元史·诸王表》秦王条："忙哥剌，至元十年诏安西王益封秦王，别赐金印。其府在长安者为安西，在六盘者为开成。"[①] 忙哥剌至元九年封安西王，十年益封秦王，兼有两王封号，绾二金印，设两王府。忙哥剌卒于至元十五年。《元史·诸王表》因误读姚燧延釐寺碑文"才七年而弃其国"句，误书"十七年薨"，汪辉祖《元史本证》已校证为十五年。诸王表又因而误书阿难答"至元十七年袭封"安西王，《本证》失校。案阿难答袭封安西王晚在至元二十四年十一月，见《元史·世祖纪》是月丁酉"诏以阿难答嗣为安西王"。但在此前一年，即至元二十三年四月，《元史·世祖纪》见"陕西行省言：延安置屯田鹰坊总管府……今复供秦王阿难答部阿黑答思饲马及输他赋"，可知阿难答在嗣封安西王之前已称秦王。

真人名号 阿难答令旨八思巴字音译"给以文□天□真人名号以来"等字漫漶，颇难识辨，拟还原如此。真人名号第一字略可窥见 wen 字轮廓，第三字 t'ɛn 也有磨泐，应是天字。其他二字磨损难辨。宋代道教，真人、大师等名号均由朝廷颁赐，见《宋会要辑稿》道释门。元世祖至元六年正月诏："重阳（王嚞）宜赐真君之名，丹阳（马钰）以下七人俱号真人"，见《甘水仙源录》卷首。元代全真道，真人以下大师、子等称号可由真人颁授，真人名号仍需由朝廷赐授或死后追赠。陈垣等编《道家金石略》所收诸真人道行碑铭有关记事，可为明证。本碑第二截至元十四年令旨及至元十七年圣旨均称李道谦为葆真大师，可知其时尚无真人名号。《金石萃编未刻稿》收录翰林学士王利用撰马宗师道行碑称："（至元）十九年秋八月住持终南重阳万寿宫真人李天乐持师道行之状，致恳于仆。"此碑于至元二十年重午日，由李道谦等立石，自题"天乐真人李道谦"。据此可证李道谦被赐号真人当在至元十九年八月以前。最后赐号玄明文靖天乐真人则在至元三十一年七月成宗即位之后，见宋渤撰李真人道行碑。阿难答令旨碑文磨泐之八

---

① 姚燧《延釐寺碑》记"至元九年诏立皇子为安西王"下文记"明年……又明年诏益封秦王"。中华书局校点本《元史》诸王表校勘记："据碑文，十年应作十一年。"案《元史·地理志》开成州条，安西王立开成府在至元十年。仍以十年为是。

思巴字名号，参据汉文文献可拟补"文靖天乐真人"。下文 ʻi kiw ghiw daŋ 四字拟还原为"依旧勾当"，即授予真人名号后仍任提点职事。

御宝、印 本碑第一截八思巴字蒙文圣旨第4行左侧、第15—16行之间上侧、第27—28行之间上侧、第42行左下侧各刻有汉字"御宝"二字，夹于八思巴字之间。第二截八思巴字音译汉语圣旨末行署年月字左侧，也刻有汉字"御宝"二字，夹于八思巴字两行之间。可知此两圣旨原件都钤有皇帝御玺，即宋渤所称"玺书"。《元史·世祖纪》至元元年七月己亥："定用御宝制：凡宣命，一品、二品用玉，三品至五品用金。其文曰皇帝行（之?）宝者，即位时所铸，惟用之诏诰。别铸宣命金宝行之。"1995年出版《西藏历史档案荟粹》收有西藏保存的元代圣旨原件彩色照片六幅，均为元帝自大都颁给藏地各寺院免除差发的圣旨，计元世祖一件，泰定帝三件，顺帝二件。六通圣旨均用八思巴字书写蒙古语，无译文，但都钤有汉字篆书御宝一方，识为"御前之宝"四字，为前此所未见。此玺应即《元史·世祖纪》所载世祖所铸的宣命金宝，历朝沿用。六通圣旨中此御玺均钤于卷首与卷末的下侧及八思巴字本文中间的上侧，与本碑第一截八思巴字圣旨所刊"御宝"二字之位置相同。本碑两圣旨碑文所刊"御宝"，原旨当即这方汉字篆书的"御前之宝"。蒙古太宗御玺曾钤于1240年也可敦大皇后汉文懿旨，刊泐于济源紫微宫圣旨碑。《元代白话碑集录》卷首刊有此碑拓影。御玺汉字篆书"皇帝之宝"四字。但现存各地寺院道观八思巴字圣旨碑拓中，不再见皇帝御宝刻石，而都代之以汉字"御宝"或"宝"字，或以八思巴字音写"baw"（宝）字。这一变化的缘由，见于《元典章》礼部杂例门"碑上不得镌宝"条："至元五年月中书右三部近据太皇寺提举河渡司不鲁歹申：南京朝元宫碑上镌着圣旨御宝一颗，诚恐奸细歹人模勒伪造，偷贩马匹，难以别辨。""议得：随路寺观内应有似此将御宝圣旨并诸王令旨模勒镌凿，合行一体磨毁。于二月二十日奏，奉圣旨准。"据此可知，为防止模勒伪造，随路寺观此后均不得将御宝"模勒镌凿"。八思巴字颁行于至元六年，故各地寺观八思巴字书写的圣旨碑石不再见"碑上镌宝"。前引《吏学指南》释"宣"："以宝为信。"圣旨碑遂镌刻"御宝""宝"字，以昭信验。本碑第二截及第三截安西王两令旨，分别在八思巴字和汉字署年月字前刻有一较小的汉字"印"。这当是表明原旨钤有安西王金印，遵制不得刻石，书此为信。

(原载《蒙古史研究》第五辑《元代道观八思巴字刻石集释》，
内蒙古大学出版社1997年版)

重阳万寿宫碑（1280 年，1277 年，1283 年）全拓本

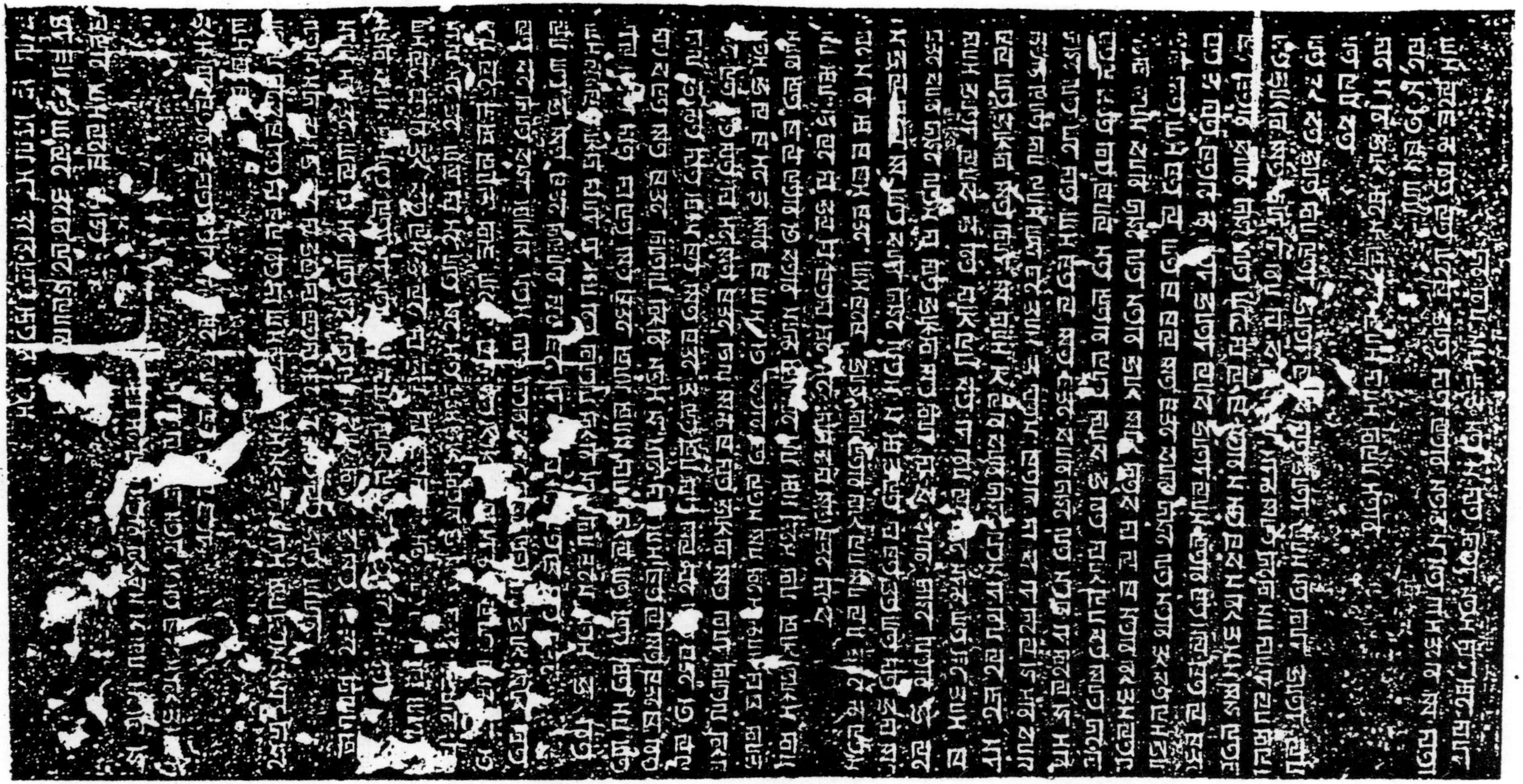

重阳万寿宫碑局部（1280年）　采自Haenisch Ⅲ

[3] 泾州水泉寺碑
（1289年）

元泾州水泉寺碑，在今甘肃泾川。碑石今存，下半磨泐。一面，上刻八思巴字蒙古文，下汉字题名。一面，汉字正书：《敕赐花严海印水泉禅寺记并序》。残损。

此碑，清人碑目未见著录。乾隆《泾州志》亦不载。[①] 光绪时金石家叶昌炽提学甘肃，曾访得此碑拓本。叶氏《缘督庐日记抄》卷十一，光绪甲辰年（三十年）五月初四日记："孙、王两君……又在共池得元贞镇海碑，物色拓工不可得。"次年，七月初五日又记："李估……又拓得宋景德残碑，元元贞镇海寺碑，碑阴有蒙古国书。"案此碑汉字正书寺记一面，末有"岁在乙未，元贞元年，庚辰月乙巳朔，乙未日本寺住持□立碑"语。[②] 蒙古文一面额上有汉字正书"镇海之碑"四字，故叶氏据以名碑。1938年，临洮张维编纂《陇右金石录》收录此碑，并将八思巴字蒙文全部摹写录入，题为镇海寺蒙古文碑。又将另面汉字寺记残文收录，题为花严海印寺碑。张氏录存蒙古字书，书写工整无大误，殊属难能。但因不能辨识，称其内容"大约记僧了彬复建寺宇之事"，则与碑文不合。

1950年，我在北京大学文科研究所金石拓片室检出此碑拓本，曾为编目刊布。[③] 北大所藏碑拓，除陆续收自坊间者外，多为艺风堂缪氏及柳风堂张氏旧物。缪荃孙有《艺风堂金石文字目》，始刊于光绪丙申（二十二年）而成于戊戌（二十四年），此碑拓不见著录。叶昌炽《日记》中，记叶氏南归后，缪荃孙曾往索陇上石刻。很有可能，此拓本即叶氏在陇时所得，后归缪氏。此碑下半，晚清时已剥落，但此拓本八思巴字蒙古文仍清晰可读。逐字译释之后，乃知此八思

[①]《乾隆泾州奉》，清张延福等修，上下二卷，乾隆十九年刊。无金石目。下卷"艺文"类收有明重修水泉寺碑记，未载水泉寺元碑。

[②] 见张维《陇右金石录》卷五，原题"花严海印寺碑"。

[③] 蔡美彪：《北京大学文科研究所所藏元八思巴字碑拓序目》，载北京大学《国学季刊》第七卷第三期，1952年。

巴字碑文乃音写元世祖时保护寺庙的蒙语圣旨。元代习见之此类蒙文圣旨碑，多与直译的汉文合刻上石。此碑一面仅刻蒙文圣旨，无汉文译文，而又将所谓"功德主"的官员汉字题名，刻于下方。此种碑例，实属少见。今为译出，并加笺释于次。

八思巴字音写及旁译

原碑八思巴字自左至右直行，凡三十三行。逐行音写并依原义逐字旁译如下。音写字母已为诸家通用者不再表列。读者可依碑拓原字检对。需加商讨的音写符号，将在下文笺释中讨论。本碑八思巴字间有刻写漏误者，转写时为之校补，分别在案语中说明。

(1) moŋ–k'a dén–ri–jin k'u–č'un dur
    长生   天的   气力   里

(2) jé–ke su Ja–Ii–jin ˙i–he˙en dur
    大   福荫 福威的   护佑   里

(3) qa˙an Jar–li–〔q〕 ma–nu
    合罕   圣旨   俺的

案圣旨一词，《元朝秘史》作札儿里黑，此字源于突厥语。八思巴字碑文均写作 Jar–liq。本碑下文亦作 Jar liq，唯此处作 Jar–li，脱 q 字，当为刊刻时漏误，今为校补。

(4) ba–la–qa–dun šil–de˙e–dun da–
    州城   县镇   达

(5) –ru–qas–da jor–č'i–qun
    鲁花赤   行

(6) ja–bu–qun él–č'i–ne č'e–ri–
    走   使臣   军

(7) –˙u–dun no–jad–da č'e–rig ha–ra–na d˙ul–qa–qué
             官   军   人每   宣谕的

(8) Jar–liq
    圣旨

(9) č'iŋ–gis qa˙a–nu ba qa˙a–nu ba Jar–liq dur do–jidl lér–
    成吉思   合罕   合罕   圣旨   里   和尚（道人）

〔3〕泾州水泉寺碑（1289年） 59

(10)　　　　 –k'e – ud　　　 sèn – š〔hi〕– ŋud　　 t'aš – mad　　　 c'aŋ
　　　　　　 也里可温　　　 先生　　　　　　　 苔失蛮　　　　　 仓
t'am – qa – da˙a – č'a　 bu – ši
　　　　 印　　　　　　　 非

案先生一词š以下原碑磨泐二八思巴字母。据本碑下文重见此词补入ǎhi字之hi。

(11)　　 a – li – ba　 al – ba　 qub – č'i – ri　 'eu – lu'eu – J̌en　 déŋ – ri – ji
　　　　 不论甚么　 差发　　 科欽　　　　　 不承担　　　　　　 天

(12)　　 J̌ar – ba – ri – J̌u
　　　　 祷告

(13)　　 bi – da – na　 hi – ru – 'er　 'eo – gun　 a – t'u – qaji　 ge˙ek' – da˙ag – san
　　　　 我等　　　　 祈福　　　　　 给　　　　 在　　　　　　 述说
a –

案述说一词，或释"以为"。此词屡见于八思巴字碑文，均写作ge˙ek' – d e˙eg – sed。此碑写法不见于他碑，疑误。

(14)　　 – J̌u – 'u〔é〕 é – du – 'e　 ber　 beo – 'e – su　 u – ri – da – nu
　　　　 有　　　　 如今　　　　　　 有　　　　　　 先前

案八思巴字a – J̌u – 'ueé一词，本碑漏刻é字，当是涉下é字遗漏。今据八思巴字碑文习见之写法校补。

(15)　 J̌ar – liq – qun　 jo – su – 'ar　 do – jid　 ér – ké – 'un　 sen – ši – ŋud
　　　　 圣旨　　　　　 体例　　　　 和尚　　　 也里可温　　　 先生

案也里可温一词此处作ér – ké – 'un，与元代习用之汉语译名相合，为他碑所未见。在此当是复数形之误写。此处所称和尚、先生、苔失蛮均为复数，则也里可温也当如前文作复数形ér – ké – 'ud。

(16)　　 t'aš – mad　　 ts'aŋ　　 t'am – qa – da˙a – č'a　　 buši　　 aliba　　 alba
　　　　 苔失蛮　　　 仓　　　　　 印　　　　　　　　　　 非　　 不论甚么　 差发
qub – č'i – ri
　 科欽

(17)　　 'eu – lu　　 'eu – J̌en
　　　　 不(休)　　 承担

(18)　 ši – ge – mo – ni – jin　 meor　 bu – ši　 'eu – lu　 bol – qan　 déŋ – ri – ji
　　　 释迦牟尼的　　　　　 道子　　 非（违）　 不　　　　 佛　　　　 天

60 上编 碑刻

(19)　J̌al – ba – ri –J̌u
　　　祷告

(20)　bi – da – na　hi – ru –˙[e] r　'eo – gun　a – t'u – qaji　ge˙en　gein –J̌iw
　　　我等　　　祈福　　　　　给　　　在　　　说　　泾州

案 hi – ru –˙er 一词，八思巴字漏刻 e 字母，今据本碑前文所见校补。

(21)　dur　bu – gun　hu̯a – ŋém – haj　šué – c'u̯en – šan – shi　ne – re – t'an
　　　里　　在　　　花严海　　　　水泉禅寺　　　　　　为名的

(22)　seu – mes　dur　a – qun　ts'én – ?　uq – bal　te – ri –˙u – t'an　do – jid
　　　寺院　　　里　　在　　　璨□班　　　　　为头　　　　　和尚

案 ts'én 字之后字，第一字母磨泐，暂缺。

(23)　da　ba – ri –J̌u　ja – bu –˙aji
　　　　收执　　　　行走

(24)　J̌ar – liq　'eog　beé　é – de – nu　su – mes　dur　ge – jid　dur　a – nu
　　　圣旨　　　给　　　　这　　　　寺院　　　里　　房舍　　里

él –
使

(25)　–č'in　bu　ba –˙u – t'u –[qa] ji　ula　si –˙usu　bu
　　　臣　　勿　　住下　　　　　铺马　　祗应（首思）勿

ba – ri –˙u – t'u – qaji
　拿要

案住下一词，剥落 qa 字母，据他碑所见补。

(26)　qa –J̌ar　u – sun　t'e – gi [r] – med　ja –˙u　ké　a – nu
　　　地土　　水　　　磨　　　　　　　甚么　　物业　他每的

bu – li –J̌u　tá – tá –
夺取　　　征收

案磨字八思巴字 r 字母剥落，据他碑所见补入。

(27)　–J̌u　bu　ab – t'u – qaji　é – de　ba – sa　do – jid
　　　勿　　要　　　　　　　这　　更（再）　和尚

(28)　J̌ar – liq – tan　g˙e –J̌u　jo – su　'eu – geé –˙un　'eu – les　bu　'eué –
　　　圣旨　　　　以为　　体例　　无　　　　　事(勾当)　勿

(29)　–le [d] – [t'] u – geé　'eu [é] – led [u –˙e] – su　'eu – lu　˙u
　　　做　　　　　　　做呵　　　　　　　　不　　么

```
          a – ju – qun   mun
             怕        他
```

案此句漏误较多。第一字 le 当为 'eué – led，漏 d 字，今为补出。t' 字原碑剥落。又元人习译之"做呵"，他碑八思巴字均写作 'eué – le – du –·e – su。此碑第一字显遗 é 字，今补。d 后之 u 字，此处作 be。be 后之 匚 无 e 字母，与一般写法不合。今据习见写法校改。

```
(30)  Ǧar – liq   ma – nu   heu – k'er   Ǧil   Ǧu – nu   he – č' us
        圣旨       俺的        牛         年     夏        末
(31)  za – ra – jin   qur – ban   ši –
         月之          三十        日
(32)  – ne   da   šaη – du   da   bu –
                    上都
(33)  – kué   dur   bi – č' i – beé
         在              写
```

拟元代直译体译文

元代寺院圣旨，例以白话汉文直译刻石。今拟仿其体，试为复原于次。行款不依旧例抬头。

长生天气力里、大福荫护助里皇帝圣旨。

州城县镇达鲁花赤、往来使臣、军官、军人每宣谕的圣旨：成吉思皇帝、合罕皇帝圣旨里："和尚、也里可温、先生、荅失蛮每，除地税、商税外，不拣甚么差发休当，告天祈福者"么道有来。如今依在先圣旨体例，和尚、也里可温、先生、荅失蛮每，地税商税外，不拣甚么差发休当。释迦牟尼的道子休违了，告佛天与俺每祈福者么道。泾州花严海水泉禅寺名字的寺院里，璨□班为头和尚每根底收执的圣旨与了也。

这底每寺院房舍里，使臣休安下者，铺马祇应休拿要者，水土、磨，不拣甚么休夺要者。更，这和尚每有圣旨么道，无体例勾当休做者。做呵，他不怕那。

圣旨俺的。

牛儿年六月三十日，上都住时分写来。

译文笺释

本碑蒙文圣旨内容，与习见元代保护寺院之禁约公告约略相同。八思巴字蒙文语词，前人已有诠释不须多论者，不再一一注释，仅就需加商讨或补证者，略申管见。译文涉及之地名、寺名、僧名、帝号及年代诸端，条释于次，以就正于读者。

泾州 泾州，金初治保定。金世宗大定七年改保定县为泾川，隶泾州。元太祖十七年，木华黎统军攻下泾州及邠州、原州。元初，诸州并隶巩昌路便宜都总帅府。至元二十一年，泾、邠州改隶陕西汉中道宣慰司。后直隶陕西行省，治泾川县。元世祖至元九年封皇子忙哥剌为安西王，赐京兆分地。次年，于原州立开成府，视上都。泾州在安西王分地范围。略见《元史》太祖、世祖纪及金元二史地理志。八思巴字泾州作州 geiŋ -J̌iw，乃音写汉语。元代八思巴字兼用于拼写蒙语及汉语。在译写蒙语的文书中，汉语地名、人名、寺观名及其他专名，仍依拼写汉语规则直接音写。元碑中已为通例。

水泉寺 八思巴字蒙文圣旨称此寺名为"花严海水泉禅寺"，亦为音写汉语。碑之另一面汉字碑记题"勅赐花严海印水泉禅寺记并序"，仅见残存文字，略称：其地"有井甃名曰青凤泉，建寺曰真相院，累经灰劫"，事在元朝建国之前，年月不详。又记"大元开国"之后，有僧人"讳了彬，西蜀剑阁阴平邑人"，于某岁来此山，"复兴故址"，"躬往京师，得宣诰命名曰花严海印水泉禅寺"。了彬往京师之年月磨泐。据碑记了彬卒于至元丁亥，在京师得宣诰当在世祖初年。青凤泉在泾川紫荆山麓，即古共池。相传周共王游于泾上乏地至此。见乾隆《泾州志》上卷"地舆"及下卷"艺文"所收明弘治十四年《重修水泉上寺碑记》。寺名水泉，系因地而得名。花严海印，乃释家语。花严即华严，或释"庄严佛果"。释家有"华严三昧"之说。三昧系梵语 samādhi，译言"禅定"。海印为三昧名。《大集经》十五称："譬如圆浮提一切众生身及余外色、如是色等，海中皆有印象，以是故，为大海印。"① 海指智慧海，犹言一切色相皆印于心中，即所谓定。花严海印大意即心修佛果。蒙文圣旨作花严海，省印字，义亦可通。可见此寺本名水泉，元世祖宣诰命名，全称花严海印水泉禅寺，简称水泉寺。前引明弘治重修水泉上寺碑记亦称"寺名题为水泉"。《泾州志》上卷"共池"条称池在治北水泉寺。但

---

① 昙无谶译：《大方等大集经》卷一五，《大正大藏经》第十三册。

"寺观"条又称华严海印寺，注"一名水泉寺"。《陇右金石录》因据以题此碑为花严海印寺碑，似欠允当。

镇海之碑 蒙文圣旨碑额汉字正书"镇海之碑"四字，殊不可解。《缘督庐日记》及《陇右金石录》均以为寺名，称为镇海寺。依元碑通例，圣旨碑额宜刊"圣旨"二字，且例刻碑阳，不刊碑阴。此碑实为两面刻石，碑额所书镇海与圣旨内容及官员题名，均无干涉。不知是否原有镇海之碑，磨去原碑文字，补刊圣旨文字上石，抑或有其他原因。一时不能确指，记此待考。

皇帝 皇帝一词，八思巴字蒙文写作 qa.an，即哈罕。元碑汉译例作皇帝。八思巴字碑文中，哈罕与罕，在写法上有明显的区别。哈罕一词在 q 与 n 之间加写 ᠺ 字母。此字母龙果夫（Dragunov），包培（N. Poppe）音写为·，代表喉塞声。[①] 包培（N. Poppe）最近为他的著作《八思巴字》中译本所写的序言，对此有所订正。他认为这可能是表示一种元音连续的填空字，也可能简单地表示元音延长。因此，他对哈罕一词的音写也有所修正，说"八思巴字 q·a–n 也许是 qa·an"。[②] 包培教授的这一修正，是恰当的。但源于藏文字母ᠺ的八思巴字ᠺ在拼写蒙文时，可能并不是简单地表示长元音，而是夹用于一个词的两个音节之间，在语音上起着分隔音节的作用，在字形书写上又起着联缀两个音节的作用。龙果夫在《八思巴字与古汉语》的一个小注里，曾以德语为例，认为它是以喉塞声去分音节。[③] 这一说解，可能较为接近于八思巴字写音的实际。元初八思巴字碑文中，窝阔台称号作 qa·an，汉译作合罕，匣罕，可见两个元音 a 之间确有喉塞声存在。不过，在其他一些词汇的元音之间，也可能只是夹带一种处在消失过程中的喉塞声。有些词汇喉塞声消失，即演为长元音或复合元音。本碑开头之八思巴字 qa·an，乃指当今皇帝，即元世祖忽必烈。汉文文献未见忽必烈这一蒙语称号。但拉施特《史集》称忽必烈为合罕，与八思巴字蒙文碑同。八思巴字蒙文碑文中，忽必烈以下元代诸帝均号合罕 qa·an。

成吉思合罕 八思巴字写成吉思称号作 qa·an 即合罕，不作汗，与《元朝秘史》蒙文音译同。成吉思之称号为合罕或汗，曾在学者中引起讨论。1930 年，伯希和在《蒙古侵略时代之土耳其斯坦评注》中提出："成吉思从未有过合罕尊号"，

[①] 龙果夫：《八思巴字与古汉语》，唐虞译本页 15。
[②] 包培：《为〈八思巴字〉中文版所作序言》，见郝苏民译注《八思巴字蒙古语碑铭》，内蒙古文化出版社，1986 年。
[③] 龙果夫：前引书页 15 注。

"他的实在称号，好像就是činggìs – khan 或 čìnggìz – khan"①。其后在《马可波罗游记注释》中又对此作了较详的论证。伯希和氏的主要依据是：一、普兰诺加宾尼与鲁不鲁乞的游记均称成吉思汗而不作合罕；二、拉施特《史集》作成吉思汗；三、亦相哥刻石（成吉思汗石）之蒙古畏兀字铭文作成吉思汗，贵由致罗马教廷信的印玺，意为达赖汗，也不称合罕或可汗；四、伯氏从而认为《元朝秘史》的合罕之称乃是编者所加甚至后来的抄本增添。②伯希和此说曾为许多学者所采用，但细案其说，证据似欠充分。第一，近出道森编《出使蒙古记》据方济各会出版的拉丁文原本鲁不鲁乞游记中，只有一处提到成吉思汗，其他地方都称为成吉思，不写有汗号。③加宾尼游记称成吉思为成吉思汗，但也称窝阔台为窝阔台汗，不称合罕。伯希和所提到的元代来华的罗马使团马利诺里，则写作成吉思合罕。可见两人游记中的称谓，并不一致。第二，《史集》成于元成宗时，书中确称成吉思为成吉思汗。但这只能说明与《元朝秘史》记述不同，而不能据以否定《秘史》的称号。第三，亦相哥刻石中的蒙古畏兀字写为汗，也只能证明成吉思曾有汗号，而不能证明必无合罕称号。至于贵由不称合罕，更不能据以证明前此必无合罕称号。第四，《元朝秘史》记成吉思尊号为合罕，与《史集》称为汗一样，都是后来编者的追记。怀疑它是传抄本的增改，并无实据。伯希和在提出以上的论断时，并没有注意利用八思巴字蒙文石刻，有些现在所见到的石刻，伯氏当时还未及寓目。八思巴字和蒙古畏兀字不同，合罕与罕的写法，区别十分明显。我所见八思巴字写作成吉思合罕的碑文，除此碑外，还有周至万寿宫碑、彰德储祥宫碑、元氏开化寺碑等多种。这些蒙文圣旨碑石的存在，确凿地证明，成吉思合罕之称屡见于元朝的官方文书，而绝非《元朝秘史》的编译者或抄录者所擅作。不过，还应当提到的是，成吉思汗（或罕）之称也见于元代的另一些八思巴字碑石中。我所见到的有龙门建极宫令旨碑、周至万寿宫碑、林县宝严寺碑、成都青羊宫碑等多种。这种现象说明，元朝统治时期，成吉思的称号，在蒙文中写作合罕或罕（汗），并无严格的规定，与"成吉思"这一特有的尊称不同。罕与合罕两个名词，源于古突厥语，为鲜卑、突厥等北方诸族所习用。罕或汗的原义当是部落首长。合罕或可汗，被释为"大汗"或"汗中之汗"，实即诸部落联合组成的部落联盟长。蒙古建国前，并没有经过部落联盟这一历史阶段，而只是存在过不巩固的松散的部落间的联合。这种暂时联合的首领，如俺巴孩、忽图剌等也号称合罕，并

---

① 伯希和：《蒙古侵略时代之土耳其斯坦评注》，见冯承钧《西域南海史地考证译丛三编》。
② 伯希和：《马可波罗注释》，第 302 页，注 158。
③ 道森编，吕浦译：《出使蒙古记》，中国社会科学出版社 1983 年版。

见于《秘史》和《史集》。铁木真建蒙古国,被诸部落、氏族推举为共主,当时已是流散的氏族、部落的结集,各部落不再有自己的汗,所以汗与合罕的区别,已不再具有严重的意义。《元朝秘史》卷三记铁木真加号事,汉文总译作"立帖木真做了皇帝,号成吉思"①。音译蒙文的大意是:加号帖木真为成吉思合罕,教做了罕。忽图剌在《元朝秘史》卷一称合罕,卷三又称为罕。克烈部脱斡邻,《元朝秘史》称为王罕,《元史》及《圣武亲征录》则称汪可汗。乃蛮部之太阳、不欲鲁,《秘史》称罕,《圣武亲征录》也称可汗。这些现象说明,至少在蒙古建国前后的时期里,罕与合罕两个称号,已为人们所习用而不再严格区别。波斯史籍《史集》及《世界征服者史》均称成吉思为汗,以区别于专称"合罕"的窝阔台,是可以理解的。但如据此以为成吉思不能称合罕而必称为汗,则不免过于拘泥。《史集·成思吉汗纪》释成吉思称号说:"它与哈喇契丹的伟大君主所戴的古儿汗〔称号〕是一个〔意思〕,都是强盛伟大的君主之意。"②《蒙鞑备录》及前引鲁不鲁乞游记均称铁木真为成吉思,可为佐证。照此解释,铁木真所加称号,实际上只是"成吉思"一词。蒙文及波斯文等文献中之"合罕"或"汗",当是人们依据传统习惯而增上的尊称,犹如汉人称为"成吉思皇帝"一样,不烦费解。

成吉思皇帝 八思巴字蒙文碑中之成吉思合罕或汗,在相对的汉译碑文中,均译成吉思皇帝,今从其译。此译名初见于《辍耕录》所载太祖十五年颁给丘处机的圣旨。《蒙鞑备录》,称"今成吉思皇帝"。其后之《黑鞑事略》称:"其主初僭号者,小名曰忒没真,僭号曰成吉思皇帝。"《元史·刘秉忠传》载忽必烈即位前,刘秉忠上书和林潜邸,内称"天生成吉思皇帝"。可见此名已为当时汉人所习用。《元典章》所载元初文书,也用此称号。③但此名由汉人习惯之尊称演为正式称号,当在元世祖至元十三年。《元史·祭祀志》载:"是岁,改作金主。太祖主题曰成吉思皇帝。"金主即太庙供祭之金字神主。题于神主,遂为元朝认定的正式称谓。此后之汉文文献及汉译碑文乃沿用此名。"成吉思汗"一词已为近人所习用,但此词仅见于元代蒙文碑文及波斯史籍。元代汉文文献无此称号。

合罕皇帝 八思巴字蒙文作 qa·an,接于成吉思称号 qa·ail 之后,写法相同。此称太宗窝阔台。他碑汉译作合罕皇帝、哈罕皇帝或匣罕皇帝。④合罕皇帝一词也

---

① 《元朝秘史》卷三记铁木真自札木合处出走后,结集流散的氏族、部落,共推为汗,加号成吉思合罕。此当是后人误记。铁木真加号成吉思之年代,当以《圣武亲征录》及《史集》所记丙寅大会即 1206 年蒙古建国之年为可信。
② 拉施特:《史集》第一卷第二分册,余大钧、周建奇译本,第 208 页。关于"成吉思"的含义,伯希和曾释为海洋,义为广大。前人多有论议,不备举。
③ 《元典章》户部卷一○,《种田纳税》条,中统五年文书。
④ 参见蔡美彪《元代白话碑集录》。

见于《元史·刘秉忠传》和林上忽必烈书。元朝建国前，汉人似已习用蒙语"合罕"加汉语称号皇帝，作为窝阔台之专称。《元典章·户部》载中统文书，称"成吉思皇帝"、"合罕皇帝"，与世祖时汉译碑文同例。志费尼（或译术外尼）《世界征服者史》第一部二十九节记窝阔台即位事称："他们尊称他为合罕，按照往习，所有王公对合罕表示忠诚。"① 窝阔台即位，加号合罕，犹如太祖铁木真之加号成吉思，乃正式称号。当时，成吉思诸子多已有汗号，窝阔台作为大汗，故加号合罕以示区别，不同于前此一般的尊称。《世界征服者史》译注者波义耳以合罕为窝阔台死后之谥号，似出误解。② 合罕一词既为窝阔台的专用称号，又用为成吉思之一般尊称，两者连用，自不免混误。元世祖忽必烈即位后，蒙语称号也称合罕。世祖以下诸帝均用此称。窝阔台专称之合罕与诸帝称号之混误，更加难以避免。元朝蒙古翰林院显然已注意及此，并在书法上作了改进。现存八思巴字蒙文碑文中世祖时圣旨追述先帝均作"成吉思合罕（或罕）、合罕"，但自成宗元贞以后则改作"成吉思合罕（或罕）、月古台合罕、薛禅合罕（世祖）"③。《元史》窝阔台一名，元代汉译尚无定字，有月古台、月古歹、月哥台、月阔台等多种异译。三帝连称，汉译作成吉思皇帝、月古台（窝阔台）皇帝、薛禅皇帝。成宗以后的蒙汉碑文中于是出现三帝书例不同的现象，即太祖在成吉思称号之下再加尊称合罕而不称名，太宗直书其名再加专用称号合罕，世祖则为蒙语谥号薛禅加尊号合罕。三帝书例不同，但表述清楚，不再有混误之可能。这在成宗以后的元圣旨碑中已为通例。综合分析元代蒙汉碑文可证，元太宗窝阔台之称谓，在世祖以前的圣旨中，蒙语称合罕，汉译作合罕皇帝，成宗以后，蒙语称窝阔台合罕，汉译为窝阔台皇帝。区别极为明显。

地税商税 地税一词，八思巴字作 čaŋ，为汉语"仓"之借词。此指仓粮。元碑汉译通作"税粮"或"地税"，今从其译。元代税制："工匠僧道验地，官吏商贾验丁。"④ 故僧道依例纳地税，不纳丁税。地税交纳实物，故又称税粮。纳税粮者须向官仓交纳，故又称仓粮。《元史·食货志》税粮条载：中统二年"远仓之粮命止于沿河近仓输纳，每石带权脚钱中统钞三钱"。至元十七年又规定："随路近仓输粟，远仓每粟一石折纳轻赍钞二两。富户输远仓，下户输近仓。"地税输仓既成定制，"仓粮"一词遂为人们所习用。蒙古原无地税之制，统治汉地后始行税

---

① 志费尼：《世界征服者史》，何高济译本，上册，第218页。
② 《世界征服者史》，何高济译本，上册，第39页，注9。
③ 参见《元代白话碑集录》：一二九五年荥阳洞林寺圣旨碑，一二九六年赵州柏林寺圣旨碑。
④ 《元史·食货志》。

法，故蒙古语中借用汉语"仓"以指仓粮。商税一词，八思巴字作 t'am-qa。原义为印，即《至元译语》中之"探合"。元碑通译为商税，今从其译。亦邻真教授曾指出，此词见于突厥文阙特勤碑，并说："现在还不能弄清 t'amqa（印）一词究竟怎样同三十税一的商税的概念联系起来。"[①] 我意蒙古语中此词原义当指官府颁发之"商税契本"（语出《元史·食货志》）。元代契本例须由户部钤用"契本铜印"，"商税三十分取一"，"无契本者即同匿税"（《元典章·户部·契本》）。蒙古印章之制源于畏兀，蒙古语中借用来自突厥—畏兀语的探合一词，原义当指钤有官印的文书即契本，进而用以泛指商税。本碑八思巴字蒙文此句作 čaŋ t'am-qada·a–ča buši，原义为"除地税商税外"。此语又见彰德正一宫圣旨碑，汉译作"除地税商税，不拣甚么休当者"，"除地税商税外，不拣甚么差发休交当者"，较符合蒙语原义[②]。龙门建极宫令旨碑八思巴字蒙文此句与本碑同，汉译作"地税商税，不拣甚么差发休着者"，语义颇为含混。元初僧道只免科差，不免地税商税。《元典章·户部》种田纳税条载："中统五年正月，中书省奏：'已前成吉思皇帝时，不以是何诸色人等，但种田者依例出纳地税。外据僧、道、也里可温、荅失蛮种田出纳地税，买卖出纳商税，其余差役捐免有来。在后，合罕皇帝圣旨里，也教这般行来。自贵由皇帝至今，僧、道、也里可温、荅失蛮，地税商税不曾出纳。合无依旧征纳事。'准奏。今仰中书省照依成吉思皇帝圣旨体例，僧、道、也里可温、荅失蛮僧人种田者出纳地税，白地每亩三升，水地每亩五升。买卖出纳商税。"据此，元太祖、太宗时确有僧道交纳地税商税的规定，只免其余差役，与本碑蒙文圣旨所述相合。但自定宗贵由时期以来，各地僧道事实上并不依例纳地税商税，故中书省有此奏议，乃重申前旨。世祖时期，僧道规避纳税的现象，似并不曾因而中止，而且渐为朝廷所认可。《元史·食货志》税粮条："至元二十八年，又命江淮寺观田宋旧有者免租，续置者输税，其法亦可谓宽矣。"《元典章·户部》载至元三十年五月圣旨，寺院常住田土均不纳田粮，只是托名僧道或以买卖布施为名托称寺院田土，规避税粮者，加以禁止。同书又载成宗元贞元年闰四月圣旨条画，更明确规定：元贞元年正月以前僧道未纳税地土，尽行除免税粮。江南僧道宋代旧有田地及元朝拨赐田地，均免纳租税，只是后置土地交纳税粮。同时还规定："和尚、也里可温、先生、荅失蛮买卖不须纳税。"[③] 可见，此时僧道不纳地税商税已为朝廷明令许可，改变了太祖、太宗时的旧制。现存成宗以后八

---

① 亦邻真：《读1276年龙门禹王庙八思巴字令旨碑》，见《内蒙古大学学报》1963年第1期。
② 见《元代白话碑集录》。
③ 并见《元典章》户部卷一〇，《僧道税》条。

思巴字蒙文碑称引前帝圣旨,只称免除科差,而不再引述"除地税商税外"等语,当是由于制度改变的缘故。本碑世祖圣旨仍依旧制。

释迦牟尼的道子 此语八思巴字蒙文作 ši – ge – mo – ni – jin meor。八思巴字释迦牟尼一名,前此仅见于居庸关云台石刻,作 ša – ge – mu – ni,与本碑音写不同。① 此名源于梵语 śākya mu – ni。śākya 为天竺姓氏,刹帝利种姓之一。munī 为尊称。藏语释迦作 šākīa,接近于梵语。居庸关云台石刻文字,当出于藏族喇嘛之手,八思巴字写音近于梵、藏。本碑八思巴字圣旨当出于蒙古翰林院之必阇赤,此名之音写实据汉文译名。佛教自东汉末传入汉地,称浮屠之教。汉晋间翻译佛经,似已有释迦牟尼之译名。西晋释道安以释为姓,后世相沿不改。东晋时译《华严经》卷十二记佛之异名:"或名一切义成,或名圆满月,或名师子吼,或名释迦牟尼,或名第七仙,或名毗卢遮那,或名瞿昙氏,或名大沙门,或名导师。"② 历代译经及汉文典籍中,释迦牟尼一名似不再有异译。元代仍通行。本碑蒙文作 šī – ge 不作 ša – ge,显然是依据汉文译名转译。meor 蒙语原义为路径。《华夷译语》作"抹儿",汉义"路"。元碑中用于僧道,汉译多作"道子"。林县宝严寺碑:"释迦牟尼佛道子不别了。"彰德正一宫碑:"太上老君的道子,休别了者。"或译"教法",此言教规。周至万寿宫碑:"太上老君教法里,休别了也。"③ "休别了"译自蒙文 bu – šī éu – lu,或译休违别。今译休违了。又下文八思巴字 Bolgan,此言佛,曾见于怀宁王令旨及居庸关刻石。

为头僧人 水泉寺重建于元初,主持者为来自四川之僧人了彬。本碑八思巴字圣旨称为头僧人为 ts'en ? uq bal。此僧名无文献可征。首字音译,暂拟为璨。第二字第一字母磨泐。第三字 bal,显非汉语,当是出自藏语 dpal,蒙语作 bal,义为吉祥。元代僧人以此字命名者甚多,义译吉祥或祥,音译为班。④ 此僧可拟为璨吉祥。

收执的圣旨 收执一词,八思巴字蒙文作 barī –ǰu ja – bu – ˙aji。barī –ǰu 义为执、拿。ja – bu – àjī,原义为行走着的,此处用以形容 barī – ju。此词在元代汉语直译的碑文中,译法极不一致。有"把着行踏底"、"把着行的"、"把行的"、"收

---

① 参看包培《方体字》;李盖特《八思巴字文献》。
② 佛驮跋陀罗译:《大方广佛华严经》卷十二,《大正大藏经》第四册。
③ 参见《元代白话碑集录》。
④ 北京图书馆藏有甘肃泾川璨和尚舍利塔铭拓本一份,为宜都杨氏旧藏。塔建于元成宗元贞元年八月。建塔者为僧永金等,称僧璨为"亲教璨公戒师和尚"。铭文甚简,内记建塔之地"西观泾滨、东阙秀岭",但不记僧所在寺名,文中亦无僧了彬之名。此璨和尚与水泉寺住持僧璨,同在泾川,又同在元世祖时,但不能证其必为一人。附记于此,待考。

执行踏的"、"执着行的"、"执把的"、"执把着行的"以及"赍擎的"、"赍把行的"、"钦赍着行的"等等。文语或译"常住收执"[①]。

他不怕那 八思巴字蒙文作 eu‑lu·u a‑ju‑qnu mun。习见之八思巴字碑文中，mun 多作 mud，为复数指示词，汉译作"他每"。此碑之 mun 乃 mud 之单数形，故译为"他"。

"不怕那"为元碑习见之译法。或译"不怕那甚么"，系据蒙语直译。汉文文言译文或作"宁不知惧"，"国有常宪，宁不知惧"，较近于原义。

牛儿年 圣旨末署牛儿年夏末月三十日。旨中述先帝成吉思合罕及合罕（太宗），可知在元世祖时。据本碑另面汉字残记，僧了彬"时春秋七十有三，于至元丁亥腊月有八（下缺）"云云，知了彬卒于至元丁亥即二十四年。本碑圣旨颁发时，水泉寺由璨□班住持，颁发圣旨之牛儿年，当为至元二十六年己丑（1289年），即佛教史上"禅教廷辩"之次年。立碑上石在此后六年的元贞元年（1295年）。

官员题名 本碑八思巴字蒙文圣旨之下方，刻有汉字官员题名。姓名均已剥落。残存官职名号，也多已磨损。今略加识辨，迻录于此，以供研究参考。原文自左至右行。低一字者仍依原式，以明官阶高下。

都功德主宣授前泾州邠州（缺）
宣授武略将军泾州达（缺）
宣授西川管军千户（缺）
　泾邠州达鲁花（缺）
　泾邠州元（缺）
　泾州达鲁花（缺）
敦武校尉邠州达鲁花赤（缺）
承事郎泾州达鲁花赤兼（缺）
敦武校尉泾州达鲁花赤（缺）
　将仕郎泾州判（缺）
　进义副尉泾川县达〔鲁花〕赤（缺）
　敦武校尉泾川县尹（缺）
　保义副尉泾川县（缺）
宣授敦武校尉泾州知州兼（缺）

---

① 参见《元代白话碑集录》所收《一二四五年汲县北极观懿旨碑》。

陕西脱思麻怯（缺）
　　陕西脱思麻怯（缺）
　宣授西蜀四川中兴等（缺）
　宣命金牌随路（缺）
　宣授管领打捕民匠（缺）
碑下方右侧汉字题记"宣授泾州僧正（缺）"。右存小字"同袍"二字，左存"同袍西凉府"等字。当为泾州僧正某上石。

（原载《元史论丛》第三辑，中华书局 1986 年版）

附记：本文发表后，1991 年照那斯图编印《八思巴字和蒙古语文献汇集》，收入此碑禁约公告圣旨，题解称"这是薛禅于牛年颁发给泾州花严水泉寺 tsen…ugbal 为头的和尚们收执的圣旨"，编者未能理解碑文的文法结构，致有此误解，应予订正。《文献汇集》所收此类禁约公告碑文，多有这样的误释，不再一一列举。

[3] 泾州水泉寺碑（1289年） 71

泾州水泉寺碑拓片

〔4〕平谷兴隆寺碑
（1294年）

北京市平谷区王辛庄乡太后村元兴隆寺遗址存有元圣旨碑一通，两面刻，碑阳额题八思巴蒙古字，碑文圣旨八思巴字蒙古语。碑阴额汉字篆书，碑文汉字正书。右方为汉字圣旨，左方官员及僧众题名。大德三年（1299年）七月立石。八思巴蒙古字圣旨清晰可读，宣谕军兵、官员、使臣人等禁约侵扰寺院。此类蒙汉文圣旨碑，全国各地寺院道观已知有二十余通，其中部分碑石已毁，仅存拓本。北京市区内，就目前所知，仅存此碑，是值得重视的。

清代诸家金石目未见著录。《畿辅通志》金石门亦不载。1934年刊李兴焯等修民国《平谷县志》卷六金石门著录此碑："元，蒙古文碑，存。大德三年。在县城北二十里萧家院寺内。"① 不录碑文。萧家院寺即古兴隆寺之俗称，在今太后村。

近年照那斯图先生自北京坊间购得此碑不带额的八思巴字碑文拓本，将八思巴字转写，以现代蒙汉文今译，1991年刊入《八思巴字和蒙古语文献汇集》（下文简称照那书）。② 此碑所刊八思巴字蒙古语圣旨遂得以介绍于学人。惜刊布急速，未能对碑石状况和有关文献进行考察，遂致误认"这道圣旨碑刻无汉语白话译文"，误订圣旨年代为大德十年（1306年），译文也多有差误，有待订正。

2001年刊新编《平谷县志》第十七编"碑刻"节收入此碑"③，并将碑阴元代汉译圣旨碑文拍照刊入，从而订正了此碑无汉语译文的误解。遗憾的是，《县志》并未将汉译碑文录出，反而录入照那书拟作的今译全文，题为"碑阴汉文"，录入照那书拟作的现代蒙文译文题为"碑阳八思巴文"，今古颠倒，实在是严重的失误。依据金石目录的惯例，此碑可题为"兴隆寺圣旨碑"或"蒙汉文圣旨碑"。《县志》依碑阴的说明性题字，将此碑题为"皇恩特赐圣旨译本碑"，也是很不妥

---

① 李兴焯等修：《平谷县志》卷六，1934年，《中国地方志集成》影印本。
② 照那斯图：《八思巴字和蒙古语文献》Ⅱ，《文献汇集》，第33—37页，日本东京外国语大学亚非语言文化研究所刊本，1991年。
③ 平谷县志编纂委员会：《平谷县志》，北京出版社2001年版，第543—544页。

[4] 平谷兴隆寺碑（1294年）　73

当的。

2004年1月，北京出版社出版《北京文物精粹大系》，其中石刻卷收入此碑八思巴字碑文的照片，不采《平谷县志》的碑题，改题为平谷八思巴文圣旨碑，是恰当的。照片摄制精美清晰，将照那书未获的八思巴字碑额特为刊出，更使读者见所未见。卷末附有此碑的说明，节录于下：

> 大德三年（1299年）七月立。汉白玉石质，露高234厘米，宽84厘米，厚21.5厘米。螭首，座佚，下部半埋土中。阳额皇恩特赐圣旨译本。碑面无字。①

此说明对此碑的状况作了详细的描述，读者得以了解全貌。但最后一句不免令人惊异。说明中的"大德三年七月立"即据汉字碑文，怎么又说"碑面无字"。而且，前此出版的新编《平谷县志》已将带额的汉字碑面拍照刊布，编者不容不知。作出"碑面无字"的错误"说明"，是不应该的。

2005年3月，《平谷文物志》出版，收入此碑带额的八思巴字碑文拓片，图版制作精良，字迹清晰，读者始得见全貌。② 编者并将汉字圣旨碑拓识别录入。虽其中不免误识，但此碑的蒙汉文圣旨乃得全部刊布。但将照那书前此拟作的不确切的译文一并录入，不免多此一举。碑题沿用《县志》，也嫌欠妥。

近承《平谷文物志》编者柴福善、龚顺宝两先生远道来访，惠赠大著，嘱为校订，并邀约同往勘查。8月18日，我与地方志指导小组办公室王熹同志同去平谷，承平谷区文化委员会盛情接待，与柴、龚等先生前往古瑞屏山，沿山间崎岖小路攀缘而上，至兴隆寺遗址，见两碑屹立山坡，不胜欣慰。前一碑题"大兴隆禅寺创建经藏记"，汉字正书，完整无损。后一碑即兴隆寺蒙汉文圣旨碑。两碑螭首完好，龟座残损，已移置。近年将碑身植入土中，依然巍峨可观。

兴隆寺圣旨碑八思巴字蒙古文保存完好。汉字碑文多有磨泐。临碑摩挲审辨，拓本中某些模糊不清之字乃得以辨识。僧众题名剥蚀较多。汉字圣旨本文虽有缺损，大体可读。现将此碑八思巴字蒙古文以拉丁字母转写，逐字旁译为汉文。汉字圣旨可识辨者校录标点，缺损之字酌为拟补，以供研考。

---

① 北京文物精粹大系编委会、北京市文物局编：《北京文物精粹大系·石刻卷》，北京出版社2004年版，第111页，图版第128、129页，图版说明第13页。
② 北京市平谷区文化委员会编：《平谷文物志》，民族出版社2005年版，第118—121页。

74　上编　碑刻

此碑译蒙古语的汉字圣旨,较严格地直译。蒙古语中表示语法形态的附加后缀,均为译出。某些专名的汉译,也不同于习见的译名,形成特色。兴隆寺的修建与圣旨的颁发,涉及两名官居一品的中书平章政事。有关史事与制度,也待考索。本文汇为笺释若干条,酌加考释,兼对某些流传的误译和误解,略为辨正,以就教于学术界的同好。

圣旨碑文中有关皇帝称号及若干汉译专名如铺马、祗应、印(商赋)、仓(地税)、铺席、店舍等,我在《元代道观八思巴字刻石集释》一文中已有诠释者,不再重释,读者鉴之。

一　八思巴字蒙文碑铭音译

(一) 碑额

(1)　　　qaʿan　　Ǯo‑ri‑r　Ǯi‑
　　　　　皇帝(合罕)　指示

(2)　‑ʼeo‑gu‑san　Ǯar‑liq
　　　公告　　　　圣旨

(二) 圣旨碑文

(1)　moŋ‑kʻa　dèŋ‑ri‑jin　kʻu‑čʻun‑dur
　　　长生　　　天的　　　　气力里

(2)　jè‑ke　su　Ǯa‑li‑jin　ʿi‑heʿen　dur
　　　大　　福荫　福威的　　护祐　　里

(3)　qaʿan　Ǯar‑liq　ma‑nu
　　　皇帝　　圣旨　　俺的

　čʻe‑ri‑ʿu‑dun　no‑jad da　čʻe‑rig　ha‑ra‑na
　　　军　　　官每根底　　军　　　人每根底

　ba‑la‑qa‑dun　　da‑ru‑qas da　　no‑jad da　　jor‑čʻi‑qun
　　管城子的　　　达鲁花赤每根底　官人每根底　　往

　ja‑bu‑qun　èl‑čʻi‑ne　duʿul‑qa‑què
　　行走　　　使臣每根底　宣谕的

(4)　Ǯar‑liq
　　　圣旨

〔4〕平谷兴隆寺碑（1294年）　75

(5)　J̌iŋ - gis - qa - nu　　ba　　'eo - k'eo - deè　qa·anu　ba
　　　成吉思罕的　　　（又）　　窝阔台　　合罕的　（又）

(6)　se - č'en　　qa·anu　　J̌ar - liq　dur　　do - jid
　　　薛禅　　皇帝（合罕）的　　圣旨　　里　道人（和尚）每

èr - k'e - 'ud　　sen - šhi - ŋud　'a - li - ba　'al - ba　qub - č'i - ri　'eu - lu'eu
也里可温每　　先生（道士）每　不拣甚么　差发　　科配　　　休

J̌en(原误作 m)　dèŋ - ri - ji　J̌al - ba - ri - J̌u　hi - ru - 'er　'eo - gun　'a - t'u -
承担　　　　　　天　　　祷告　　　　　祝福　　　给　　　在

(7)　- qaji　　ge·ek - deg - sed　'a - J̌u - 'uè　è - du - e ber　beo - 'e - su
　　　　　　　　说了　　　　　　有　　　　如今　　　　　有

u - ri - da - nu
先前

(8)　J̌ar - li - qun　jo - su - 'ar　'a - li - ba　'al - ba　qub - č'i - ri
　　　圣旨的　　　　休例　　不拣甚么　　差发　　科配

'eu - lu - 'eu　J̌en(原误作 m)　dèŋ - ri - ji　J̌al - ba - ri - J̌u　hi - ru - 'er　'eo - gun
休　　　　承担　　　　　天　　　　祷告　　　　　祈福　　　给

'a - t'u - qaji　ge·en　ta du lu　da qa - ri - ja - t'u　gei J̌iw
在　　　　说道　　大都路　　　属于　　　　　　蓟州

(9)　piŋ jeu　huen　šuè piŋ（原误作 J̌）　šan　dur　bu - k'un
　　　平谷　　县　　　瑞屏　　　　　　山　　里　　有的

heiŋ leuŋ zhi　dziŋ ŋem　du law　hua ŋèm zhi　seu - mes　dur　'a - qun　t'aj
兴隆寺　　　净严　　独乐　　华严寺　　　等寺　　里　住的　　泰

J̌aŋ　law　heiŋ　jiaw　qo - ja - r　ba - ri - J̌u　J̌a - bu - 'aji
长　　老　　兴　　觉　　两个　　　执　　　　行走

(10)　J̌ar - liq　'eog - beè　è - de - nu　seu - mes　dur　ge - jid　dur
　　　圣旨　　　给了　　这些人的　　寺院　　内　　房舍　　里

'a - nu　èl - č'in　bu　ba - 'u - t'u - qaji　u - la·a　ši - 'u - su bu
他每的　使臣　　休　　住下　　　　　铺马（兀剌）　祗应（首思）休

ba - ri - r'u - qaji　ts'aŋ　t'am - qa　bu　'eog - t'u - geè
拿要　　　　税粮（仓）　商税（印）　休　　给与

seu - mes　de'a - la
寺院每　　凡是

（11） qari – ja – tʻan　　qa –J̌ar　　u – sun　　baq　　tʻe – gir – med　　dèm
　　　　属于　　　　田地　　　水　　园　　碾磨每（磨坊）　店

kʻe – bid　qala – ʻun　u – sun　ja –ʻud　kʻe – di　ʼanu　bu – li –J̌u
铺席　　　热　　　水（汤）　甚么　　物件等　他每的　夺 取

tʻa – tʻa –J̌u　bu　ʼab – tʻu – qaji　è – ne　ba – sa　tʻaj　J̌aŋ　law　heiŋ　giaw
征 收　　　勿　　要　　　　　这　　再者　泰　长　老　兴　觉

qo – jar
两个

（12）　J̌ar – liq –　tʻan　geʻe –J̌u　jo – su　ʼeu – ge –ʻuè　ʼeuè – les　bu
　　　　圣旨　　有　　说　道　　体例　　无　　　勾当　　勿

ʼeuè – led – tʻu – geè　ʼeuè – le – du –ʼesu　ʼeu – luʼu　ʼa – ju – qu　mun
做　　　　　　　如做　　　　　　不…么　　怕　　　他

（13）　J̌ar – liq　ma – nu
　　　　圣旨　　俺的

ma – rin　J̌il　J̌u – nu　he –čʻus　za – ra　jin　har – ban　qo – ja – ra　šaŋ
马　　　年　夏季的　末　　　月　的　十　　　二日　　上

du　da　bu – guè　dur　bi –čʻi – beè
都　在　　里　　写了

(三) 书人题名

Liw　zhi　J̌iŋ　bi –čʻi – beè
刘　嗣　正　书

二　汉字碑文校录

(一) 碑　额

皇恩特赐圣旨译本

(二) 圣旨碑文（缺文在 [　] 内拟补）

(1) 长生天气力里

(2) 大福荫护助里

(3) 皇帝圣旨。管军的官人每根底，军人每根底，城子每的达鲁花赤每根底，

官人每根底，经过的使臣每根底宣谕通知

（4）圣旨

（5）成吉思皇帝的、月阔歹皇帝的

（6）薛禅皇帝的圣旨里，和尚每、也里可温每、先生每，不拣甚么差发科配休出者，告

（7）天祝寿者道有来。如今依在先的

（8）圣旨的体例里，不拣什么差发科配休出者，

（9）天根底祷告祝寿与者，么道。属大都路的蓟州平谷县瑞屏山里［兴隆］寺、净严、独乐、华严寺里住的泰长老、兴觉

（10）两个根底将着行的

（11）圣旨与了也。这的每的寺里每的他每的房舍里每，使臣休安［下］者［铺马祗应］休要者，商赋地税休当者。但是属寺家

（12）的田园土地、水、碾水磨、铺席、店舍、热水堂子，不拣［甚么物件他每的］，休夺要者。更，这泰长老、兴觉两个有

（13）圣旨么道，无体例的勾当休行者。无体例的勾当行呵他［不怕那］

（14）圣旨俺的。

马儿年六月十二日上［都有时分写来］

（三）立石僧众题名

大德三年七月日住持妙光寂（下缺）立石　　都（下缺）

净严寺（缺）瑞屏庵山主（缺）

华严寺住持讲经沙门兴思

独乐寺监寺兴如　　知客

（四）开读官员题名

开读使臣　总管郭天禅（押）　　使臣□

管领鹰房相公答剌赤

通议大夫山北辽东道提刑按察使刘公□

银青荣禄大夫平章军国重事宣政院使领泉府卿答失［蛮］

附记：内蒙古教育出版社2004年8月出版呼格吉勒图、萨如拉编著《八思巴字蒙古语文献汇编》（以下简称《文献汇编》）第5号收录此碑蒙汉文圣旨，声明根据拓片刊布的汉文，第5行"歹"误作"台"。第6行"差发"下遗漏"科配"

两字。第 8 行"配"误作"税"。第 9 行"屏"误作"平","独乐"误补"都老","泰"误为"太"。第 10 行"有"误作"头","商赋地税"误补"税粮"。第 12 行"热水堂子"误补"浴堂","泰"误作"太","有"误作"他每"。第 13 行"他"误补"他每"。

三 碑文笺释

蒙文碑额 碑额螭首镌刻精美,八思巴字蒙古文两行,双钩书,自左至右行。第一行首字为习见的 qa‛an 合罕即皇帝。第二、三、四字联读 J̌o‑ri‑r。此字曾见于《元朝秘史》卷一(62 节),音译"勺(通酌)里",旁译"指着"。碑额此字系 J̌o‑ri 加后缀 r,义近"指示"、"指令",雅译可作"宸命"。第一行最后一字 J̌i,当与第二行前三字联读为 Ji‑'eo‑gu‑san。此字见《元朝秘史》卷三(121 节),音译"只阿黑三",旁译"告了的",总译"告与"。碑额与下文圣旨联用,义为"通告"、"公告"①。第二行后两字联读 J̌ar‑liq 札里黑,即常见的"圣旨"。合译可作"宸命公告圣旨"。元代各地寺观此类禁约骚扰的圣旨刻石或有八思巴字题额,多为译写汉语,音写蒙古语殊为少见。圣旨本非碑文,并无篆额可说。此碑额题词当然不是圣旨原有,而是立碑刻石时由书写蒙文圣旨的文人自行拟作,以求符合碑刻的惯例和形式上的完美,并无一定的规范。此碑圣旨是遍行晓谕官员使臣的禁约公告,题为"公告圣旨",还是允当的。

八思巴字蒙文圣旨碑文 du‛ulqaquè J̌aliq,汉字碑文作"宣谕通知圣旨"。du‛ulqaquè 一词曾见于 1276 年安西王令旨碑文,沙畹(Ed. Chavannes)译为法文"publié dans toutes lesprovinces et adressé aux officers……"(在所有省区公布并说给军官人等)②,包培(N‛Poppe)提出异议,认为"蒙古语原文中并无可以译成在所有省分公布的词语",而径译为英语 addressed(说与)。③ 案 du‛ulqaquè J̌aliq 一词曾见于《元朝秘史》续集卷二(278 节),音译"都兀勒合灰札儿里黑",旁译"宣谕的圣旨"。习见的圣旨碑文多同此译。兴隆寺此碑汉译"宣谕通知圣旨"增

---

① 《元朝秘史》卷三,121 节。参见 E. Haenisch, Woerterbuch zu Monghol un niuca tobca'an, J̌i‛ahu 条;内蒙古大学蒙古语文研究室译本《元朝秘史词典》,第 196 页。
② Ed. Chavannes, Inscriptions et pièces de chancellerie chinoise de l'époque mongole, T'oung Pao, 1908.
③ N. poppe, The Mogolian monumeuts in hp'ags‑pa script, 注 3, J. R. Krueger 英译本第 78 页, Wiesbaden, 1957 年;郝苏民:《八思巴字蒙古语碑铭译补》,内蒙古文化出版社 1986 年版,第 191 页。

译"通知"两字，以申明其义。"通知"即广为告知，也即"遍行晓谕"。碑额题为 Ji'eogusan Jaliq，明示公告、通告之义，与汉译碑文相合。

汉文碑额 碑阴汉字圣旨碑额，汉字篆书两行"皇恩特赐圣旨译本"。这当然也不是圣旨原有，而是书写碑文者所拟作，说明汉字圣旨译自蒙文。此类圣旨碑额，或题"圣旨"、"玺书"、"宸命王文"等等，各自拟作，并无定制。但题为"圣旨译本"，为他碑所未见。元世祖颁行八思巴创制蒙古新字的诏书说："自今以往，凡有玺书颁降者，并用蒙古新字，仍各以其国字副之。"[①] 元代圣旨或由蒙古必阇赤以蒙文拟旨，再以汉文白话意译。或由汉人文臣以汉语雅言拟旨，再以八思巴字音译。蒙汉文圣旨都是正式颁行的圣旨。此碑汉字圣旨译自蒙文，但称之为"圣旨译本"显然并不切当。书人擅拟，未必有据。据以用为圣旨碑题，更为不妥。

此碑蒙汉文碑额，均出自书写者拟作，但文字内容并非一致。前引《文献汇编》未加审识，误认两面碑额文字为蒙汉文对译，大错特错了。[②]

蓟州平谷 元代蓟州属大都路，领县五：渔阳、丰闰、玉田、遵化、平谷。见《元史·地理志》。志载："平谷。下。至元二年省入渔阳，十三年复置。"此碑八思巴字平谷作 piŋ jeu，"谷"读如峪。《金史·地理志》大兴府蓟州领县原作"平峪"，"大定二十七年以渔阳县大王镇升"。元代谷字的实际读音，可有两读。现存不同版本的《蒙古字百家姓》或作 gu，或作 jeu。[③] 金元间平谷县读如平峪。今读平谷 piŋ gu，为北京市属区。

平谷之瑞屏山，八思巴字碑文作 šuè piŋ šan，汉字碑文也约略可见。明蒋一葵《长安客话》卷五瑞屏山条："平谷介四山中，烽警视诸边差少。其北一山秀列如屏，曰瑞屏山。"任在陛修康熙《平谷县志》卷一也记："瑞屏山在县北二十里，连峰秀列如屏。"瑞屏山以"如屏"而得名。前引《文献汇编》53页作"瑞平山"，是错误的。

兴隆寺 《平谷文物志》古遗址章记："大兴隆禅寺遗址，位于王辛庄镇太后村歪脖山下。"歪脖山当是古瑞屏山之俗称。康熙《平谷县志》瑞屏山条记："上有石台，下有兴隆寺。元大德元年建，明弘治中重修，俗呼萧家院。"1934年《平谷县志》卷一载当地民间传说，辽朝萧太后（承天后）诞生于此，故名。今地

---

① 《元史》卷二〇二释老传。又见《元典章》卷一诏令。
② 前引《八思巴字蒙古语文献汇编》，第48—49页。
③ 参见罗常培、蔡美彪编著《八思巴字与元代汉语》（增订本）第四编《字汇》，中国社会科学出版社，2004年。

仍名太后村。辽承天后父萧思温辽太宗时为南京留守，萧氏家族涉足渔阳是可能的。太后生地，不可详考。

兴隆寺遗址另有一碑，与圣旨碑并存，《平谷文物志》收录。额题"大兴隆禅寺创建经藏记"（以下简称经藏记碑）。翰林直学士奉训大夫乔达撰并书。乔达，大都人，字达之，雅善书画，见夏文彦《图绘宝鉴》卷五。程钜夫《雪楼集》卷二十五有《乔达之学士真赞》，《元史》无传，无文集传世。

经藏记碑末题"大德元年岁次丁酉十二月日本寺第五代住持龙泉长老行泰立石"。自大德上溯五代，则兴隆寺之创建当在辽朝末季至金朝前期。圣旨碑与此寺并列的净严寺建于辽末天庆十年（1120年）（见下条注释）。两寺均为前代古刹，并非元代创建。

但兴隆寺在元代经过一次相当规模的修建。经藏记碑记：元世祖至元二十七年，泰公禅师即行泰长老驻锡本寺，随后即加修葺。"适有大檀越中书省平章政事帖哥光禄之母代国太夫人李氏夙植善根，崇信大觉。闻师将建是缘，起布施心，遂遣人于余杭迎大藏金文五千余轴安奉于寺，令恒河众生转诵祈福。仍施白金二千两构殿以置之。"中书平章帖哥即《元史》列传之铁哥。《宰相年表》作"帖可"。1962年北京龙潭湖北吕家窑村出土铁可公墓志。[①] 帖哥与铁哥、帖可、铁可，同名异译。史传与碑志，正可互证。史传载：铁哥，迦叶弥儿人，墓志作乞失迷儿部人，即今克什米尔（Kashmir）。父斡脱赤与叔父那摩（墓志作罗麻）太宗窝阔台时投依蒙古。宪宗蒙哥尊那摩为国师，斡脱赤领迦叶弥儿万户，奉命往其国，招降国主，遇害，死。成宗即位，追封代国公，谥忠遂。史传载铁哥母为汉人，未著姓氏。《铁哥公墓志》称"妣李氏，贞淑慈俭，内治有法，封代国太夫人"。与经藏记碑所记相合，即布施修寺之大檀越（施主）。

史载铁哥四岁丧父，由李氏夫人抚养。及长，入侍世祖，备宿卫。历任同知宣徽院事、领尚膳监、司农寺达鲁花赤。至元二十四年，从征叛王乃颜，有功。至元二十九年进为荣禄大夫（后进光禄）中书平章政事。铁哥也娶汉人女为妻，姓冉氏。经藏记碑末，书列布施之"功德主"题名。首列帖哥亡父代国忠遂公，并列代国太夫人李氏，次列帖哥夫人冉氏。此时帖哥官居一品（荣禄大夫从一品，光禄正一品），位列宰辅，奉亡父及生母，率其妻室，捐输巨金，迎奉经藏，修建寺院殿宇，自是佛门盛事。

---

① 铁可墓志拓片见《北京文物精粹大系·石卷刻》图版250、251，参见北京市文物研究所《元铁哥父子墓和张弘纲墓》，《考古学报》1986年第1期；侯士鹗：《元铁哥墓志考释》，《北京文物与考古》1991年第2期。

兴隆寺此次较大规模地装修扩建，约始于至元二十九年之际，大德元年完工。经藏记碑称，修建后的殿宇"重檐丽棋，上切霄汉，势欲飞动，恍如珠宫贝阙，自香严海中浮出也。彩绘焕然，交辉互耀，观者靡不赞叹，至大德改元之七月，厥功告成"。至元间已渐衰落的兴隆寺古刹，于是焕然一新，又臻兴隆。

由上考察可知康熙《平谷县志》所称"兴隆寺，元大德元年建"，系出经藏记碑，乃重建，非始建。康熙志记事未能详明，后来修志者辗转抄袭，研究者因袭援引，遂致误会。

经藏记碑题兴隆寺为"大兴隆禅寺"。大字源于梵语摩诃，义为妙胜。禅字出于梵语禅那，义为禅定。禅寺即佛寺。1989年刊《北京名胜古迹辞典》似误以大兴为地名（平谷有大兴庄），误题兴隆寺为"隆禅寺"，是应该改正的。

兴隆寺建筑今已无存。《平谷文物志》古遗址章记："寺庙毁于抗战时期，被日军焚毁。"现存二元碑外"还有莲花座、经幢盖、龟趺改制的大石槽、柱础等石构件以及沟纹砖等散落于遗址四周"。

净严寺 遗址在今大辛寨村，与太后村同属王辛庄乡，距兴隆寺不远。康熙《平谷县志》："净严寺在大新砦，去县八里，辽天庆十年（1120年）建。"未注出处。遗址曾出土石佛像座，束腰石铸有题记，有抄本流传。陈述辑校《全辽文》卷十一收入。文曰："大辽国燕京蓟州渔阳县大王镇西寨务静（净）严寺内创造释迦佛像一铺，金刚经一碌，于保大元年（1121年）八月工毕。当寺沙门圆净化办。"辽承唐制废平谷县为大王镇，隶渔阳。金大定间始复设县，见前引《金史》地理志。有此题记为证，净严寺建于辽季应无可疑。1934年《平谷县志》此条沿袭乾隆旧志，但增入"今俗称辛寨寺"，可知其时此寺尚存。净严寺毁灭，当与兴隆寺同时。

八思巴字碑文 dziŋ ŋèm du law hua ŋèm zhi，照那书误译为"净严都老法严寺"。"都老"为独乐之误译，"法严"为华严之误译。又释净严寺"似是净严都老法严寺的简称"[①]。此由误译而又生误解。这里并不是"简称"或全称，而是三寺并列，即"净严、独乐、华严寺"。八思巴字蒙古语碑文在寺名后又用一复数形的 sumes，即表明"等寺"，而非一寺。净严以下寺名磨损，临碑摩挲，犹可识辨。

独乐寺 八思巴字碑文"du law"，释"都老"无解。应是独乐之译写。汉语"乐"字，原有几读。"乐"读笑韵，见《集韵》，力照切。八思巴字译写，反映元代"官话"的实际读音。陕西周至重阳万寿宫碑皇庆二年加封孙德彧诏书"虽

[①] 照那斯图，前引书，第33—37页。

深资于天乐",八思巴字"乐"字作law,与本碑写法完全相同,可以为证。①"天乐"即天乐真人,为道士李道谦尊号。《雍熙乐府》收元纪君祥《中吕·点绛唇》:"富贵奢豪,未若贫而乐。"《后庭花》:"冬天梅信早,几番厮撞着,醉乡中取快乐。""乐"字入韵,均读lao。他如元代滦州属县乐亭,今仍读lǎo ting。其例尚多,不需备举。

元代平谷有独乐河,又有独乐河庄。今仍存其名,有南、北两独乐河村(镇)。清乾隆时于敏中等修《日下旧闻考》京畿平谷县卷引《大清一统志》:"独乐河在平谷县东北二十里。"并加按语说:"独乐河一名独漏河。""至北独乐河庄,漏入地中不见,故称独漏河。"此解不免望文生义。所谓"一名",实为平谷方音。新修《平谷县志》第十九编"方言"章记录今独乐河方音仍作tu lou。

平谷独乐寺,创建年代不详。蓟州城内(今天津市蓟县)名刹独乐寺,有辽统和二年(984年)建木构观音阁,闻名于世。平谷独乐寺是否为其属寺,无从稽考。《日下旧闻考》卷一一四引《黄图杂志》:"辽时渔阳有独乐道院,沙门圆新居之。见盘山感化寺窣堵波记。"辽代平谷并入渔阳。沙门圆新与前引净严寺造像沙门圆净,法名均用圆字,当属同一宗支。很有可能,辽代渔阳独乐道院即元代平谷独乐寺之前身,惜无他证。

兴隆寺圣旨碑汉字圣旨之末,僧众题名,见"独乐寺监寺兴如"。经藏记碑阴题名见"独乐河观音院监寺兴引"。独乐河观音院当即独乐寺,遗址今已无存。

寺名"独乐",未见确解。释家有"独觉"之说,谓独自修行,常乐寂静。蓟州及平谷独乐寺均奉祀观音,或与观世音有关。

华严寺 八思巴字作hua ŋèm,照那书译"法严",实为华严。释家以华严喻佛"谓万德究竟,环丽犹华(花),互相交饰,显相为严"②,各地佛寺以此为名者甚多。平谷华严寺不见于历朝县志,所在地及创建年代不详。兴隆寺圣旨碑汉字圣旨僧众题名见"华严寺住持讲经沙门兴思(?)"经藏记碑阴题名见"花严寺监寺兴载"。

泰长老 八思巴字作t'aj ǰaŋ law,系汉字音译。照那书误释为"太章老",无解,实为泰长老。汉字圣旨此名两见,均在碑石下方,已有剥蚀,拓本模糊不清。临碑审辨,仍可识认。元代敕修《百文清规》住持章云:"非崇其位而师法不

---

① 参见罗常培、蔡美彪编著《八思巴字与元代汉语》(增订本)第四编《字汇》,中国社会科学出版社,2004年。
② 唐法藏:《华严经探玄记》卷一,引文据丁福保《佛学大辞典》华严经条。

严，始奉其师为住持而尊之曰长老。"泰为僧名，即前引经藏记碑立石之行泰。简称为泰长老或泰公，均为尊称。

经藏记碑刊"本寺第五代住持龙泉长老行泰立石"。龙泉系地名，在兴隆寺西。经藏记碑文首称"至元二十七载岁在庚寅秋八月，泰公禅师复往蓟之大兴隆禅寺驻锡"。是可知行泰原在此寺，后去他寺传法，至元二十七年复回本寺住持。元制，寺院长老须经僧众推举，申报官府核准。《元典章》礼部卷六"释教""保举住持长老"，皇庆二年御史台文书："各处寺院里住持的长老每委付呵，有德行知佛法的，众和尚保举的，经由有司交做有。"经藏记碑阴僧众题名，见"本寺见监寺兴施"，"净严寺前宗主行进、见主持宗主行阔"，"花严寺监寺兴载"，"独乐河观音院监寺兴引"。兴隆寺圣旨碑阴僧众题名多已磨泐，仍可见"华严寺住持讲经沙门兴思（？）"，"独乐寺监寺兴如"。两碑所列兴隆、净严、独乐、华严四寺的僧众均以"行"字"兴"字为法名，可知属于佛门同一宗支，共尊行泰为长老和禅师。

将着行的圣旨　汉字圣旨碑文："泰长老兴觉两个根底将着行的圣旨与了也。"泰长老、兴觉二名此碑两见，俱有磨泐。此处磨损更甚。兴觉二字在碑石最底部，觉字已埋入土中。拂拭积尘"觉"字仍依稀可见。照那书据八思巴字碑文 heiŋ giaw 释读"兴觉"是正确的。碑石右下方立石僧名及僧众题名磨损，不再见此名。其人身份不详。泰长老为传经的禅师，兴觉或是司理寺院事务的提点或"知事"（都寺、监寺）。

汉译"将着行的圣旨"，八思巴字蒙古语碑文作 bariǰu jabu·aji·rliq。bari ǰu 是古老的蒙古语词，屡见于《元朝秘史》，音译"把里周"，旁译"拿着"，是其本义。此碑译为"将着"。其他寺观的此类圣旨令旨碑文，又译"把着行的圣旨"、"收执行踏的令旨"、"执把行的圣旨"、"执着行的圣旨"等等，其例不一。元代汉语中的"拿着"与将着、把着、执着等等，均为同义词。

jabu 原义行走。jabu·aji，碑译"行的"。包培（N. Poppe）译此字为"被继续持有"①。亦邻真释为"转义而表示动作的持续状态"②。拿走即"常持"，或译"常住收执"。

汉译"与了也"，八思巴字蒙古语作 'eogbeè，系过去完成时，即已经给与。联读上文"如今依在先的圣旨的体例"云云，此已授圣旨的内容即是上文免除差发

---

① 包培前引书，注12。
② 亦邻真：《读1276年龙门禹王庙八思巴字令旨碑》，《内蒙古大学学报》1963年第1期。

告天祝寿。《元典章》礼部卷六恰好收有成宗即位之初颁布的圣旨节文一通，对了解有关制度颇有帮助。移录如下：

> 至元三十一年五月十六日中书省钦奉圣旨节该：
> 成吉思皇帝、月古台皇帝、先皇帝圣旨里："和尚、也里可温、先生每、不拣什么差发休教着，告天祝寿者。"么道来。如今依着在先圣旨体例，不拣什么差发休教着者，告天祝寿者。钦此。

元成宗铁穆耳于至元三十一年四月十四日甲午在上都即位，中书省奉到此旨在即位的一个月之后。圣旨所谓"告天祝寿"，即"为皇家告天祈福"、"为当今皇帝祝寿"。先皇帝既已去世，皇位递嬗，就需要重颁圣旨，重申优遇诸教，为新朝告天祈福，为新皇帝祝寿。此旨由中书省发给各地寺院收执。此后历朝新皇帝即位，都要循例重颁一次，形成定制。现存成宗至顺帝朝禁约骚扰的公告圣旨，引述前朝诸帝，世祖以下一朝不缺，就是因为历朝依例重颁的缘故。

兴隆寺立石的公告圣旨，写于马儿年即至元三十一年六月十二日，在中书省奉到圣旨约一个月之后。圣旨碑文中复述的已授予泰长老等人的圣旨与中书省奉到圣旨汉译文字虽有出入，但内容完全相同。可以确认，碑文圣旨所称"将着行的圣旨与了也"，即《元典章》所收此旨，应无疑义。

元廷屡颁此旨，意在申明对各宗教的优遇政策，也还在申明持有不同信仰的宗教活动，应统一于为皇家和皇帝祈福祝寿，即拥戴元朝的统治。各寺院持有此旨，不承担差发，传经布教即是奉旨行事，受到保护。因而此类圣旨又被称为"护持圣旨"。平山永明寺碑大德四年汉字圣旨即直译为"护持的圣旨与了也"[①]。

寺院房舍 八思巴字蒙文 èdenu seumes dur gejid dur 'anu，汉字圣旨碑文作"这的每的寺里有的他每的房舍里每"，下接"使臣休安下者"。此碑汉字圣旨颇忠实于蒙文原文，对于表示语法形态的附加后缀，如所有格"的"字，复数形"每"字等，均逐字译出，不予省略，以致文字不免冗沓，但表意还是清楚的。类似的语句，又见于周至重阳万寿宫碑延祐元年（1314 年）圣旨，汉译作"这的每宫观庵庙里房舍里"，沙畹（Ed. Chauannes）将宫观房舍视为两事，译为在宫观庵庙里

---

① 蔡美彪：《元代白话碑集录》，第 46 页；又《元典章》礼部卷六道教门"住持宫观事"条公文也称"护持圣旨"。

和在先生的房舍里,中置"和"字(et)。包培亦同此译,中置 and。① 兴隆寺碑的这句话,照那书也将寺院与房舍并列中置顿号,作"在他们寺院、房舍里"。元代各地寺院的此类公告圣旨碑文,此句蒙文有多种译法,"这底每寺里房舍里"、"这底每寺院里他底房舍每"、"寺院房舍里"等等,《元典章》礼部六释教门至元二十三年圣旨作"这的每寺院里他每底房舍里,使臣休安下者"。道教门至元十四年圣旨作"这的每宫观里房舍,使臣休安下者"。八思巴字蒙文 dur 义为"在……之中",此句的房舍实指寺院之中的房舍。兴隆寺碑汉译补入"有的"二字,使语义更为明确。这句话的实际含义,简言之,即"这些寺里的房子,使臣不得占住"。

水土 八思巴字蒙文 sumes de ala qarijat 'an qa J̌ar usun,汉译作"但是属于寺家的田园地土水"。"但是"系蒙语 ala(但、只)一词的义译,即"凡是"、"只要是"。qa J̌ar 原意为土地,此处指耕作地,故作"田园地土"。"水"指灌溉田地的水利,可包括沟渠泉井池塘之类。习见的其他圣旨碑多取义译,合译为"水土"。并非译自蒙语的汉文文书也多称寺产为"田地、水土"。此碑逐字直译,简译为水。照那书将此碑蒙文水字 usun 译为"河流",在他碑中曾对此字注解说:"译作河流,是指一切水源包括井、湖、河、海。"② 圣旨碑此句原是胪列属于寺家的各项产业,禁约官兵人等不得夺取。河水可以灌溉,也可因水权发生纠纷,但河流并非属于某个寺院的寺产,海更不能属于某个寺院所有,别人也无从夺取。看来,元碑习见的"水土"一词还是较为妥切的译名。此碑直译为"水",义亦可通。照那书译为"河流",是不恰当的。

园林 八思巴字蒙文 baq 是源于波斯语的借词,原词义为园子,但不是田园、菜园,而是指种植果木的花果园及园中别业。③ 元碑中汉译为园、园果、园林。此碑汉字圣旨没有此字的译名,当是刻石脱漏。照那书据八思巴字译出"园林",是正确的。

碾磨 蒙文 t'egirmed,复数形,源于突厥语。包培曾释为"磨坊"(mills)。④ 赵州柏林寺碑猴儿年(1296年)汉字圣旨,即作"磨房"。⑤ 此指寺院经营的产

---

① 包培前引书,英译本第 50 页,及注 18、19,参见蔡美彪《元代道观八思巴字刻石集释》之(三)注释,《蒙古史研究》第五辑,内蒙古大学出版社 1997 年版。
② 照那斯图、胡海帆:《林县宝严寺两道八思巴蒙古语圣旨》,《民族语文》1996 年第 3 期,第 51 页,注 3。
③ 参见《元代道观八思巴字刻石集释》之(一)注释。
④ 包培前引书注 34,郝苏民中译本第 219 页。
⑤ 《元代白话碑集录》,第 37 页。

业。元碑中多译为碾磨或水磨。此碑汉字圣旨作"碾水磨","水"字当是刻石衍出,涉上文而衍。

热水堂子 蒙文作 qala·un usun,义为热水,源于汉语的"汤",用指洗浴。元碑中此词多译为"浴堂"。前引赵州柏林寺1296年圣旨也作"堂子"。成书于元代的朝鲜《朴通事谚解》有注云:"人家设温汤浴室处,燕都多有之,乃热水汤,非温泉也。或称堂子。"堂子收取"汤钱",是商业性的经营。① 此碑汉字圣旨据蒙文直译为"热水",又义译为"堂子"。两者并用,是少见的译例。

甚么物件 汉字圣旨碑文第12行"不拣"以下至"休夺要者"以上磨泐七字,据八思巴字蒙文拟补"甚么物件他每的"。八思巴字蒙文此句作 jaud k'edi'anu。包培书注21 释前引安西王令旨此句第一个词的词义是"甚么",第二个词是代词,原义是"东西"(thing)。ke'di 是 k'e 的复数形。他对此句的译释是"属于他们的任何东西"(anything which is thiers)。案此词曾见于《元朝秘史》卷五(153节),音译联为一词作"牙兀客",旁译"甚么"。"头口"一词之后,联句作"头口甚么要了的"。又见于同书续集卷一(252节),音译"牙兀客",旁译"物件等",置于"段匹"之后,联句作"金银物段匹物件等"。此词其他蒙汉文碑的汉译或作"不拣甚么",但与译自蒙文 aliba alba 的"不拣甚么差发"(任何差发)不同,多用于表示物件的名词之后,义同"等等物件"。因而碑文又有"物业"、"等物"、"一切等物"、"不拣是么东西""不拣是甚"等译写。今为兴隆寺碑文拟补的"不拣甚么物件",曾见于灵寿祁林院碑、荥阳洞林寺碑、均州万寿宫碑、平山万寿寺碑的白话圣旨碑文。兴隆寺碑圣旨这句话的完整意义是:凡是属于寺院的田园地土等等物业,都不得夺取。

又"甚么"一词,在汉语俗语中,原可用为名词的后置,表示"等等",今北京话仍存此义。徐世荣编《北京土语辞典》359页"什么的"条释为因事物项目太多而使用省略词,用如等等。如"你可想着买铅笔、橡皮、水彩、练习本、图画纸什么的"。前引《元朝秘史》卷五旁译"头口甚么要了的",即"牲口等等要了的"。

他不怕那 汉字圣旨碑文倒二行,"行呵"以下可识"他"字,下文磨泐。八思巴字碑文作 'eulu'u'ajuqu mun,他 mun 为单数。依元碑译例拟补"他不怕那"。此句文义,相当"倘行不法,宁不知惧"。

圣旨俺的 汉字圣旨直译蒙文 J̌aliq manu,作"圣旨俺的",义译即"钦此"。

---

① 参见本书[2]周至重阳万寿宫碑。

此圣旨八思巴字碑文的书写人题额"公告圣旨"。碑文中宣谕通知的对象是军官、军人、地方官员和经过使臣,宣谕的主要内容是禁约骚扰:(一) 使臣不得在寺内占住;(二) 不得征收铺马祇应商税地税;(三) 不得侵夺寺产。所以,此类圣旨实际上是以皇帝名义发布的禁约文告。公告禁约可以采用多种形式,一些寺院遂刻石立碑,以期永固。

此类公告圣旨多引述朝廷颁给各寺院免除差发告天祝寿的护持圣旨,以为依据。但刻石立碑,禁约官兵骚扰的"公告圣旨",与授予寺院长老收执的"护持圣旨",乃是性质不同的两件事。两者有联系又有区别,不可误解混同。

开读使臣 兴隆寺碑的碑阴文字,呈现出一种特殊的格式。右方刊刻汉字圣旨,自右至左行。左方刊列官员题名四行,汉字正书,自右至左行。题名的官员并不是习见的布施寺院的"功德主",而是"开读圣旨"的使臣。此种题名为他碑所少见。

第一行:"开读使臣　总管郭天禅。"

"开读使臣"即开读圣旨之使臣。蓟州属大都路,圣旨"随路开读",此"总管"当是大都路总管。

大都路原设有总管府。至元二十七年,升为都总管府,秩正三品。郭天禅无考。碑刻姓名之下,刊有花押,以为证验。

第二行:"管领鹰房相公答剌赤。"

"管领鹰房"当是管领诸路打捕鹰房总管府之省。秩正三品,至元十七年置,见《元史·百官志六》。"相公"是习用称谓,非职名。长春真人《西游记》曾称田镇海为田相公。《蒙鞑备录》称燕京留守石抹明安为"大葛(哥)相公"。此处当是称打捕鹰房总管府之达鲁花赤或总管。答剌赤,蒙古人名。其人无考。

第三行:"通议大夫山北辽东道提刑按察使刘公□。"

通议大夫,正三品。至元八年三月"改山北东西道为山北辽东道",见《元史·世祖纪》。提刑按察司置于大宁路,隶御史台,见《元史·百官志二》。刘公□,"公"下磨损。《元史·世祖纪》至元四年见刘公谅使宋,不知是否其人。

第四行:"银青荣禄大夫平章军国重事宣政院使领泉府卿答失〔蛮〕。"

末一字"蛮"磨损,拟补。此人《元史》无传,附见其兄也先不花传。姚燧《牧庵集》卷十三有"皇元高昌忠惠王神道碑铭并序",为其人作。据《元史》卷一四七也先不花传,蒙古怯烈氏(克烈部)。祖昔剌斡忽勒兄弟投依太祖铁木真,父孛鲁欢,宪宗时中书右丞相。答失蛮为其次子。神道碑记答失蛮幼侍世祖为侍卫。《元史》世祖纪至元二十二年八月见"以答失蛮领泉府司"。

答失蛮任宣政院使之年代，史无明文。神道碑称"及改制置为宣政院，以王（答失蛮）为使。凡天下职僧之官，何人宜为，从所调奏。祝发之徒入罪罟者惟与是官同听，有司不得专决"。元廷改释教总制院为宣政院，在至元二十五年十一月。秩从一品，置院使二员"掌释教僧徒及吐蕃之境而隶治之"，见《元史》世祖纪及百官志。《元史》卷二〇五桑哥传："世祖问所用何人，对曰：臣与脱因。于是命桑哥以开府仪同三司、尚书右丞相兼宣政使，领功德使司事。脱因同为使。"据此记事，改制置宣政院时院使二员，实为桑哥与脱因。脱因，《元史》无传，名臣畏兀人孟速思之长子，见程钜夫《雪楼集》卷六"武都智敏王述德之碑"。至元二十八年正月，桑哥罢相治罪，七月伏诛。答失蛮任宣政院使当在桑哥罢任之后。

神道碑又记答失蛮于至元二十五年随世祖征叛王乃颜。二十七年又从征海都。次年，拜荣禄大夫（从一品）泉府大卿。[①] 成宗即位，元贞元年加银青（正一品）、平章军国重事。兴隆寺碑题名署衔，与神道碑所记全合，应无疑问。据神道碑铭，答失蛮卒于大德八年。武宗时追封高昌忠惠王。

元廷颁降圣旨，例由蒙古翰林院的专职官员"写圣旨必阇赤"拟写。颁给地方州县的圣旨委付朝省官员持送圣旨至各路宣读，称为"赍擎圣旨，随路开读"[②]。有关寺院的圣旨则由官府通知住持僧人来官廨听宣。[③] 此碑有官员四人题名，第一行明署"开读使臣"，可知此四人即是"赍擎圣旨"的宣使。禁约骚扰寺院的公告圣旨，本为习见的例行公事，原可由宣政院差官持送。兴隆寺的公告圣旨，由官居一品、位列宰辅兼任管理佛教寺院事务的最高长官宣政院使亲自领衔，正三品官员三人赍擎开读，降旨如此隆重，为其他寺院所罕见。这当是由于兴隆寺的重修系由先朝旧臣官居一品位列宰辅的中书平章铁哥家族捐资主持，故特蒙优渥，以示荣宠。僧人立碑，不遵成例，将宣使题名与圣旨并列上石，也正是为了志此殊荣，用以自重。

立石僧众 碑阴汉字圣旨之后，正书一行"大德三年七月日住持妙光寂（下缺）立石"。"妙光寂"以下磨损，不可识，当是大师称号。究属何人，无法确指。与住持并列，存一"都"字，上下文俱剥蚀。左下方刊有净严寺、华严寺、独乐

[①] 姚燧：《牧庵集》，武英殿聚珍本蒙古人名均经改译。此神道碑之答失蛮改作达实密，乃颜作纳延，海都作罕都。今依《元史》译名还原。

[②] 《元典章》礼部卷一迎送门迎接体例条。参见同卷"开读许令便路""使臣就路开读"诸条及《元典章·新集》礼部"宣使开读"条。

[③] 参见《元代白话碑集录》，第28页，灵仙飞泉观碑。嘉庆《泰山志》卷十八泰安州申请执照之碑。船田善之：《蒙元时代公文制度初探》，《蒙古史研究》第7辑，内蒙古大学出版社2003年版。

寺僧人题名。又残存"知客"两字，当是知客僧某人题名。

圣旨书人 八思巴字蒙文圣旨刻石右下方，刊有八思巴字小字一行：liw tshi ǰiŋ bič'ibeè。末一字为蒙古语"书写"。前三字，照那书释为汉语人名，拟译"刘嗣正"，合译"刘嗣正书"。八思巴字音写汉语不能区分同音字和声调，因而在没有其他文献可据时，只能暂译其音。照那书拟译刘嗣正三字，与八思巴字写音相合，今从其译。此碑八思巴字书写工整秀丽，而且通篇无误（个别误字，显为误刻），这在现存八思巴字碑文中，实为少见。以蒙古语题写碑额也可证此书写人精通蒙古语文，或者即是"译史"等专职人员。

照那书在题解中说："这个石刻还有一个特点，即在圣旨文字末行下角有刻石人的署名，系汉名，我们译作刘嗣正。"称此书写人为"刻石人的署名"，似出误解。石刻碑记之撰文、书丹、立石、刻石属于不同范畴。例由书家书写，石匠刻石。蒙汉文圣旨碑也同此例。陕西邻阳光国寺蒙汉文圣旨碑，末署"路井镇赵珪刊，乡土白克中译书丹并额"。汉文曲阜加封孔子致祭碑，末署"鲁人石匠张德石聚"[1]。八思巴字蒙文河东延祚寺令旨碑，末题"稷山姚村李文质刻石"[2]。这些才是刻石人的署名。照那书将兴隆寺碑书写人的题记误认为是"刻石人的署名"，并称"这是八思巴字蒙古语碑中首次所见"，不免疏于查考。

纪年考略 兴隆寺碑圣旨末署"马儿年六月十二日上都有时分写来"。此碑立于大德三年七月，圣旨之马儿年只能是至元三十一年（1294 年）甲午，本无疑义。此年即元世祖去世，成宗即位之年。成宗于此年四月在上都即位。五月，上先帝庙号世祖，"国语尊称曰薛禅皇帝"。见《元史·世祖纪》。此旨署六月写于上都，旨中称"薛禅皇帝"，均与史合。

照那书此碑题解定圣旨写于 1306 年，即大德十年丙午，并未说明依据和理由。引录文献也只限于 1934 年修《平谷县志》一书。关于碑刻的引文是"卷六下金石部又说：蒙古文碑，存。……在城北二十里萧家院内"。节略号删去的文字即立石年代"大德三年"。照那斯图先生未及考察此年代记录是否确实有据，删略文字以回避与所拟年代之抵牾，遂致失误。

大抵此类禁约骚扰的圣旨，多由寺院申请颁降，经州县报呈中枢。《元史·铁哥传》载"成宗即位，以铁哥先朝旧臣，赐银一千两，钞十万贯"，仍任中书平章政事。由铁哥家族重修的兴隆寺，请降禁约骚扰的例行圣旨，自无窒碍。成宗四

---

[1] 《元代白话碑集录》，第 75、54 页。
[2] 蔡美彪：《河东延祚寺碑译释》，《蒙古史研究》第二辑，内蒙古大学出版社 1986 年版。

月即位，五月以皇帝名义向各寺院重颁护持圣旨，六月又以皇帝名义颁给兴隆寺禁约骚扰的公告圣旨，是可以理解的。

然而，从蒙古必阇赤书写圣旨，到成宗派遣使臣传送开读，中间又经历了一段时日。成宗于至元三十一年十月回到大都，所遣使臣答失蛮署衔"银青荣禄大夫平章军国重事"。据前引姚燧神道碑铭加授答失蛮此官秩在次年即元贞元年，未记月份。《元史·百官志一》记："（至元）二十九年罢尚书省，增中书平章为五员而一员为商议省事。""成宗元贞元年，改商议省事为平章军国重事"，也无月份。《元史·成宗纪》元年五月，见"加平章政事麦术丁为平章军国重事"，可知此职之改设，当在五月之前。另一传旨使臣答剌赤署"管领鹰房相公"。《元史·成宗纪》：元贞元年闰四月己未"罢打捕鹰房总管府"。又可知传旨当在四月之前。据两人署衔可证，兴隆寺碑圣旨送到开读当在写旨之次年春季，即元贞元年正月至四月之间。写旨至开读，需经时日，当是常例。《元代白话碑集录》所收无锡免秀才杂泛差役诏碑，颁旨在至元二十五年十一月，碑刊"至元二十六年正月十九日到，开读讫"。可为佐证。

此圣旨传送开读之日，兴隆寺尚在施工修建之中。当以适当形式张布，禁约骚扰，并未立即刻石。奉旨刻石，需经时日，也是常例。如河中栖严寺碑大德六年虎儿年八月写旨，九年二月立石。邰阳光国寺碑延祐五年马儿年四月写旨，六年八月立石。易州龙兴观碑至大二年懿旨，迟至至顺二年刻石。[①] 诸王令旨、帝师法旨上石，也有此例。如浚县天宁寺碑至治元年法旨，泰定三年立石。这或是由于募资刻石均需时日，或是由于骚扰不止，故又立石以示禁约。兴隆寺于大德元年七月重建完工。十二月，大兴隆禅寺创建经藏记刻石立碑。三年七月再为禁约骚扰的圣旨立石公告，是合乎常例的。

平谷兴隆寺自至元二十七年行泰长老驻锡修葺，至大德三年六月立此圣旨碑，前后历十年之久。自拟写圣旨到刻石立碑，也已经历五年。此间原委，难免误解。现据本文之考释，梳理系年，以供研考。

至元二十七年（1290年）

八月，蓟州平谷县瑞屏山兴隆寺第五代住持行泰驻锡，修葺前朝古刹殿庑。

至元二十九年（1292年）

家世奉佛的中书平章政事铁哥（迦失弥尔人）之母代国夫人李氏（汉人）布施白金二千余两，重修兴隆寺殿宇，自余杭迎大藏经五千余轴安奉。

[①] 俱见《元代白话碑集录》。

至元三十一年（1294年）

正月，元世祖忽必烈在大都病逝。

四月，元成宗铁穆耳在上都即帝位。

五月，元成宗以皇帝名义，向各地佛、道、基督教寺院重颁护持圣旨，免除差发，告天祝寿。

六月，以皇帝名义拟旨，宣谕军兵及州县官员人等禁约骚扰平谷兴隆寺等寺院。

十月，成宗自上都回到大都。

元贞元年（1295年）

春，平章军国重事、宣政院使答失蛮等四使臣赍擎禁约骚扰的公告圣旨，在大都路开读。

大德元年（1297年）

七月，兴隆寺修建完工。彩绘焕然，交辉互耀。

十二月，翰林直学士乔达撰大兴隆禅寺创建经藏记刻石，在兴隆寺立碑。

大德三年（1299年）

六月，禁约骚扰的公告圣旨刻石。八思巴蒙古字与汉字圣旨两面刻，附刻传送开读圣旨官员题名。在兴隆寺内立碑，螭首龟座。

2005年9月于北京

（原载《考古学报》2006年第3期）

平谷元兴隆寺圣旨碑碑阳拓影
北京市平谷区文管所拓藏

平谷元兴隆寺圣旨碑碑阴拓影
北京市平谷区文管所拓藏

[5] 昌黎云峰寺残碑
（1297—1307 年）

1958 年春，中国科学院哲学社会科学部参观团一行，在潘梓年同志率领下去河北昌黎县参观。途经道者山云峰寺址，见一断碑，我伏身审视，竟是一通元代蒙汉文圣旨碑的残存。残碑仅存下半，正面为八思巴字蒙文，背面残存汉字数行。蒙文圣旨之上又被后人刻上汉字题诗，以致原刻蒙文更加断裂难辨。倚碑细辨，摹录纸上携归，存之箧笥，三十余年矣。此残碑今已不可得见，因就当年录文，略作探考，并将八思巴字蒙文译出，公之同好。

道者山在昌黎县西北二十里。康熙《昌黎县志》卷一山川道者山条云："上有古寺，宋元纲诗云：兹山介平营，时与太古存，碣石拱其侧，水岩何足论，东北医无闾，罗列为弟昆。"山上之古寺，今已不存。宋元纲为元宋纲之倒误。同治《昌黎县志》卷八艺术卷收入此诗，标题为"题道者山"，署名改订为"元宋纲"。席世臣编《元诗选癸集》据地志收录，署名宋纲。碣石山在道者山之左，故云"拱其侧"而与医无闾山媲美。云峰寺在道者山麓，创建年代不明。民国《昌黎县志》卷三地理志下云峰寺条云："城西二十里。凤凰山即道者山之麓，相传唐尉迟敬德重修。尚有残碑可考。"凤凰山在道者山之东，两山相联，民间或泛称凤凰山。所称唐人残碑又见同书卷五风土志，谓："道者山云峰寺遗址有唐文皇重修寺院残碑，字尚可辨。住持祥迈与崇兴寺住持觉圆各有道行。"

云峰寺元圣旨碑，不见著录。民国《昌黎县志》卷十二金石志云峰寺碑条引马恂《海山览胜记》云"憩云峰寺，观元碑"，或即此碑。康熙志卷七收有宋琬题云峰寺诗云："借得樵人笠，来过道者山。簿书聊自假，屐齿未曾闲。树老蝉声合，碑残鸟篆斑。高寒碣石山，何日再重攀。"云峰寺无鸟篆碑，此所谓鸟篆之残碑，当即八思巴字蒙文圣旨碑，因不识其字，率意而谈。宋琬其人，志称"宪副，莱阳"，山东莱阳籍人，为宪副之职，似在明清之间。康熙志收录明季清初人诗凡四首。另一诗为华阴东荫商作。民国志卷三云："此诗东荫商写草字。镌于唐碑之上。"此唐碑当即前引之残碑，上镌新诗，残毁更甚。由此可知，元代蒙文圣旨上复刻汉字诗句，并非偶然，而是一时的颓风。文人附庸风雅，为刊刻自己的题诗，不惜凿毁古碑，真堪一叹！

元代云峰寺状况，未见文献记载。据蒙汉残文可知，所刊即习见之保护寺庙之圣旨。汉文存有"大德"二字，立石在元成宗大德时，具体年代脱落。蒙文中存有住持长老名 lišan，暂拟为"立山"。

现先将汉字残文录出，再将八思巴字蒙文摹录，并加音释，存以备考。

汉字刻石残文

（上缺）
（缺）每根底宣谕的
（缺）住持□长老提点（缺）
（缺）休夺者祗应休要者税粮（缺）
（缺）他每□使气力休强夺□者
（下缺）
盐使司监运李　书丹
〔云〕峰寺监院□明□立石
大德（下缺）

八思巴字蒙文残存

（覆刻汉字，多有残缺。上缺）

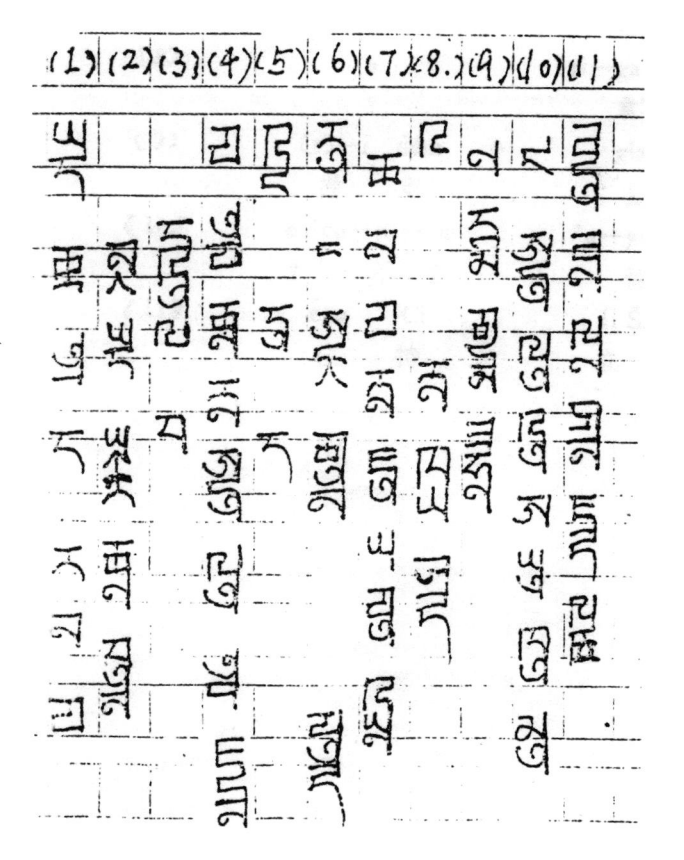

八思巴字蒙文音译

(1) 〔no〕–jad č'〔e–ri–〕u–d〔un〕 〔ha〕–ra–na
　　　官每　　　　军　　　　　人每
ba –〔la – qa – dun〕
　　城子里

(2)　no – jad　jòr –č'i – qun
　　官人每　　行的

(3)　d·ul – qa
　　宣谕

(4)　ba –〔q〕ub –č'i – ri　'eu – lu – ue –J̌en
　　　　科敛　　　　　　不承担

(5)　'e　du　da
　　　?　?　?

(6)　ru〔er〕e　'eo – gun　buŋ
　　祈福?　　给　　　　?

(7)　č'an　ba – ri –ǰu　ja – bu –'aji
　　　??　　收执　　　行走

(8)　a　ri – ga – j〔i〕　　ts'aŋ
　　?　拿要　　　　　仓（粮税）

(9)　〔t〕– i　dèm　gian　zhi
　　　提　　点　　监　　寺

(10)　e'eu – lu –'u　'a – ju – qu　mu〔n〕
　　　?不么　　　　怕　　　　　他每

(11)　čeu　či　li Šan　J̌aŋlaw
　　　住　持　立山　　长老

（原载《蒙古学信息》1996 年第 3 期）

[6] 林州宝严寺碑
（1298年）

河南安阳市林州淇谷宝严寺废址，原有元碑二。此碑为第一碑，三截刻。第一截汉字正书，鸡儿年圣旨。第二截八思巴字蒙古文，狗儿年圣旨。第三截汉字正书，狗儿年圣旨。碑阴汉字正书，元贞元年彰德路禁约榜及僧众题名。成宗大德十一年仲秋立石。第二碑两截刻。上截八思巴字蒙古文，下截汉字正书。仁宗延祐三年十一月立石。见另文。

1936年，顾燮光著《河朔金石目》，卷三著录两碑，均题为"淇谷寺国书圣旨碑"，并称"未著录"。检清毕沅《中州金石记》卷三有"国书二碑，武宗时立，在林县"，当即此二碑，但误记为武宗时立。杨铎编《中州金石目》同误。清末吴式芬编《捃古录》卷十八元碑目录中著录"宝岩寺圣旨碑"，题大德三年三月，未著书体及所在地，似即林州宝严寺第一碑之拓本。圣旨狗儿年为大德二年，吴录误作三年。与顾燮光同时，林县李见荃等重修《林县志》，刊于1932年。新志卷十四金石门著录两碑，题"宝岩寺圣旨碑"，并将第一碑汉字两圣旨、碑阴禁约榜及第二碑之汉字圣旨全文收录，实属难能。两碑之八思巴字蒙文圣旨，未见前人摹录。

缪荃孙艺风堂曾收有此二碑拓本。1906年刊《艺风堂考藏金石目》（《金石文字目》）未见著录。缪荃孙之子禄保编有《艺风堂续藏金石文字目》，未刊。中国社会科学院考古研究所及北京大学图书馆藏有抄本。续目卷四著录二碑，均题"圣旨碑"，"在林县宝严寺"。两碑拓本之收藏，当在1906年以后。艺风堂所藏碑拓后归北京大学文科研究所。我在1952年刊印的"北京大学文科研究所所藏元八思巴字碑拓序目"中[1]，曾编入碑目甲类。两碑汉译碑文三通，已收入《元代白话碑集录》。[2] 八思巴字蒙文圣旨，未及刊布。

---

[1] 北京大学文科研究所所藏元八思巴字碑拓序目，载北京大学《国学季刊》第七卷第三期，1952年。
[2] 《元代白话碑集录》，科学出版社1955年版，第9、22、45页。

此碑为宝严寺第一碑。大德十一年立石。第一截汉字正书圣旨鸡儿年，当是元世祖中统二年辛酉，其时八思巴字尚未创制，只有直译的汉语。第二截以八思巴字书写蒙古语，为圣旨原文。第三截是此圣旨的汉语译文。现将此碑拓本刊布，八思巴字蒙文圣旨，以拉丁字母音写，参据直译原文酌加汉字旁译，并对文中若干专名与有关史事，略加笺释，以供研考。第一截汉字圣旨，拓本文字清晰，不再抄录。延祐三年所立碑之八思巴字蒙文圣旨，容当另文译释。

一　第二截八思巴字音写及旁译

(1)　moŋ – k'a　déŋ – ri – jin　k'u –čun　dur
　　　长生　　　　天的　　　　气力　　　里

(2)　jè – ke　su　J̌a – li – jin　i – he·en　dur
　　　大　　福荫　福威的　　　护助　　　里

(3)　qa·an　J̌ar – liq　ma – nu
　　　合罕　　圣旨　　俺的

(4)　če – [r] i –·u – dun　no – jad – da
　　　　　军　　　　　　官每　根底

(5)　če – rig　ha – ra – na　ba – la – qa –
　　　军　　　人每　　　　城

(6)　– dun　da – ru – qas – da　no – jad – da
　　　　　　达鲁花赤每　　　　官人每

(7)　jor –či – qun　ja – bu – qun　èl –či – ne　da·ul – qa – qu'e
　　　去往的　　　行走的　　　　使臣　　　　宣谕的

(8)　J̌ar – liq
　　　圣旨

(9)　J̌iŋ – gis　qa – nu　ba　'eo – k'eo – deé　qa – nu　ba
　　　成吉思　　罕的　　　月古觯　　　　　罕的

(10)　se – čen　qa·anu　ba　J̌ar – liq　dur　do jin　èr – ke –·ud
　　　薛禅　　合罕的　　　圣旨　　　里　道人（和尚）也里可温每

sen – ši –
先生

(11)　– ŋud　ali – ba　al – ba　qub –či – ri　'eulu – 'eu – jen
　　　每　　不拣（不论）甚么　差发　　　科钦　　休著(不承担)

[6] 林州宝严寺碑（1298 年） 99

déŋ – ri – ji
天

(12) 　　　J̌al – ba – ri – J̌u　　　hi – ru –ˑer　　　ˑeo – qun　　　a – tʼu – qaji
　　　　　　祷告　　　　　　　祝福　　　　　　给与　　　　　在(有)

geˑekʼ – dekʼ – sen　aju –
道（述说）　　　　　有

(13) 　　　–ˑué　é – du –ˑe – ber　beo –ˑe – su　u – ri – da – nu
　　　　　来　　如今　　　　　有呵　　　　　先前

(14) 　　　J̌ar – li – qun　　jo – su –ˑar　　a – li – ba　　al – ba　　qub – či – ri
　　　　　圣旨的　　　　　体例　　　　　不拣甚么　　差发　　　科欽

ˑeu – lu –ˑeu – jen
休著者

(15) 　　　dèŋ – ri – ji　　J̌al – ba – ri – J̌u　　hi – ru –ˑer　　ˑeo – qun　　ˑa – tu – qaji
　　　　　天　　　　　　祷告　　　　　　　祝福　　　　　　给与　　　　有

kʼeˑen
么道

(16) 　　　lim – ziw　da　bu – qun　baw – ŋem　šèn　zhi　Taj　piŋ　šèn　zhi
　　　　　林州　　在　　　　　　宝严　　　　禅　寺　太　平　禅　寺

seu –

(17) 　　　–mé　dur　ˑa – qun　ˑeu – hu̯uŋ – maw　J̌an – law　da　ba – ri – J̌u
　　　　　寺院　里　　住的　　　玉峰茂　　　　　长老　　　　　执

jabu –ˑa – ji
行的

(18) 　　　J̌ar – liq　ˑeog – beé　é – de – nu　seu – mes　dur　ge – jid　dur
　　　　　圣旨　　给与了　　这的每　　　寺院　　　里　　房　　　里

ˑa – nu
他每的

(19) 　　　él – čin　bu　ba –ˑu – tʼu – qaji　u – laˑa　ši –ˑu – su　bu
　　　　　使臣每　休　　住者　　　　　　铺马　　祗应（首思）　休

ba – ri – tú – qaji
拿者

(20) 　　　tsʼaŋ　　tʼam – qa　　bu　　ˑeog – tú – geé　　seu – me　　de　　é – le
　　　　　仓（粮税）　印（契税）　休　　　给与　　　　　寺　　　　但

上编　碑刻

　　qa – ri – ja – t'an
　　　属于

(21) qa -J̌ar　u –sun baq t'e – gir – med　dèm　k'e – bid　qa – la -˙un u – sun
　　　地土　　水　园林　碾磨　　　店　铺席　　　热　水（浴堂）

(22)　giaj – dèn – ku　ja -˙ud　k'e – di　'a – nu　bu – li -J̌u　t'a – t'a -Ǯu
　　　解典库　　　甚么　　物　　他每的　夺要　　征收

bu 'ab – t'u –
休　　要

(23)　-qaji　é – ne　bas　'eu – hu̯uŋ – maw　J̌aŋ – law
　　　者　　这　　更（再）　玉峰茂　　　长老

(24) J̌arliq　t'u　ge˙e -Ǯu　jo – su　'eu – ge -˙uè　'eue – les　bu 'euè – led
　　　圣旨　有　么道　　体例　无　　　　勾当　休　做

(25)　-tú – geè　'èuè – le – du -˙esu　mun　basa　'eu – lu -˙u　'a – ju – qu
　　　　若做　　他自己　　　更　　不　　　　　　　怕

(26) J̌arliq　ma – nu　no – qqji　J̌il　qa – bu – run　he – č˙us　zar – jin
　　　圣旨　俺的　　狗　　　年　春　　　　末　　　月的

(27)　qar – ban　ši – ne – de　da –
　　　　三　　　日

(28)　- lan　bu – la – q　bu – guè
　　　七十　　泉　　　时分

(29)　dur　bi – či – beè
　　　里　　写来

二　第三截汉语直译圣旨原文
（方括号内为拟补磨泐字）

长生天气力里
大福荫护助里
皇帝圣旨。军官每根底，军人每根底，城子里达鲁花赤官人每根底，往来使臣每根底宣谕的
圣旨
成吉思皇帝

月古觯皇帝

薛禅皇帝圣旨里：和尚、也里可温、先生，不拣甚么差发休著者，告

天祝寿者道［有］来。如今依着在先圣旨体例里，［不］拣甚［么］差发休着，告

天祝寿者么道。林州［里］有的宝严禅寺、太平禅寺里住持［玉峰］茂长老根底，执着行的

圣旨与了也。这的每寺院房舍里，使臣休安下者。铺马祗应休拿要者，税粮商税休与者。但属寺家有的地土、园林、碾磨、店、铺席、浴堂、解典库，不拣甚么的休夺要［者］。更这玉峰茂长老有

圣旨么道，无体例的［勾］当休做［者］。做呵，他更不怕那。

圣旨俺的。狗儿年三月初三日，七十个井儿有时分写来。

三　碑文笺释

成吉思罕　本碑八思巴字书写蒙古语成吉思的汗号作 qan（罕），而不作 qa·an（合罕），与《元朝秘史》蒙文音译不同。此称号在亦相哥刻石（成吉思汗石）的蒙古畏兀字铭文中作成吉思罕，与本碑同。[①] 现存八思巴字书写的蒙古文铭文中或作合罕、或作罕，两者并见。我以为成吉思乃是蒙古建国时的正式称号，合罕或罕乃是习惯上的尊称，并无定制。汉语成吉思皇帝原系汉人的译名，元世祖至元十三年，太祖神主题写"成吉思皇帝"，遂成为法定的汉语称号，事见《元史·祭祀志三》。近人习称元太祖为成吉思汗，但元代汉文文献中从未见"成吉思汗"一名，而称成吉思皇帝。《元朝秘史》则作成吉思合罕。请参看泾州水泉寺碑注释。

月古觯罕　八思巴字写作 'eo–kèo–deé qan。月古觯罕，汉文译称月古觯皇帝。元太宗窝阔台即位始称合罕，为正式称号，与太祖之习称为罕或合罕不同。元成宗以前的蒙汉文献所简称之"合罕"，专指窝阔台。汉语文献或称"合罕皇帝"。此称号遂用为窝阔台的专称。定宗贵由、宪宗蒙哥似仍称罕，而不称合罕。元世祖建国称帝，蒙古语称合罕，此后诸帝也都用此号。所以，现在所见成宗大德以后的蒙文圣旨，都称窝阔台合罕，人名与汗号连称，以示区别于世祖以后诸合罕。此碑亦同此例，但八思巴字书写的蒙文不称月古觯合罕而称为罕 qan，为前此所未

[①] 参见道布编《回鹘式蒙古文文献汇编》，民族出版社 1983 年版，第 1—3 页。

见。这只能解释为书写者或刻石者的疏误。太宗窝阔台一名，在汉文文献中有多种不同写法，译音并无定字。本碑作月古觯，是诸种译写之一。参见泾州水泉寺碑注释。

薛禅皇帝 八思巴字写作 se -čen qa·an 薛禅合罕，汉文译称薛禅皇帝，即元世祖忽必烈。元世祖卒于至元三十一年正月。《元史·世祖纪十四》记是年五月戊午，"遣摄太尉臣兀都带奉册，上尊谥曰圣德神功文武皇帝，庙号世祖，国语尊称曰"薛禅皇帝"。此所谓"国语尊称"实即蒙古语谥号，义为贤者。此前蒙古四汗，元世祖时曾追上汉语谥号和庙号，但均无蒙语谥号，蒙古文献中尊称太祖铁木真为成吉思，对窝阔台、贵由、蒙哥则是直称其名。世祖建立蒙语谥号，显然是受到汉人谥法制度的影响，此后元朝诸帝，也都兼有汉语庙号和蒙古语谥号。本碑圣旨称引前朝三汗，成吉思为生前尊号，月古觯是直称其名，薛禅是死后谥号，三者书法不同，是元人习用的通例。

林州 《元史·地理志》彰德路林州条："林州，本林虑县。金升为州。元太宗七年行县事。宪宗二年复为州。至元二年，复为县，又并辅岩人焉。未几复为州，割辅岩入安阳，仍以隶彰德路。"林虑县名，始于东汉。古名隆虑，因县西隆虑山得名。唐宋均设林虑县，属相州。金升为州，改名林州，事在金宣宗贞祐三年（1215年）十月，见《金史·地理志》。元初林县复建为州，在世祖至元六年。《元史·世祖纪》载是年十二月"析彰德、怀孟、卫辉为三路，升林虑县为林州"。林州属彰德路，彰德路直隶于中书省。本碑所刊为成宗大德圣旨，故称林州。明太祖洪武二年四月林州又降为林县，隶属于河南行省彰德府，见《明史·地理志》。今林县改林州市，属河南省安阳市。

宝严禅寺 严字八思巴字作 ŋém，疑母覃韵，汉字作"严"。他碑或作"岩"。寺在县西南欹峪谷，又称欹峪寺或欹谷寺。毕沅等纂乾隆《彰德府志》卷二十一载"林县宝岩院，在县西南，元延祐年建"，因见延祐时立石的元碑，误为建寺之年。民国《重修林县志》卷二，"宝岩院，县西南欲峪谷，北齐天保初建，今废，多古碑"。此建寺年代，系据乾隆《彰德府志》所收金王庭筠"五松亭记"。记称："林虑西山横绝百里，隐然犹卧龙。欹峪为首，天平为脊，黄华为脉。……黄华之佛祠，天平之道宫，今为墟矣。惟欹峪宝（原误为实）岩寺为独完。寺创于高齐天保初，至本朝大（原误为泰）定中，宝公革为禅居，钟鼓清新，林泉改色，始为天下闻寺。"王庭筠，《金史》卷一二六有传，世宗大定十六年进士。元好问《遗山文集》卷十六有王黄华墓碑，说他任馆陶主簿，秩满，"单车径去，卜居隆虑"，读书黄华山寺中，以黄华山主自号。章宗明昌四年为应奉翰林文字。王庭筠山居黄华十年，所记当有据。馜谷原有此记的刻石，民国《重修林县志》称修志时刻石已颠仆磨泐。记中称大定中"宝公革为禅居"。馜峪原有"馜峪寺第一代宝公和尚塔记，又有圆公马山主塔记。圆公即性圆，俗姓马氏。民国修志时塔已毁，《重修林县志》据李氏藏拓录入，内称宝公属曹洞宗，曾在滏水建大明禅寺。大定十一年性圆"随传宝公，游我岘山宝严，僧法温等自为院门凋敝，僧徒萧索，廪无粒粟（原误为栗），厨不黔突，因请宝公庵居住持，而未之施也。越明年，三月，师（性圆）先到岘山，凿壁构木，创营方丈而迎宝公居焉"。据此可知，此地原有寺名宝严，在金大定之初，已然凋敝，大定十三年重行修建，由禅宗之宝公和尚住持，革为禅寺，故被称为第一代。宝公于次年十月示寂，性圆继主此寺。金末此寺曾被焚毁，蒙古太宗丁酉年（1237年），由僧人勍公主持，再次重修。馜峪有碑，题"大朝第一代勍公禅师塔铭"，内称游馜谷宝岩寺，见殿堂焚毁。首座淳公邀琼公禅师，于丁酉年正月中旬入院，重修葺之。己〔亥〕岁，宣差粘合公游山至寺，自为功德主，"助缘修寺""创建大殿"。碑阴刻有丁酉年正月，林虑县令蔡忠信等、林虑县宣课所税使李英及宝岩寺僧普淳敦请勍公的三道疏文，又刻庚子年闰十二月宣差安抚使粘合请疏一道。粘合公即女真人粘合重山之子粘合南合，时为江淮安抚使，见《元史》卷一四六粘合重山附传。《重修林县志》对此曾有考证，订正前人之误，略谓："安抚司兼领中书疏为庚子年，在粘合游宝岩后一年。时勍公住持已三年，因粘合自为宝岩功德主，故于勍公重加疏请。《河朔新碑目》将诸疏均编入至正年，相差两周甲子。在勍公塔铭后且数十年，实误之甚。"元代的宝严寺实为大蒙古国（大朝）粘合南合重建的新寺，勍公禅师住持，故称"大朝第一代"。塔铭首记"蒙哥皇帝即位七年，岁在丁巳，忽必烈大王城开平府，秋七月望日，命天下禅教诸僧作庆宫药师大会，时至辇在内，因与彰德清讲主话及林州馜谷寺"。蒙哥七年即开平府佛道辩论大会之前一年，禅宗正值盛世。此次在开平举行的禅教大会，不见于史，可补阙遗。忽必烈即位之次年乃有保护此寺的圣旨，即本碑第一截鸡儿年圣旨。

太平禅寺 此碑蒙汉文圣旨均以宝严禅寺太平禅寺联称。"勍公禅师塔铭"，称勍公于癸卯年"退居太平寺"，又称"至丁巳二月二十七日示有微疾，化于太平寺，寿七十四"。勍公住持宝严寺而卒于太平寺。太平似为宝严之附寺，故圣旨联称，一并保护。《重修林县志》卷二有太平寺，"县东诸翟村北，元至正间建"，非此寺。

玉峰茂 八思巴字圣旨第17行作 'eu‑hyuŋ‑maw，汉字相应碑文"玉峰"两字磨泐，据下文"更这玉峰茂长老……"拟补。

仓、印 八思巴字圣旨第20行作 tsʼaŋ tʼam‑qaʼtsaŋ，系蒙古语中借用的汉语仓字，t'am-qa 源于突厥—畏兀语，义为"印"。汉文圣旨译作"税粮商税"。蒙古原无税制，故沿用汉语及畏兀语词。前引拙作《泾州水泉寺碑译释》，释仓为仓粮，即向官仓输纳的地税。印为印契，原义当指钤有官印的文书即契本，进而用以泛指商税。近日湖南宁远出土元代宁远务八思巴字长形铜印①，经释为"关防课税条印"。此类条印系元代税务收税时，钤于纳税人的契本与税务的"契尾"合缝处，以备稽查。宁远务条印在边栏铸有汉字"如无此印，便同匿税"。可证用以泛指商税的 T'amqa，并非官员职守的正式官印，而指此类课税条印。纳税者须持契本写明交易物体赴务投税钤印，故用为商税的代称。

税粮商税休与者 八思巴字圣旨作 Ts'aŋ t'am-qa bu 'eog-t'u-geè。bu 义为休、勿。'eog-t'u-geè 为给与的祈使形。原义为休使给与、勿令给与，即不纳两税。汉文直译作"休与者"。成吉思及窝阔台时，僧道均须交纳地税商税，只免其他差发赋税。旨称："除地税商税外，一切差发休当。"但此后各地僧道多规避地税商税，官府屡申前旨，不能禁绝。具见《元典章》、《通制条格》所收有关公文。成宗元贞元年闰四月有旨：元贞元年正月以前，僧道未纳税地土，尽行除免税粮。江南僧道亡宋旧有及元朝拨赐田地免纳税粮，后置者依旧纳税。"和尚、先生、也里可温、答失蛮买卖不须纳税"，见《元典章》户部"僧道税"条。宝严寺此旨写于大德二年，内称不纳税粮商税，与当时税制相符。

狗儿年 此旨称引前帝圣旨至薛禅皇帝，碑阴刻元贞元年榜文，大德十一年立石。狗儿年为成宗大德二年戊戌无疑。

七十泉 八思巴字圣旨第 27—28 行，da-lan bu-laq，义为七十泉。汉译圣旨作七十个井儿，与原义有别。成宗在此颁布圣旨，当是行幸途中纳钵所在之地。《元史·成宗纪》：大德二年二月乙酉"车驾幸上都"。二月戊午朔，乙酉为月之二十八日。三月丁亥朔。此圣旨写于三月初三日，为成宗自大都启程之第五日。元帝于春季去上都，例由东路。元末周伯琦《扈从集》前序记至正十二年四月二十六日扈从启行，当日宿大口，经皇后店、皂角至龙虎台，皆为纳钵之地。五月一日过居庸关至瓮山。依此行程，成宗离大都之第五日当在龙虎台一带。袁桷《清容居士集》卷十五咏龙虎台诗云："百泉暗东西，千嶂明左右。"《日下旧闻考》卷一三五据《大清一统志》称百泉在昌平州西南四里许。"平地涌出，不可胜数。"七十泉及七十个井儿之名，未见记载。

（原载《考古》1995 年第 4 期）

---

① 周九宜：《湖南宁远出土一枚铜质八思巴文宁远务官押》，《文物》1993 年第 6 期。

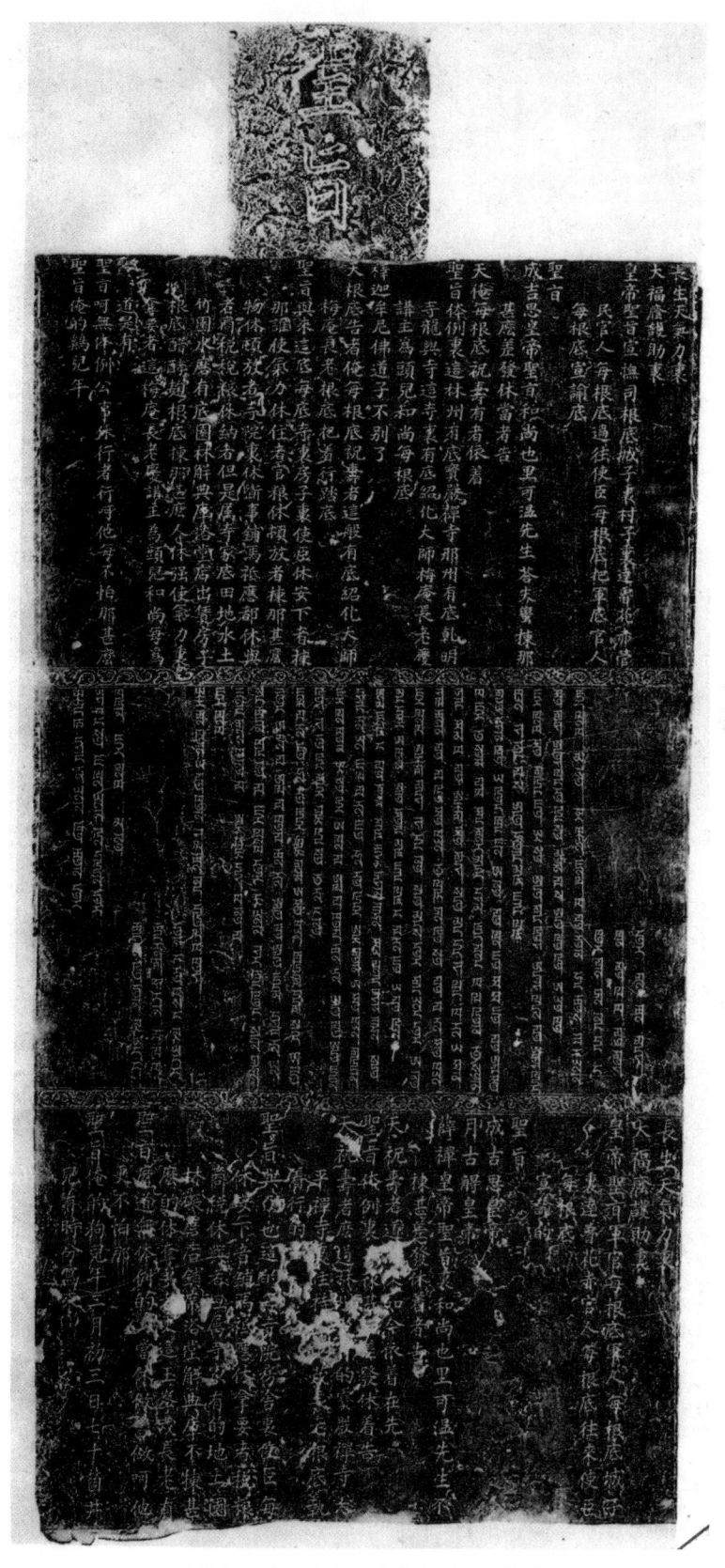

林州宝严寺碑拓本　北京大学图书馆藏

〔7〕河东延祚寺碑
（1303年）

　　元河东延祚寺碑，在今山西芮城县城南磨涧村，未见著录，芮城博物馆景昆俊先生访得此碑，将八思巴字碑文拓本寄赠，嘱为考释。后又将碑阴汉字拓本惠寄，以为参稽，景先生勤于搜访，使此不为人知的元碑得以提供为难得的研究资料，令人感佩不已，爰为译释于次，以就正于方家。

　　此碑额书"令旨碑记"四字，汉字篆书。碑文令旨以八思巴字写蒙古语，无汉字译文。碑阴为"三代宗祖法亲之图"庙产四至及僧众捐纳钱钞的题记，汉字正书。元代八思巴字蒙语圣旨、令旨碑文，多有汉语白话直译的译文一并刻石。此碑无译文，与泾州水泉寺碑[①]同为罕见之例。此碑左方刊有令旨书写年月的汉字译文一行，尤为特例。文为"岁次兔儿年季春有的时分写来"。再左侧汉字正书："至正十四年重阳九月九日延祚寺慤院〔主〕众知事大小僧众立石"。旁书"志尚座书""维那头锦讲主"。是可知此碑乃至正十四年（1354年）将前此之兔儿年令旨刊刻立石，故特为标出年月。

　　审视八思巴字碑文，颇有一些奇特之处。（一）八思巴字译写蒙语文书，例应自左至右行。传世碑文莫不如此。此碑独依汉文体例，自右至左行，是仅见的例外。（二）八思巴字蒙语圣旨或令旨碑文，多于本文后，将书写年月地点等语于下方另行刊刻。此碑文八思巴字"兔儿年季春"等字联接令旨本文，并以蒙语"月"字之第一音缀"za"作为本文的结束，"月"之第二音缀"ra"字起于左下方另行刊刻，显然有误。（三）碑文八思巴字字母笔划极不规范，经常出现错乱混误之处，如辅音'a、s、t'多混误，r与d也多混。元音字形错乱尤甚，某些辅音和元音甚至不成形体，无法识辨。八思巴字译写人名地名及汉语专名，字形更为错乱。依据以上各点，可以推知，至正十四年抄录旧旨的僧人及刊石的匠人（碑文右下方汉字正书"稷山县姚村李文质刊石"）都已不识八思巴字款式，只是依样摹写，

---

① 蔡美彪：《泾州水泉寺碑译释》，《元史论丛》第三辑，中华书局1986年版。

以致错讹屡见。字形的刊刻既已错乱，加以碑石年久剥蚀，更增加了译读的困难。

此令旨发布之兔儿年，据八思巴字碑文互证，当为元成宗大德七年（1303年）。其证有二：（一）令旨文中称成吉思皇帝，合罕皇帝、薛禅皇帝及今上皇帝，薛禅为元世祖蒙语尊号。今上皇帝即成宗。（二）令旨称延祚寺在平阳路河中府河东县。成宗大德七年八月山西出现大范围的强烈地震，余震过后，大德九年改平阳路为晋宁路，见《元史·地理志》及《成宗纪》。令旨称平阳，必在此前，此令旨发布之兔儿年为大德七年癸卯，可无疑义。

发布这一令旨的诸王，八思巴字无王号，署名作 se-'u-se，此名可译小薛。元代蒙古宗王中名小薛者凡三人。一为窝阔台子合丹太子之孙。父觊尔赤为合丹长子。此小薛见于《元史·宗室世系表》及拉施特《史集·窝阔台合罕纪》。据《元史·世祖纪》，至元二十六年（1289年）十二月，"小薛坐与合丹秃鲁干通谋叛，伏诛"，当即此人。另一人为泰定帝第三子小薛太子，名见《元史·宗室世系表》。《元史·泰定帝纪》载泰定帝三年"以皇子小薛夜啼，赐高年钞"，于时尚在襁褓。这两个小薛显然都不是大德七年（1303年）发布令旨之诸王。

《元史·世祖纪》至元二十三年（1286年）二月有"赈诸王小薛所部饥民"，二十六年五月又有"移诸王小薛饥民就食汴梁"之记事，同年十二月记小薛谋叛伏诛。此后，同书《成宗纪》又屡见诸王小薛事。此诸王小薛，与伏诛之小薛，显是两人。但《元史》《宗室世系表》及《诸王表》均不见此王。拉施特《史集·窝阔台合罕纪》记窝阔台第三子阔出有三子：长子即宪宗蒙哥时谋叛之失烈门，第二子孛罗赤，第三子即幼子名小薛。波斯文抄本作 SWSH，波义尔英译本音写作 Söse。[①]《史集》记其曾在某处效力，诸抄本均缺名。此人似即至元、大德间屡见于《元史》本纪的诸王小薛。窝阔台诸子后王于宪宗蒙哥七年丁巳（1257年）均分拨汴梁在城民户。世祖至元三年（1266年）改拨州户。阔出后王位下分在睢州（治襄邑，今河南睢县）[②]。前引《元史·世祖纪》所记移小薛饥民就食汴梁，其地为近。晚至仁宗皇庆元年（1312年）七月，《元史》本纪仍见诸王小薛事："敕诸王小薛归晋宁路襄垣县民田。"《金石萃编补正》卷四收有郑州荥阳洞林寺所刻圣旨碑，合刻成宗至仁宗时之皇帝圣旨、太后懿旨、帝师法旨及诸王令旨。末一通为马儿年小薛大王令旨。旨内所称洞林寺瑛无瑕庵主即延祐元年虎儿年（1314年）晋王令旨中之瑛长老，此马儿年得为延祐五年（1318年）。此令旨之内

---

① J. A. Boyle, *The Successors of Genghis Khan*, New York, 1971, p. 21. 余大钧、周建奇据俄译本转译的《史集》第二卷，此名即译小薛。

② 《元史·食货志·岁赐》。

容为晓谕沿路官民不得阻挡洞林寺庵主等三人之长行马,并令供应茶饭马料等事。前述诸王小薛之分地在睢州,与郑州为邻,同属汴梁路,郑州荥阳洞林寺碑之小薛大王当即《元史》本纪之诸王小薛。① 阔出卒于太宗八年(1236年),假设此王出生于此年,仁宗延祐时也已年近八十。

诸王小薛之分地在睢州,但此令旨授予之河中府河东县延祚寺,属平阳路,不在其部属范围。平阳原为术赤后王封邑。太宗八年(1236年)分拨平阳四万余户于术赤位下,为拔都所继承。② 据《元史·术赤传》,直至元末,旧平阳分地仍属术赤后王。成宗时,术赤后王之兀鲁思即钦察汗国或金帐汗国之国主,为忙哥帖木儿之子脱脱(Toqta),见《史集·术赤汗传》。③ 伯希和《金帐汗国史札记》定此王在位之年为1291—1312年。④ 大德七年(1303年)适在王位。诸王小薛于此年发布之令旨,显然并非由于前平阳路之延祚寺在其封地范围,而当另有缘由。前引《元史·世祖纪》小薛所部,连年多有饥民,被迫移地就食。成宗时,部属官民更多往外地窜扰,远达凤翔、真定⑤,尤以邻近之平阳为最甚。《元史·成宗纪》元贞元年(1295年)闰四月载:"平阳民诉诸王小薛,曲列失伯(此名不详)部曲恣横,遣官鞫之。"同年九月又载:"诸王小薛部众扰民,遣官按问。杖其所犯重者,余听小薛责之。"大德七年九月,即此令旨发布后数月又载:"以太原、平阳地震,禁诸王阿只吉,小薛所部扰民。"此阿只吉当即《元史·宗室世系表》之察合台后王阿赤吉。⑥《元典章·吏部二》大德六年御史台行台文书引见"阿只吉大王令旨",其分地似在崞州(今山西代县南),地近太原,故有此禁令。平阳扰民,当指小薛部众。元代投下诸王权势甚大,部众非法扰民之事屡见于记载。据上引史文可知,诸王小薛之部众于元贞、大德间屡扰平阳,以致民众告诉,朝廷遣官杖责,已形成为严重的问题。属平阳路的延祚寺僧众之所以请求小薛发布令旨,保护寺院,当是为防止其部众骚扰的缘故。

小薛不见《元史·诸王表》,似迄无国邑封号,郑州荥阳洞林寺碑也只称小薛大王,无王封。元代诸王令旨,或称王号,如韩城禹王庙碑之1276年安西王令旨⑦;

---

① 此令旨曾刊入《元代白话碑集录》,第14页,注1误以此王为合丹之孙,应在此更正。
② 参见郝经《河东罪言》,《郝文忠公集》卷三十二。
③ J. A. Boyle,前引书,p. 109。
④ P. Pelliot, *Notes sur l'histoire de la horde d'or*, Paris, 1950, pp. 67–71.
⑤ 俱见《元史·成宗纪》大德二年十二月及大德七年二月。
⑥ 《元史·世祖纪》至元二十五年四月:"赐诸王小薛金百两,银万两,钞千锭及币帛有差","赐诸王阿赤吉金二百两,银二万二千五百两,钞九千鉴及纱罗绢布有差"。两王似均在朝,均为厚赐,阿赤吉更倍于小薛。
⑦ E. Chavaniles, *Inscritipons et pièces de chancellerie chinoise de l'époque Mon-gol*, T. P., Vol. 9, 1908.
N. Poppe, *The Mongolian Monuments in Hp'agspa Script*, Wiesba-den, 1957, pp. 46–48.

或人名与王号并称，如荥阳洞林寺碑之 1314 年也孙帖木儿晋王令旨，西藏札鲁之 1305 年海山怀宁王令旨[①]；或只是直书王名，如荥阳洞林寺碑之 1309 年爱育黎拔里八达令旨及前引小薛大王令旨，"大王"二字当为译者所加，蒙文原文应是"小薛言语"，与本碑同例。

成宗对于诸王专恣，屡加禁约。擅发令旨行事，也属禁例。《元史·成宗纪》载大德二年（1298 年）六月，"禁诸王擅行令旨，其越例开读者，并所遣使拘执以闻"。此令旨颁于大德七年（1303 年），立石之至正十四年（1354 年）已是五十年之后。时元廷衰乱，农民起义军正在各地兴起。延祚寺僧刊此蒙文旧旨，当在防范蒙古官兵的骚扰，未必有更严重的意义。但此令旨包含了不见于他碑的蒙汉词汇，为我们提供了历史、语言的素材，是值得研考的。

八思巴字音写及旁译

原碑八思巴字写蒙语，凡二十二行。违例自右至左直行。今亦自右至左标写行序，以便检对。原字刻写误漏者甚多。依有关文献校勘，在案语中说明。字形过于错讹漫漶，难以复原者标以问号。不能确译者暂阙待考。疑似者也标问号。

(1) dèŋ – ri – jin　　k'u – čun – dur
　　　 天的　　　　　气力里

(2) qu˙a – nu　su – dur　se – ˙u – se　'eu – ge　ma – nu
　　 合罕的　　福荫里　　小薛　　　 言语　　 俺的

案 'eu – ge 之 ge 字，字形漫漶，尚可辨识。此字又见于 1276 年韩城龙门禹王庙碑皇子安西王令旨。尼·包培书音写作 ˙üge

(3) 　č'e – ri – ˙u – dun　　no – jad – da　　č'e – rig　　ha – ra – na
　　　　　 军　　　　　　官每根底　　　　军　　　　 人每根底

ba – la – qa – dun　　da – ru – qas – da　　no – jad – da　　t'od – qa –
　城子的　　　　　达鲁花赤每根底　　　官人每根底　　脱脱和孙

案 č'e – ri – ˙u – dun 一词后二字剥裂，据他碑校识。

(4) 　– ˙u – la　a – ma – sar　sa – qi – qun　ha – ra – na　do – ji – dun
　　　根底　　 口子　　　 守护的　　　 人根底　　　 和尚（道人）的

---

① G. Tucci: Tibetan Painted Scrolles, vol. II, pp. 705—938, 1949, Roma.

'eo – t'eo – gus – de　jor –č'i – qun　ja – bu – qun　èl –č'i – ne
头目（长老）根底　　行的　　　　走的　　　使臣每根底

　　(5)　Ǐŋ – gis qa·a – nu　qa·a – nu　se –č'en　qa·a – nu　è – du –·e
　　　　成吉思合罕　　　合罕　　　薛禅　　　合罕　　　今

qa·a – nu　Ǐar – liq
合罕　　　圣旨

　　案原薛禅合罕之合罕一词，字形小误。元世宗称号合罕，向无疑义。今加校订。

　　(6)　dur　do – jid　èr – ke –·ud　sen – ši – ŋud　bu – ši　'a – li – ba
　　　　里　和尚每　　也里可温每　　先生每　　　　非　　　不论甚么

'al – ba　qub –č'i – ri　'eu – lu　'eu –Ǐen
差发　　科欽　　　　　不　　　承担

　　(7)　dèŋ – ri – ji　Ǐal – ba – ri –Ǐu　bi – da – nu　u – ru – qun　u – ru – qa
　　　　天　　　　　祷告　　　　　　　俺每的　　　子孙的　　　子孙根底

k'ur – te – le　bu – jan　hi – ru –·er　'eo – gun　'a –
直到　　　　功德　　　祈福　　　　给与　　　有

　　(8)　 – t'u – qaji　k'e·eg – sen
　　　　也者　　　　述说了的

　　案 qaji 原字形有误，据下文及他碑校改。述说一词，元人译文中多译"么道"。

　　(9)　Ǐar – li – qun　jo – su –·ar　è – de　piŋ – jaŋ – lu　γo – Ǐuŋ – hu̯u
　　　　圣旨　　　　　体例　　　　他每　　平阳路　　　河中府

γo – duŋ　m? – ?　hia – hu̯aŋ　jan – ts'u – zhi　seu –
河东县　　磨涧　　下方　　　　延祚寺

　　案此行汉语译名字形错乱甚多，平阳路之 p，河中府河字之 γ，磨字之 m、下字之 ia、方字之 h、祚字之 ts、寺字之 zh，原碑刻写字形多有讹误，据汉字译名校正。

　　(10)　 – me　dur　'a – qu　Ǐin　gei　ziaŋ　jeuŋ　'u̯en　Ǐeu
　　　　　寺庙　里　　住　　　珍　　吉　　祥　　　瑢　　　院　　主

t'e – ri –·u – t'en　do – ji – di
为头儿每　　　　和尚每

案此行以八思巴字译写汉语僧名，拟为珍吉祥、璿院主。祥字元音 ia，八思巴字 e 形似，文献多误。此碑字形似 e，今校订为 ia，此字曾见于抄本《蒙古字韵》，亦误为 e，辅音 z 字形并误。

(11)　　qa·a–na　bi–da　bu–rin　'a–qa　de–'u　de　bu–jan
　　　　合罕根底　咱　　众　　　兄　　弟　根底　好事
hi–ru–'er　'eo–gun　'a–t'u–qaji　ge'e–beè　è–de–nu　qa–ri
祈福　　　给与　　在（有）　　说了　　这的　　每所

案 ge'e 刻字有误，不可读，据他碑校正，bujan 之 jan 字略有磨损，据上文补释。又 –qaji 字形草率，今为校正。

(12)　　–ja–t'u　seu–me　dur　'a–qu　do–jid　'a–li–ba　'al–[ba]
　　　　属　　　寺庙　　里　　住　　和尚每　不论甚么　差发
qub–č'i–ri　bu　'eu–Je–t'u–geè　u–la·a　ši–'u–
科欽　　　休　承担者　　　　　铺马　　祗应（首思）

案此行第一字不明。'alba 一词漏刻 ba 字，据他碑所见校补。

(13)　　–su　bu　[ab]　–t'u–qaji　ge–jid　dur　'a–nu　el–č'in　bu
　　　　勿　　　要者　　　　　　房舍　里　　他每的　使臣每　勿
ba–'u–t'u–qaji　ts'aη　t'amqa　bu　'eog–t'u–gei　qa–
住下者　　　　　仓（税粮）　印（契）　勿　给者

案 abtnqa·i 之 qa 一字剥蚀不清，据他碑补。

(14)　　–Jar　u–sun　baq　t'e–gir–med　qu–lu–sun　gej–den–k'u
　　　　地土　水　　园　　碾磨　　　　竹林　　　解典库
dèm　k'e–bid　t'e–le–ger（?）　oη–qo–č'as　ha–ran
店舍　铺席　　车（?）　　　　船每　　　　人口

案 baq 之 b 与 haran 之 h，原碑剥蚀，据他碑补。

(15)　　'a–du'u–sun　ja–'ud k'ed　dur　'a–nu　k'ed　ber
　　　　牲畜　　　　一切物件　　里　　他每的　谁每　也
bu–l[i]–Ju　k'u–č'u　bu　k'ur（ja）–ge–t'u–geè　ba–sa　bu–jan
夺取　　　气力　　勿　　发出　　　　　　　　更　　好事

案 bul–Ju 据他碑当作 bu–li–Ju。Kur–ja–ge–t'u–geè 一词较习见之写法多一 j 母，当误。

(16)　　'eui–led–k'ue　dur　seu–me　Ja–sa–què　dur　ba–la–qa–dun
　　　　做　　　　　时　　寺庙　　整治　　　里　　城子的

no‑jad　k'u‑č'u　ŋe‑me‑t'u‑geè　ge·en　ba‑
官人每　　气力　　　添加者　　　　说

(17)　　‑ri‑Ǯu　ja‑bu‑'aji　'al‑t'am‑qa‑t'ui　bi‑č'ig　'eög‑beè
　　　　收执　　行走的　　　　金　　印　　　文书（令旨）　给

è‑de　ba‑sa　do‑jid　bi‑č'ig‑t'en　ge·g‑Ǯu
这　　更　　和尚　　文书（令旨）有的每　以为

案 t'am‑qa‑t'ui 当为 t'am‑qa‑t'u 之误。

(18)　　jo‑su　'eu‑geè　'eui‑le‑dun　ja‑bu·a‑su　'eu‑lu‑'u
　　　　体例　　无　　　　做　　　　行呵　　　　不么

'a‑ju‑qun　mud　bi‑č'ig　ma‑nu　taw‑laji
怕的　　　他每　文书（令旨）俺的　　兔

(19)　　Ǯil　qa‑bu‑run　he‑č'us　za‑
　　　　年　　春　　　　末

(20)　　‑ra‑jin　qo‑rin　ji‑su‑
　　　　月之　　二十　　九

(21)　　ne　taj　du　bu‑k'uè
　　　　日　大　　都　　有

案 taj 左上方有裂痕，t 字略误。
此行最后一字作 e，原碑刻字与行款脱离，为 è 之误。今校改。

(22)　　dur　bi‑č'i‑beè
　　　　时　　写来

案最后之 è 字剥落，据他碑校补。

拟元代直译体译文

元代寺院圣旨或令旨碑记，例以汉语白话直译。今仿其体试为拟译于次。不能识辨之字，暂从缺略。有疑问者标以问号。

　　天的气力里，皇帝福荫里，小薛大王令旨，道与军官每、军人每、城子里达鲁花赤官人每、脱脱和孙每、把守关口人每、管和尚头目每、往来使臣每：
　　成吉思皇帝、合罕皇帝、薛禅皇帝、今上皇帝圣旨里：和尚、也里可温、先生每，不拣甚么差发休著，告天与俺每子子孙孙祈福者么道。依圣旨体例，今平阳路河中府河东县磨涧下方延祚寺里住底珍吉祥、璆院主为头儿和尚每，与皇帝、俺众兄弟祈福者么道来。属这的每寺院里住底和尚每，不拣甚么差发休著。铺马祗应休要者。房舍里，使臣休安下者，地税商税休与者。地土、水、园、碾磨、竹林、解典库、店舍、铺席、车、船、人口、头匹，不拣甚么他每的，不拣是谁休倚气力夺要者。更做好事上头，寺院修理整治里，城子里官人与添气力者么道有来。执把行的金印令旨与了也。

更这和尚每，有令旨么道，无体例勾当行呵，他每不怕那。令旨俺的。

兔儿年春末月二十九日大都有时分写来。

译文笺释

天的气力里 此犹言天助或天祐。蒙元皇帝圣旨多称"长生天底气力里"，长生天为蒙古崇拜的最高象征，汉文文献中或雅译为"上天眷命"。彭大雅《黑鞑事略》称："其常谈必曰托着长生天底气力、皇帝福荫。彼所欲为之事则曰天教恁地。人所已为之事，则曰天识者。无一事不归之天。自鞑主至其民无不然。"蒙古诸王托称"长生天底气力、皇帝底福荫"，最早见于《元秘史》续集卷二记拨都西征事。总译为"巴禿（拔都）自乞卜察差使臣奏来说，赖长生天的气力，皇帝叔叔的福荫，将十一种国土百姓都收捕了"。蒙元诸王令旨于此有三种不同书例：一是称长生天气力里皇帝福荫里某王令旨。如鹿邑太清宫碑1257年海都太子令旨、韩城禹王庙碑1257年皇子安西王令旨，荥阳洞林寺碑1309年爱育黎拔里八达（仁宗）令旨、1314年晋王（泰定帝）令旨，小薛大王令旨等是（并见《元代白话碑集录》，以下引碑同此）。另一种书例是径称"皇帝福荫里"，而不称"长生天气力里"，如莱州万寿宫1280年势都儿大王令旨，永寿吴山寺碑1283年安西王令旨等是。第三书例是不称"长生天气力里"，而称"天地底气力里"，如鄠县草堂寺碑1243年阔端太子令旨、周至万寿宫碑、1250年弥里杲带太子令旨等是。灵寿祁林院碑1301年皇后懿旨，称"天地的气力里皇帝福荫里皇后懿旨"。称"天地的气力"，也是蒙古旧俗，《元秘史》卷三记成吉思汗对王罕、札木合说："因你两个与我做伴，天地与我添气力，男子的冤仇得报，所以将蔑儿乞万姓每残毁了"，是其证，据前引诸王令旨碑记，三种书例并存，元时似无定例。第二与第三种书法或是有意与皇帝之称"长生天气力"，略事区别。此碑称"天的气力里皇帝福荫里"为三例之外又一书例，乃八思巴字蒙文碑中所少见。

又蒙语"气力"一词,《元秘史》作"苦出",八思巴字蒙文碑多作 k'u –č'u。本碑此行作 qu –č'un。但碑文中重见此词,又作 k'u –č'u。可知 qu 为 k'u 之误无疑。故径改。

小薛大王令旨 碑文无"大王"二字,依元碑通例拟补。"令旨"一词,原文作"言语",八思巴字碑汉译"令旨",原文多如此作。此碑额有汉字篆书"令旨碑记",故依通例,译为令旨道与某人,以求近于原义。碑文中此后又两见"令旨"一词,八思巴字原文作 bič'ig,元人或义译为令旨,或直译为文字、文书。今并译为令旨,但与此处所据之原字不同,应在此说明。

脱脱和孙 八思巴字作 tod – qa –'ula,为脱脱和孙 tod – qa –'ul – sun 一词之变格,因脱脱和孙一词已为元代文献中习见之专名,故译为脱脱和孙每根底,此词似未见于八思巴字碑文。汉译碑文中曾见于前引荥阳洞林寺碑小薛大王令旨。脱脱和孙为驿站之官,职在检验使臣,"辨使臣奸伪"(《元史·百官志》)。洞林寺碑令旨系保护寺院庵主通行各地,责令驿站供给茶饭,故晓谕此官。延祚寺碑系保护寺院资产减免差发,似与脱脱和孙无直接关系。他处此类圣旨或令旨,亦罕见晓谕脱脱和孙之例。

管和尚头目每 "头目"蒙语作 'eo – t'eo – gus,或译长老。和尚每的头目或译"僧官"。"管和尚头目每"一词见于荥阳洞林寺碑小薛大王令旨,今从其译。

成吉思皇帝合罕皇帝 成吉思一词在八思巴字蒙文碑中曾出现 ǰiŋ – gis 与 čiŋ – gis 两种不同写法。此碑作 ǰiŋ – gis 较为多见。成吉思或称合罕或称罕,原无定制。八思巴字蒙文碑中有合罕与罕两种不同写法,此碑作合罕。此下之合罕皇帝指元太宗窝阔台。八思巴字原文只作"合罕",为窝阔台的专称,今依元人译名通例,作合罕皇帝。窝阔台无特有的尊号或谥号,以"合罕"这一帝号为专称。元世祖忽必烈也号合罕,极易相混。故元成宗以后的圣旨、令旨等官方文书,多直书窝阔台之名,称窝阔台合罕,以免混误。此令旨写于成宗大德时,仍依旧例,称太宗为合罕,不书名。关于成吉思与窝阔台的称号有关诸问题,泾州水泉寺碑注释中曾加论证,不复赘。

非不拣甚么差发 此碑于"不拣甚么差发"前多一蒙语"非"字 buši,作 buši 'aliba 'alba……殊为费解。案元太祖、太宗时曾规定僧道须纳地税商税,只免其余一切差发。但此后各地僧道多不依例交纳地税商税。世祖时曾重申纳税规定,但事实上不能实行。成宗即位后并加以认可,规定僧道旧有土地免纳地税,经商不须纳税,见《元典章·户部》僧道税条。元代寺观碑刻称引太祖太宗时圣旨,原文作"除地税、商税外，一切差发赋税休当"。僧遗或有意规避，于汉文译文中将"除……外"（蒙古语的 buši）一词删去，改为"地税商税，不拣甚么差发休着者"，但八思巴字蒙文仍存原句，如韩城禹王庙碑安西王令旨，即是如此。此碑令旨发布于大德七年，当时已有免纳地税商税的规定，故将称引前帝圣旨中的蒙文"地税"（c'aŋ）"商税"（t'amqa）等字删去不刻，以免纠葛，但误将地税商税之后表示"除……外"的蒙语 buši 一词遗留未删，遂致如此。今略去不译。有关僧道地税商税事并请参阅泾州水泉寺碑注释。又《元史·成宗纪》载大德七年四月曾有"僧人与民均当差役"之诏令，在此令旨后一月。

子子孙孙祈福 uru qun uruqa 在八思巴字蒙文碑中似也为首次出现，前此未见于他碑。《元秘史》卷七音译蒙文有"兀鲁浑兀鲁合"，旁译作"子孙的子孙行，"即是此词，兀鲁浑与兀鲁合的字根都是 uruq 兀鲁黑，或译子嗣或译亲族。两字合为一词有子子孙孙之意。鹿邑太清宫碑 1261 年圣旨汉译有"与皇家子子孙孙告天祝寿者"句，莱州万寿宫碑 1280 年势都儿奉王令旨有"依时告天，与皇帝、皇后、太子、大王、子子孙孙根底祝延圣寿者"，今从其译。bu – jan 原有功德、善行之义，或直译为好事。此字曾见于居庸关八思巴字蒙文刻石，但八思巴字蒙文圣旨或令旨碑中，则属罕见，昆明筇竹寺碑 1340 年云南王阿鲁令旨，蒙古畏兀字碑文中有 buy-an irüger[①]；buyan 即 bujan，与 irüger 联用，与本碑之八思巴字令旨同。八思巴字之 hi – ru –'er（即蒙古畏兀字之 irüger）原即有祈福之义，或译为祈福祝寿。

平阳路河东府河东县 此地名也为音译汉语，八思巴字字形多讹，县字几不成体，碑阴延祚寺在河东县，可以为据。平阳路金代为平阳府，蒙古太宗时设路。大德九年（1305 年）改名晋宁。河中府河东县均沿金代旧名。河东县为河中府治所。太宗三年（1231 年）攻破此城，见《元史·太宗纪》。拉施特《史集》曾详记其事："到了一座名为河中，位于哈剌沐涟河边的城，他围攻下这座城。过了四十天，城中居民请求宽恕，交出了城，大约有一万士兵坐着船逃走了。他们掳掠了这些人们的妻子和子女，洗劫了该地区后，〔继续〕前进。"[②] 太宗八年（1236 年）七月以平阳府为拔都分地，至元末均属拔都后王。明初改河中府为蒲州。清改设永济县，河东县旧址称蒲州镇。延祚寺地在永济与芮城两县交界地，今属芮城。

---

① F. W. Cleaves, "The Iingji of Aruq of 1340", Havard Journal of Asiatic Studies, Vol. 25, 1960 – 1961; L. Ligeti, Monumeuts Préclassiquaes, I, 1970, p. 162. 道布：《回鹘式蒙古文〈云南王藏经碑〉考释》，《中国社会科学》1981 年第 3 期。

② 余大钧、周建奇译本第二卷第 34 页。

磨涧下方延祚寺 "下方"以上两八思巴字磨损错落。碑阴汉字正书,作"磨□□下方延祚寺"。"磨"下两字剥落难识。延祚寺所在村落今名磨涧村,沿袭元代旧称。当地村落多以涧为名。暂拟错落之八思巴字为磨涧之音译。"下方"为磨涧村之地名。当地有山名方山(参光绪续修《永济县志》),据碑阴又有方山上院延祚寺,此寺之创建不知始于何时。现存芮城及永济县志均不载。寺庙近代犹存,现已毁,寺字用为专名,其下又有蒙语 seume 寺庙一词,例多如此。seume 也可音写作 süme。他碑或作 sume,无 e 字。

珍吉祥瑢院主 此名八思巴字译写汉语依音拟译。碑阴"三代宗亲图"有珍公和尚。立石在令旨发布约五十年之后,此珍吉祥疑即珍公。院主一词见于碑阴。院主即寺主,又称寺监或监事,院主仍沿旧称。此名八思巴字作 'euŋ,碑阴有瑢僧判和尚与珍公同辈,因拟此名。

地税商税休与者 地税为汉语仓 c'aŋ 之音写或译仓粮,此指地税。t'amqa 来自畏兀语,原义为印,引申为印契,用指商税。蒙元时期僧道交纳地税商税之制,如前所述,历代多有变改。此令旨所称免纳地税商税系据成宗元贞元年定制。大德八年四月,又"命僧道为商者输税",见《元史·成宗纪》。此令旨颁于大德七年三月,仍依旧制。

寺院修理整治 八思巴字 ǰa-sa-què 一词词干为蒙古语 ǰasa,为动词,《元秘史》旁译为"整治"。此处指寺院之修整。泰山东岳庙碑 1324 年圣旨有"庙宇损坏了呵,修理整治者"。今从其译。"做好事上头",依洞林寺碑小薛大王令旨"为做好事勾当的上头"语义,于此释 bu-jan 为"好事"。"添气力"犹言支持、援助。neme 义为增添,曾见于居庸关八思八字蒙文刻石。又见于《元秘史》,音译作"捏蔑"。

金印令旨 八思巴字原文作 'al t'amqa,此得释为"朱印"。此字之波斯文曾见于志费尼《世界征服者史》及拉施特《史集》。汉文文献中蒙古宗王令旨例称金印或金宝。洞林寺所刊此小薛大王之令旨称"金印令旨与了也。"今依其例,译为金印。t'amqa 一词本碑令旨中两次出现。前者义为印契,用指商税。此处则依本义为印玺之印。元代封王授印之制,世祖以后始渐形成明确的封邑等级制度,但诸王授印,前此即已实行。《元史·诸王表序》称:"然初制简朴,位号无称,惟视印章以为轻重。厥后遂有国邑之名,而赐印等犹前日也。"周至万寿宫碑 1250 年弥里呆带太子令旨已见"金宝文字"即金印令旨。弥里呆带即阔端之子灭里吉歹王,与小薛地位相埒。此碑两处刻有同一方印,汉字篆书,叠刻于八思巴字文句之上,字迹漫漶。审视其文,似可读为"卫王之印"。《元史·诸王表》见玉龙答失之子完泽，武宗至大三年进封卫王，与小薛无涉。小薛封邑在睢洲，为古卫国之境，但大德时小薛封卫王，史无明文。仁宗延祐时洞林寺小薛令旨仍无王号。此碑印文是否据令旨原印摹刻，也无从确识。志以待考。

无体例勾当行呵　元代保护寺院蠲免差发之圣旨或令旨，例于最后指出勿恃旨做无体例勾当。此语汉译多有不同，蒙语也互异。或作 'eui‑le‑du‑'e‑su 译为"做呵"。此碑作 jabu·asu，jabu 原义为"走"，此处用为行事之行，与前文"执把行的"之 jabu 同义。元代僧人恃有令旨违法行事，当为常见之事，故特为指出防范。《元史·成宗纪》大德七年七月"禁僧人以修建寺宇为名，赍诸王令旨乘传忧民"。延祐寺碑小薛令旨颁布于此禁令四个月以前，旨中也有责令官员助修寺宇事，恰可互证。

大都有时分写来　此碑蒙文令旨之末，附书汉字一行："兔儿年季春月有时分写来"，略去地点不译。八思巴字地点第一字略有剥痕，右侧横划，不合规范。如加订正，可释为 tai，即汉语"大"字，地为大都。洞林寺碑小薛大王令旨，末书"大都里有时分写来"。今援以为证，暂作此释。如其不误，小薛王府当在大都。

碑阴文字

碑阴汉字正书直行，行款错落，包括三项内容：（一）三代宗祖法亲之图；（二）历代僧众捐纳钱钞题记；（三）庙产四至。今分别梳理，不拘原款式，以便阅读。

　　善慧德义行　　　□殿法堂三门
　　□觉本明了　　　□部经功德
　　道法普常□　　　□物法器俱全
　　□文怀清净　　　□房舍五十间

三代宗祖法亲之〔图〕

```
                        ┌── 心公和尚        宣公阇梨
                    ┌── 兴公和尚            黄（？）公知书
〔祖〕师信公和尚 ──┤                         贵（？）公和尚
                    │   ┌── 珍公和尚        澄公和尚
                    └──┤── 瑢僧判和尚       能公和尚
                        └── 志公和尚        浩公尚座
                                            汶公和尚
```

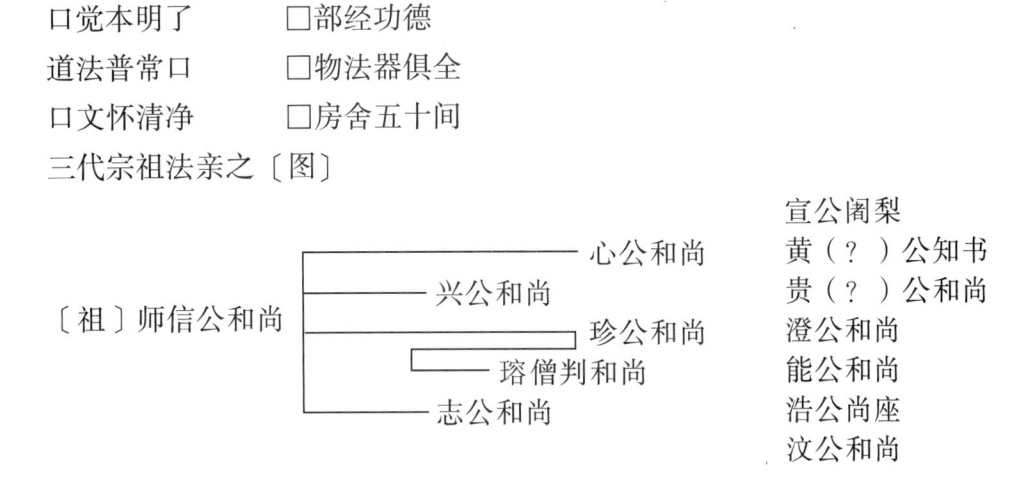

河公钞壹拾两	住持津公钞拾两	提点□公钞拾两	浩公尚座
□公钞壹拾两	志公钞壹拾两	汶公和尚	维那凉钞拾两
坚用之钞拾两	憨公钞壹拾两	念院主钞七两半	
连公钞七两半	锦公钞拾两	妙〔师钞〕七两半	
曼师钞七两半	成师钞七两半		
仙法师	爱师钞五两	善师钞五两	
隐师钞五两	果师钞五两	应师钞二两半	
行师钞二两半	潭师钞二两半	磷师钞二两半	
□师钞二两半	瑗师钞二两半	梅师钞二两半	
□师钞二两半	全师钞二两半	迎师钞一两半	
鉴师钞一两半	喜师钞一两半	憨（？）师钞一两（半）	
工师钞二两半	洪师钞二两半	源师钞二两半	

智山主意山主愍院主七两半（注：此行原刻在下方）

南磨小刘大钞拾两　　北磨小李钞二两半

助主里庄涧高仲贤施钞五两

　　常住从良□□人□张大每年香钱三十五两张二钞三十五两河东县磨〔涧村〕下方延祚寺常住祖业。水磨两盘。寺南水磨一所具全。寺后水磨一座具全。西坡上洼地一段，东至寺东坡，南至界沟南坡、至西均、至北坡，西至寒谷涧底东厓，北至宋家界畔。寺启枣园地一段，西至均底磨西。见行南北古济渠道一条，东至坡，西至天水涧。渠西林（？）园一所，东至涧，南至曹家，北至曹家。渠东均见地一段，东至均底，南至坡，西至渠，北至坡。渠东坡地一段，东至坡□？南至本主，西至渠，北至厓。百营东北、南北称桑园水地一段，东至涧，南至曹家，西至渠，北至宋家界畔。东西均见一所。东至官渠，南至坡南至厓，西至涧，北至厓。磨北水洞前地一段，东至道，西至道。道北地两平，东至坡。磨东地一段，东至道。常住人口小刘、大男、□儿，又□□□外有寒谷涧南边焦家枣园两平。

方山上院延祚寺

方山下院不昧寺

临晋县孙常村延祚院

卢氏县东皇村延寿院

　　案碑阴缕记历代僧人捐献钱钞数目，愍院主刻于下方左侧，似为立石时之院主。碑阳令旨之末，左下方立石人之"愍主"二字磨泐，但愍字下方之心字仍隐约可见，故据碑阴拟补。慇即殷字之古体。此寺僧名屡见从心之僻字。可能是出于心公和尚一系之徒众，以名为记。庙产四至中详记水土园林碾磨情况，可证令旨中所记保护诸业，该寺均实有其产。元代寺院多经营解典库、浴堂、店舍（旅店）诸业，碑阴庙产未尽列入。可能是由于在寺内经理，不须特列，但可信该寺有此经营。令旨所举保护产业中有"人口"在内，与牲畜（头匹）水土并列，碑阴庙产也特记"常住人口"三人，视同产业，可见其身份之低，有如奴婢，碑阴又见"常住从良人口"张大张二两人，当是原属寺庙"人口"，而后"从良"，但每年仍须向寺庙进献"香钱"，碑阴所记庙中住持僧人捐钞最多不过十两，施主高某只五两，而张大张二每年"香钱"竟达三十五两之多。可见"常住人口"从良后仍要继续遭受寺院的严酷刻剥，此碑阴文字，虽系一般记事，但于研究元代寺院制度及经济情况不无可采。因附录于此，以供研究参考。

（原载《蒙古史研究》第二辑，内蒙古人民出版社 1986 年版）

河东延祚寺碑拓本

[8] 易州龙兴观碑
（1309年）

钱大昕《潜研堂金石文字目录》卷八著录元《皇太后懿旨碑》，注："正书。至顺二年六月，在易州。"碑阴"蒙古字"。又见孙星衍《寰宇访碑录》卷十二，文同。清末缪荃孙有此拓本，编入《艺风堂金石文字目》卷十六，题《易州龙兴观皇太后懿旨碑》，注云："二面刻。碑阳正书。碑阴国书并额。至顺二年岁次辛未六月吉日。在直隶易州本观。"艺风堂藏拓后归北京大学文科研究所。我曾将汉字碑文录入《元代白话碑集录》。①

元代蒙汉文对译的碑文，或蒙上汉下，或蒙左汉右并列。此碑蒙汉文分刻两面。碑额以八思巴字题写 t'aj, roŋ taj riw'i Ǐi，六字应释"太皇太后懿旨"，在八思巴字蒙文刻石一面。此碑两面刻，八思巴字一面实为碑阳，汉字一面汉译懿旨，在碑阴。钱目及缪目所列至顺二年六月为建碑年月，刊于汉字碑文之末。懿旨颁发年月，署"鸡儿年十一月初十日"。《潜研堂金石文跋尾》称"但称鸡儿年，有支无干，不知当在何年也"②。

此碑较早受到西方学者的注意。1870年，鲍布罗夫尼科夫（A. A. Bobrovnikov）据俄国所藏八思巴字拓本（缺第一行）在俄国考古学会东方部丛刊第十六卷刊布，译为俄文，并考订颁布懿旨的皇太后是"答儿麻八剌遗孀"，即裕宗真金子顺宗答儿麻八剌之妃答己。懿旨之鸡儿年为1209年。1897年波兹德涅耶夫（A. M. Pozdeneyev）在《蒙古文学史讲义》第一卷考订此懿旨颁布的鸡儿年为1321年即元英宗至治元年。③ 1941年，包培（N. N. Poppe）的名著《方体字》，收录了列宁格勒大学东方学图书馆所藏拓印甚精的八思巴字碑文的拓影，加以译注，订正了前人的某些误译。关于懿旨颁布的年代，诸家所见不同，包培在注释中综述

---

① 蔡美彪：《元代白话碑集录》，科学出版社1955年版，第78页。
② 钱大昕：《潜研堂金石文跋尾》卷十九，皇太后懿旨碑。钱氏此跋未能考知此皇太后为顺宗后答己，而与仁宗后庄懿慈圣太后混误，故谓鸡年无考。
③ 引见包培（N. N. Poppe）《方体字》俄文版第126页，注106，苏联科学院，1941年。

如下：

> 正如波兹德涅耶夫所确定的，这里的鸡儿年是 1321 年，而不是鲍布罗夫尼科夫拟定的 1309 年。劳费尔（B. Laufer）转述了这个意见，认为是属于后一个十二年周期。波兹德涅耶夫指出，太（英文本误作"大"）皇太后这个称号，是 1320 年加给答儿麻八剌遗孀的，因而这件文告的发布不可能早于获得这个称号。按照伯希和（P. Pelliot）的意见，甚至可能属于后面的十二年周期，即 1333 年。鉴于这个日期的不确定性，我较为信从波兹德涅耶夫之说。①

我在 1955 年出版的《元代白话碑集录》中收入此碑汉译白话懿旨，未能详考，"疑为 1321 年"。1972 年匈牙利李盖特（L. Ligeti）院士出版《八思巴字文献》，收入此碑，也订为 1321 年。② 近年研究者多沿用此说。现在看来，需要重加考订。

依据此碑所见年代及内容，此皇太后为武宗、仁宗生母答己，可无疑义。大德十一年（1307 年）正月成宗崩。五月，武宗继位，即日尊太母元妃为皇太后。延祐七年（1320 年）三月，仁宗子英宗即位，尊为太皇太后，至治二年（1322 年）九月卒。见《元史·英宗纪》。伯希和推测的 1333 年，已是此皇后死去十年之后，且在建碑立石的至顺二年（1331 年）之后，显然是疏于查考。③ 拟定鸡儿年为至治元年辛酉（1321 年），也是由于忽视了一个重要事实，即忽视了碑文称"皇太后懿旨"与碑额题"太皇太后懿旨"的差别，即颁旨年代与立碑年代的差别。

碑文懿旨八思巴字蒙文与汉文，俱作"皇太后懿旨"，蒙文系汉语音译。据此，颁旨的鸡儿年只能是在尊为皇太后之后，加号太皇太后之前的武宗至大二年己酉（1309 年），本无疑义。答己死后，此懿旨刊泐建碑，碑额题字遂依生前的最高尊号，题为"太皇太后懿旨"，但碑文仍依原旨称"皇太后懿旨"。将答己死后立碑时所题碑额的尊号误以为是颁旨时的称号，遂导致颁旨年代判断的失误。细审此碑，两者区别划然，是不应混淆的。

---

① 译自包培前引书 1957 年英文修订本 *The Mongolian Monuments in Hpags-pa Script*，第 99—100 页，注 63。译文与郝苏民中译本《八思巴字蒙古语碑铭》（1986 年）间有不同。

② L. Ligeti, *Monumentsen Ecriture'Phags-pa*, 第 67 页, Budapest. 1972.

③ 伯希和：《蒙古侵略时期土耳其斯坦评注》。原载 1930 年 *Tung Pao*《通报》。中译本见冯承钧《西域南海史地考证译丛》第三编，第 11 页。

《元史·武宗纪》载至大二年三月，皇太后去五台山。同书后妃传二称："二年正月，太后幸五台山作佛事。"正月当是三月之误。《金石萃编补正》卷四，收录《郑州荥阳洞林寺藏经记》，碑阴刊录历朝保护寺院的圣旨、懿旨、令旨、法旨共八通。第三列刊皇太后懿旨，题"鸡儿年八月十五日五台行的时分写来"。第四列又有爱育黎拔里八达令旨，题"鸡儿年八月十七日五台行时分写来"。可知至大二年己酉八月间，答已皇太后与太子爱育黎拔里八达（仁宗）母子俱在五台礼佛。《元史·武宗纪》至大二年十月乙丑："以皇太后有疾，诏天下释大辟百人。"是时当已返大都。易州龙兴观懿旨题"鸡儿年十一月初十日，大都有时分写来"。在郑州洞林寺懿旨颁布约三个月之后。是可知此年答己后先后向佛寺道观各颁一保护懿旨，饬僧道为新朝祝寿祈福。两旨颁在同年，应无可疑。

现据北京大学图书馆收藏的拓本，将八思巴字蒙文转写旁译，汉文懿旨重加校录，酌加笺释以供研考。碑文中若干习见的词汇，我在《元代道观八思巴字刻石集释》[①]及其他寺院碑刻笺释中已有注释者，不再重注，请读者参阅。

碑　　额
八思巴字转写旁译

t'aj　γoŋ　t'áj　γiw　ʼi　J̌i
太　　皇　　太　　后　　懿　旨

碑　　阳
八思巴蒙古字转写旁译

(1)　moŋ-k'a　dèŋ-ri　jin　K'u-č'un-dur
　　　长生　　　天　　的　　气力里

(2)　　　　qaʼanu　　　su-dur
　　　皇帝（合罕）的　福荫里

(3)　γoŋ　t'aj　γiw　ʼi　J̌i　ma-nu
　　　皇　　太　　后　懿　旨　俺的

[①]《元代道观八思巴字刻石集释》，载《蒙古史研究》第五辑，内蒙古大学出版社1997年版。

(4)　č'i – ri –'u – dun　　no – jad da　　č'e – rig ha – ra – na　　bal – qa – dun
　　　　军　　　　　　官每根底　　　　军人每根底　　　　　　城子的

　　da – ru – qas da　　　　no – jad da　　'aji – maq　　'aji – ma –'u – dun
　　宣差（达鲁花赤）根底　官人每根底　　各枝儿　　各枝儿(诸爱马）的

(5)　'eo – t'eo – gu – se　　jol – č'i – qun　　ja – bu – qun　　èl – č'i – ne
　　　　头目每　　　　　　往来的　　　　　　行走的　　　　　使臣每

'ir – ge – ne　　du'ul – qa – què
　百姓每　　　　宣谕的

(6)　˙iǰi
　　　懿旨

(7)　qa'anu　　Ǯar – liq　　dur　　do – jid　　èr – k'e –'ud　　sen – ši – ŋud
　　　合罕的　　圣旨　　　里　　道人（和尚）　也里可温　　　　先生

'a – li – ba　　'al – ba　　qub – č'i – ri'eu – lu'eu –Ǯen
不拣甚么　　差发　　　　科欽休承当

(8)　dèŋ – ri – ji　　Ǯal – ba – ri – Ǯu　　hi – ru –'er　　'eo – gun　　'a – t'u – qaji
　　　天　　　　　　祈祷　　　　　　　　祝福　　　　　给　　　　　在

ge˙ek' – sen
说有

(9)　Ǯar – li – qun　　jo – su –'ar　　'a – li – ba　　'al – ba　　qub – č'i – ri
　　　圣旨　　　　　　体例　　　　　不拣甚么　　　差发　　　　科欽

'eu – lu – eu –Ǯen
休当

(10)　dèŋ – ri – ji　　Ǯal – ba – ri – Ǯu　　hi – ru –'er　　'eo – gun　　'a – t'u – qaji
　　　　天　　　　　　祈祷　　　　　　　　祝福　　　　　给　　　　　在

ge'en　　baw tiŋ　　č'eol – ge　　jin ji　　Ǯiw　　dur　　bu – k'un　　leuŋ　　heiŋ　　gon　　ruŋ
说道　　保定　　　　路　　　　　的易　　州　　　里　　　有的　　　龙　　　兴　　　观　　洪

(11)　'ṳen　　geuŋ　　jen　　hia　　gon　　'eu　　dzṳen　　gon　　dur　　'a – qun　　tì
　　　　元　　　宫　　　烟　　　霞　　　观　　　玉　　　泉　　　　观　　　里　　　有的　　　提

dèm　　'ṳaŋ　　tsin　　šèn　　Ǯaŋ　　'ṳen　　Ǯi　　suŋ　　taw　　č'eun　　'ṳaŋ　　taw　　gei
点　　　王　　　进　　　善　　　张　　　元　　　志　　　宋　　　道　　　春　　　　王　　　道　　　吉

(12)　t'eri –'u – t'en　　sen – ši – ŋud　　de　　ba'ri – Ǯu　　ja – bu –'aji
　　　　为头儿　　　　先生每　　　　　　　收执　　　　　　行

(13)　ʼi　　J̌i　　ʼeog – bi　ède – nu　geuŋ　gon　dur　ge – jid　dur　ʼanu
　　　 懿　 旨　　给了　　这些人的　宫　 观　里　房舍　 内　他每的

èl – čʻin　　bu　　ba – u – tʻu – qaji　　u – laʼa　　ši – ʻu – su　　bu
　使臣　　 勿　　　　停住　　　　铺马（兀剌）　支应（首思）　勿

ba – ri – tʻu – qaji　　tsʻɑŋ　　tʻam –
　　拿要者　　　　仓（地税）　印（商税）

(14)　　– qa　　bu　　ʼeog – tʻu – geè　geuŋ　gon　ʼala　qa – ri – ja – tʻan
　　　　勿　　给与　　　　　宫　 观　　　　属于

qa – J̌ar　u – sun　baq　tʻe – gir – med　dèm　kʻe – bid　gej – dèn – kʻu　qalaʼun
　田土　　水　　 园　　　磨　　　 店舍　 铺席　　 解典库　　 热

u – sun　　ha –
水（浴堂）

(15)　　– ran　　ʼadu – ʻu – sun　　kʻi – ʼed　　ja – ud – kʻe – di (J̌i)　　ʼa – nu
　　　人口　　　头匹　　　　 等　　　　甚么物件　　　　他每的

kʻed　kʻed　ber　bol – J̌u　bu – li – J̌u　tʻɑ – tʻɑ – J̌u　bu　ʼab – tʻu – qaji
谁　　 谁　　 为　　　夺要　　　征用　　 勿　　要者

kʻu – čʻu　　bu　　kʻur –
力气　　　 勿

(16)　ge – tʻu – geè　è – jin　kʻeʻe　ʻu – lu – ʼed　bu – run　　bu – ši
　　　　发出　　　这般　说道　　不做　　　有　　 别（离、违背）

bol – qa – qun　　ha – ran　　ʼeu – lu – ʻu　　ʼa – ju – qun　　è – de　　ba – sa
　　做了的　　　　人　　　　不……么　　　　怕　　　 这　　　更(再)

sen – shi – ŋud
先生每

(17)　ʼi　J̌i　tʻen　èle　kʻeʻe – J̌u　jo – su　ʼeu – ge – ʼun　ʼeuè – les
　　　 懿　旨　有　　　 说着　　 体例　　 无的　　 勾当

ʼeue – le – du – ʻe – su　mud　ba – sa　ʼeu – lu – ʻu　ʼa – ju – qun
　　　做呵　　　 那　　 更　　　不么　　　 怕

(18)　ʼi　J̌i　ma – nu　taʻgi – ja　J̌il　ʼeu – bu – lun　dum – da – du
　　　 懿 旨　俺的　　 鸡　 年　　　 冬的　　　　中

za – ra　jin　har – ban　ši – ne　de　tai – du　da　bu – guè　dur　bi – cʻi – beè
月　　的　　十　　 初　　大都　　　　在　　时　 写了

碑　阴
汉字懿旨碑文

（1）长生天气力里

（2）皇帝福荫里

（3）皇太后懿旨

（4）军官、军人每根底，管城子的宣差、官人每根底，各枝儿头目

（5）每根底，来往的使臣、百姓每根底，宣谕

（6）懿旨

（7）皇帝圣旨里，和尚、也里可温、先生，不拣甚么差发休当者，告

（8）天祝寿说有。

（9）圣旨体例：不拣甚么差发休当者，告

（10）天祝寿么道。保定路易州里有的龙兴观、洪元宫、烟霞观、玉泉观里有的

（11）提点王进善、张元志、宋道春、王道吉为头儿先生每执把的

（12）懿旨与了也者。这的每宫观里房舍内，使臣休安下者。铺马支应休与者。

（13）商税休纳者。但属宫观的水土、园林、水磨、解典库、店舍、铺席、浴堂、

（14）人口、头匹，一切等物，但是他每的，不拣是谁休夺要者，休倚气力

（15）者。这般晓谕了，别了的人不怕那甚么。更，这先生每说道有

（16）懿旨，若无体例勾当做呵，他每不怕那甚么。

（17）懿旨俺的。

（18）鸡儿年十一月初十日，大都有时分写来。

（19）大元至顺二年岁次辛未六月吉日建。

碑文笺释

皇太后懿旨　此五字八思巴字均依汉语音译。

蒙古合罕正妻原称合敦。1240年济源紫微宫碑见"也可合敦大皇后懿旨"[①]，

[①] 《元代白话碑集录》卷首碑拓及第7页。

音译与意译并用。但蒙古语合敦一词也泛称贵族夫人，并非皇后的专称。元世祖即位后行用汉法，称帝建元，立皇后。至元三年为前代皇后追上谥号。至元十年又为皇后察必加授尊号。八思巴字蒙古语文献中，皇帝仍称"合罕"，皇后则不再称"合敦"，而习用来自汉语的γoŋγiw。此词遂成为蒙古语中的汉语借词和专用的尊称。皇太后、太皇太后同例。

懿旨一词也是蒙古语中的汉语借词和专称。八思巴字蒙古语文献中，合罕圣旨，仍依蒙古语的传统称札里黑J̌aliq，汉译"皇帝圣旨"。皇子诸王的文告泛称为euge（言语）或bic'ig（文书），汉译"令旨"。皇后称懿旨是汉语的传统称谓，蒙语中并无此专称，故借用汉语音译。

此碑颁布懿旨之皇太后答己，蒙古弘吉剌氏。《元史·后妃传二》有传。裕宗真金第二子答儿麻八剌之妃，生子海山（武宗）及爱育黎拔力八达（仁宗）。大德十一年（1307年）正月成宗崩。妃与仁宗定议，迎海山自和林至上都，继承帝位。事具《元史·武宗纪》。五月二十一日，武宗即位，当日诏尊皇考为皇帝，太母元妃为皇太后。《元典章》卷一具载尊皇太后诏书全文，《元史》不载。至大三年，加上尊号昭懿寿元皇太后。玉册由姚燧撰文，收于《牧庵集》卷一，并见《元文类》卷十。仁宗延祐二年（1315年）三月再上尊号。延祐七年（1320年）三月，英宗即位，尊称太皇太后，诏书见《元典章》卷一。十二月加上徽文崇祐尊号，册文载《元史·后妃传二》。至治二年（1322年）九月病死。十二月谥昭献元圣皇后。[①]

宣差 汉文懿旨"管城子的宣差"，八思巴字蒙语为 balaqad - un daruqas da。此语在其他碑文中多译为"城子里的达鲁花赤每根底"。案"宣差"一词原为汉人对蒙古使臣的称谓。《蒙鞑备录》奉使条记："彼奉使曰宣差。自皇帝或国王处来者，所过州县及管兵头目处悉来尊敬，不问官之高卑。"[②] 此实指过驿的使臣，蒙语称乙里只 el čin。汉人称为宣差。如周至重阳宫碑刊癸未年圣旨称："宣差阿里鲜面奉成吉思皇帝圣旨。"并见长春真人《西游记》附录。元朝建国后，民间仍长期沿用此名。杂剧《像生番语罟罟旦》残曲"皓首苍颜老宣差"，即指驰

[①] 《元史·后妃传二》昭献元圣皇后传记事间有疏失，如记"延祐七年，英宗即位。十二月上尊号太皇太后"，据同书英宗纪，英宗即位，即"尊太后为太皇太后"。十二月再加上尊号（徽号），即太皇太后在原皇太后尊号上又加"徽文崇祐"等字。所谓"上尊号太皇太后"，实是"为太皇太后上尊号"。又传称："至治三年二月崩，升祔顺宗庙配食。"据《元史·英宗纪》，至治二年九月，"太皇太后崩"。十二月"定谥太皇太后曰昭献元圣"，至治三年三月"祔太皇太后于顺宗庙室"，记述颇为详明。后妃传记事混误。参见中华书局校点本《元史》卷一一六校勘记六。

[②] 赵珙：《蒙鞑备录》，第12页。王国维校注《蒙古史料四种》本，1926年。

驿使臣①。

金元之际，蒙古授任金朝故地的路府官员，往往在官职之上冠以"宣差"二字，以示出于蒙古国的任命，是新朝的命官。《蒙鞑备录》又记："遣发临民者曰宣差。"山西永乐宫现存纯阳宫请潘公住持疏刻石②，刊蒙古定宗元年丙午（1246年）宣差平阳路都达鲁花赤疏、宣差河东南路都总管府疏、宣差平阳总府官疏、宣差河东南北两路舡桥都总管疏、宣差河中府长次官疏等疏文。印押的官员，不仅达鲁花赤，而且各路府汉人官员也冠以"宣差"二字。如宣差河东南路平阳总府次二官萧天祐，宣差河东南路都总管李，宣差平阳总府次三官许珍、徐德禄、张杰，宣差河东南北两路舡桥都总管谢等等。山东长清五峰山有定宗三年戊申刊元好问撰重修洞真观记，立石人严忠济署"宣差东平路行军万户府总管民长官"③，《道家金石略》收录。宪宗朝至世祖初年，冠以"宣差"的官员题记，仍不时可见，不备引。《元史·百官志》所列官职，"宣差"一词仅出现过一次。即太医院条："中统元年，置宣差提点太医院事。"金朝设太医院，置提点、院使等官职。中统之初，不及设官分职乃有此"宣差提点太医院事"之暂时建置。至元间，再建太医院，订立制度，官职建置完备，遂不再有所谓"宣差"之职。具见《元史·百官志》。

《元史·百官志序》说：世祖即位，"遂命刘秉忠、许衡酌古今之宜，定内外之官。""于是一代之制始备。"至元八年，并订立朝廷命官之制，称"宣授"或"宣命"。《元典章》礼部卷一迎送门收有详载有关礼仪的文书。朝廷派遣送宣授、宣命官到随路府州，开读圣旨，受宣官接受宣命，称宣授官或宣命官。冠于官名的"宣差"一词遂不再沿用。但对朝廷特派的蒙古监临官达鲁花赤，汉人官吏仍尊称为"宣差"。《元典章》刑部九《县官侵使课钞》条：至元二十八年十一月，御史台承奉中书省札付，江陵县达鲁花赤忽察忽思移借酒课钞三锭及县尹不行追理事，都省议拟。内称县尹宋鼎状招"宣差于官身内借记钞三锭，自合随即追征"④。这里汉人县尹所称"宣差"是达鲁花赤忽察忽思的尊称，十分清楚。《事林广记》所收《蒙古译语》（《至元译语》）君官门注汉语"宣差"为"达鲁花赤"。或以为宣差是达鲁花赤的汉译，其实是以达鲁花赤作为与宣差相对应的蒙古

---

① 赵景深辑：《元人杂剧钩沉》，上海古典文学出版社1956年版，第133页。
② 陈垣编纂，陈智超、曾庆瑛校补《道家金石略》第491—492页收录永乐宫拓本及《永乐宫碑录》，文物出版社1988年版。
③ 前引《道家金石略》，第467页，收录艺风堂拓本。
④ 《元典章》卷四十七，刑部九，侵使门。影印元刊本，台北，1976年。

语名。达鲁花赤作为蒙古特设的专官,并无汉语意译的官名,只用音译。宣差并非专用于达鲁花赤的汉译官名而是汉人习用的尊称。

综上考察,宣差一词在不同时期,含义有所不同。(一)蒙古国初期,汉人习称蒙古使臣为宣差。尔后民间仍然沿用。(二)金元之际,汉地官员在官名上冠以"宣差"二字表明是蒙古的命官。至元建制之后,不再沿用。(三)此后汉人官吏仍习称蒙古达鲁花赤为宣差。龙兴观懿旨译为"管城子的宣差"乃是沿用当时汉人习用的尊称。

各枝儿头目每 懿旨此句汉译"各枝儿头目每",八思巴字蒙古语作'aji – maq 'aji – ma –'u – dun'eo – t'eo – gu – se。"各枝儿"译自蒙古语,'aji – maq,音译为"爱马"。蒙古实行分封制度,"爱马"意指领有属地属民的各支系亲属集团,汉语意译又作"投下"。"各爱马即各投下"(杨瑀《山居新语》)。此懿旨的"各枝儿头目每"系指领有投下私属的蒙古各支系宗亲贵戚以及各投下任命的各级管理人员。平山万寿寺碑第二截1345年圣旨,汉译此句为"爱马耆老每根底、各枝儿头目每根底"[1]。荥阳洞林寺碑1309年令旨汉译为"各投下官人每"[2]。投下官吏非朝廷命官,故蒙语懿旨称为"头目每",不称"那颜"。此句雅译即"诸投下属吏人等"。投下勒索扰民,所在多有,道观也不免其扰。周至重阳万寿宫碑1280年圣旨即已明白宣示"更没俺每的明白圣旨,推称诸投下,先生每根底不拣甚么休索要者,先生每也休与者"[3]。

圣旨体例 此语系皇太后在称引"皇帝圣旨"之后,复述圣旨之规约,以示遵行。入矢义高在《读元代白话碑集录》一文中指出:"此句之上一定脱落'如今依著在先(或前)'六字。"[4] 案圣旨碑所见皇帝圣旨称引前帝,故有"如今依著在先(或前)"等字。此碑懿旨系皇太后引述当今皇帝圣旨,绝不能有此六字。八思巴字蒙古语作"ǰarliqun josu·ar",并没有 uridanu(在前的)等字。josu 一词,《元朝秘史》音译"约孙",旁译"理"[5]。元碑多译"体例",义近成规、规约。附加后缀·ar,系语法形态的工具格,含有依据之义。可译为"依"。此碑汉译,省译后缀,直译"圣旨体例"也可通解。检碑拓此处完好无缺,《集录》此处也无脱字。入矢此文对《集录》多所指正,甚为感谢。但此处断言"一定脱落"六字,

---

[1] 《元代白话碑集录》,第92页。
[2] 《元代白话碑集录》,第58页。
[3] 《元代道观八思巴字刻石集释》之(一)。
[4] 入矢义高:《读蔡美彪氏编〈元代白话碑集录〉》,日本《东方学报》第二十六册,1956年。
[5] 《元朝秘史》卷一。

则是由于未见碑拓,不明语义,又忽略了懿旨与圣旨的区别。

保定路 (č'eolge)　与汉语"保定路"对译的八思巴字作 baw tiŋ č'eolge。元代蒙汉文碑习见的译文,作为地名的"路"多音译汉语作 lu。č'eolge 又见河南彰德善应储祥宫碑,彰德路作 Jaŋ dhih č'eolge①。前人已注意及此。波兹德涅耶夫曾自蒙古语中检出此词。伯希和进而探讨过此词与藏语、波斯语相关名词的关系,但未得确解。② 包培赞同是汉语路的同义词。③ 案此字曾见于《元朝秘史》,音译"啜勒客",旁译"川",即平川、平原地带。④ 周至重阳万寿宫碑延祐元年(1314年)虎儿年圣旨也曾出现此词,八思巴字蒙古语作 č'eolge č'eolge dur bukun senshiŋud……汉译碑文作"诸路里应有的先生……"⑤ 可证此 č'eolge 作为"路"的同义词,并非泛称,也非专用地名,而是用为行政区划的专名。元承金制,设路为一级政区。《元史·地理志》:"保定路本清苑县,唐隶郑州,宋升保州,金改顺天军。元太宗十三年升顺天路,置总管府。至元十二年改保定路。"属中书省。易州为保定路领州,"至元十年隶大都路,二十三年,还隶保定,领三县:易县、涞水、定兴"⑥。治今河北省易县。

龙兴观　易州道教古观。有唐中宗景龙二年(708年)立道德经碑,唐玄宗开元二十六年(738年)御注道德经刻石,又有"大辽易州龙兴观创造香幢记"道士许玄龄书,寿昌六年(1100年)建。明弘治间戴铣修《易州志》卷五,寺观门历述此观之修建,称:"龙兴观,在州治南三百六十步。唐初建,故名龙兴。碑刻石浮图犹存。中宗景龙二年、宋绍定元年(1228年,金哀宗正大五年)、元元帅张柔俱尝修葺。明宣德时重建。"⑦ 今毁。近刊新修《河北省志宗教志》载观址"在易县城东南隅","现存正一教碑一通,名曰大元易州龙兴观宗支恒产记,至正十一年六月初三日建"⑧。陈垣等编《道家金石略》曾据拓本收录碑文,内称龙兴观"近在州治之南,地位高明,殿宇雄丽,实为郡城琳馆巨观"⑨。碑阴刊有"龙兴观正一宗支图"属道教正一道派。

---

① 《元代道观八思巴字刻石集释》之(四)。
② 见第122页注3。
③ 包培著,郝苏民译补:《八思巴字蒙古语碑铭译补》注49、59,内蒙古文化出版社1986年版。
④ 《元朝秘史》续集卷一。
⑤ 《元代道观八思巴字刻石集释》之(二)。第二截。
⑥ 《元史》卷五十八,地理志一。
⑦ 戴铣纂:《易州志》卷五,明弘治刻本影印本,天一阁藏明代方志选刊,中华书局,1965年。龙兴观之建置沿革,此书所记最为详确。《畿辅通志》古迹寺观五引清雍正《易州志》误为龙兴寺,又误作元张柔建。
⑧ 《河北省志》第68卷《宗教志》,中国书籍出版社1995年版,第23、38页。
⑨ 《道家金石略》,第986页。

龙兴观又有"易州在城龙兴观宗支道派"刻石①，称龙兴观为"本观"，懿旨所见之洪元宫、烟霞观、玉泉观俱属"宗支道派"。烟霞观在源泉，玉泉观在豹庄。弘治《易州志》记："洪元宫在城西七十里"，"玉泉观在州治东北二十里"。玉泉观有"大元易州豹泉创修玉泉观碑"，里人太宁居士敬铉撰文，至元二十四年（1287年）九月十日立石。②内记"吾乡距城二十里有村曰豹泉，二泉夹林园而出"，经本村恳请龙兴观正真真人，允别立观，"改豹泉之名为玉泉"。

王进善等 "提点王进善"为龙兴观提点，又见至正八年（1348年）二月立石的"龙兴观提点缑公（德宁）功行记"碑文。③内记"至元二十年间，缁侣觊觎，持力争夺。是时道正王善明、提点魏道玄、提点王进善、道判陈道明等具碑幢墨本，诉于有司。朝议以道德之真直其理，彼乃惭退，众得以安"。王进善又作王道善。前引《恒产记》记述至正时本观住持提点刘玄正等历述宗派源流称："我祖师韩真人与同志萧、路、杜三真人浮江而南，拜三十代天师，受天心正一法，得法而归北方。学者遂共立萧、韩、路、杜四人之教。自是厥后，韩真人传法于沙堡元命王真人，元命传洪崖和光刘真人，和光传本观祖师正真王真人，正真传孚真大师本宗提点王善明，孚真传崇和灵静大师王道善。"《宗支图》作崇和灵静大师提点王道善。正一道源于江西龙虎山天师道符箓派。"三十代天师"为张继先，见明张正常等撰《汉天师世家》。④时当北宋末季。宋徽宗曾赐号虚靖先生，钦宗时卒。师从张继先的易州龙兴观宗派祖师韩真人，不知其名。五传至王道善，至元以来，提点本观。至正时提点刘玄正为其弟子。此派道士以道、德、玄、志等字为法名。此人在懿旨颁布时仍名进善，至正间刻石始改道善。

张元志一名，不再见，当是烟霞观提点。《宗支图》见"住持源泉烟霞观体玄张真人"，或即其人。《宗支道派》刻石又见"源泉烟霞观住持提点徐德真"。刻石所刊系顺帝至正间事。文中有"本观玄门提点兼本州道门提举玄远安素大师缑德宁"列名，据前引《缑公功行记》在至正八年，可以为证。意者张志元在武宗至大二年懿旨颁布时为烟霞观提点，至正时由徐德真继任。

宋道春为玉泉观提点。《宗支图》见"豹泉玉泉观冲和大师祖善义"传"住持提点宋道春"。

---

① 《道家金石略》，第987页。
② 《道家金石略》，第866页，据艺风堂拓本收录。撰人敬铉，金大定间进士，元初为中都儒学提举，仁宗时隐居易州太宁山。事见弘治《易州志》卷十二"人物"及《元史》卷一七五敬俨传。《新元史》卷二〇一别立敬铉传。
③ 《道家金石略》，第980页，据艺风堂拓本收录。
④ 张正常撰：《汉天师世家》，正统《道藏》第1066册《续道藏》。

王道吉应是洪元宫提点。《宗支道派》有"洪元宫住持提点王道□",末字磨泐。

宫观里房舍内 八思巴字蒙古语 edenu geuŋ gon dur gejid dur。在其他汉译碑文中或直译为"这的每宫观里房舍里"。"宫观""房舍"不应因而理解为并列的两事。原意应指宫观里面的房舍。① 此碑懿旨汉译作"这的每宫观里房舍内,使臣休安下者",语义更为明晰。蒙古语前后两个 dur,译文用"里"和"内"相区别,以免误解,想见译者的用心。

地税商税 八思巴字作 ts'aŋ tamqa。ts'aŋ 是汉语"仓"的借词,原指"仓粮",意为地税。tamqa 是源于古突厥语的畏兀(维吾尔)语"印"的借词,原指"印契",意为商税。碑文中八思巴字蒙古语 ts'aŋ tamqa bu'eog-t'u-geè,在常见的此类文告中多译为"地税商税休纳者"。此碑懿旨汉译作"商税休纳者",无译自 ts'aŋ 的"地税"二字,当是刻石时遗漏。关于元代寺观免纳地税商税的由来,请参阅拙作《泾州水泉寺碑》、《林州宝严寺碑》两文中的有关注释,不复赘。

宫观产业 懿旨中曾列举龙兴观等宫观产业名目,禁止侵夺,以示保护。前引顺帝至正时立《龙兴观宗支恒产记》称遵照易州达鲁花赤马可慕之意,将本观常住,辽金旧有,今代新置房舍间座、地土条段、园林处所四至界畔刻石,以绝侵夺争讼。马可慕,色目人。弘治《易州志》卷十八有元人程徐撰达鲁花赤马公去思碑,称马可慕"字仲善,号朴斋,其先赛氏,西域右族也"。至正九年任易州达鲁花赤。又记"此郡多前代佛寺道宫,其田土僦舍,杂民间,互侵渔,争讼蜩兴。公下令寺观籍其垄亩界畔刻于石。自是僧道无与民讼者",所记与恒产记均合。恒产记备列"本观常住殿宇房舍地土园林",观中殿堂房舍三十余间,另有所属菜园两所、庄窠地、水门里渠西地、观南园子地各一段,临街房舍两处及祖业宝光庵一所。所列各产业地段四至,颇为详尽。但这些旧有新置的宫观产业只是殿宇房舍地土园林,不见懿旨所列不准夺要的解典库、店舍、铺席、浴堂等经营性恒产。其他宗支宫观,规模较小,不得其详。大抵此类保护产业的文告,依据既定程式填发,并不深究具体项目之有无,其事甚明。

立石年月 汉译碑文之末有小字一行"大元至顺二年岁次辛未六月吉日建"。至顺二年(1331年)上距懿旨颁布之至大二年(1309年)已有二十二年之久。这当是由于此时又有侵夺之扰,遂将懿旨刻石宣示。立石人未署名,当为本观道士所建,其他无考。

(原载《燕京学报》第20期,2006年)

---

① 参见1314年重阳万寿宫碑注释。

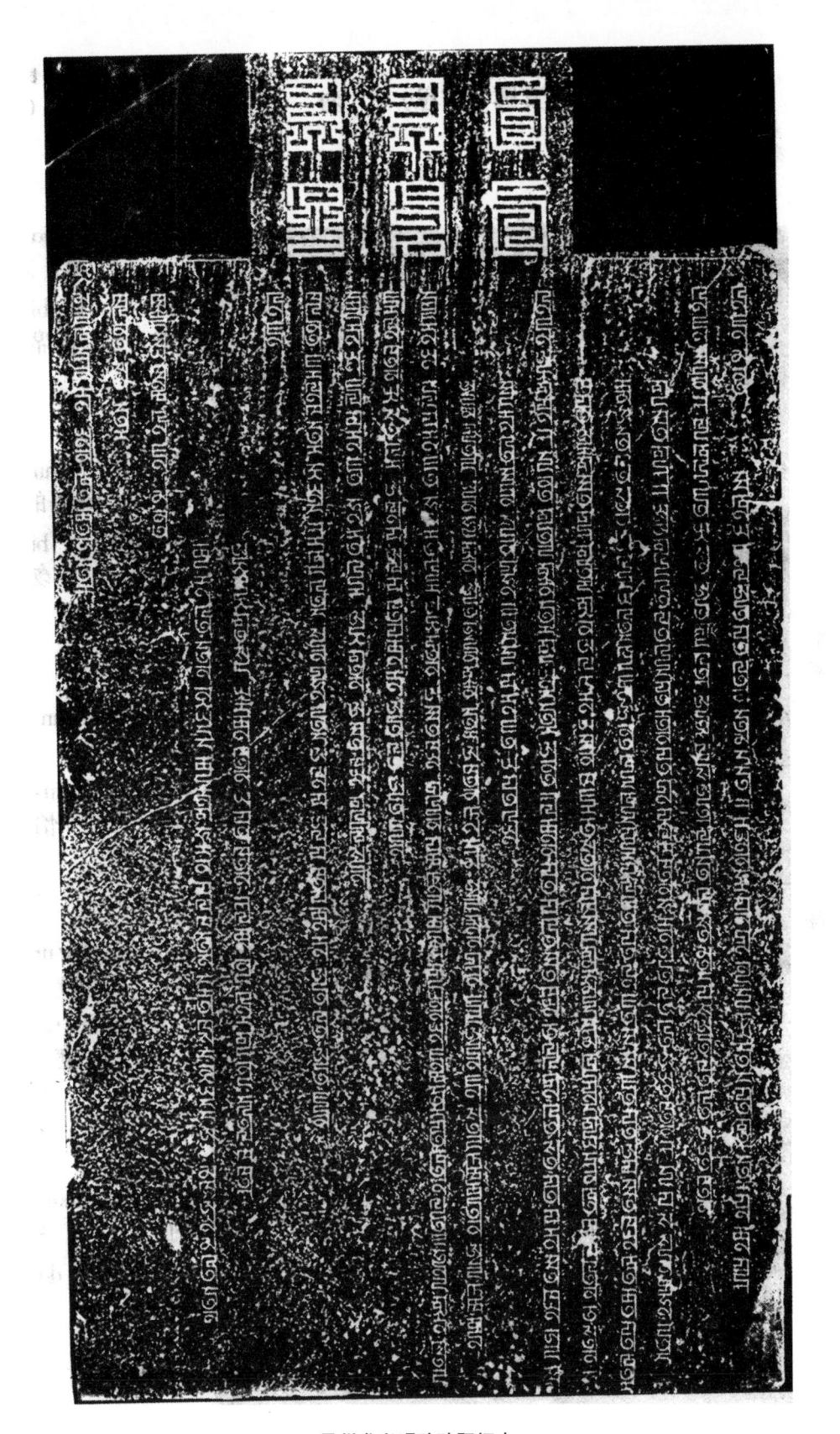

易州龙兴观碑碑阳拓本

易州龙兴观碑碑阴拓本

[9] 周至重阳万寿宫碑
(1313年，1314年，1318年)

本碑在元周至重阳万寿宫，今存陕西户县祖庭。民国《续修陕西通志稿》陕西金石志卷二十八收录汉文碑文。三截刻。

第一截：右皇庆二年（1313年）九月汉文圣旨，左八思巴字音译，1959年刊《八思巴字与元代汉语》收录拓影。

第二截：上刻八思巴字蒙古文虎儿年（1314年）七月二十八日圣旨，下刻汉语白话译文。1937年波兰学者列维茨基（M. Lewicki）曾据伯希和（P. Pelliot）拓本刊布所著《方体字蒙古语碑铭》（《东方文萃》卷12，维尔诺）。1940年海涅士刊布德国所藏此截蒙汉文拓影，转写注释，虎儿年拟为1350年，见前引莱比锡德国科学院院刊哲学历史卷92号。1955年刊《元代白话碑集录》收录汉语译文，考为延祐元年（1314年）。李盖特《八思巴字文献》据海涅士拓本音译，取1314年。

第三截：延祐五年（1318年）四月二十六日汉语白话译文圣旨，无八思巴字蒙文原文。《元代白话碑集录》收录。

1952年，我在《北京大学文科研究所所藏八思巴字碑拓序目》中曾收录原属柳风堂的此碑拓本。五十年代以来，蒙古学家多注意于海涅士所刊本碑第二截的八思巴字蒙古语圣旨，着力于蒙古语文的转写编译，对碑文其他内容，似尚未多留意。综考此碑蒙汉文三旨，实为重阳宫及元代全真道的重要文献，有待于参稽有关资料作进一步的研讨。

本碑三截分刻三旨，蒙汉文书例不同，其内容也不同于习见的保护道教宫观的圣旨。此碑在重阳宫立石，但圣旨内容并非指重阳宫事，而是关于由重阳宫住持晋升为全真掌教的孙德彧的诏敕。第一截圣旨是封授孙德彧"大宗师"、"掌教真人"、"知集贤院道教事"。第二截圣旨晓谕朝廷中枢、地方官署、军民、道士，申明对孙德彧的封授和对全真道观的保护。第三截是集贤院依据孙德彧的奏报请降圣旨，保护各地宫观并重申对孙德彧的授权。

现将全碑拓本整体刊布。八思巴字转写旁译。汉文原文校录。碑名中有关人物史事及若干蒙汉语汇，酌加注释。他碑已注者，不重录。

第一截右方
汉文圣旨碑文

上天眷命皇帝圣旨。大道无名，诞启玄元之造。至人有作，允符历数之归。昔太祖漠北以龙飞，伊长春山东而凤翥。明良胥会，宗教肇兴。何替德于八传，肆求贤于一派。辅道体仁文粹开玄真人孙德彧，雅师清静，克宝俭慈。探《老》《易》之精微，搴经科之灵秘。虽深资于天乐，实光绪于丹阳。提振纲维，恪恭戒律。朕采舆人之公论，发纶旨于昌辰。以尔掌教玄〔门〕，演道〔材〕馆。於戏！金莲奕叶，真风袭美于帝图。玉烛重华，皇庆惟新于天命。尚崇素履，庸赞清朝。可授神仙演道大宗师、玄门掌教真人、管领诸路道教所、知集贤院道教事。宜令孙德彧，准此。

皇庆二年九月　日

第一截左方
八思巴字译汉文圣旨转写旁释

(1)　šaŋ　t'èn　geon　miŋ
　　　上　　天　　眷　　命

(2)　xoŋ　di　šiŋ　ǰi　taj　taw　'u　miŋ　tan　k'ei　hųen　'ųen　ǰi
　　　皇　帝　圣　旨　大　道　无　名　诞　启　玄　元　之

tsaw　ǰi　žin　ŋèw
造　　至　人　有

(3)　tsaw　jeun　hųu　li　šu　ǰi　guè　si
　　　作　　允　　符　历　数　之　归　昔

(4)　t'aj　tsu　maw　buè　ji　leuŋ　hųi　ji　čaŋ　č'eun　šan　duŋ　ži
　　　太　　祖　漠　北　以　龙　　飞　伊　长　春　　山　东　而

hųuŋ　ǰeu　miŋ　liaŋ
凤　　翥　　明　　良

[9] 周至重阳万寿宫碑（1313 年，1314 年，1318 年） 137

(5) seu xuè tsuŋ gèw jěw heiŋ xo tʻi dhij ˙eu ba čeun shi
    胥　会　宗　教　肇　兴　何　替　德　于　八　传　肆
gew heèn
求　贤

(6) ˙eu ji baj hu̯u taw tʻi žin wun suè kʻaj hu̯en jin žin
    于　一　派　铺　道　体　仁　文　粹　开　玄　真　人
sun dhij ˙eu ja
孙　德　彧　雅

(7) ši tsʻiŋ tsiŋ kʻhij baw kèm dzʻhi tʻam law ji jǐ tsèŋ
    师　清　静　克　宝　俭　慈　探　老　易　之　精
wi gèn geiŋ kʻu̯o jǐ
微　搴　经　科　之

(8) liŋ buè suè šim tshi ˙eu tʻèn law ši gu̯aŋ zeu ˙eu dan
    灵　秘　虽　深　资　于　天　乐　实　光　绪　于　丹
jaŋ ti jǐn gaŋ
阳　提　振　纲

(9) ju̯i kʻaw geuŋ giaj leu jǐm tsʻaj jeu žin jǐ guŋ lun hu̯a
    维　恪　恭　戒　律　朕　采　舆　人　之　公　论　发
leun jǐ ˙eu
纶　旨　于

(10) čʻaŋ šin ji ži jǎŋ gew hu̯en mun jèn taw dzʻaj gon
     昌　辰　以　尔　掌　教　玄　门　演　道　材　馆
˙u hu gim lèn ji
於　戏　金　莲　奕

(11) jè jǐn hu̯uŋ zi muè ˙eu di dʻu jeu jeu cʻeuŋ xua xoŋ
     叶　真　风　袭　美　于　帝　图　玉　烛　重　华　皇
kʻiŋ ju̯i sin jeu
庆　惟　新　于

(12) tʻèn miŋ šaŋ čuŋ su li jeuŋ tsam tsʻiŋ čʻew [kʻo]
     天　命　尚　崇　素　履　庸　赞　清　朝　可
šiw šin sen jèn taw taj
授　神　仙　演　道　大

(13)　tsuŋ　shi　hu̯en　mun　ǰaŋ　gew　jin　žin　gon　liŋ　jeu　lu　taw
　　　　宗　　师　　玄　　门　　掌　　教　　真　　人　　管　　领　　诸　　路　　道

gew　šu
教　　所

(14)　ǰi　tsi　heèŋ　'u̯en　taw　gew　ši　ŋi　liŋ　sun　dhij　'eu　ǰun
　　　　知　集　　贤　　院　　道　　教　　事　宜　令　　孙　　德　　彧　　准

tshi
此

(15)　xoŋ　k'iŋ　ži　nèn　giw　'uè　ži
　　　　皇　　庆　　二　　年　　九　　月　　日

第二截上方
八思巴字蒙文圣旨转写旁译

(1)　moŋ – k'a　dèŋ – ri – jin　k'u – č'un　dur
　　　长生　　　　天的　　　　　气力　　　里

(2)　jè – k'e　su　ǰa – li　jin　i – he'en　dur
　　　大　　　福荫　福威　　的　　护佑　　里

(3)　qa·an　ǰar – liq　ma – nu
　　　合罕　　圣旨　　　俺的

(4)　ǰuŋ – šeu – ši – ŋun　č'eu – meè – 'u̯e – nu　'eu – ši – ta – jin　no – jad
　　　　中书省的　　　　　　　枢密院的　　　　　　御史台的　　　　官人每

(5)　da　heiŋ – ǰuŋ – šeu – ši – ŋun　heiŋ – 'eu – ši – taj　jin　seon –
　　根底　　　行中书省的　　　　　　　　行御史台　　　　　的　　宣

(6)　– 'u̯e – shi – jin　no – jad　da　č'e – ri – 'u – dun　no – jad　da
　　　　慰司的　　　　官人每　　根底　　　军每的　　　　官人每　　根底

č'e – rig　ha – ra – na　ba – la – qa – dun　da – ru – qas
軍　　　　人每根底　　　　城子的　　　　　达鲁花赤每

(7)　da　no – jad　da　do – t'o – na　qa – da – na　bu – k'un　jè – kes
　　根底　官人每　　根底　　内里的　　　外边的　　　所有　　　大

'eu – č'u – ged　ja – mu – nu – dun　no – jad　da　'aji – maq
　　小　　　　　　　衙门的　　　　　官人每　　根底　　各枝儿

[9] 周至重阳万寿宫碑（1313 年，1314 年，1318 年） 139

ʼaji – ma – ʼu – dun
各枝儿的

(8) ʼeo – tʻeo – gu – se   jor –čʻi – qun   ja – bu – qun   él – čʻi – ne   olon
头目（长老）根底   去往的每   走的每   使臣根底   众

sen – šhi – ŋud   de   ʻir – ge – ne   dʻul – qa – què
先生每   根底   百姓根底   宣谕的

(9) ǰar – liq
圣旨

(10) ǰiŋ – gis   qa – nu
成吉思   罕的

(11) ʼeo – kʻeo – deè   qaˑa – nu
月阔台   合罕的

(12) se –čʻen   qaˑa – nu
薛禅   合罕的

(13) ʼeol –ǰeè – tʻu   qaˑa – nu
完者都   合罕的

(14) kʻeu – lug   qaˑa – nu   ǰar – liq   dur   do – jid   èr – kʻe – ʼud
曲律   合罕的   圣旨   里   道人每   也里可温每

sen – šhi – ŋud   ʼa – li – ba   ʼal – ba   qub –čʻi – ri   ʼeu – lu   ʼeu –ǰen
先生每   任何   差发   科敛   勿   承担

(15) dèŋ – ri – ji   ǰal – ba – ri –ǰu   hi – ru –ʼer   ʼeo – gun   ʼa – tʻu – qaǰi
天   祷告   祝福   给   在

geˑeg – deg – sed   ʼa –ǰu –ʼuè   è – du –ʼe   ber   beo –ʼe – su   u – ri – da – nu
说了   有   如今   有   先前

(16) ǰar – li – qun   jo – su –ʼar   do – jid   èr – kʻe – ʼud   sen – šhi – ŋud
圣旨的   体例   道人每   也里可温每   先生每

ʼa – li – ba   ʼal – ba   qub –čʻi – ri   ʼeu – lu   ʼeu –ǰen
任何   差发   科敛   勿   承担

(17) tʻaj – šaŋ – law – geu – nu   meo – ri – jer
太上老君的   道

(18) déŋ – ri – ji   ǰal – ba – ri –ǰu   hi – ru –ʼer   ʼeo – gun   ʼa – tʻu – qaǰi
天   祷告   祈福   给   在

ge·en　thij　šiw　šin　sen　jèn　taw　taj　tsuŋ　ši
说道　　特　　授　　神　　仙　　演　　道　　大　　宗　　师

　　(19)　huen　mun　jaŋ　gew　gon　liŋ　jeu　lu　taw　gew　šu　ǰi　tsi
　　　　　玄　　门　　掌　　教　　管　　领　　诸　　路　　道　　教　　所　　知　　集

heèn　'uen　taw　gew　ši　huu　taw　t'i　žin
贤　　　院　　　道　　教　　事　　辅　　道　　体　　仁

　　(20)　wun　suè　k'aj　huen　ǰin　žin　sun　dhij　'eu　ji　k'iw　šin
　　　　　文　　粹　　开　　玄　　真　　人　　孙　　德　　彧　　　　丘　　神

se – nu　meor – t'ur　t'eu – ši – ǰu　č'eol – ge
仙　　　道子里　　　委付　　　　　路

　　(21)　č'eol – ges – dur　bu – k'un　sen – ši – ŋud　gu – gu – si
　　　　　路里　　　　　　所有　　　　先生每　　　　姑姑每

'eo – t'eo – gu – [l] e – [j] u　me – de – ǰu　sen – ši – ŋud　– de 'eog –
为头儿　　　　　　　　　　管（知）　　先生每　　　　　根底

　　(22)　t'e – k'u　gej – tè　ši – raw　hua – miŋ　mun　'eog – t'u – geè
　　　　　应给的　　戒牒　　　师号　　　法名　　　他每的　　给与者

sun　ǰin　[ž] i – na　ba – ri – ǰu　ja – bu – 'aji
孙　　真　　人　　　收执　　　　行

　　(23)　ǰar – liq　'eog – buè　è – de – nu　geuŋ　gon　'am　mèw　dur
　　　　　圣旨　　　给了　　　这些人的　　　宫　　观　　庵　　庙　　中

ge – j[id]　dur　'anu　èl – č'in　bu　ba – ri – t'u – qaji [u] –
房舍　　　里　　他每的　使臣　　勿　　停住者

　　(24)　– la·a　ši – 'u – su　bu　ba – 'u – t'u – qaji　ts'aŋ　t'am – qa
　　　　　铺马　　祗应　　　勿　　拿要者　　　　　　仓（地税）　印（商税）

bu　'eog – t'u – geè　k'ed　k'ed　ber　bol – ǰu　k'u – č'u – [d]e – ǰu　bu
勿　　给与　　　　谁　　谁　　为　　　　　气力　　　　　　　　勿

sa –

　　(25)　– 'u – t'u – qaji　ǰar – qu　bu　jar – qu – la – t'u – qaji
　　　　　住坐　　　　　官司（公事）　勿　　判断者

ja – 'u – k'e　bu　t'al – bi – t'u – qa ji　geuŋ　gon　'am　mèw　de èlè　qa – ri –
甚么东西　　勿　　存放者　　　　　　宫　　观　　庵　　庙　　只　　属于

[9] 周至重阳万寿宫碑（1313 年，1314 年，1318 年）　　141

(26)　-ja-t'an　qa-ǰar　u-sun　baq　t'e-gir-med　gej-dèn-k'u
　　　　地土　　水园　　　磨每　　　　解典库

qa-la-'un　u-sun　dèm　k'e-bid　oŋ-qo-čas　〔hu̯a ter-ged qu-〕
热　　　　水（汤）　店　　铺席　　　船每　　　　栈　车

(27)　lud　šir-ge　k'eo-neor-ge-de-če　'aliba　alba　qub-č'i-ri
　　　竹苇　醋　　曲　　　　　　　任何　　差发　科敛

bu　'ab-t'u-qaji　basa
勿　要者　　　　又

(28)　bi-da-na　qa-qas　ne-res　'a-nu　o-roq-sad
　　　咱每的　　明白的　名目　　他每的　入的每

(29)　ǰar-liq　beo-'e-t'ele　'aji-ma-'ud　da-č'a　'a-la　šil-t'a-ǰu
　　　圣旨　　既　　　　　诸爱马　　　　　　　　　　推称

sen-ši-ŋu-de-če　ja-'ud　ba　qu-ǰu-ǰu　bu　'ab-tu-
先生每　　　　　不拣甚么　　请　　　　勿　要者

(30)　-qaji　ba-sa　sen-ši-ŋud　ber　bu　'eog-tu-geè　t'a　o-lon
　　　又　　　先生每　　　　　勿　　给者　　　　您　众

sen-ši-ŋud　è-ne　sun-ǰin-ži-nu　'eu-ge
先生每　　　这　　孙真人　　　　言语

(31)　taj-šan-law-geu-nu　jo-sun　buši　'eu-lu　bol-qan
　　　太上老君的　　　　体例　　之外　勿　　做

ǰu-ki-jer　ja-bud-qun　qu-dal　qu-la-qaji　k'i-k'un
依例　　　行者　　　　说谎（作伪）　贼　　做

(32)　sen-ši-ŋu-di　ba-la-qa-dun　da-ru-qas　no-jad da
　　　先生每　　　城子的　　　　达鲁花赤每　官人每

t'a-ha-'ul-ǰu　'eog-t'u-geè　basa　sen-ši-ŋud　'eo-'e〔r〕　ǰa-
托付　　　　　给与者　　　又　　先生每　　　　　　　　自己

(33)　-'u-ra　t'e-me-č'el-du-k'un　'euè-les　beo-'e-su
　　　其间　　争议　　　　　　　行为　　　如有

sun-ǰin-ži-nu　t'eu-šig-deg-sed　'eo-t'eo-gus jo-
孙真人　　　　委派的　　　　　头目每

(34)　-su-'ar　ǰu-ki-jer　qa-qal-ǰu　'eog-t'u-geè　sen-ši-ŋud
　　　体例　　依例　　　归断　　　给与者　　　　先生每

è – gil　　ha – ran – lu˙u　　'eu – gu – lel – du – k'un　　'eu –
凡俗　　　人众与（同）　　　有争讼的每　　　　　言语

(35)　　– ges　　'anu　　beo –˙e – s[u]　　t'eu – šig – deg – sed　　sen – ši – ŋud
　　　　他每的　　如有　　　　　　　　　委派　　　　　　　　先生每

'eo – t'eo – gus　　ba – la – qa – dun　　no – jad　　lu˙a　　qam – t'u　　ǰar –
头目每　　　　　　城子每的　　　　　官人每　　与　　　共同

(36)　　– qu – la – ǰu　　qu – qal – t'u – qaji　　geuŋ　　go – nu – dun　　'ala
　　　　理问　　　　　　归断者　　　　　　　　宫　　　观每的　　　　凡

qa – ri – ja – t'an　　čaŋ　　giw　　qa – ǰar　　u – sun　　ja –˙ud k'e[d] i　　k'ed　　k'ed
属于　　　　　　　　长　　　久　　　地土　　　水　　　不拣甚么　　　　谁　　　谁

(37)　　ber bol – ǰu　　bu　　qu – dal – du – t'u – qaji　　bu　　hen – le – t'u – geè
　　　　为勿　　　　　　　出卖者　　　　　　　　　　勿　　　典当者

hen – leg – č'in　　qu – dal – duq – č'in　　sen – ši – ŋu
典当　　　　　　　出卖　　　　　　　　　先生每

(38)　　– di è – re –˙u – t'en　　bol – t'u – qaji　　è – ne　　ba – sa　　sun – ǰin – žin
　　　　有罪的每　　　　　　　做　　　　　　　　这　　　又　　　　孙真人

è – jin　　è – le　　ge˙ek – de – be　　ge˙e – ǰu　　jo – su　　'eu –
这样　　但　　　说了　　　　　　说　　　　　体例

(39)　　ge –˙un　　'euè – les　　bu　　'euè – led – t'eu – geè　　'euè – le – du –˙e – su
　　　　无　　　　行为每　　　勿　　做者　　　　　　　　　如做

(40)　　bi – da – na　　'eo – č'id – k'un　　k'er – ber　　ge˙e – run
　　　　咱每根底　　　奏报者　　　　　　如何　　　　说

(41)　　bi – da　　u – qad – ǰe
　　　　咱每　　　理会也者

(42)　　ǰar – liq　　ma – nu
　　　　圣旨　　　　俺的

(43)　　bars　　J̌il　　na – mu – run　　t'e – ri –˙un　　za – ra jin　　qo – rin
　　　　虎　　　年　　　秋　　　　　　首　　　　　　月的　　　　　二十

naji – ma – na　　č'a – qa'an　　ts'aŋ　　p（b）u – guè　　dur　　bi – č'i – beè
八日　　　　　　察罕　　　　　仓　　　　时分　　　　　　　　写来

第二截下方
汉译圣旨碑文

　　长生天气力里，大福荫护助里，皇帝圣旨。

　　中书省、枢密院、御史台官人每根底，行中书省、行御史台、宣慰司、廉访司官人每根底，管军官人每根底，军人每根底，管城子达鲁花赤官人每根底，内外大小衙门官人每根底，各枝儿头目每根底，往来使臣每根底，众先生每根底，百姓每根底宣谕的圣旨。

　　成吉思皇帝、月阔台皇帝、薛禅皇帝、完者都皇帝、曲律皇帝圣旨：和尚、也里可温、先生每，不拣甚么差发休教当，告天祝寿者道来。如今呵，依着在先圣旨体例〔里〕，和尚、也里可温、先生每，不拣甚么差发休当者。太上老君教法里告天祝寿者，么道，特授神仙演道大宗师、玄门掌教真人①、管领诸路道教所、知集贤院道教事，辅道体仁文粹开玄真人孙德彧根底，丘神仙的道子里委付了也。诸路里应有的先生、女冠每根底为头儿管着者。先生每根底，合与的戒牒、师号、法名，教他与者。孙真人根底宣谕执把行的圣旨与了也。这的每宫观庵庙，他的房舍里，使臣休安下者，铺马祗应休着者，地税商税休与者，不拣是谁，休倚气力住坐者，休断公事者，不拣甚么休顿放者。但属宫观庵庙的水土、园林、碾磨、解典库、浴堂、店舍、铺席、船栰、车辆、竹苇、醋、曲，不拣甚么差发休要者。更，咱每的明降圣旨既有呵，推称着各枝儿投下，于先生每根底，不拣甚么休索要者，先生每也休与者。您众先生每，孙真人的言语里，太上老君教法里，休别了。依体例行者。做贼说谎的先生每有呵，管城子达鲁花赤、官人每根底，分付与者。更，这先生每自其间里有相争的勾当呵，孙真人委付来的头目依体例归断者。先生每与俗人每有折证的词讼有呵，孙真人委付来的先生头目与管城子宫人每一同归断者。但属宫观常住产业，不拣甚么，不拣是谁休典卖者，休施献者。施献的人、典卖的人根底，要罪过者。更，这孙真人这般宣谕了也，没体例勾当休做者。做呵，咱每根底奏者，不拣怎生呵，咱每识也者。

　　虎儿年七月二十八日，察罕仓有时分写来。

---

① 八思巴字蒙文此处无"真人"二字，汉译衍出，当据皇庆二年诏命，遂与下署赐号"真人"重复。

第三截
汉译圣旨碑文

长生天气力里，大福荫护助里，皇帝圣旨。

中书省、枢密院、御史台官人每根底，行中书省、行御史台、宣慰司、廉访司官人每根底，军官每根底，军人每根底，城子里达鲁花赤官人每根底，各枝儿头目每根底，众百姓每根底宣谕的圣旨。

曲出为头集贤院官人每奏：孙真人文书里说有，在先成吉思皇帝、月阔台皇帝、薛禅皇帝、完者都皇帝、曲律皇帝圣旨里，和尚、先生、也里可温、答失蛮，不拣甚么差发休当，告天祝寿者，么道宣谕了来。如今依着在先圣旨体例里，告天祈福者，么道。更，延祐元年八月，"先生每自其间里有相争勾当呵，孙真人委付来的头目依例归断者。先生每与俗人有折证的词讼呵，先生每的头目与管城子官人每一同归断者"，么道，圣旨有来。近闻外路有的管民官，先生每根底科要〔地〕税商税杂泛差发有。拖要铺马祇应有。趁粮的流民，宫观里安下，好生的搅扰有。么道奏来。如今，先生每根底在先不曾教当的差发教当的体例那里有？今后，道教不拣甚么勾当上头，依着在先已降的圣旨体例里，先生每根底，地税商税杂泛，不拣甚么差发休当者，铺马祇应休要者，趁粮的流民，宫观庵庙里休安下者。各处有的，但属宫观庵庙的田产、水上、人口、头匹、园林、碾磨、解典库、浴堂、店舍、铺席，不拣甚么他每的，不拣是谁休夺要者，休倚气力者，宣谕了也。这般宣谕了呵，违别了的人每，不怕那甚么？〔更〕这先生每，这般宣谕了么道，不属自己的影占，行无体例的勾当呵，他每不怕那甚么？

延祐五年四月二十六日，大都有时分写来。

碑文笺释

长春肇兴 第一截圣旨："昔太祖漠北以龙飞，伊长春山东而凤翥。明良胥会，宗教肇兴。""伊"用为第二人称，指你或你家。参前引张相书伊字条。长春指丘处机。凤翥即凤舞，与龙飞相对，语出《晋书·王羲之传》。全真教本肇兴于金代之王喆（重阳），处机师事，号长春子。成吉思汗召处机西行，称之为"丘师"，为"神仙"，为"真人"，"大宗师"，均系尊称，非正式封号。世祖至元六年降诏封赠重阳"全真开化真君"，丘处机"长春演道主教真人"。全真祖师在金代曾历王喆、马钰、谭处瑞、刘处玄四代，丘处机被奉为"第五代宗师"。但元人因优礼全真自太祖召见长春始，故视长春为教主。本碑圣旨也因而称"宗教肇兴"于长春，而不称重阳。

辅道体仁文粹开玄真人　孙德彧受命掌教前之称号，受封于武宗至大二年。《金石萃编未刻稿》收录邓文原撰孙公道行碑，《道家金石略》据柳风堂拓本校录。内称："加体仁文粹开玄真人，领陕西道教事，实武宗即位之二年也。"此真人名号在封授掌教后仍继续沿用，见本碑第二截延祐元年圣旨，道行碑篆额与玄门掌教合称，作"玄门掌教辅道体仁文粹开玄真人"。

孙德彧　字用章。其先世为吴人，后迁于蜀之眉山，遂为蜀人。虞集《道园学古录》卷五十有玄门掌教孙真人墓志铭。周至有皇元特授神仙演道大宗师玄门掌教辅道体仁文粹开玄真人管领诸路道教所知集贤院道教事孙公道行之碑，邓文原撰文，引书已见前注。据墓志及道行碑，孙德彧六岁来终南山祖庭，十一岁为道士，师事李道谦。得名士杨奂赏识，为京兆路讲经师。至元初，全真掌教王志坦授予大师称号，提举重阳宫玄坛事。至元十一年，祁志诚掌教，命充京兆路道录，提举门下诸宫观，为京兆路通议官。二十九年提举重阳万寿宫，升副提点。成宗即位，大德三年，敕授陕西五路西蜀四川道教提点领重阳万寿宫事。大德末，进拜诸路道教都提点，入大都觐见。留居三载。武宗即位，命领陕西道教事，加号真人，返回周至。仁宗即位，又召入京，授为掌教真人，知集贤院道教事，居大都长春宫，掌教逾七年。延祐七年，奉准告老，辞归。次年八月，卒于终南山灵泉观住所，年七十有九。平生多与文人交游，喜书法，能诗文。有《希声集》传世。

虽深资于天乐，实光绪于丹阳　孙德彧师事天乐真人李道谦，系出丹阳真人马钰，故云。道行碑云："逾十岁，着道士服。玄明文靖天乐振教大真人李公器遇之，授《易》、《老》奥义。天乐之教由马丹阳、于洞真二真君，以次相传，其胈抉渊秘雅有宗绪。"于洞真即洞真真人于志道。

掌教玄〔门〕　汉字碑文"门"字磨泐，八思巴字作 mun，据补。《老子》云："玄之又玄，众妙之门。"后世因称道家或道学为玄，道教为玄门。《元史·百官志》集贤院条称"玄门道教"。皇庆二年封授孙德彧之称号为"玄门掌教"。

演道〔材〕馆　材字剥蚀。八思巴字作 tsaj，据补材字。材馆指人才聚集之所，宋虞允文有《材馆录》，见《宋史·虞允文传》。

真风〔袭〕美于帝图　袭字剥蚀，略见轮廓，八思巴字作 zi，据补袭字。汉文"帝图"提行抬头，八思巴字不提。

全真掌教　全真教自丘处机受元太祖召见，还居燕京长春宫（原名太极宫）传道，一时备受宠遇，日渐隆盛。丘处机死后，弟子尹志平嗣掌教事。《古楼观集》收录贾𫗧撰"大元清和大宗师尹真人道行碑"记："泊长春上仙，众以主教事敦请，遂遁迹于东山，后以僚士固请，不获已，从之。"继尹志平掌教者为李志常。《甘水仙源录》卷三王鹗撰《玄门掌教大宗师真常真人道行碑铭》称："戊戌（1238年）春正月，清和会四方耆旧，手自为书，付公，俾嗣教。公度不能辞，乃受之。三月，大行台断事官忽土虎奉朝命复加玄门正派嗣法演教真常真人号。"志平嗣为掌教，系出道众推举。志常嗣教，乃由志平传付，朝廷认可，加封师号。《元史·释老传》"丘处机传"称"其徒尹志平等，世奉玺书，袭掌其教"。乃就元朝一代制度立言。奉玺书掌教之制实始于元世祖对张志敬的封授。前引真常真人道行碑铭记，丙辰（1256年）六月，李志常临终前，"语左右曰：……主管教门，向已奏闻，令诚明张志敬受代，余无可议者。"《甘水仙源录》卷五王磐撰"玄门掌教宗师诚明真人道行碑铭"称，中统三年，朝廷赐之制书，其词曰："玄门掌教真人张志敬……可特赐号光先体道诚明真人。"此后，全真历任掌教，由朝廷降制加号，遂成定制。掌教选任之权，也遂由教廷转归朝廷。志敬死后，继任掌教王志坦即由朝廷诏命。高鸣撰"淳和真人道行碑"称：至元七年"诚明上仙，今皇帝诏公袭位，仍加真人号"（《甘水仙源录》卷七）。志坦为长春传人，任掌教两年而卒。继任者为长春高弟披云真人宋德方之弟子祁志诚。原居云州云溪观，经丞相安童荐于朝，"〔至元〕八年授诸路道教都提点。明年，嗣玄门掌教真人，仍赐玺书，卫其教"。见李谦撰洞明真人祁公道行之碑。柳风堂藏拓，《道家金石略》收录。全真教自宪宗八年与佛教辩论失败，道经被焚。至元十七年二月因有人上言焚毁未尽，世祖又"诏谕真人祁志诚等焚毁道藏伪妄经文及板"。次年十月，在大都悯忠寺，焚毁道藏。二十一年，立"焚毁伪道藏经碑"。次年，祁志诚即上书请辞掌教，举道教提点张志仙代。在此以前，全真历任掌教都是在前任死后再授嗣任。祁志诚请辞举代，首开掌教调换任免的先例。张志仙继任，处于全真受挫时期，未见有道行碑记其行事。河南灵宝有大德四年九月立重修太初宫碑，立石人题名见"宣授玄门掌教大宗师辅元履道玄逸真人管领诸路道教所同知集贤院道教事张"，此为文献中仅见的张志仙的全衔，掌教仍由宣命。武宗即位前，以怀宁王镇驻漠北。祁志诚弟子苗道一随驸马高唐王阔里吉思往和林，得事武宗潜邸，备咨问。武宗即位，代张志仙为掌教，至大元年七月"特授玄门演道大宗师管领诸路道教商议集贤院道教事"，见永乐宫圣旨碑。至大三年，武宗晋封全真之真君为帝君，七真人为真君。苗道一加号玄都至道崇文明化真人。武宗在位三年而殁。仁宗即位，多有更张，以长春宫提点常志清代为掌教。袁桷《清容居士集》卷三十七有拟"长春宫提点常某授玄门演道大宗师掌教真人管领诸路道教所商议集贤院道教事"制词。① 山东文登有东华帝君碑，邓文原撰文，阮元《山左金石志》著录。光绪《文登县志》收录碑铭，题"大元国皇庆元年十月十五日玄门演道大宗师大明演教天阳真人常志清立石"。常志清被免掌教，退堂闲居，当在皇庆元年十月之后，二年九月授任孙德彧掌教之前。自祁志诚请辞以来，全真掌教先后四易其人。仁宗即位不满两年，全真掌教即经两度任免。此中缘由，史无明文，容当另议。前引孙公道行碑称："仁宗志弘道妙，简用耆德，遣使召赴长春宫，掌全真教。"孙德彧受命掌教，已年逾七十，年高望重，自是因缘之一。另一个明显的理由，当是由于重阳万寿宫为全真祖庭所在，在道徒中具有较大的影响。重阳万寿宫住持道士得为全国的掌教真人，孙德彧为第一人，也是唯一的一人。重阳万寿宫因孙氏掌教，地位更加尊显。全真教在两遭焚经之厄后，经武宗褒赠真君，仁宗"简用耆德"，又呈现出复兴的局势。

知集贤院道教事 集贤院，朝廷中枢机构，原与翰林院同署，至元二十二年分置。《元史·百官志》："集贤院，秩从二品，掌提调学校、征求隐逸、召集贤良。凡国子监、玄门道教、阴阳祭祀、占卜祭道之事皆隶焉。"全真掌教加授集贤院职衔，始见于前注引灵宝重修太初宫碑题名，张志仙"同知集贤院道教事"。此碑立于大德四年九月。大德三年三月立石的祁公道行碑张志仙题名仍称"掌管诸路道教事"，无集贤院衔。可证元廷授此职事，约在大德三年春至四年秋之间。《元史》"释老传""正一天师传"记正一宗师张留孙"大德中，加号玄教大宗师同知集贤院道教事"。授集贤院职衔约与张志仙同时。张志仙以后，嗣任全真掌教苗道一、常志清均授"商议集贤院道教事"，已见前注。元廷对道教各派掌教授以集贤院职事，旨在加强对道教各派的统制，但掌教道士由此遂成为朝廷中枢的命官，提高了政治地位。孙德彧被授予"知集贤院道教事"，地位高于授予"同知"、"商议"等职衔的历任全真掌教，也高于与其同时的正一派道教宗师。掌教真人名号前加"神仙演道大宗师"，道官职衔加"知集贤院道教事"，使孙德彧的政教地位都达到高峰。

皇庆二年九月日 孙德彧受命掌教的时间，史无明文，道行碑也不载。延祐二年李孟撰"大元敕藏御服之碑"有"延祐改元，臣德彧进神仙演道大宗师，嗣教长春"等语。近人有关全真道及道教史的论著，多推断为延祐初年。此碑刊刻

---

① 陈垣《南宋初河北新道教考》遗常志清掌教。程越据《清容集》制词揭出其人，论文待刊。

封授圣旨，末署"皇庆二年九月日"，掌教年月乃得确指。

中书省枢密院御史台官人每 本碑第二截虎儿年圣旨称："中书省、枢密院、御史台官人每根底、行中书省行御史台宣慰司廉访司官人每根底……宣谕的圣旨。"首列中书、枢密、御史三大中枢机构，又列行省、行台等各地方官署，此种书例不见于一般保护宫观寺庙的圣旨碑文。这当是因为圣旨申明全真掌教的宗教及行政权力，故向中枢及地方官员遍行宣谕，以示郑重。此类书例，本碑而外仅见于顺帝至正十六年（1356 年）平山万寿寺任命寺院住持、提点的太子令旨碑（《元代白话碑集录》91）。此碑汉文圣旨所列中枢及地方官署，八思巴字蒙文中都据汉语专名音译，不以蒙古语译义。与本碑达鲁花赤等蒙古官名以汉语音译同例。

内外大小衙门官人每 八思巴字蒙文作"do－t'o－na qa－da－na bu－k'un jè－k'es 'eu－ču－ged ja－mu－nu－dun no－jad"。此种书例，也极罕见。所谓内外，依汉人惯例，可指朝内及朝外。也可依蒙古习惯，指腹里及外路。"衙门"，汉语官署。《北齐书·宋世良传》："每日衙门虚寂，无复诉讼者。"原指官衙之门，演为官衙所在地。元代民间习用此语，约有两义，一指具体的官衙，即官员办公理事之所。杂剧《望金阁》："来到衙门首了，不知他有也是无。"《窦娥冤》："到今日官去衙门在。"话本《简帖和尚》："小娘子见丈夫不要他，把他休了，哭出州衙门来。"另一义是泛指官府。《窦娥冤》剧："这的是衙门从古向南开，就中无个不冤哉。"话本《快嘴李翠莲》："大小衙门齐下状，拿着银子无处使。"《朴通事》："各衙门官人们一品至九品，大小众官，知他多多少少。"元代公文援用此词，多指各级官府。如《秘书监志》卷一职制"升正三品"条："俺的衙门，自至元九年设立，定作从三品来。"《通制条格》卷二十二《曹状》条至元八年公文："近下人员从各衙门就便的决"，至元二十八年呈文："随处诸衙门府州司县官……"《元典章》吏部七公规·公事条："至元八年二月钦奉圣旨，据御史台奏：内外诸衙门公事稽迟，乞定立限次，本台纠察。"与本碑圣旨"内外大小衙门"用法相同。八思巴字蒙文 yamun 为汉语借词"衙门"之音译，汉译还原为本字。

太上老君教法里 全真本非传统的道教。陈垣《南宋初河北新道教考》谓："全真之初兴，不过'苟全性命于乱世，不求闻达于诸侯'之一隐修会而已。世以其非儒非释，漫以道教目之，其实彼固名全真也。"其说甚为允切。《金石萃编未刻稿》收有金天兴元年刘祖谦撰元至元十三年姚燧书《终南山重阳祖师仙迹记》刻石，内称"今观终南山重阳祖师，始于业儒，其卒成道。凡接人初机，必使先读《孝经》、《道德经》，又教之以孝谨纯一。及其立说，多引六经为证据"。元代，全真已被视为道教之一派，而道教又被认为源于老子。故元廷诏书多谕全真道士遵从"太上老君"的"教法"或"道子"。此碑汉译圣旨称"如今呵，依着在先圣旨体例里，和尚、也里可温、先生每不拣甚么差发休当者，太上老君教法里告天祝寿者"，显有严重失误。和尚、也里可温不奉太上老君，当系涉上文称引前帝圣旨免除差发之文而误衍。检此碑八思巴字蒙文圣旨已衍 do‑jid ēr‑k'c‑·ud 两字，可证此误非由汉文译者而实出于草拟圣旨的蒙古翰林院之必阇赤。草拟皇帝圣旨而竟如此疏忽，亦可见朝政腐败之一斑。

丘神仙的道子里委付了也 全真道由王重阳创始，亲授予马钰，丘处机为第五任掌教。但由于元太祖召见丘处机，尊称为"神仙"，元人即视全真道为"丘神仙的道子"。"委付了也"即委付为全真道掌教。它的另一层含义是，孙德彧受封玄门掌教真人只是掌管全真一派道教，不包括正一教及其他教派。"知集贤院道教事"也只是管理全真，不及其他道教。犹如张留孙"同知集贤院道教事"也只是同知正一教。

女冠每 八思巴字蒙文作 gugus，汉译女冠每。海涅士释为"固姑"女帽（Frauenhut），系出误解。固姑冠即《蒙鞑备录》之顾姑冠，为蒙古妇女的冠饰，与本碑圣旨中的 gugu 或"女冠"均无关涉。徐元瑞《吏学指南》引道教《升玄经》云："女冠，女道士也。"女冠作为女道士的雅称，唐代已然。宋代成为正式称谓，见于皇帝诏敕。如真宗咸平四年四月诏："道士女冠即依旧例，十八许受戒。"天禧三年八月三日敕书"天下僧尼道士女冠，见系帐童行，并与普度"。仁宗天圣三年四月诏"尼、道士、女冠礼念三卷已上，读七卷已上者为格试"。北宋历次统计全国僧道人数，也称女冠。具见《宋会要辑稿》道释门。宋徽宗宣和元年正月诏"改女冠为女道，女尼为女德"，见《宋史·徽宗纪》。但此后，金朝统治区仍称女冠。《金史·百官志》礼部注："凡试僧尼道女冠三年一次。"同书《食货志》屡见女冠与僧道尼并称。元代江南与北方都称女冠。袁桷《清容居士集》卷三七有"广诚灵妙演法真人江南诸路女冠诸宫观都提点邵灵瑞"追封制书。胡祇遹《紫山集》卷十七有为其岳母安阳人左氏撰"守真元静散人女冠左炼师墓碑"。"女冠"之称屡见元人文集及元代公牍，不需备引。蒙古语 gugu 为汉语"姑姑"之音译。"姑姑"在元代汉语口语中可有多种含义，蒙古语中与"先生"连用的这一借词，系指女道士无疑。杂剧《望江亭》："贫道乃白姑姑是也。从幼年间便舍俗出家。在这清安观里，做着个住持。""妾身有心跟的姑姑出家，不知姑姑意下如何？"《竹坞听琴》："这庵里有个姑姑，他也姓郑，曾教我抚琴写字。"以全真道为题材的杂剧《马丹阳三度任风子》，曲词"你道是先生每闹了终南县，道士每住满全真院，庄家每闲看神仙传，姑姑每屯满七真堂"。元代全真道女道士甚多，又称道姑，或冠以姓，称杨姑、马姑。参见陈垣《南宋初河北新道教考》卷二"妇女之归依"。此碑圣旨八思巴字蒙古语 gugus 可以确认为汉语女道士的俗称"姑姑"的复数，但汉译并没有还原为本字，而是采取了雅译"女冠"。

戒牒师号法名教他与者 此短句汉译圣旨原文作"先生每合与的戒牒师号法名，教他与者"。"合与的"即应给与的，八思巴字蒙文作 'eogtek 'u，"教他与者"蒙文作 mun 'eotugei，指孙德或自己给与，即自行授予。"戒牒师号法名"，八思巴字蒙文作 gej te shi γaw hua miŋ。均系汉语音译。戒牒即度牒，僧道出家之证书。唐宋两朝均由朝廷祠部颁发，遇有军需或赈济，得令各地领取度牒的剃度者交纳粟米或钱银，以供需用。宋太宗太平兴国元年，户部郎中侯陟曾上言"沙弥童行剃度文牒每道纳钱百缗，自今望令罢纳"。但事实上并未停止。英宗治平四年曾赐陕西度牒千件"粜谷赈济"。南宋绍兴十三年，高宗谕"献言之人有欲多卖度牒以资国用者，朕以为不然。一度牒所得不过一二百千，而一人为僧则一夫不耕"（《宋会要辑稿》道释门）。南宋绍兴时售卖度牒以济军用，日益冗滥，一道度牒减价至二三十千。开禧间赵彦卫著《云麓漫钞》卷四称"后禁度牒，二十余年间，僧徒消铄殆尽"。"今度牒卖八百贯，人竞买之。"金朝也出卖僧道度牒。《金史·食货志》特列"入粟鬻度牒"条，称世宗大定五年曾停卖僧道尼女冠度牒。"庆寿寺、天长观岁赐度牒，每道折钱二十万以赐之"。"承安二年，卖度牒。""三年，西京饥，诏卖度牒以济之。"《金史·宣宗纪》至宁三年"降空名宣敕紫衣、师德号度牒以补军储"。元朝建国，优礼僧道，不再实行宋金两朝官卖度牒的弊政。成宗大德元年十月中书省臣孛罗欢曾上言"宋时为僧道必先输钱县官，始给度牒。今不定制，侥幸必多"。见《元史·成宗纪》。大德七年，郑介夫又建言官卖度牒。见《历代名臣奏议》卷六七。次年正月，诏僧道出家"赴元籍官司陈告，勘当是实，申复各路给据"。见《通制条格》卷二九。本碑所刊仁宗延祐元年的这道圣旨，明白规定全真道士们应授的戒牒由掌教孙德或自行授予，即不再经由官府，实为度牒制的一项改革，也表明全真道地位的提高与掌教权力的扩大。[①] "师号"一词，海涅士因所据拓本欠精，此行汉字拓印模糊，据八思巴字读音，误识为"谥号"，注释也误作"死后名号"（postume name）。师号一词原指僧道法师称号。宋金两朝也需由官府发给文书，乃至可与度牒一样赏赐或售卖。《宋会要辑稿》道释门，北宋徽宗大观元年"诏明州育王山寺掌管仁宗御容僧行，可赐师号、度牒

[①] 顺帝元统二年始行官卖度牒，见《元史·顺帝纪》。参见陈高华《元朝出卖僧道度牒之法》，《中国史研究》1985 年第 4 期。

各二道"。南宋高宗绍兴元年六月"诏以昭慈献烈皇太后殡宫修奉香火泰宁寺更与度僧一名……住持人仍赐二字师号"。师号有六字、四字、二字之别,又称师德号。前引《金史·百官志》承安二年原文为"卖度牒、师号、寺观额"。大定五年停卖与至宁二年降卖度牒,也都并列"师号"。元代全真道师号,真人由皇帝封授,给予诏敕,称为"宣授"。大师以下法师、子等称号,可由掌教或师从的真人授予。孙德彧本人即由掌教淳和真人王志坦授"开玄大师"。见孙公道行碑。济州圣寿宫张志德,由掌教玄逸真人张志仙赐号玄妙大师。见曹元用撰"张提点寿藏记"。巩昌有王氏叔俭、仁甫兄弟奉道,"天乐李真人(道谦)善交仁甫,赠栖玄大师","掌教常宗师(志清)素重叔俭,赐敬真观妙大师",见"重修巩昌城隍庙记",孙德彧撰文,《道家金石录》收录。有关全真师号的具体事例散见于诸碑记,不备引。事实说明,全真师号本由掌教真人甚至非掌教的真人授予。仁宗圣旨申明孙德彧可自行授予师号,只是重申旧例并非新创。法名即道士入道后的教名,全真旧例也可由掌教或师从的真人授予,非由官赐。

这的每宫观庵庙 "这的每"八思巴字蒙文作 eden－u,是 ede 的属格,原义为这些的。"这的"为元代汉语白话习用的语词,已见前碑注释。"这的每宫观庵庙"义为这些人们的宫观庵庙,即孙道彧所掌管的全国各地的全真宫观而并非专指一处。所以,此碑所刊仁宗延祐元年的这道圣旨不同于其他保护某一处宫观庵庙的诏敕,而是对全真道宫观的全面保护。前引祁公道行碑称祁志诚嗣玄门掌教真人"仍赐玺书,卫其教"。此旨似同前例。

船栰车辆 八思巴字蒙文 hụa oŋ－qo－čas tʻerged。海涅士转写,遗漏 hụa 字。此字为汉语栰的音译,系蒙古语中的借词。义为渡水之木排。竹排称筏,木排称栰。碑文汉译栰,又将栰船两字颠倒,语见《金史·世宗纪》"毁其船栰",为元人习用。船栰可用以渡人,也可用于载货。船栰车辆都是宫观的交通工具,也都可用以经营商业性的运输,故列于免征。tʻerged 蒙古语车辆,为元代习用语,《至元译语》作"忒里干。"

推称各枝儿投下 八思巴字蒙文作 'ajma ud dača 'ala šiltʻaǰu,"爱马"复数夺格,šiltʻaǰu 汉译"推称",有借故,以……借口,以……为由等义,元代公牍习用语。《通制条格》卷二十二曹状条至元二十八年御史台公文府州司县官"或推称事故,离职延待日月者有之"。'ajma－ud 此处不音译作爱马,也不依本碑上文宣谕之例,译"各枝儿",而译作"各枝儿投下",应非偶然。蒙古旧制,诸王贵族分封投下食邑的民户称二五户丝户,即向投下宗王交纳投下税,每五户交丝一斤。交朝廷的国赋每二户丝一斤。朝廷另有税粮、包银等各项赋税差发。投下分地也还往往违制征索。元朝灭宋后，至元二十年在江南投下封地实行户钞制，投下户将应交五户丝（阿合探马儿）折合税粮，按当地米价折粮纳钞交官，中书省对各投下封君，依封户多少，每一万户每年拨给钞一百锭，见《元典章》户部·投下税。各地宫观多在诸王投下封邑范围，周至重阳万寿宫即在安西王封地。元朝屡降圣旨免除道教宫观一切差发赋税，则投下税也在免除之列。但各投下官仍可以投下封地名义向道观征索。圣旨中特为写明禁止，当是基于这样的事实。此圣旨禁此事的全文是："更咱每的明降的圣旨既有呵，推称着各枝儿投下，于先生每根底不拣甚么休索要者，先生每也休与者。""咱每的明降的圣旨"八思巴字蒙文作"bi – da – na – ča qa – qas ne – res 'a – nu o – roq – sad ǰar – liq"。海涅士转写时将 qaqas 与 neres 两字倒置，李盖特书已订正。此语原义为咱每的列入明晰名目的圣旨。此所谓明晰名目（qaqas neres）我意非指宫观名称而指旨内所列免除差发赋税的名目。与下文"不拣甚么休索要者"对应。汉译"明降的圣旨"系省文。此禁令又见于前录至元十七年重阳万寿宫碑圣旨，但作"更没俺每的明白的圣旨，推称诸投下"云云。即没有明白的圣旨准许，不得以投下名义勒索。提法不同，旨意是一致的。'ajimaud 一词既已被译为"各枝儿"，如译"诸投下"较之"各枝儿投下"更为得当。又《元典章》礼部·道教条有至元十四年保护正一教张天师江南宫观的圣旨，内见："俺每的明降圣旨与呵，推称诸色投下，于先生每根底不拣甚么休索者，先生每也休与者。"内容与重阳宫两碑相同，但译语有别。

委付头目 此圣旨关于各地道众及道俗间词讼处治的规定，与前碑圣旨关于陕蜀地区的规定大致相同。可见已是全国各地行之已久的成规。旨中所称"孙真人委付来的头目"、"先生头目"，八思巴字蒙文"头目"一词作 'eoteogus，原义"长老"。此处当指由掌教委署及管领的各宫观住持及提点、提举等道官。

常住产业 八思巴字蒙文，海涅士转写为 čan – giao hajar usun，李盖特写作 ǰan – giw qa –ǰar 'u – sun。后二字为"土地"、"水"无疑，可译水土，此碑译为产业。八思巴字第一字声母诸家拓本均经磨损，难得确释。疑为 č 的误刻，韵母为 aŋ。我意这两字应是汉语"长久"之音译，因有特定含义，故未取意译。碑文汉译"常住"，为释家语。原有永恒、长久之意。佛僧有四种僧物，寺院产业是其中之一，称为有限常住物或常住物。道士援用此语，也称道观物业为常住物。见宋张君房《云笈七籤》"道教灵验记"。元代僧人称寺院固有田地为常住田地。《元典章》礼部·释教门皇庆二年六月圣旨："依着羊儿年体例，亡宋时分有来的常住田地并薛禅皇帝与来的田地内休纳税粮者。收附江南已后，诸人布施与来的，买卖来的，租典来的田地有呵，依在先体例里纳税粮者。"这里的常住田地不包括赐田、布施、买卖、租典田地，即南宋灭亡前寺院固有的田土。道教援此称谓，因称宫观固有水土为常住产业。蒙文取其本义"长久"音译，汉译还原为宗教用语，雅译"常住"。据此理解，此圣旨所称"休典卖""休施献"者，也应不包括常住产业以外的布施或买卖的水土。

不拣怎生呵 八思巴字蒙文 kerber ge·erun，包培释 ge·erun 为连接予备形。汉译系意译。怎生，元代口语，犹言何如。元卢以纬《语助》释："'何如'只是'怎生'，其辞直。"陈雷《补义》云："何如有用以审决可否之义。"此词蒙语"该怎么说"，即如何审决。

虎儿年 据圣旨内容及本碑另两旨纪年，此虎儿年为仁宗延祐元年（1314年），向无疑义。圣旨写于七月二十八日。同日又有保护重阳宫水利一旨及彰德储祥宫一旨刻石。三旨均写于察罕仓，见储祥宫碑注。

曲出 本碑第三截延祐五年四月圣旨据"曲出为头集贤院官人每奏"。集贤院之长官为大学士。《元史·仁宗纪》：皇庆元年三月丁酉命集贤大学士曲出为太保，即此人。赵孟頫《松雪斋文集》卷七有"贤乐堂记"，称延祐四年"诏作林园于大都健德门外，以赐太保曲出"。黄溍《金华黄先生文集》卷四十三"太傅文安忠宪王家传"为曲出之子柏铁木尔作。文中曲出作曲枢。哈儿鲁氏，太祖时功臣塔不台之后。任太保十八年。《元史》卷一三七有传，也作"曲枢"。"武宗纪"、"仁宗纪"及"顺帝纪"屡见封赠，俱作"曲出"，与本碑圣旨同，当是源于实录的官方译名。曲出治《春秋》经学，曾建言刊行唐陆淳《春秋纂例》等书，见《元史·仁宗纪》。生平事迹具见《家传》及《元史》本传。

孙真人文书 延祐五年四月圣旨，曲出为头集贤院官人每奏"孙真人文书里说有"，下称"近闻外路有的管民官，先生每根底科要〔地〕税商税杂泛差发有……"云云。因据此奏，重申前旨，保护宫观。据此可知，孙德彧作为全真掌教知集贤院道教事，可经由集贤院长官向朝廷陈奏请旨。据《通制条格》僧道门载皇庆二年圣旨，先生每不得向集贤院告状。掌教真人得为集贤院知事，遂可代道众陈词。

（原载《元代道观八思巴字刻石集释》，《蒙古史研究》第五辑，内蒙古大学出版社1997年版）

重阳万寿宫碑（1313年，1314年，1318年）全拓

[9] 周至重阳万寿宫碑 (1313年, 1314年, 1318年)

〔10〕林州宝严寺碑
（1313年附1244年）

河南林州宝严寺原有元代蒙汉文圣旨碑二通，今已不存。第一碑三截刻，第一截中统二年汉字圣旨，二、三截大德二年八思巴字蒙文与对译汉文圣旨。大德十一年立石。我曾据艺风堂旧藏拓本（今存北京大学图书馆）对此碑八思巴字转写译释，附刊拓本照片，刊于1995年第4期《考古》杂志。文中申明："宝严寺第二碑即延祐三年所立碑之八思巴字蒙文圣旨，容当另方译释。"

本碑即宝严寺第二碑，两截刻，上截八思巴字蒙文圣旨，下截汉译圣旨，署牛儿年，即仁宗皇庆二年癸丑。圣旨也是禁约搔扰的公告，与第一碑大德二年圣旨基本相同，只是寺院住持长老易人，个别译名或有出入，并没有多少新的内容。现仍据艺风堂拓本，将八思巴字蒙文转写旁译，酌加笺释数条，第一碑已有注释者不再重出。

本碑碑阴刊有茶罕官人汉字文告，题甲辰年四月二十八日，即乃马真皇后称制之三年。蒙古早期文献传世无多，此文告之遣词用语也颇有特色。附录酌为笺释，以供研讨。官员僧众题名，不再抄录。

一　上截八思巴字蒙文圣旨音译

(1)　moŋ-kʻa　deŋ-ri-jin　kʻu-čʻun（n字误刻）　dur
　　　长生　　天的　　　　气力　　　　　　　　里

(2)　je-ke　su　J̌a-li-jin　ʻi-hʻen　dur
　　　大　　福荫　福威　　护助　　里

(3)　qaʻan　J̌ar-liq　ma-nu
　　　合罕　　圣旨　　俺的

(4)　čʻe-ri-ʼu-dun　no-jad　da　čʻe-rig-
　　　军　　　　　官每　　根底　军

[10] 林州宝严寺碑（1313 年附 1244 年）　157

(5)　ha-ra-na　ba-la-qa-dun　da-ra-qas-da
　　　人每　　　城子里　　　达鲁花赤根底

(6)　no-jad-da　jyor-č'i-qun　ja-bu-qun
　　　官人每根底　去往的　　　行走的

(7)　èl-č'i-ne　du˙ul-qa-què
　　　使臣　　　宣谕的

(8)　J̌ar-liq
　　　圣旨

(9)　J̌iŋ-gis qa-nu　'eo-kéo-deè　qa˙anu
　　　成吉思罕的　　月可觯　　　合罕的

(10)　se-c'en　qa˙a-nu　'eol-J̌eè-t'u　qa˙a-nu
　　　 薛禅　　合罕的　　完泽秃　　　合罕的

(11)　k'eu-lug　qa˙-nu　ba　J̌ar-liq　dur　do-jid
　　　 曲律　　合罕的　也　圣旨　　里　和尚

èr-ké-˙ud　sen-shi-ŋud 'a
也里可温　 先生每

(12)　-li-ba　'al-ba　qub-c'i-ri　'eu-lu　'eu –J̌en
　　　不拣甚么　差发　　科敛　　　休　　承担（当）

(13)　dèŋ-ri-ji　J̌al-ba-ri J̌u　hi-ru-'er　'eo-gun　'a-t'u-qaji　ge-ek'-deg-
　　　 天　　　祷告　　　　祝福　　　给与　　　有　　　　道（述说）

(14)　-sed　'a J̌u-˙uè　è-du-˙e　ber　beo-˙e-su　u-ri-da-nu
　　　　　　有来　　　如今　　　　　有　　　　先前

(15)　J̌ar-liq-qun　jo-su-˙ar　'a-li-ba　'al-ba　qub-c'i-ri
　　　 圣旨的　　 体例　　　不拣甚么　差发　　科敛

'eu-lu-'eu　J̌en
　休　　　　当

(16)　dèŋ-ri-ji　J̌al-ba-ri-J̌u　hi-ru-'er　'eo-gun
　　　 天　　　祷告　　　　 祝福　　　给与

'at'u-qají　ge˙en　J̌aŋ　dhij
　有　　　　说　　　彰　　德

(17)　lu da　qa-ri-ja-t'an　lim　J̌iw　dur　bu-k'un
　　　 路　 所属　　　　 林　 州　 里　 有的

158　上编　碑刻

baw　ŋèm　šèn　zhi　t'ai　p[i]ŋ　šèn
宝　严　禅　寺　太　平　禅

(18)　zhi　seu-me　dur　'a-qun　u　seuŋ　J̌in　gei　ziaŋ
　　　寺　寺庙　里　有的　五　松　振　吉　禅

J̌aŋ　alw　da　ba-ri-J̌u
长　老　根底　执

(19)　ja-bu-·aji
　　　行走的

(20)　J̌ar-liq　'eog-beè　è-de-hu　seu-mes　dur　ge-jid
　　　圣旨　给了　这的每　寺院　里　房舍

dur　'a-nu　èl-c'in　bu　ba-·u
里　他每的　使臣　休　住下

(21)　-t'u-qaji　u-la·a　ši-·usu　ba　ba-ri-t'u-qaji　ts'aŋ
　　　铺马　（兀剌）　祗应（首思）　勿　拿者　仓（地税）

tam-[qa]　[b]u　'eog-t'u-geè　seu-me-da
印（商税）　休　给与　寺院

(22)　è-le　qa-ri-ja-t'an　qa-J̌ar　u-sun　baq　t'e-gir-med
　　　但　属于　地土　水　园林　碾磨（磨房）

dèm　k'e-bid　qa-la-·an　u-sun
店　铺席　热　水（浴堂）

(23)　giaj-dèn-k'u　ja-ud　k'e-zi　'a-nu　bu-li-J̌u　t'a-t'a-J̌u
　　　解典库　甚么　物件等　他每的　夺取　征收

bu　'ab-t'u-qaji　è-ne　ba-
休　要者　这

(24)　-sa　u　seuŋ　J̌in　gei　ziaŋ　J̌aŋ　law
　　　再者　五　松　振　吉祥　长　老

(25)　J̌ar-liq　t'u-ge·e-J̌u　jo-su　'eu-ge·uè　'euè-　les　bu
　　　圣旨　有说　体例　无　勾当　休

'euè-led-t'u-geè　'euè-
做　者

(26)　-ledu-·esu　'eu-lu-u　'a-ju-qu　mun
　　　若做　不　怕　他

(27)　J̌ar-liq　ma-nu　heu-k'er　J̌il　na-mu-run　t'e-ri-·un　za-r　jin
　　　圣旨　俺的　牛　年　秋　首　月　之

(28) do-lo-ʼan ši-ne
　　　七　　 初

(29) -de šaŋ du da bu-guè
　　　上　都　　时分

(30) dur bi-cʼi-beè
　　 里　写来

二　下截汉字圣旨碑文

(1) 长生天气力里

(2) 大福荫护助里

(3) 皇帝圣旨。军官每根底，军人每根底，城子里达鲁花

(4) 赤、官人每根底，往来使臣每根底

(5) 宣谕的

(6) 圣旨

(7) 成吉思皇帝

(8) 月可觧皇帝

(9) 薛禅皇帝

(10) 完泽秃皇帝

(11) 曲律皇帝圣旨里：和尚、也里可温、先生每根底，不拣

(12) 甚么差发休当，告

(13) 天祝寿者么道来。如今依着在先

(14) 圣旨体例里，不拣甚么差发休当，告

(15) 天祝寿者么道。属彰德路林州里有的宝严禅寺、太

(16) 平禅寺里住的五松振吉祥长老根底，执

(17) 把行的

(18) 圣旨与了也。这的每寺院房舍里，使臣休安下者。铺

(19) 马祗应休拿者。税粮休着者。但属寺家的

(20) 水土、园林、碾磨、店、铺席、浴堂、解典库，不拣

(21) 甚么他的，休夺要者。更这五松振吉祥长

(22) 老说有

(23) 圣旨么道，无体例的勾当休做者。做呵，他不怕那。

(24) 圣旨

(25) 牛儿年七月初七日 上都有时分写来。

三 碑阴文告

皇帝福荫里茶罕官人言语

今据彬公长老和尚住持岘峪山寺修建殿廊，系是俺每交与皇帝祝延圣寿者。不以是何人等无得非理于寺内安下，侵欺搔扰作践，及不得将寺僧骑坐马疋夺充铺马。如遇十方檀越敬礼佛法者，亦依依例接待。中间或有不兰奚并奸细人等，本处官司自合审问来历，无得因而将僧众摭赖。如有违犯之人，照依故违扎撒治罪施行，无得违错。准此。

甲辰年四月二十八日

四 碑文笺释

完泽秃皇帝 八思巴字作 'eul-J̌eè-tu qa·an。汉译完泽秃皇帝，元成宗的蒙古语谥号。元世祖忽必烈死后，依仿汉法，加上蒙语谥号薛禅，成宗死后沿用其制，故有此谥。蒙语 'eul-J̌eè-tu 原义为"有福的"，见《元秘史》旁译。《元史·成宗纪》作完泽笃。其他碑刻等文献又有完者笃、完者都等不同译写。译名无定字。

曲律皇帝 八思巴字作 k'eu-lug qa·an。汉译曲律皇帝。元武宗蒙语谥号。此字曾见于《元秘史》卷八，音译曲鲁克，旁译"俊杰"。可引申为英武，与汉语庙号武宗同义。《元史·武宗纪》及其他文献均作"曲律"，未见异译，似已成定名。

和尚 译八思巴字 dojid，宝岩寺第一碑音译"道人"，此碑意译"和尚"，两碑译例不一。原文均为复数。

五松振吉祥 此人是第一碑所见玉峰茂以后继任的宝严寺住持长老，事迹不详。前引金王庭筠《五松亭记》内称岘峪南山下，"乔松五章，挺立其下"。"山僧曰，此地名五松亭旧矣，而实未尝有亭焉，岂前人欲有为而未遑者欤。"县丞燕人李弼遂于其地建五松亭，王庭筠撰记刻石。由此可知宝严寺住持振吉祥当是以五松为雅号，振吉祥其名。金大定时宝公和尚革宝严寺为禅寺，号为"岘峪寺第一代"，蒙古太宗时勃公和尚住持此寺，号为"大朝第一代"，前碑已注。岘峪又有㲼谷寺十四代敏庵慧公和尚塔记，至正十四年（1354年）十月立石，见民国李见荃等《重修林县志》。

不拣甚么 碑文圣旨汉译此词凡三见。前两处"不拣甚么差发",译自蒙文'alib,义为不论甚么或一切差发。后文"……浴堂、解典库不拣甚么他的",译自蒙文 ja·ud k'ezi,甚么物件或等等物件,义为"他的……浴堂、解典库等等。三处汉译混同,本义有别。参看平谷兴隆寺碑"甚么物件"注释。

牛儿年 碑文禁约圣旨称引前帝护持寺院的圣旨至武宗曲律。牛儿年当是仁宗皇庆二年癸丑（1313 年）。八思巴字蒙文题署牛儿年秋首月初七日写于上都。汉译作"牛儿年七月初七日上都有时分写来"。《元史·仁宗纪》,皇庆二年四月"车驾幸上都",八月丁卯"车驾至自上都"。七月间仁宗适在上都听政,碑与史合。

茶罕 《元史》作察罕,卷一百二十有传。初名益德,唐兀（党项）乌密氏。父曲也怯律为夏臣。十一岁时为元太祖收养,赐姓蒙古,称为五儿,见拉施特《史集》第二编。[①] 从太祖攻略云中,以功为千户。又从攻西夏,奉使谕降。太宗时从略河南。丁酉（1237 年）进克光州。次年授马步军都元帅,率军进攻滁、寿、泗等州。见《元史·太宗纪》。碑阴文告署甲辰年四月二十日,甲辰（1244年）为脱列哥那皇后乃马真氏称制之三年。其时察罕率军南下江淮,不在河南,但林县早已为蒙古军占领区,故以都元帅茶罕名义发布文告。

言语 蒙古诸王将帅文告多称某人言语。蒙古语作 uge。"言语"一词元代汉语口语习用于官长之使令。如马致远《荐福碑》杂剧:"使官云:领了老相公（范仲淹）言语,直至潞州长子县张家庄上加官赏赐,走一遭去。"《水浒》第二十四回:"且说武松领下知县言语,出县门来,到得下处。"茶罕文告并非译自蒙语,"言语"一词乃沿用元代汉人习用语。

彬公长老 前引《重修林县志》收录"勃公塔铭"称"勃公于蒙古太宗丁酉年（1237 年）住持重修宝严寺,己亥,得粘合南合助缘创建大殿,至癸卯九日（月?）退居太平寺"。塔铭又记:宣差粘合公至燕京,某人"座间证之曰:'今彬公非主持僧也,为修寺化主也,□非本色□□住山人也'。不数载,与□侄俱退。于丙午岁九月中□师复□焉。至丁巳二月二十七日示有微疾,化于太平寺"。据此,勃公于癸卯九月（志作"日",当是"月"字之误）退居太平寺后,至丙午九月,回宝严寺。铭文缺文当是复"至"或复"莅",即再度住持宝严寺。自癸卯九月至丙午九月三年间住持实为主持修寺的彬公。茶罕文告颁于甲辰年,即癸卯

---

① 拉施特《史集》中译本第一卷第二分册,商务印书馆 1983 年版,第 363 页。

之次年，正是彬公住持的年代。文告称"今据彬公长老和尚住持岘峪山寺修建殿廊"与勍公塔铭所记相符。

俺每 金元间汉语第一身复数的俗语。吕叔湘先生说："俺字在金元俗语中亦有单有复。复数之俺常与你相映对，盖屏对语者于其外，所谓排除式之第一身复数（exclusive 'we'）也。"又说："金人始用每，元人因之。"见《吕叔湘文集》第二卷，《释您、俺、咱、噌，附论们字》此碑文告"俺每"系指茶罕等蒙古官员。

交 交是教的俗写，表示使令。张相《诗词曲语辞汇释》教（一）条"教，犹使也，通交"，列举元以前诗词中的例句多条为证。宋元话本中也有其例，如《梅岭失妻记》"今日不曾得他半分好，不如交他回去"。《元典章》所收公文，"交"通"教"之例，所在多有，不备举。明代以后，渐为"叫"代替，参阅香坂顺一《白话语汇研究》教交叫条。① 此碑文告"交与皇帝祝延圣寿者"即教为皇帝祝寿。

不以 犹言不论，《元典章》卷二十四"种田纳税"条："中统五年正月，中书省奏：已前成吉思皇帝时，不以是何诸色人等，但种田依例出纳地税。"同书卷二十六"和买诸物对物估体支价"条："不以是何系官，外内放支……""不以是何人等"，意即不论是甚么人，不管是甚么人。

作践 意为蹂躏、糟蹋。可用于人、杂物及房屋环境。"无得非理于寺内安下，侵欺搔扰作践。"无得即勿得。非理即非法。"作践"指对寺院房舍什物的糟蹋。宋苏轼"申三省起请开湖六条状"："房廊邸店，作践狼藉。"② 命意略同。

檀越 佛教用语。源于梵语陀那钵底（dānapati），唐义净《南海寄归内法传》译为施主。十方檀越敬礼佛法者指来自各地在家的佛教信徒。

亦依依例接待 此句两依字联用，含义不同。《元代白话碑集录》收录此碑，入矢义高先生曾提出："我没有见过这种'依'字的例子。首先要怀疑原碑是否是如此。当然原碑本身有时也有误刻。"③ 案"依例"义为依照条例（成规、法规）如前注"不以"条引《元典章》"但种田依例出纳地税"，此等例句甚为习见，不备举。前一依字义为依应、依准。徐元瑞《吏学指南》释公文用语："依准，谓人其所欲也。依应，谓诺所行也。"《元典章》卷二十二"镇守军人兼巡私盐"条："今后须管巡禁尽绝，各取依准执结文状。""其捉获私盐者依例给赏。"同书卷三十七"整治急递铺事"条："若有违犯，依例责罚。""今据见呈都省议得……依

---

① 香坂顺一著，江蓝生等译：《白话语汇研究》，中华书局，1997年。
② 《东坡奏议》卷七，《四部备要》《东坡七集》第十一册。
③ 入矢义高：《读蔡美彪氏元代白话碑集录》，日本《东方学报》第二十六册，1956年。

准部拟。"同一文书中"依准"与"依例"并用而含义不同,依有应、准等义。此碑文告"亦依依例接待"即亦应照例接待,语义甚明。原碑不误。入矢先生所谓"我没有见过",似不足为据。

不兰奚 蒙古语,又译孛阑奚。不兰奚人口指逃遗的流散人口,多为逃亡的驱口或贫民。元代文献中又有不兰奚头疋、鹰犬指逃遗无主的牲畜、鹰犬。遗失的物品也可称不兰奚诸物。此碑文告称"不兰奚并奸细人等",乃专指逃遗人口,与牲畜鹰犬无涉。元代文献中习见"阑遗"一词,与不兰奚同义。元宣徽院下设阑遗监。至元二十年初立阑遗所,秩九品。二十五年改为监,正四品。"掌不阑奚人口头疋诸物",见《元史·百官志》。各路府司收拾不阑奚人口,原规定十日内许令本主认领。十日外,由官府收系,尔后,收系及认领办法又有所变改,具见《通制条格》卷二十八阑遗条。伯希和在《马可波罗注释》中曾对马可波罗游记中的 bulargu či 及拉施特《史集》中的 balarghui 与汉文孛兰奚一词的关系有所探讨。近年杉山正明先生自波斯文《完者都传》中捡出孛阑奚一词波斯文作 bularqi,由此可证蒙古语此词当出自突厥—波斯语。[①]"阑遗"为汉语传统词汇。官掌阑遗系唐代旧制。《新唐书》卷四六《百官志》:刑部司门"掌门关出入之籍及阑遗之物"。阑遗与不兰奚含义基本相同,但语源不一,并非一词的互译。

摭赖 赖义为依赖、依靠,引申为推托。推诿己过为抵赖,《水浒》二十六回:"王婆道,你都招了,我如何赖得过?"三十回:"赃物正在你箱子里搜出来,如何赖得过?"将过错推给别人为诬赖。同书二十六回:"武松道:老猪狗;我都知了,你赖那个?"摭原义为拾取、寻索,或联用作摭拾、捃摭。"无得因而将僧众摭赖"意即不要因而寻索过错推给僧众。

扎撒 又作札撒,蒙古语 Jasaq,意为法度、法令。元太祖铁木真在建立大蒙古国前后,曾经陆续颁布多项法令,散见于拉施特《史集》、志费尼《世界征服者史》等书,波斯语作 yasaq。散见的法令中,如那颜不得收留其他贵族的逃奴,不得投依其他首领,居民不得偷盗他人财物,保护私有牲畜财产等规定,都带有建国时期的时代特点。太祖十四年己卯(1219 年)六月,大军西征前,铁木真曾召集诸王将领举行忽里勒台大会,重新颁布札撒和各种条例(约孙),饬诸将奉行。见《史集》成吉思汗纪六。《元史·太宗纪》:元年己丑八月即位"颁大札撒",原注"华言大法令也"。太宗在即位时颁大札撒,显然不是新订法典,而是重颁太祖制定的札撒,作为国法,继续遵行。此碑茶罕文告署甲辰年,即乃马真后执政

---

① 杉山正明:《1314 年前后大元西境札记》,日本《西南亚细亚研究》第 27 号,1987 年。

之三年。所称"照依故违札撒治罪"即照依故违国法治罪。《元史·刑法志》不载大扎撒事。序称:"元兴,其初未有法守",及世祖平宋"始定新律,颁之有司,号曰至元新格"。刑法志出于《经世大典》,记刑法始于至元。但至元以后,元人仍遵奉札撒为祖宗大法,史志失载。

立石年月 碑阴右侧上方有小字一行"岘峪宝严禅寺传法嗣祖沙门振吉祥"。右下方小字一行"大元延祐三年岁交丙辰十一月初四日普坚立石"。碑阳牛儿年圣旨为皇庆二年,立石在颁旨三年之后。普坚职事不详。碑阴僧众题名,多见以"妙""普"命名。当是彬公长老、振吉祥一支传嗣的排名。

[10] 林州宝严寺碑（1313 年附 1244 年）

林州宝严寺碑碑阳上截拓本

林州宝严寺碑碑阳下截拓本

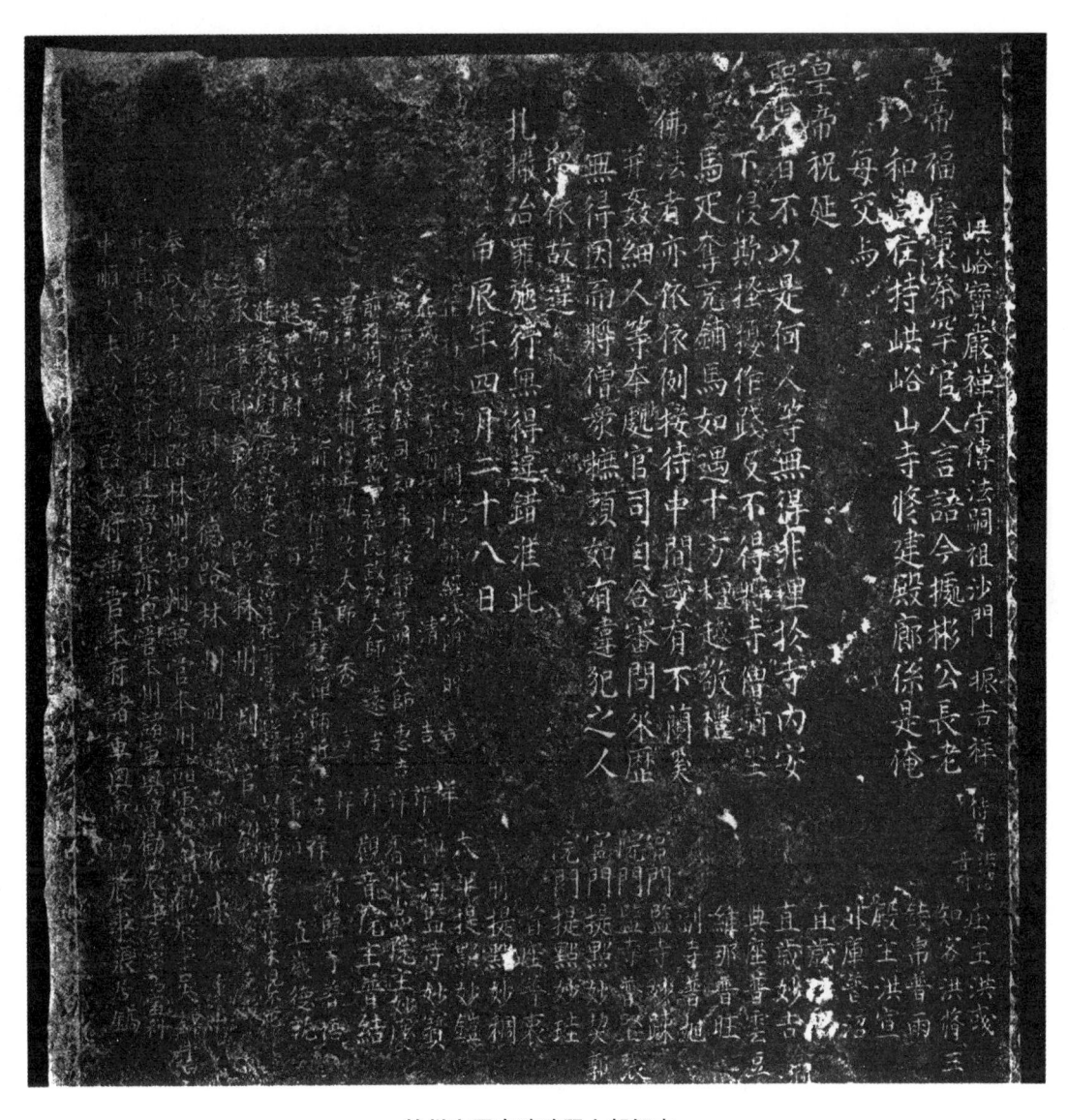

林州宝严寺碑碑阴上部拓本

林州宝严寺碑碑阴下部拓本

〔11〕周至重阳万寿宫碑
（1314年）

  重阳万寿宫此碑只刊圣旨一道，碑额汉字篆书"宸命王文"。上方八思巴字写蒙古语，下方汉文直译。圣旨颁于虎儿年即仁宗延祐元年甲寅之七月二十八日。与前碑第二截蒙汉文圣旨颁于同日。孙星衍《寰宇访碑录》著录，误定为宪宗四年甲寅，陈垣《元也里可温考》已加订正。[①]

  本碑蒙汉文圣旨文字因明赵崡《石墨镌华》收录全文而著称于世。赵崡因不识八思巴字自左至右行，依汉文自右向左读法抄录，以致行款错乱，但所录八思巴字字体，大体与原文相符，遂使研究者注意于此种文字，实为一大贡献。可以说，这是八思巴字蒙古文文献中最早被研读的碑铭，也是研读者最多的八思巴字碑铭。

  早在1839年德国学者葛伯雷（Gabelentz）即曾转录此碑刊布。[②] 此后，英国卫里（Wylie）[③]、俄国包布洛夫（Bobrovnikov）[④]、法国德韦利（Devéria）[⑤] 先后加以译释。1895年法国波纳帕特将此碑蒙汉文圣旨拓影刊布[⑥]，研究者乃得见其原貌。1904年法国沙畹（Chavannes）将汉字碑文排印，译为法文，酌加注释。[⑦] 1918年，陈垣在《元也里可温考》文中刊入此碑蒙汉文拓影。[⑧] 1940年俄国科学院出版包培（N. Poppe）《方体字》一书，收入本碑八思巴字蒙文部分拓影并予转写译注，对前人译文有所商榷。1957年出版本书英文增订本，注释稍有校补。1972年匈牙利人李盖特（L. Ligeti）出版《八思巴字文献》，将本碑八思巴字蒙文

---

  ① 引见《陈垣学术论文集》所收修订本。
  ② Gabelentz, H. C., "Versuch über eine alte mongolische Inschrift", *ZKM* (《东方学刊》) 2, Wiesbaden 1839。
  ③ A. Wylie, "Sur une inscription mongole en caractères p'a‑sse‑pa, *J. A.* (《亚洲报》) 19. Paris. 1862。
  ④ А. А. В. обpoBHИKoB, HaMЯTHИKИ MOHГOЛЬCКOГO KBaЛpaTHOГO ПИCЬMa TBOИPAO (俄国考古学会东方部丛刊) 16。St. Petersburg. 1870。
  ⑤ G. Devéria, "Notes d'épigraphie mongole – chinoise", *J. A.*, 9, 1896.
  ⑥ P. R. N. Bonaparte, *Documents de l'époque mongole des XIII-e et XIV-e siecles*, 1895.
  ⑦ Ed. Chavannes, Inscriptions et pièces de chancellerie chinoise de l'époque mongole, *T'oung Pao* II, 1908.
  ⑧ 《东方杂志》第15卷第4号，1918年。

转写收录。

　　本碑八思巴字蒙文历经一百五十年来各国学者译释，已大体可读，无多疑难。至于圣旨有关内容及其由来，则仍待进一步研讨。前人的研究多据赵崡录文及波纳帕特所刊拓本，对此碑的碑阴文字未及考察。检视柳风堂藏此碑碑阴旧拓，两截刻：上截为陕西行省致重阳宫提点的札付，汉字正书，末附波斯字一行，八思巴字两行。下截为重阳万寿宫下院宫观题名。碑文磨泐滋甚，多有剥蚀，旧拓也只可窥知大略，但仍有助于了解下院宫观概貌与圣旨之由来，值得辨识，以供研考。

　　现将本碑碑阴拓本与碑阳蒙汉文圣旨拓影一并刊布。八思巴字蒙文转写旁译。汉文各部分校识录存。相关诸问题，酌加诠释。已见前碑注释者，不重出。

八思巴字蒙文圣旨转写旁译

(1)　moŋ – k'a dèŋ – ri – jin k'u – č'un – dur
　　　长　生　　天　的　　　气力　里

(2)　je – ke su ǰa – li – jin ˙i – he˙en – dur
　　　大　　福荫　福威　　　护祐　里

(3)　qa˙an ǰar – liq ma – nu
　　　合罕　　圣旨　　俺的

(4)　č'e – ri – ˙u – dun no – jad da jor – č'i – qun ja – bu – qun èl –
　　　军　的　　　官人每　根底　去往　　　　　行　的

(5)　– č'i – ne d – ˙ul qa – què
　　　使臣每　　宣谕

(6)　ǰarliq
　　　圣旨

(7)　ǰiŋ – gis qa˙a – nu
　　　成吉思　合罕的

(8)　'eo – geo – deè qa˙a – nu
　　　月　阔　歹　　合罕的

(9)　se – č'en qa˙a – nu
　　　薛禅　　合罕的

[11] 周至重阳万寿宫碑（1314年）　171

(10)　'eol-ǰeè-t'u　qa·a-nu
　　　完泽笃　　合罕的

(11)　k'eu-lug　qa·a-nu　ba　ǰar-liq-dur　do-jid　èr-k'e-·ud
　　　曲律　　合罕的　　　圣旨里　　道人每　也里可温每

sen-ši-ŋud　'a-li-ba　'al-ba　qub-č'i-ri　'eu-lu　'eu-ǰen
先 生 每　　任何　　差发　　科敛　　　休　　承担

(12)　dèn-ri-ji　ǰal-ba-ri-ǰu　hi-ru-·er　'eo-gun　'a-t'u-gaji
　　　天　　　　祷告　　　　祝福　　　给　　　在

ge·ek'-deg-sed　'a-ju-·uè　è-du-·e　ber　beo-·e-su　u-ri-da-nu
说　了　　　　有　　　　如今　　　有　　呵　　　先前

(13)　ǰar-li-qun　jo-su-·ar　'a-li-ba　'al-ba　qub-č'i-ri　'eu-lu
　　　圣旨的　　体例　　　任何　　　差发　　科敛　　　休

'eu-ǰen
承 担

(14)　dèŋ-ri-ji　ǰal-ba-ri-ǰu　hi-ru-·er　'eo-gun　'a-t'u-qaji
　　　天　　　　祷告　　　　祝福　　　给　　　在

ge·en　huŋ-'uen—lu　dur　bu-k'un　taj　čuŋ　jaŋ　wan　šiw　geuŋ　dur
说道　奉元路里　　　　所有　　大　　重　　阳　　万　　寿　　宫　　里

(15)　ba-sa　hia　'uen　geuŋ　gon　dur　'a-qun　sen-ši-ŋud-de
　　　又　　下　　院　　宫　　观　　里　　住的　　先生每根底

ba-ri-ǰu　ja-bu-qaji
收 执　　行 走

(16)　ǰar-liq　'eog-beè　è-de-nu　geuŋ　gon　'am　mèw　dur　ge-jid
　　　圣旨　　给了　　这些人的　宫　　观　　庵　　庙　　里　　房舍

dur　'a-nu　èl-č'in　bu　ba-·u-t'u-qaji　u-la·a　ši-·u-su　bu　ba-
里　他每的　使臣　　勿　停住者　　　　铺马　　祗应　　　勿

(17)　-ri-t'u-qaji　t'am-qa　p(b)u　'eog-t'u-geè　geuŋ　go-ne
　　　拿要　　　　印（商税）勿　　　给　　　　　宫　　观

è-le　qa-ri-ja-t'an　qa-ǰar　u-sun　ha-ran　'a-du-·u-sun　baq
凡　　属　于　　　　田地　　水　　　人　　　牲畜　　　　园

tʻe – gir – med
　磨

(18)　dèm　kʻe – bid　gej – dèn – kʻu　qa – la –ʻun　u – sun　hua
　　　店　　铺　　　解典库　　　　热　　水（汤）　栳

oŋ – qo –čas　tʻer – ged　ja –ʻud　kʻe – di　ʼa – nu　ba – sa　muè – buè　gam
　船　　　　车　　　甚么　　　物件　　他每的　又　　渼陂　　甘

law　kʻi –
涝　　等

(19)　–ʻed　qur – ban　ʼaŋ – gi – de　u – su – nu　qa –ʻu – li　gam　jeu
　　　　　三　　支　　　水　　　例　　甘　　峪

ʼa –ʻu – la　kʻed　kʻed　ber　bol – ju　kʻu – cʻu　bu　kʻur – ge – tʻu – geè
　山　　谁　　谁　　为　　　力　　勿　　使　　者

bu – li –
夺要

(20)　–ju　tʻa – tʻa – ju　bu　ʼab – tʻu – qaji　è – de　ba – sa
　　　征用　　　勿　　要　　者　　　　这些人又（再者）

(21)　jar – liq – tʻan　geʻe – ju　jo – su　ʻeu – ge –ʻuè　ʼeuè – les　bu
　　　圣旨　　　　说道　　体例　　无　　　行为　　勿

ʼeuè – led – tʻu – geè　ʼeuè – le – du –ʻe – su　ʼeu – lu –ʻu　ʼa – ju – qun
　　做　　　　　　如　做　　　　不么　　　怕每

mud
他每

(22)　jar – liq　ma – nu
　　　圣旨　俺的

(23)　bars　jil　na – mu – run　tʻe – ri –ʻun　za – ra –　jin　qo – rin
　　　虎　　年　　秋　　　　首　　　月　　的　　二十

nali – ma – na　čʻa – qʻan tsʻa –
　八日　　察罕仓

(24)　–ŋa　bu – guè – dur　bi – čʻi – beè
　时分　　在时　　　写

汉译圣旨碑文[①]

长生天气力里，大福荫护助里皇帝圣旨。

军官每根底，军人每根底，管城子达鲁花赤、官人每根底，往来使臣每根底宣谕的圣旨。

成吉思皇帝、月阔歹皇帝、薛禅皇帝、完泽笃皇帝、曲律皇帝圣旨里：和尚、也里可温、先生每，不拣甚么差发休当，告天祝寿者，宣谕的有来。如今也，只依在先圣旨体例里，不拣甚么差发休当，告天祝寿者，么道。奉元路大重阳万寿宫里，并下院宫观里住的先生每根底，执把行的圣旨与了也。这的每宫观庵庙里房舍里使臣休安下者，铺马祗应休着者，税粮休与者。但属宫观里的水土、人口、头疋、园林、碾磨、店舍、铺席、典库、浴堂、船栈、车辆，不拣甚么他的，更渼陂、甘、涝等三处水例，甘谷山林，不拣是谁，休倚气力者，休夺要者。这的每却倚着有圣旨么道，没体例的勾当休做者。做呵，他每不怕那甚么。圣旨。

虎儿年七月二十八日，察罕仓有时分写来。

碑阴上方札付

皇帝圣旨里陕西等处行中书省准〔集贤〕院咨该：据神仙〔演〕道大宗师玄门掌教真人〔管领诸路〕道教所知集贤院道教事呈：照得奉元路周至终南山敕〔赐〕大重阳〔万寿宫〕乃重阳祖师（下缺）
圣元开□以来（下缺）
□命□□做□□□为此祝延
圣寿□□□□□下院人（下缺）
等（下缺）
寿□□给敕（下缺）
□□川□□□□诸人□□
为此于延祐元年五月具呈照□□□后已□准呈，于八月十二日钦奉
圣旨（下缺）
（缺）先生有的大重阳万寿宫（下缺）先

---

① 此碑文曾收入《元代白话碑集录》64，间有文字漏误或标点不当处，今加订正，以此文为据。

（缺）
（缺）
圣旨。须至劄付者。右劄付□□奉元路
大重阳万寿宫提点所。准此。
（波斯字一行）
（八思巴字二行）

碑阴下方下院题名

敕赐大重阳万寿宫诸处下院开列于后：
奉元路在城（缺）全真庵　　南□巷重阳观
□□□南城清□门田地土□　　观门田地土塔
望仙门　望仙门门下地土元君庙　九龙　后□门朝天庙
长安县西关　　门长安洞一所　全真庵
鄠县□息村　　（缺）并地土神口长生观固子楷
　　　　　　　谷口石　白云观
周至县□下（缺）　生　□子头东华观并地土
　　仰天池□真观　　□村丹阳观
　　仁义村太古观□泉观　重阳观　玉阳观
　　　　□□庵　长春庵
　　甘谷口遇仙观河东以西周回地土　甘谷内奉仙庵并山林
　　蒋夏村　长春观　东仙境　甘泉道院　晏家庄
　　傅村　长春观　东鲁村　长真观　西鲁村
　　辛村　养老栖真观地土　崔家庄　先天观北
　　赵蒋村　承天观　宗道庵地土　迎泉庵地土
　　蔡村　修真观　静远庵　马坊　杨□渡　临渭庵
郿县梁村社　丹阳观　□溪庵
兴平县□下街南　开化观　东关天兴观改名崇福宫　街南街北庄
泾阳县　北极宫
　　阳务（缺）　　大街（下缺）
　　（缺）　遇仙观
　　□□路□州□　　云溪庵地土山林并□泉

兴元路万石坝太平观三处下〔院〕□田
成都路在城石马头　长春观大□村太清观
崇宁县　丹阳观
汉州　伏龙观

碑文笺释

奉元路　《元史·地理志》："（至元）十六年改京兆为安西总管府。二十三年四川置行省，改此省为陕西等处行中书省"，"皇庆元年，改安西为奉元路。"此碑圣旨颁于仁宗延祐元年（1314年），即改为奉元路后两年，故有此称。

下院宫观　下院即重阳万寿宫所属道院，有宫、观、庵、庙等称谓，分布于奉元、兴元、成都等四路（另一路名磨泐），约四十处，具见碑阴下院题名。此圣旨系为保护周至、户县等处下院之水利山林，故特为写明"大重阳万寿宫里并下院宫观里住的先生每根底，执把行的圣旨与了也"。

这的每宫观庵庙里房舍里　八思巴字蒙文"èdenu geuŋ gon 'am mèw dur gejid dur anu"，汉译"这的每宫观庵庙里房舍里"，下接"使臣休安下者"。"宫观庵庙"四字蒙文均为汉语音泽。习见的保护道教的圣旨多是只称"宫观"，重阳万寿宫此碑与同日颁发的前一碑圣旨，称"宫观庵庙"，当是由于重阳万寿宫下院多有称庵或称庙者，故特为标出，一体保护（见碑阴题名）。宫观庵庙为道院机构称谓，"房舍"才是实体的住房。八思巴字蒙文正确采用音译的专名词宫观庵庙与蒙语 gejid（汉译房舍），并非同义语的重复，也不是并列的同义词。前人对此似有误解。沙畹据元碑汉译文字译为法文，逐字直译作"dans les temples, sanctuaries et monastères, et dans bâtimeuts et habitations de ces sien—chen"，包培英译也作"thier temples, sanctuaries and dwellings."[①] 八思巴字蒙文名词后缀 dur，包培释为西文语法形态的 dative—locative. 元人汉语直译为"里"，义为"在……之中"。我意此句原义可理解为：这些人的宫观庵庙中，他们的房舍里使臣不得停住。八思巴字蒙文此句曾出现于同日颁发的重阳万寿宫前一碑圣旨和彰德善应储祥宫圣旨，但三碑的汉译各不相同。前碑译为"这的每宫观庵庙，他的房舍里，使臣休安下者"。后一碑译为："这的每宫观里，他每的房舍里使臣休安下者。"译文中"他的""他每的"都是八思巴字蒙文 anu 的意译。译文更为完整，也更符合原意。

---

① 包培：前引书英译本，注31。

税粮休与者 八思巴字蒙文作 t'amqa pu 'eog—t'u—geè。碑刻 pu 应为 bu 之误，包培已订正。t'amqa 原义为印，用指商税，已见前碑注释。前录与此旨同日颁发的授权孙德彧保护全国全真道之圣旨，曾见"地税商税休与者"。此圣旨八思巴字蒙文何以不见地税（ts'aŋ）而只称商税？汉译碑文又何以不据蒙文译为商税，而译为税粮即地税？颇为费解。这里似有两种可能。一是蒙文圣旨草拟或刻石时遗漏了 t'saŋ（仓）字。另一可能是圣旨原文如此，译者或立石人擅增"粮"字以逃避地税。元潘昂霄《金石例》附《史院纂修凡例》圣旨诏制条称："其有直言直语者，只先作，随所见闻，叙其事情条格，末却云是日诏谕中外。"大抵此类保护寺观的圣旨已有固定格式，随宜填写，并无严格的制度规定，译者或立石人因而得以上下其手。蒙古及元初，僧道不免地税商税，蒙文圣旨原作 ts'aŋ t'amqa dača buši" 意为"除地税商税外"，不承担其他赋役。但龙门建极宫碑令旨与泾州水泉寺碑圣旨的汉译文字都有意省去"除外"（buši），以逃避赋税。① 以此为例，本碑汉译经过改动，也不是不可能的。

人口 八思巴字蒙文作 haran。此字即见于《元朝秘史》的哈阑，旁译"人口"或"人"。此字原义系指蒙古部众中地位高于奴婢（孛斡勒）可供"使唤的"属民。有时也用以泛指部众。元代此词应用范围日益扩大，可指低于平民高于驱口的各族仆役，可泛指蒙汉各族人众，还可指不信宗教的"俗人"（见前录重阳宫两碑圣旨）。此处系指宫观中服杂役的仆役常住人户。圣旨与其他常住产业并列，视同宫观所有的资产，任何人不得恃势强夺。元徐元瑞《吏学指南》释汉语"人口"："同居亲属曰人，役使躯贱曰口。"可备一解。此碑圣旨中的"人口"系蒙古语哈阑的意译，与通用的汉语有别。

头疋 八思巴字蒙文作 'a-du-'u-sun，原指牲畜。汉译头疋，又作头口。此指宫观中饲养的牲畜。徐元瑞《吏学指南》释"头疋"："牛羊之类曰头，驼马之类曰疋。"此指牲畜计量用语，如牛称几头而不称几疋，马称几疋而不称几头。头疋合用则为各类牲畜的代称。

渼陂 八思巴字蒙文作 muè buè，系汉语音译。汉字渼，音美，义为美好之水，见《广韵》。陂字，《广韵》属支韵，有帮母、并母两读。此词应属帮母，义为水塘、湖泽。八思巴字音译 buè 读如碑，是正确的。渼陂，古水泽名，在户县之西，周至之东。北魏郦道元《水经注》渭水条："渼陂出宜春观北，东北流注涝水。"沙畹译注此碑，曾引唐宋敏求《长安志》："渼陂在鄠县西四五里。"唐代渼

---

① 参阅泾州水泉寺碑注释，前引亦邻真《读 1276 年龙门禹王庙八思巴字令旨碑》。

陂邻近长安，为泛舟游赏之胜地。杜甫有"宴渼陂"，"城西陂泛舟"，"渼陂西南台"等诗，又有"渼陂行"二十八句，首云："岑参兄弟皆好奇，携我远游来渼陂，天地黯惨忽异色，波涛万顷皆琉璃。琉璃汗漫泛舟入，事殊兴极忧思集。"岑参、李白、白居易也有渼陂诗纪胜，不备引。宋人在渼陂堤岸为杜甫建祠堂，取杜甫咏渼陂诗句"丝管啁啾空翠来"，题为空翠堂。宋张俶有"空翠堂记"刻石，今存户县。元代渼陂沦为捕鱼的鱼塘，不见有诗人泛舟的记事。明崇祯《重建渼陂记》称，"逮元人以渼陂之鱼能治痿，因决陂取鱼。陂之亡也，今三百余岁矣。"在此以前，明嘉靖时邑令王九思（自号渼陂）撰《渼陂镇重修石桥记》则谓毁于元末："元末兵起，盗决堤岸，取鱼其中，流为数支，不复为陂矣。其一支流，经镇之东，复转而东流，入于涝水。"明末重为修浚，供人赏游，清初，屡有修建，清末又渐废弛。空翠堂现存殿堂六间，历代碑石幸存其地。当地政府现已规划重修渼陂，再现湖上泛舟之胜。见新编《户县志》。

甘、涝 二水名。八思巴字 gam law 均系音译。《水经注》渭水条："甘水出南山甘谷，东合涝水"，又："涝水北注甘水，而乱流入于渭。"元代涝水在渼陂之东，甘水在渼陂之西。户县今存"栖云真人开涝水记"刻石，安西王府记室参军薛友谅撰文，至元十六年中元日立石。民国重修《周至县志》及陈垣等编《道家金石略》收录。记称："丁未（1247年）春栖云真人王公至重阳宫……周览四境，语其徒曰：兹地形胜，其有如此。宫垣之西，甘水翼之，已为壮观，若使一水由东而来，环抱是宫，可谓双龙盘护，其万世之福田可得也。""亲为按视于东南涝谷之口，行度其地，可凿渠而致之。"太傅移刺保俭、总管田德灿助成其事。"公鸠会道侣千余人趋役赴功，曾不三旬，即有告成之庆。""涝之水源源而来，自宫东而北，复合于甘，连延二十余里，穿村度落，莲塘柳岸，蔬圃稻畦，潇然有江乡风景。上下营度，凡数十区。"栖云真人王公即王志谨，全真祖师郝大通弟子。据此碑记可知，金元间涝水一度阻塞。王志谨率重阳宫道士千余人自涝谷口凿渠疏引。记称"复合于甘"，当是疏通旧道，仍与甘水合流，入于渭水。元代甘、涝两水上游，屡经修浚，水道有所变动。周至与户县两县，曾于元世祖至元十八年撒灰划界，见清康熙《周至县志》收录"鄠县尹寇君去思之碑"。清代至今，界划屡经变改。涝水原为两县之界河，今甘、涝两水均属户县，甘河成为涝河支流，见新编《户县志》。

三处水例 八思巴字蒙文 muè buè gam law ki-ʼed qur-ban ʼan-gi-de u-su-nu qa-ʼu-li。汉译碑文作渼陂、甘、涝等三处水例。沙畹译渼陂为河水（la riviere），甘、涝为峡谷（la gorge）。包培采其义，说："原文讲了三个地方，渼陂河及甘涝两处峡谷，另外还有甘峪山，也就是总共四个地方。"见前引包培书英文本注41。沙畹、包培两释均出误解。甘水源出于甘谷，涝水源出于涝谷，但此处之甘、涝乃水名，非谷名，故称"三处水例"。包培以为 angide 应作 angida，意为分支，是正确的。此言三支（水）。usunu qa·uli 一词，沙畹释为 quelque aménagement des eau，即水的某些管理（治理）设施，非是。包培书中列举卫里以来诸家的不同解释。包布洛夫拟译 правa нa воды 即水法或水权，包培取此译，释为使用水的权力，于意为近。案八思巴字蒙文之 qa·uli，曾见于《元朝秘史》卷九，音译合兀里，旁译"体例"。现代蒙古语文 haoli 有法规之义，也可指一般惯例。碑文汉译取"例"字，《吏学指南》释"统凡之谓例"，有条例、断例、体例、惯例等不同名目。汉译"水例"近似水规、水法但又较宽松，更接近体例、惯例。渼陂与甘泉相通，有捕鱼之利。甘、涝二水有灌溉之利。据前注，涝水曾经重阳宫道士修浚，三水流域又多是重阳宫及下院田土。水利之使用不免与附近官民发生冲突。圣旨碑文"不拣是准，休倚气力者"云云，即任何人不得恃势侵犯〔宫观〕利用渼陂甘涝三处水利的惯例。

甘谷山林 八思巴字蒙文作 gam jeu 'a—ʼu—la。前一字 Gam Jeu 为汉语甘峪之音译，汉译甘谷。'a—ʼu—la 蒙古语原义为"山"，此言山区，汉译山林。甘谷为甘水发源之地。乾隆《周至县志》甘谷条引清《一统志》："在县东南七十里，近鄠境。"又引《府志》："甘谷在耿谷东十里。东为望仙坪，西为遇仙观，中有老子石像，甚工。"甘谷与涝谷以凤凰山为分水岭，甘谷与耿谷以首阳山为分水岭。甘谷有镇为重阳遇仙之地，见"全真教祖碑"。本碑碑阴下院题名有"甘谷口遇仙观河东以西周回地土。甘谷内奉仙庵并山林"。圣旨碑文"甘谷山林"当指重阳万寿宫及下院所占有的甘谷山区林木物业。下文"不拣是谁休倚气力者，休夺要者"，即任何人不得恃势强行侵夺。甘谷在今户县，耿谷在周至。

察罕仓 此圣旨末署"虎儿年七月二十八日察罕仓有时分写来"。时间地点与前录重阳宫圣旨及后录善应储祥宫圣旨完全相同。关于察罕仓之地望，见储祥宫圣旨碑注释。

行省札付 碑阴札付文字，磨泐过甚，尤其中间部分几乎全部剥落，但细审残存文字，仍可窥知大概。（一）碑阴公文系陕西等处行中书省给予重阳万寿宫提点所之札付。札付系公牍用语。《吏学指南》释"刺著为书曰札，以文相与曰付"。内容是据集贤院咨文，告知掌教真人即孙德彧呈请之事已奉圣旨准呈。（二）孙德彧呈文大部磨泐，残存文字透露是关于保护重阳万寿宫及所属下院等事。碑阳所刊圣旨文字应该就是准呈颁降的圣旨。（三）据碑阴残存时日文字可知，孙德彧于延祐元年五月具呈，集贤院于八月十二日奉到七月二十八日书于察罕仓的圣旨，随即咨告陕西行省，由行省札付重阳万寿宫提点所，即提点理事之衙署。据上考察可知，延祐元年七月二十八日在颁降对孙德彧掌教的授权和保护全国全真道观圣旨之同时，其所以又有保护重阳万寿宫圣旨之颁降，乃是由于孙德彧的呈请。圣旨中保护文字与习见的此类圣旨大体相同，但其中"更渼陂甘涝三处水例，甘谷山林"等字为特有，或者说是在原有程式上所作的添加。这是此圣旨的特点也是孙德彧具呈请旨的主要原因。前引邓文原撰"孙公道行之碑"记孙德彧奉召入都掌教，仁宗召见，内称"终南有甘、涝二谷，岁收园林水利以赡其徒，诏有司勿令侵夺烦扰"，即指此旨。据碑阴残存年月可知此圣旨之原委以及降付宫观之程序，也是难得的记录。

八思巴字残文 碑阴札付之末，署波斯字一行，八思巴字二行，均已磨蚀。波斯字漫漶难识，留待专家考释。八思巴字第一行即左行，也磨泐过甚，不再强解。第二行上三字似是 heiŋ Juŋ〔š〕eu，下一字只有笔划残存，疑是 šiŋ 字，可释"行中书省"，下缺五至六字，末存"jin□la"三字，中一字缺，有待识辨。安西王相府至元十三年给与京兆路府学公据，文末有八思巴字一行。沙畹曾将碑拓影刊于《通报》（1908）。包培书未收。八思巴字共六字，可转写为 šiŋ dhiw taŋ jin tula.。沙畹以为是音写汉语，释为"成德堂印图了"，法文译作 Le scean du Tch'eng tö t'ang a été apposé。但"印图了（啦）"汉语无此用法，显有误译。此公据的主要内容是确定京兆路府学成德堂地土四至，以防侵占。末附八思巴字一行，我以为应是音写蒙古语而不是汉语。"成德堂"是专名词，故依汉语音译。jin 蒙古语属格"的"字。tu—la 义为"缘由"。直译为"成德堂的缘由"，依公牍用语可释"为成德堂事"。此行八思巴字书于汉文"右给付京兆路府学收执，准此"之后，署年月之前。徐霆《黑鞑事略疏证》曾记蒙古国初期文书"于后面年月字之前，镇海亲写回回字（回鹘字）云付与某人"，"必以回回字为验，无此则不成文书"。现存元代碑刻中的公文、榜示等末附八思巴字，仍是遵循传统，以示信验，并非另有内容。参据府学公据的释文，陕西行省札付末的八思巴字三字可能也是 jin tu la，其中 tu 字剥蚀。依此拟补，末署八思巴字可释为"〔陕西等处〕行中书省为〔大重阳万寿宫〕事"。姑备一解，以供研讨。

下院题名 碑阴下院题名首称"敕赐大重阳万寿宫诸处下院开列于后"，此行文字保存完好，清晰可读。题名多有磨泐，除题署宫、观、庵、庙名称及所在地外，还有多处题列所有的田地、山林、泉、塔等产业，目的在于保护宫观物业。题名下院自奉元路在城即路治所在的京兆府城，遍及本路长安、鄠县、周至、郿县、兴平、泾阳六县，远至兴元路及成都路治与崇宁（属彭州）汉州。兴平路前一处题名，路名磨蚀，据《元史·地理志》排列次序，应是延安路。可识的下院观名凡四十余处，分布于四路十余县镇，多有田土物业。可谓田连州郡，富比王侯。全真创始，倡导"识心见性，除情去欲"，"苦己利人为之宗"（郝宗师道行碑）。《甘水仙源录》卷九，至元二十年王磐撰"创建真常观记"已慨叹"今也掌玄教者盖与古人不相侔矣"。"道宫虽名为闲静清高之地而实与一繁剧大官府无异焉。""若夫计地产之肥硗，校栋宇之多寡，如豪家大族增置财产以厚自封殖而务致富强。则非贤者之用心矣。"王磐属文微婉，所论乃世祖时大都长春宫状况，仁宗时，周至之重阳万寿宫大体近似。圣旨所列免除赋役的诸产业名目，并非每个宫观庵庙都全都拥有，但就总体而言，重阳万寿宫及所属下院进行多种经营，拥有田土山林之产，则是事实。宫观道士既享有免除赋役之优遇，又得到掌教真人之庇护，俨然是拥有特权的"豪家大族"。孙德彧身为长春宫的掌教，集贤院的长官，又得倚重阳万寿宫"厚自封殖"，其贵盛自是超越前人。陈垣《南宋初河北新道教考》有"末流之贵盛"节论其事，可供参阅。

（原载《元代道观八思巴字刻石集释》，《蒙古史研究》第五辑，内蒙古大学出版社1997年版）

長生天氣力裏
大福廕護助裏
皇帝聖旨軍官每根底管城子達魯花赤官
人每根底往來使臣每根底宣諭的
聖旨
成吉思皇帝
月闊歹皇帝
薛禪皇帝
完澤篤皇帝聖旨裏和尚也里可溫先生﹑答失蠻﹑
曲律皇帝聖旨
休當告天祝壽者宣諭的令來如今也只依在先
聖旨體例向東不揀甚麽發休當告
天祝壽者慶道奉元路大重陽萬壽宮裏﹑井下院﹑
佳的先生每根底執把行的
聖旨與了也這的每宮觀房舍使臣下
鋪馬﹑祗應﹑休着﹑稅糧休與者﹑但屬宮觀
水土﹑人口﹑頭疋﹑園林﹑碾磑﹑房店﹑鋪席﹑浴堂﹑
船隻﹑甘於﹑谷山林不揀甚麽﹐他每的﹑更休﹑
那倚﹑氣力﹑者有﹑稅糧﹑商稅﹑休納者﹐這
道的每却倚﹐有聖旨做呵他每不怕那恁麽﹑
聖旨﹐麽道沒體例的勾當休做者有時分寫來
聖旨俺兔兒年七月二十八日榮宿宮有來

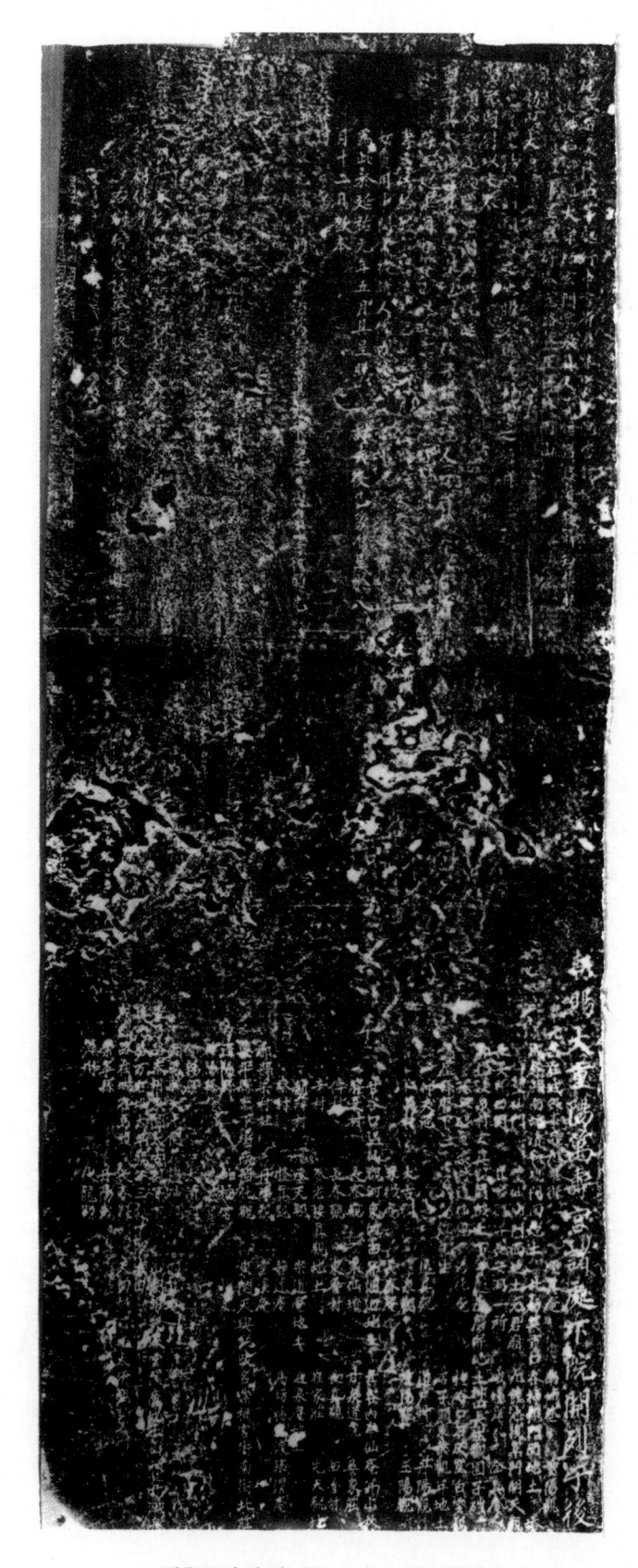

重阳万寿宫碑（1314年）碑阴拓本

〔12〕 彰德善应储祥宫碑
（1314年）

善应储祥宫碑在今河南安阳，原安阳县旧城西善应村。两截刻。上截八思巴字蒙古语圣旨，下截白话汉译。圣旨署虎儿年七月二十八日。

清嘉庆间，金石家武亿编纂《安阳县金石录》曾将此碑汉文全文收录，武亿是谨严的学者，所录碑文校刊甚精。刊本"里"作"理"，"弘"作"宏"，当是手民之失。案语考订虎儿年为仁宗延祐元年甲寅，自无疑义。又称："是碑现存善应村菜园，而旨内称善应储祥宫。今碑西三十余步尚有故基，并大铁圈安置石上，当即储祥宫旧物束旗杆用者。土人不知所从来，因附见之，叹遗迹之存甚少矣。"

清光绪间沙畹（Ed. Chavannes）得此碑拓本，刊于1908年《通报》，译汉译碑文为法文，蒙文无转写。1937年波兰学者列维茨基（Lewicki, M）在所著《蒙古方体字碑铭》中收入此碑蒙文部分，以拉丁字母转写，法文译注。[①] 1941年，俄国学者包培据沙畹所刊拓本八思巴字部分，再次转写并加注释三则，刊于所著《方体字研究》。1957年，又刊行此书的英文增订本。1972年，匈牙利学者李盖特编印《八思巴字文献》也将此碑蒙文部分音写收录。前人的工作，在于八思巴字蒙古语的识读和编译，碑文内容尚多疑问，有待研考。

此碑拓本，柳风堂张氏原有收藏，后归北京大学文科研究所。1952年我曾检出，编目刊布。1954年，将汉文部分收入《元代白话碑集录》并将蒙汉文全拓刊布。此拓本磨泐处少于沙畹，仅个别字体有所剥蚀，全文清晰可读，可以确认为现存拓印年代最早，也是最为精良的旧拓。

现据此拓本蒙汉文全录，蒙文部分音写并加汉字旁译，以便研讨。碑文有关史事、人物、地名及有关蒙汉译语的若干问题，在注释中试加探考，以就正于同好。已见于其他碑文注释者，不重录。

---

① M. Lewicki: Les inscriptions mongoles inédites en écriture carrée. CO（东方文选）12. Wilno, 1937。

八思巴字蒙文圣旨转写旁译

(1) moŋ – k'a dèŋ – ri – jin k'u – č'un dur
　　 长　生　　 天　的　　　气　力　里

(2) jè – ke su ǰa – li – jin ˙i – he˙en dur
　　 大　 福荫　 福　威　　护　佑　 里

(3) qa˙an ǰar – liq ma – nu
　　 合罕　 圣　旨　　俺的

(4) č'e – ri –˙u – dun no – jad da
　　　 军　的　　　官人每　根底

(5) č'e – rig ha – ra – na ba – la – qa – dun
　　 军　 人每根底　　城　子　 的

(6) da – ru – qas da no – jad da jor –
　　 达鲁花赤每根底　官人每　根底　　去

(7) – č'i – qun ja – bu – qun èl –č'i – ne d˙ul – qa – què
　　　 往　　　　行　的　　使臣每根底　　宣谕的

(8) ǰar – liq
　　 圣　旨

(9) ǰiŋ – gis qa – nu
　　 成吉思　　罕的

(10) ˙eo – k'eo – deè qa˙a – nu
　　　 月古台　　　　合罕的

(11) se – č'en qa˙a – nu
　　　 薛禅　　合罕的

(12) ˙eol – ǰeè – t'u qa˙a – nu
　　　 完　者　都　合罕的

(13) k'eu – lug qa˙a – nu ba ǰar – liq dur do – jid èr – k'e –˙ud
　　　 曲　律　　合罕的　　 圣　旨里　道人每　 也里可温每

sen – ši – ŋud ˙a – li – ba ˙al – ba qub – č'i – ri ˙eu – lu ˙eu – ǰen
先　生　每　 任　 何　 差　发　　科　敛　　休　　 承担

[12] 彰德善应储祥宫碑（1314年）

(14) deŋ – ri – ji   ǰal – ba – ri –ǰu   hi – ru –ˑer   ˀeo – gun   ˀa – tˈu – qaji
      天   祷告   祝福   给   在者

geˑe〔kˈ – d〕eg – sed   ˀa –ǰu –ˑuè   è – du –ˑe   ber   beo –ˑe – su
  说 了   有   如今   有   呵

u – ri – da – nu
  先 前

(15) ǰar – li – qun   jo – su –ˑar   ˀa – li – ba   ˀal – ba   qub –čˈi – ri   ˀeu – lu
      圣旨   体例   任何   差发   科敛   休

ˀeu –ǰen
  承担

(16) dèŋ – ri – ji   ǰal – ba – ri –ǰu   hi – ru –ˑer   ˀeo – gun   ˀa – tˈu – qaji
      天   祷告   祝福   给   在

geˑen ǰaŋ dhij lu dur bu – kˈu šèn –ˑiŋ ǰeu seŋ geuŋ dur ˀa – qu
说道 彰   德   路 里   有的   善应   储祥宫   里   住的

(17) ti – dèm   baw   xu̯o   xen   ǰin   xuŋ   gew   taj   ši   čin   taw   mi – ŋi
      提点   葆   和   显   真   弘   教   大   师   陈   道   明

ǰaŋ dhij čeol – ge dur bu – kˈun geuŋ goŋu –ˑudi qa –
彰   德   路   里   有的   宫   观的

(18) da – qa – la –ˑul –ǰu   ja – bu – tˈu – qaji   geˑen
      提调（管领）   行者   说道

(19) ǰar – liq   ˀeog – beè   è – de – nˑu   geuŋ   gon   dur   ge – jid   dur
      圣旨   给了   这些人的   宫   观   里   房舍   里

ˀa – nu   èl – čˈin   bu   baˑu – tˈu – qaji   ulaˑa   ši –ˑu – su   bu
他每的   使臣   勿   停住者   铺马   祗应   勿

ba – ri – tˈu – qaji   tˈam – qa
  要 者   印（商税）

(20) bu   ˀeog – tˈu – geè   geuŋ   go – ne   è – le   qa – ri – ja – tˈan
      勿   给者   宫   观   属于

qa – ǰar   u – sun   baq   tˈe – gir – med   dèm   kˈe – bid   gej – dèn – kˈu
田 地   水   园   碾 磨 每   店   铺   解 典 库

qa – la –ˑun   u –
  热

(21) －sun　ja－ʿud　kʻe－di　ʾa－nu　kʻed　kʻed　ber　bol－ǰu
　　　水（汤）　东西　　他每的　谁　　谁　　　为

kʻu－čʻu　bu　kʻur－ge－tʻu－geè　è－de　ba－sa　čin　taw　miŋ
气力　　勿　使者　　　　　　　这　　再者　陈　道　明

(22)　ǰar－liq－tʻu　geʿe－J̌u　jo－su　ʾeu－ge－ʿun　ʾeuè－les　bu
　　　圣旨　　　　说道　　体例　　无　的　　　行　为　　勿

ʾeuè－led－tʻu－geè　ʾeuè－le－du－ʿe－su　ʾeu－lu－ʿu　ʾa－ju－qu　mun
做　者　　　　　　做　呵　　　　　　不　么　　　怕　的　　他

(23)　ǰar－liq　ma－nu　ba－rs　ǰil　na－mu－run　tʻe－ri－ʿun　za－ra
　　　圣旨　　俺的　　虎年　　秋的　　　　　首　　　　　月

jin　qo－
的　　二

(24)　－rin　naji－ma－na　čʻa－
　　　 十　　八　　日　　　察

(25)　－qaʿan　tsʻa－ŋa　bu－
　　　 罕　　　仓　　　在

(26)　－guè－dur　bi－čʻi－beè
　　　　时　　　　写

汉译圣旨碑文

长生天气力里、大福荫护助里皇帝圣旨。

军官每根底，军人每根底，管城子达鲁花赤、官人每根底，往来行的使臣每根底宣谕的圣旨。

成吉思皇帝、月古台皇帝、薛禅皇帝、完者都皇帝、曲律皇帝圣旨里：和尚、也里可温、先生每，不拣甚么差发休著者，告天祝寿者，么道有来。如今呵，依著在先圣旨体例里，不拣甚么差发休当者，告天祝寿者。彰德路有的善应储祥宫住持的提点葆和显真弘教大师陈道明，彰德路应有的宫观提调行者，么道，圣旨与了也。这的每宫观里，他每的房舍里使臣休安下者，铺马祗应休与者，税休与者。但属宫观的水土、园林、碾磨、店舍、铺席、解典库、浴堂，不拣甚他每的，不拣谁休倚气力者。

更这陈道明倚着有圣旨道，无体例勾当休做者。做呵，他不怕那甚么。

圣旨。虎儿年七月二十八日，察罕仓有时分写来。

碑文笺释

休著者 八思巴字蒙文 'eu-lu 'eujen 义为勿承担。前录重阳万寿宫圣旨汉译"休着"。"着"有承受之意，已见前注。"著"为着之古字，宋元文学作品中两字仍通用，如著色即着色，著急即着急，著眼即着眼。其例甚多。"者"为语助词。

彰德路 金代为彰德府。元初设路，直属中书省，为腹里二十九路之一，领安阳、汤阴、临漳三县及林州。治安阳。明洪武初，改路为府，属河南行省。八思巴字蒙文彰德路作 ǰaŋ dhij lu。三字均为汉语音译。

善应储祥宫 在安阳县西善应村。元代善应为山水佳胜之地。许有壬《至正集》卷八一有"游善应"词，调寄"浣溪沙"。词云："崖上留题破紫烟，岩前瀹洺挹清泉，烂游三日酒如川。有水有山高士宅，无风无雨小春天，人间真见地行仙。"乾隆《彰德府志》"艺文"有元刘骥撰"善应山水记"，记丁卯（1267年）秋九月，"总管王公与参佐数骑出郭门西行一舍许，冈势稍坡陀，又六七里迤丽路转而下，小川忽平展，中有一溪，洹水合其流，深碧可爱。……停午少息于长春观。"长春观名曾见于汤阴县隆兴观碑阴题名，署安阳县潘流长春观。"潘流"当是溪水名。观名长春，当属全真教派。《甘水仙源录》卷六"重玄子李先生返真碑铭"记马丹阳再传弟子，彰德道士李志方，甲申年（1224年）北上见丘处机，得赐名志方，号重玄子。返彰德，住迎祥观。"观虽兵燹日久，凡事草创，先生一顾，奂焉有承平旧物之渐。"庚寅年（1230年）总师萧仲通请主盟天庆宫。"宫之荒废略如始住迎祥时，先生力为经度，不数岁大敞而新之。"储祥宫未见记载。与迎祥观、天庆宫有无关涉，无从确证。存以备考。

陈道明 据圣旨碑文知为善应储祥宫住持、提点，号葆和显真弘教大师。生平事迹，未见其他记载。全真道士法名"道明"者甚多，陈道明是否全真，师从何人，均无确证。汉译碑文："彰德路有的善应储祥宫里住持的提点、葆和显真弘教大师陈道明、彰德路应有的宫观提调著行者么道圣旨与了也。"沙畹曾译为法文。包培认为：法译与蒙语原文完全不符，沙畹的译文说，圣旨是给与陈道明和那些彰德宫观的管理人，但原文分明是命陈道明管理这些宫观。见前引包培书，英文本第96页。此句白话汉译如改写为文言意译，可作"已降圣旨授予以彰德路善应储祥宫住持提点陈道明提调彰德路诸宫观"云云，是指前此颁降的护持圣旨。

税休与者 八思巴字蒙文 t'amqa bu'eogt'ugeè。与前录同日发布的重阳万寿宫蒙文圣旨相同，但汉译碑文不同，此碑作"税休与者"，未增"粮"字。原意为"印"的 t'amqa 一词虽然也可引申为纳税契本，不限商税，但用于免税的圣旨文字，一般是指商税的免征，不及其他。碑文泛称"税休与者"仍似有意含糊其词。

做呵，他不怕那甚么 汉译"做呵"，八思巴字蒙文作 'euè–le–du–·e–su，是"做"的条件副动词，意为"若做"，汉语白话"呵"字可用以表示条件或虚拟语气，或与"若是"连用，作"若是……呵"。杂剧《圯桥进履》："若是救了我的性命呵，久已后将你这救我命的恩答报。"圣旨碑文据蒙文直译"做呵"，省"若是"等字。

"他不怕那甚么。"蒙文作 'eu–lu–·u 'a–ju–qu mun，此语在蒙文圣旨中经常出现。mun 或作 mud，复数，译"他每"。此句蒙古语结构与汉语白话译文，学者多以为费解。列维斯基、包培、小泽重男等学者都曾有译释，所见或有不同。包培认为，"ülu·u 是否定词 ülu 带有疑问后缀·u。这个结构很有意思，因为疑问后缀是附加于否定词而非 ayugun"①。我国学者亦邻真认为："eu–lu（不）之后附加疑问小词·u（吗?）来表现否定疑问句，这是古蒙古语的特点，现代蒙古语中已经没有这种结构了"②，当属合理的解释。此否定疑问句实为反诘问句。汉语白话"那"用于反诘问句，时见于元人作品。杂剧《陈母教子》"正旦云：'兀那厮你见么？'三末云：'您孩子儿见甚么那？'"。《玉壶春》："你这等穷身泼命，俺女孩儿守着你做甚么那？"记录元大都汉语口语的朝鲜《老乞大》书中有"我不打火，喝风那？""这般收拾的整齐，不好那？"杨联陞在《老乞大朴通事里的语法词汇》一文里曾认为这些例句中的"那""都是难道的意思"，"这个反诘问之那，宋元白话常见。"并谓"现代口语，这种反诘问句末可以用啊或吗"③。蒙古语圣旨此句，其实是省略了宾语"犯罪"或"有罪"，以致费解。有的圣旨在"不怕那"之后增补半句，以申明其意。《通制条格》"儒人被虏"条鸡儿年圣旨，此句作"他每不怕那，无罪过那，甚么？"蔚州灵仙县飞泉观碑至元十七年圣旨："他每不怕那，不有罪过那，甚么"（《元代白话碑集录》）。"无罪过那"、"不有罪过那"都是反诘问句，意为"没有罪吗？"文言雅译的元代圣旨，此句作"国有常宪，宁不知惧"或"宁不畏罪"语意更为明白。

---

① 包培书英文本第 90 页。
② 前引文《读 1276 年龙门禹王庙八思巴字令旨碑》。
③ 载《庆祝赵元任先生六十五岁论文集》，台北，1957 年。

此碑汉译"他不怕那甚么"句中"甚么"一词，不见于八思巴字蒙文，乃是译者的加字，用以表明语气。他处圣旨此句，或译"他不怕那？""他每不怕那？"屡见不鲜。田中谦二《蒙文直译体白话考》① 以"不……那甚么"作为连用的合成词，我意不、那、甚么三者并无固定的联系，"不"是否定词，"那"是反诘问语词，"甚么"在元代白话中可有多种用法，这里只是加强反诘问语气，与元剧中的"做甚么"不同。元刊三十种本杂剧《薛仁贵》："薛仁贵，你不谢恩么？"么犹言"怎么"或口语的"怎么着？"与这里的"甚么"意近。元译圣旨中的"做呵，他不怕那"或"他不怕那甚么"，口语今译可作："若是去做呵，他不怕〔有罪〕吗？"或"要是去做呵，他不怕〔犯罪〕怎么着？"

察罕仓 此碑圣旨末署"虎儿年七月二十八日察罕仓有时分写来"。虎儿年为仁宗延祐元年甲寅无疑。"察罕仓"八思巴字蒙文作 ča-qa ꞉ an tsʻaŋ。"察罕"为蒙古语 čʻaqa ꞉ an 之省，仓是汉语"仓"的音译。周至重阳万寿宫两碑刊刻同日发布的八思巴字蒙文圣旨两道，也都是写于察罕仓。1895 年波纳帕特（R. Bonaparte）将其中一碑拓本影印刊行。1896 年德维利亚（M. G. Deveria）在注释中以察罕仓为大都至上都途中张家口以北的察罕诺尔。沙畹、包培均采此说，遂为研究者所认同。1959 年韩百诗（L. Hambis）刊行伯希和（P. Pelliot）《马可波罗注释》对此说提出异议。伯希和认为德维利亚仅据常见的"察罕"一词，并不足以确定察罕诺尔与察罕仓两者的联系。② 伯希和的质疑是很有道理的。察罕诺尔元代汉译白海，在今沽源县北。元世祖至元十七年在此建行宫，筑土为墙。殿名亨嘉殿。此地为元帝驻跸行猎之所，制度卑隘，见《元史》"世祖纪"及"拜住传"。周伯琦曾称此处为凉亭，也可泛称为行营或纳钵。周伯琦曾于元顺帝至正十二年四月随顺帝去上都，七月二十二日自上都经西路南返。二十五日晨到达察罕脑儿，八月十三日回到大都，见所著《扈从集》后序。元帝南返大都多经此路。据周伯琦纪事，自察罕脑儿至大都须经十八日之久。《元史·仁宗纪》载延祐元年"八月戊子，车驾至大都"，戊子为初七日，上距驻察罕仓之七月二十八日只有九天。这足以确证，察罕仓必然不是察罕脑儿。依西路行程推算，其地当在怀来附近。怀来为西路还都必经之地，县南二里为纳钵所在。周伯琦《扈从集》后序称："凡官署留京师者皆盛具牲酒果核于此，候迎大驾，仍张大宴，庆北还也。"《咏怀来县》诗云："銮舆岁西还，倾朝迎道旁，蟠桃百宝盘，敬上万年觞。"仁宗如是在此颁

---

① 《东洋史研究》第 19 卷第 4 号，1961 年。
② P. Pelliot, *Notes on Marco Polo*, p. 248.

旨，时间地望均极相合，但不见察罕仓名。光绪《怀来县志》收录明范锐《咏广阜仓子民堂》诗："东仓形胜枕长堤，几度登临有所思。"广阜仓又名东仓。察罕仓为蒙古语，汉语正式仓名是否即广阜仓，无从确证，存以备考。

（原载《元代道观八思巴字石刻集释》，《蒙古史研究》第五辑，内蒙古大学出版社1997年版）

善应储祥宫碑（1314年）全拓

[13] 元氏开化寺碑
（1314 年）

元代元氏开化寺碑，在今河北省元氏县城。上截八思巴字蒙文圣旨，下截汉字正书白话译文。碑阴汉字正书官员僧众题名。沈涛《常山贞石志》、樊文卿《畿辅碑目》、缪荃孙《艺风堂金石文字目》及拙编《北京大学文科研究所所藏元八思巴字碑拓序目》著录。

沈志题为"开化寺圣旨碑"，详记尺寸："碑高七尺八寸，广三尺四寸五分"，但于蒙汉文圣旨俱不录，只录碑阴官员题名，僧名不录。诸家碑目也不录碑文。拙编《元代白话碑集录》曾据张氏柳风堂旧藏拓本收入白话直译体汉字圣旨，限于体例，未刊蒙文。八思巴字蒙文碑刻，传世无多，此碑似尚未为学者所注意。

此碑圣旨称引前帝至武宗曲律皇帝，末署虎儿年四月。沈志定为仁宗延祐元年甲寅（1314 年），是。樊目误以虎儿年为延祐二年。缪目卷十五著录，定为宪宗四年甲寅，卷十六又见此碑名，下注"原签延祐元年，再考"。检视艺风堂所藏拓本，实为此碑之重出。卷十五误定为宪宗四年。

本碑碑阴之侧有书人、立石人及年月，当读为"古燕蒙古译史杨德懋书阳。槐阳杨嘉会书。光教雄辩大师提点讲主惠文，寺主普宣等立石。延祐二年九月初九日"。碑阴分三段并列题名，沈志分段录文，遂将书人、立石人及年月与官员题名相混，故称圣旨碑"无立石年月"，又谓："据此知碑阴乃嘉会所书，碑阳圣旨则德懋所书也。"案碑阴题名，向无书人署名之例，我意蒙古译史杨德懋所书乃碑阳八思巴字蒙文圣旨，杨嘉会所书为汉字译文。此碑蒙汉文圣旨书法均极工丽，于此类碑刻中不可多得。蒙古译史书人署名，更为罕见。邰阳光国寺碑1318 年八思巴字蒙文及汉语圣旨之末，有"乡土白克中译书丹并额"语，含义不甚明了，不知是否包括了八思巴字。

元氏开化寺不知始建于何年。据寺内所存元大德十年贺宗儒撰"大元真定路元氏县开化寺重修常住七间佛殿碑记"称"考诸前识，盖兴于隋唐而盛于宋金，遂甲诸寺，非他邑所及"。金贞元元年"开化寺僧文海舍利塔铭"记僧文海于宋政和三年春度礼本寺上生院怀庆为师。又记金初佛殿毁于兵火，天会间重修，并见大安三年"开化寺罗汉院重修前殿记"①。可证北宋至金，此寺僧徒传授不绝，至元代仍为元氏之大寺。

元氏县为金代旧称，属河北西路真定府。真定为河北重镇。金末为武仙所据。木华黎、史天倪攻下真定后，几经反复，始为蒙古所有，设为真定路。元初定制，元氏为真定路属县。故此碑汉译圣旨内称"属真定路的元氏县里有的开化寺"。值得重视的是，本碑八思巴字蒙文圣旨中并无"真定路"一词，而出现了"察罕巴剌哈孙"这一蒙古语专名。此名似从未见于元代汉文文献，八思巴字蒙文中也是首次出现，原文作 ča-qaʻan ba-la-qa-sun qa-ri-ja-tʼanʼuen ši hue-ne，意为"属于察罕巴剌哈孙的元氏县的……"察罕巴剌哈孙原为蒙古语。以此名称谓真定府，曾见于波斯拉施特《史集》。题为《成吉思汗的继承者》的英译本《拖雷汗纪》中曾记："汉地（khitai 契丹）的一个大城，被蒙古人称为察罕巴剌哈孙（chaghan-Balghasun）的'真定府'（Jing-Din-Fu）城的掳获物归于拖雷汗。"② 拉施特《史集》传世诸抄本，波斯文音写专名多有异同。"真定府"一名，各本也间有歧异。伯希和（P. Pelliot）曾对此有所讨论。近刊中译本《史集》第二卷所据之苏联维尔霍夫斯基俄译本，即将此有疑问的"真定府"一词略去未译。中译本译自俄文本，此词系据波义尔英文校注本补出。③ 元氏开化寺碑八思巴字蒙文圣旨中出现察罕巴剌哈孙一词，对译的汉字明白记为"真定路"，使《史集》的音译在中国文献中得到了证明。真定在元仁宗时系真定路属县，为真定路总管府所在地。汉文译为"真定路"系据当时的行政建制。波斯文中"真定府"一词，当是沿袭旧称，将"真定府"作为专用的地名，而并不明了"府"为行政建置。元代域外记载，类多如此，不足为异。

蒙古语察罕巴剌哈孙一名的确认，也还为《马可波罗游记》中的有关记述，提供了新证。剌木学（Ramusio）本《马可波罗游记》中曾记涿州附近有一大城，名为 Achbaluch。此书传世版本甚多，这一写法仅见于剌木学本，故伯希和曾对此有所怀疑。④ 育尔（H. yule）注本，以为此词乃是纯突厥语（pure Turkish）的 Aq-baliq，意为白色的城，即拉施特《史集》中蒙古语察罕巴剌哈孙一词的义译，指真定府。冯承钧中译本所根据的沙海昂（Clarigon）注本以此词为 Ak-Baligk 之误，

---

① 开化寺金元碑记并见《常山贞石志》卷十五、十七。
② J. A. Boyle, *The Successors ot Genghis khan*, p. 165.
③ 拉施特著，余大钧、周建奇译：《史集》第二卷，第 198 页。
④ P. pelliot, *Notes on Marco polo*, Vol I, pp. 8 – 9.

意为大城,"应指今之大同,必非正定"①。开化寺碑证实了育尔的考订,订正了沙海昂的误释。马可波罗在元代中国,当被视为色目人一类。游记中所记地名多来自当时色目人中通用的突厥—波斯语,阿合八里(Aq-baliq)只是其中的一例。

元氏开化寺碑对译的蒙汉文,证实了真定在蒙古语中被称为察罕巴剌哈孙。但不能反过来说,蒙古语察罕巴剌哈孙仅指真定。因为它作为通用的地名,在其他文献中也还可以用来称谓其他城市,这是不应当产生误解的。

1932年重修《元氏县志》于金石卷不著录此碑,但将此碑拓本照片夹页刊入,旁注"现立开化寺内",无考释。此拓本以数纸合拓,甚为粗糙。即如重要的"真定路"三字中,"定路"二字均未能拓出,只存"真"字。我所见此碑拓本,以现存北京大学的柳风堂旧拓最为精确,现为刊布,以供研讨。

本碑所具有的特点,足资研考者,略如上述。至于圣旨中减免寺院差发赋税之内容,与习见者略同。成吉思汗、窝阔台诸帝号有关问题,我在泾州水泉寺碑注释中已加考订,不复述。现据柳风堂拓本,将八思巴字蒙文逐字音写旁译于后,并将汉文白话原文重行录出,以供研究参考。

八思巴字蒙文碑文音写及旁译

(1) mon-ká dén-ri-yin kú-čún dur
　　长生　　天的　　　气力　　里

(2) jé-ke s[u] ja-li-jin ʼi-he·en dur
　　大　　福荫　福威　　护佑　　里

(3) qa·an J̌arliq manu
　　合罕　　圣旨　　俺的

(4) č'e-ri·u-dun no-jad da ěé-rig hara na ba-la-qa-dun da-ru-qas da
　　军　　　　　官每　　　军人每　　　城子里　　　达鲁花赤

no-ya [d] da jlor-
官人每

(5) -či-qun ja-bu-qun él-č'i-ne d·ul-qa-qué
　　行　　　　走　　　使臣　　　宣谕的

---

① 冯承钧译:《马可波罗行纪》,第105页,注三。

[13] 元氏开化寺碑（1314 年）   195

(6) J̌ar-liq
    圣旨

(7) jin-gis   qa˙a-nu
    成吉思   合罕

(8) eo-kéo-deé   qa˙a-n [u]
    月阔歹   合罕

(9) se-ěén   qa˙a-nu
    薛禅   合罕

(10) eol-jeé-tú   qa˙a-nu
     完者笃   合罕

(11) kéu-leug qa˙a-nu ba jar-liq dur do-jid   ér-ké˙ud
     曲律   合罕   圣旨 里   道人每（和尚） 也里可温每

sen-ši-nud 'a-li-ba   'al-ba qub-ě'i-ri 'eu-
先生每   不拣甚么   差发   科敛

(12) -lu-'eu-jen dén-ri-yi jal-ba-ri-ju hi-ru-'er 'eo-gun 'a-tú-qaji
     休著   天   祷告   祈福   给   在

g˙eg-deg-sen '-ju˙ué
说   有

(13) é-du-'e ber beo-'e-su u-ri-da-nu
     今   有   先前

(14) J̌ar-liq jo-su-'er 'a-li-ba 'alba qub-č'i-ri 'eulu-'eu-J̌en dén-ri-ji
     圣旨   体例   不拣甚么   差发   科敛   休著   天

jal-ba-ri-ju hi-ru-'er
祷告   祈福

(15) 'eo-gun 'a-tú-qayi k'en č'a-qɑ'an ba-la-qa-sun   qa-ri-ja-tán
     给与   有   察罕   巴剌合孙（城子）   属于

'uen ši huẹ-ne bu-k'un k'aj-hua-zhi seu-me
元   氏   县   有   开化寺   寺庙

(16) dur 'a-qun t'un tsi 'in ben tay ši giaŋ J̌eu gen gei zian
     里   住的   通   济 英 辩 大 师 讲   主   坚   吉   祥

yan hua hén mi tay ši gian jeu čuen
演   法   显   密 大   师 讲   主   诠

(17)　gei　　zian　　t'[e]-ri-̇u-t'en　　do-yid　　da　　ba-ri-ju　　ja-bu-̇aji
　　　　吉祥　　　为头　　和尚每　　　　收执　　　行的

(18)　J̌ar-liq　'eög beé　é-de-nu　seu-mes　dur　ké-yid　dur　'a-nu　él-č'in
　　　　圣旨　　给与　　这的　　寺庙　　里　　房舍　　里　　他每的　　使臣

bu　ba-̇u-t'u-qayi　u-la'a　ši-̇u-su　bu
休　　住下　　　铺马　　祗应（首思）　休

(19)　ba-ri-tú-qaji　　ts'an　　t'am-qa　　bu　　'eog-t'u-geé　　seu-me
　　　　著者　　　仓粮（地税）　印契（商税）　休　　给与　　　寺庙

de　é-le　qa-r　[ija]　t'an　qa-J̌ar　u-sun　baq　t'e-gir-med　dém　k'e-
但　属于　　　　　地土　水　　园林　　碾磨　　店舍

(20)　-bid　qa-la-̇un　u-sun　giaj-dén-k'u　ha-ran　'a-du-̇u-sun　ja-'ud
　　　　铺席　　浴堂　　　解典库　　人口　　牲畜（头匹）　甚么

ké-di　a-nu　kéd　kéd　ber　bolǰu　bu-li-ǰu　t'a-
物件　他每的　谁　谁　也　　做　　夺取

(21)　-t'a-J̌u　bu　'ab-t'u-qayi　k'u-č'u　bu　kur-ge-t'u-geé　é-de　ba-sa
　　　　征收　　休　　要　　　气力　　　发　　　　　这　　更

do-jid
和尚每

(22)　J̌ar-liq-t'an　ge-'e-J̌u　jo-su　'eu-ge-̇un　'eué-les　'eué-le-du-̇e-　su
　　　　圣旨有　　以为　　　体例　　无的　　勾当　　做呵

'eu-lu-̇u　'a-ju-qun　mud
不　　　怕　　　他每

(23)　jar-liq　ma-nu
　　　　圣旨　俺的

(24)　baras　J̌il　ju-nu　t'e-ri-un　zara　jin　har-ban　t'a-bu　na　taj-du
　　　　虎　　年　　夏　　首　　月　之　　十　　五　日　大都

da　bu-gus　durbi-č'i-beé.
时分　　　写

原碑汉文译文

长生天气力里

[13] 元氏开化寺碑（1314年） 197

大福荫护助里

皇帝圣旨。军官每根底，军人每根底，管城子的达鲁花赤官人每根底。过往的使臣每根底宣谕的

圣旨。

成吉思皇帝

月阔歹皇帝

薛禅皇帝

完者笃皇帝

曲律皇帝圣旨里，和尚、也里可温、先生每，不拣甚么差发不著，告

天祝延

圣寿者么道有来。如今依着在先

圣旨体例里，不拣甚么差发不着，告

天祝延

圣寿者么道。属真定路的元氏县里有的开化寺里住持通济英辩大师讲主坚吉祥、演法显密大师讲主诠吉祥为头儿和尚每根底，赍把行的

圣旨与了也。这的每寺院里、房舍里，使臣休安下者。铺马祗应休要者，地税商税休与者。但属寺家的水土、园林、碾磨、店、铺席、浴堂、解典库、人口、头匹，不拣甚么他每的有呵，不拣阿谁休扯拽夺要者，休使气力者。更，这和尚每，有

圣旨么道，无体例勾当做呵，不怕那甚么。

圣旨俺的。

虎儿年四月十五日，大都有时分写来。

（原载《考古》1988年第9期）

附记：本文在1987年写成。次年刊出后才得知日本杉山正明先生在日本英文杂志《人文》（*Zin Buu*）1987年22号刊有关于此碑的论文 The 'phagspa Mongo-lian Inscription of the Bayantuqaqan's Edict in yunshi Xian 元氏县 belonguig to čagqan-bal-aqascm。附记于此，请读者参阅，并向杉山先生致歉。

長生天氣力裏
大福廕護助裏
皇帝聖旨軍官每根底管城子的達魯花赤
每根底過往的使臣每根底宣諭的
聖旨俺
成吉思皇帝
月閱皇帝
薛禪皇帝
完者篤皇帝
曲律皇帝聖旨裏可憐生每不揀甚
律皇帝聖旨裏為頭也里可溫生每不揀甚
天祝延
聖壽者麼道有來如今依著在先
聖旨裏不揀甚麼差發不著告
天祝延
聖壽者麼道聖旨與了也這的每寺院裏有的開化寺裏住持
通吉祥英辨大師講主聖吉祥寅馬
頭見真定路的無氏縣裏有的開化寺裏住持
道林大師說和每根底講主聖吉祥寅馬
了也詮通吉祥英辨大師講主聖吉祥寅演法顯密大師法
聖旨與
聖旨廰應裏休柱賃房舍裏休安下者鋪馬
休根硬體裏休教每那甚麼差發商稅地稅休納者不揀
是誰也不揀甚麼他每的不是休要者使臣每有
的道無體例向當教呵不怕那甚麼麼
道兒見年四月十五日大都有時分寫來
聖旨

开化寺碑碑文拓本

〔14〕邰阳光国寺碑
（1318年）

　　孙星衍《寰宇访碑录》卷十一著录"光国寺圣旨碑。上蒙古书下正书。延祐六年八月。陕西邰阳"。缪荃孙《艺风堂金石文字目》卷十六著录，题注略同。1908年沙畹（Ed. Chavannes）将所获此碑拓本刊于《通报》（T'oung Pao），此拓本八思巴字蒙古语碑文拓印模糊。汉字碑文间有磨损，自右下方断裂处第23行以下失拓，缺汉字五行。[①] 1931年刊冯承钧《元代白话碑》、1934年刊杨虎城、邵力子《续修陕西通志稿》卷一百六十二金石志均收录此碑汉字碑文全文。1937年列维茨基（M. Lewicki）编《方体字蒙古语碑铭》据沙畹拓本转写，译为法文。[②] 1941年刊包培（N. Poppe）著《方体字》一书，未收录此碑，申明：因沙畹图版"严重残损，辨认十分困难而未能利用"[③]。1954年山畸忠参照其他八思巴字碑文识别碑拓残损文字，以八思巴字体将全文复原刊布，以拉丁字转写，日文旁译。[④] 1972年刊李盖特（L. Ligeti）编《八思巴字文献》，据沙畹拓本，参考列维茨基、山畸忠，将八思巴字蒙古语转写收录。[⑤]

　　艺风堂所藏拓本后归北京大学文科研究所。1951年我在文研所工作时，曾捡出此拓本，拍摄备考。汉字碑文已于1954年刊入《元代白话碑集录》，八思巴字碑文未刊。此拓本八思巴字也多有磨损，与沙畹拓本，可以对校互补。汉字碑文则全拓沙畹所缺五行，现将两拓本的图影一并刊出。参据前人成果，再为转写，以汉文旁译，酌为笺释数条，以供研究参考。习见的名词，另有注释者，不重出。

[①] E. D. Chavannes, "Inscription et piéces de Chancellerie chinois de l'èpoque mongole", *T'oung Pao* II. 1908. 图版15a 八思巴字碑文、15b 汉字碑文。
[②] M. Lewicki, *Les inscription mongoles inédites en écriture carrée*, pp. 23–25, Wilno. 1937.
[③] N. Poppe, Square Script（俄文）Moscow-Leningrad, 1941.
[④] 山畸忠：《1218年八思巴字蒙古语碑文解读——陕西邰阳光国寺碑》，日本《言语研究》1954年第26—27期。
[⑤] L. Ligeti, *Monuments en Écriture 'phags-pa* 9, Budapest, 1972.

一　八思巴字蒙古语转写旁译

(1)　moŋk'a　dèŋri　jin　k'u-c'un　dur
　　　长生　　天　　的　　气力　　里

(2)　je〔ke〕　su　Ǎa〔li〕〔jin〕　〔'i-he'en〕　dur
　　　大　　福荫　　福威　　　　护佑　　　里

(3)　qa‧an　Ǎarliq　〔ma〕nu
　　　皇帝（合罕）　圣旨　　俺的

(4)　c'eri‧u-dun　no-jad　da
　　　军　　　　官每　　根底

(5)　c'-rig　ha-γa-na
　　　军　　人每根底

(6)　ba-la-qa-dun　da-ru-qas　da
　　　城子的　　　达鲁花赤每　根底

(7)　no〔jad〕　da　jor-c'i-qun　ja-buqun
　　　官人每　　根底　　去往　　　行走

èn (1)　c'i-ne　du-hul-qa-què
　　　使臣　　　宣谕的

(8)　Ǎar-liq
　　　圣旨

(9)　Ǎiŋ-gis　qa‧a-nu　‧eo-k'eo-deè　qa‧a-nu
　　　成吉思　皇帝的　　窝阔台　　　皇帝的

(10)　se-c'en　qa‧a-nu　'eol-Ǎeè-t'u　qa‧a-nu
　　　　薛禅　　皇帝的　　完泽笃　　　皇帝的

(11)　keu-lug　〔qa‧a-nu〕　〔ba〕　Ǎar-liq　dur　dojid　èrk'e‧ud
　　　　曲律　　　皇帝的　　　　　圣旨　　里　和尚（道人）　也里可温

sen-shi-ŋud　'a-li-ba　'al-ba　qub-c'i-ri　'eu-lu　'eu-Ǎen
先生每　　　不拣甚么　差发　　科敛　　　休　　　承当

(12)　dèŋ-γi-ji　Ǎal-ba-γi-Ǎu　〔hi〕-γu‧er　'eo-gun　'a-tu-qaji
　　　　天　　　　祷告　　　祈福（祝寿）　　给　　　在

g'e‧ek-deg-sed　'a-Ǎu‧uè　〔e-du‧e〕　ber　〔beo‧e〕-su　u-ri-da-nu
说道了　　　　　有　　　　如今　　　　　有　　　　　在先

[14] 郃阳光国寺碑（1318年）

(13) J̌ar-li-qun　jo-su-ˑar　ʼa-li-ba　ʼal-ba　qub-cʼi-ri　ʼeu-lu　ʼeu-J̌en
　　　圣旨　　体例　　不拣甚么　差发　　科钦　　　休　　承当

(14) deŋ-ri-ji　J̌al-ba-ri-J̌u　hi-ru-ʼer　ʼeo-gun　ʼa-tʼu-qaji　geˑen
　　　天　　　祷告　　　　祈福（祝寿）　给　　　在　　　说道

huuŋ　ʼuen　lu　jin　me-de-kʼun　tuŋ　J̌iw　ro　jaŋ　huen[n]　bu-kʼun　u
奉　　元　　路　的　所管　　　同　　州　 郃　阳　　县　　有的　　五

(15) J̌uŋ　guè　tsʼiŋ　zhi　guaŋ　guè　zhi　šiw　šiŋ　zhi　kew　thiw
　　　塚　国　　清　　寺　光　　国　　寺　寿　　圣　　寺　桥　　头

zhi　jeuŋ　niŋ　zhi　taj　tsʼaj　zhi　mu　bi　zhi　kʼi-ed　[su]　mes　dur
寺　永　　宁　　寺　大　栅　　寺　木　避　寺　等　　　　　寺　　里

aqun　huu
住　　福

(16) giaŋ　J̌u　haj　gei　ziaŋ　taj　giaŋ　J̌u　J̌uŋ　giaj　ši　zim　giaj
　　　讲　　主　海　吉　祥　　达　讲　　主　冲　　戒　　师　心　戒

ši　kuuŋ　ši　tʼe-ri-ˑu-tʼen　do-jid　da　ba-ri-J̌u　ja-bu-qaji
师　琼　　师　为头　　　　和尚每　根底　执　　　行走

(17) J̌ar-liq　ʼeog-beè　è-de-nu　seu-mes　dur　ge-jid　dur　ʼanu
　　　圣旨　　给了　　这些人的　　寺院　里　房舍　　里　他每的

él-cʼin　bu　ba-ˑu-tʼu-gaji　u-la˖a　siu-[su]　bu　ba-ri-tʼu-qaji　tsʼaŋ
使臣　　休　住下　　　　　铺马　　祗应　　　休　拿　　　　　地税（全）

tʼam-qa　bu　ʼeog-
商税（印）休　给与

(18) -tʼu-geè　seu-me　de　èle　qa-ri-ja-tʼan　qa-J̌ar　usun　baq
　　　　　　　寺院　　　凡是（但）属于　　　田土　　水　　园林

tʼe-ger-med　dèm　kʼe-bid　giaj　dèn　kʼu　qa-laˑun　usun　haran
磨坊　　　　店　　铺席　　解　　典　　库　　热　　　水（浴堂）人口

ʼa-du˖u-sun　jaˑud　kʼe-
头疋　　　　甚么　　物件等

(19) -di　ʼanu　kʼed　kʼed　ber　bol-J̌u　bu-li-J̌u　tʼa-tʼa-J̌u　bu
　　　　他每的　谁　　谁　　　　成为　　夺取　　征收　　　勿

ʼab-tʼu-qaji　kʼu-cʼu　bu　kʼur-ge-tʼugeè　ede　ba-sa　do-jid
要　　　　　气力　　　勿　倚使　　　　　这　　更（再）和尚

(20) Ǧar-liq-t′an　gee-Ǧu　jo-su　′eu-ge-̇uè　′euè-les　bu　′euè-led-t′u-goè
　　　有圣旨　　说道　　体例　　无　　　勾当　　勿　　做者

′eue-le-du-̇esu　′eu-lu-̇u　′a-ju-qu　mud
如做　　　　不……么　　怕　　　他每

(21) Ǧar-liq　ma-nu　m〔o〕-rin　Ǧil　Ǧu-nu　t′e-ri-̇un　za-ra　jin
　　　圣旨　　俺的　　马　　　年　夏　　首　　　月　的

(22) qo-rin　qur-ba-na
　　　二十　　三日

(23) taj　du　da　bu-guè
　　　大　都　　　在

(24) dur　bi-c′i-beè
　　　里　写了

二　汉字碑文校录

（1）长生天气力里
（2）大福荫护助里
（3）皇帝圣旨。军官每根底、军人每根底、城子里达鲁
（4）花赤、官人每根底、往来使臣每根底，宣谕的
（5）圣旨
（6）成吉思皇帝
（7）月阔台皇帝
（8）薛禅皇帝
（9）完泽笃皇帝
（10）曲律皇〔帝〕圣旨里："和尚、也里可温、先生每，不拣甚
（11）么差发休当，告
（12）天祝寿者"道有来。如今依着在先
（13）圣旨体例里，不拣甚么差发休当，告
（14）天祝寿者么道，奉元路所管同州郃阳〔县〕有的五
（15）塚国清寺、光国寺、寿圣寺、桥头寺、永宁寺、大
（16）栅寺、木避寺等寺院里住的福讲主、海吉祥
（17）达讲主、冲戒师、心戒师、琼师为头和尚每根

(18) 底，执把行的
(19) 圣旨与了也。这的每寺院房舍里，使臣休安下者。
(20) 铺马、祗应休拿，地税商税休与者。但属寺家
(21) 的水土、园林、碾磨、店、铺席、解典库、浴堂、人口
(22) 头疋，不拣甚么他的，休夺要者，休使气力者。
(23) 〔更〕这和尚每有
(24) 圣旨么道，无体例勾当休做者。做呵，他每不怕那。
(25) 圣旨。马儿年四月二十三日，大都有时分写来。
(26) 延祐六年八月吉日住〔持僧明慧普慈大师了常立石〕路井镇赵珪刊。
(27) 乡士白克中译书丹并额。

三 碑文笺释

Haran 八思巴字碑文第 5 行军人每根底，山畸忠有注云："haran—u 语尾的母音 u 当是母音 a 之误。同类元碑作 harana. Harana 是 haran 的方位与格（dat-loc）。"① 所据碑拓八思巴字—na，因石碑剥裂，形近于 nu。细审拓本，原作 na，不误。原文 c′erig harana. 如山畸忠所说，harana 是方位与格。haran 是 hara 的复数。《元秘史》卷十见"哈剌"旁译"人"。卷二"哈阑"旁译"人每"。此字又见于本碑八思巴字第 18 行，haran 名词复数。汉字碑文译为"人口"，与"头疋"（牲畜）并列，同作为寺院属有的财产。此 haran 当指寺院役使的驱奴。

使臣 八思巴字碑文第 7 行 énc′ine，汉译使臣。山畸忠注 ènc′in 当作 èlc′in，élc′ine 为方位与格。甚是。此字又见于本碑八思巴字碑文第 17 行，正作 élc′in。此字为元碑中所常见。字根为 élc′i，复数为 élc′in。《元秘史》音译额勒赤、额勒臣。金元文献中又有乙里只、乙里职、宴臣、额里臣等异译。

科敛 八思巴字蒙古语碑文 qub—c′i—ri。山畸忠转写 qubcir—i，视 i 为语尾附加。有注称伯希和（P. Pelliot）在怀宁王海山令旨的译注中读为 qubc′iri，不读 qubc′ir—i。② 案包培（N. Poppe）曾认为 i 是词干的一部分，《华夷译语》下册敕文中出现的忽卜赤邻 qub čirin 是由带 i 词根而产生的 n 结尾的复数形式。③ 亦邻真

---

① 山畸忠：前引文。
② 见 G. Tucci, *Tibetan painted Scrolls*,（西藏画卷）Vol. II, Roma, 1949。
③ 包培（N. Poppe）前引书，注释 10d。

释此词的词干是 qubči，义为科征，原意打捞。动词词干加 rin 或 ri 构成名词。[①] 前人对"科敛"包含的具体项目曾试加探讨，难得实指，《元秘史》卷五记帖木真赈济王罕事称"王罕纳，忽卜赤里忽卜赤周斡克抽"。旁译"王罕行科敛敛着与着"。忽卜赤里用如名词，忽卜赤周用为动词。此时蒙古尚无赋税制度，这里所说只是征敛各种征敛物，并没有确定的界限。元代禁约骚扰寺观的圣旨，qubciri 多与 'alba 连用，汉译不拣甚么差发科敛。亦邻真释为"这两个单词构成一个词组，泛指一切赋役"。较为合理。因而汉译碑文中又往往省略蒙古语"科敛"，只作"不拣甚么差发"，其例甚多。此碑八思巴字蒙古语 qubc'iri，在汉字碑文中不见相对应的"科敛"一词，应当不是刻石遗漏而是译者有意省略。

同州郃阳 郃阳县名，初见《汉书·地理志》。北宋为同州属县，金初因之。金宣宗贞祐三年，升韩城为桢州，以郃阳隶属，见《金史·地理志》。元初废桢州，郃阳仍隶同州，属安西路。元仁宗皇庆元年（1312 年）改奉元路，见《元史·地理志》。今地简作合阳。

光国寺 乾隆三十四年刊席奉乾修、孙景烈纂《郃阳县全志》卷首"郃阳县境图"绘出光国寺，在县城内，县署之西。卷一"建置"之阴阳学条："僧会司，旧在光国寺左。"原注："寺建于唐初，在今县治西。国朝邑诸生李穆有记。乾隆二十八年，知县梁善长重修。"

五塜国清寺等寺 五塜国清寺未见记录。五塜似为寺所在地名。隋代佛教天台宗在浙江天台山建寺，炀帝赐名国清，遂为天台宗本山名刹。郃阳此寺，以国清为名，当属天台宗系。

寿圣寺见前引《乾隆县志》卷一"地理"："雷庄有寿圣寺，宋熙宁三年赐额也。屋三十一间，地三百余亩。碑牒尚存。五十里曰大北党村，亦有寿圣寺，不知其径始。自隋炀帝临幸镇之阿那寺，更名曰大云。宋熙宁二年赐额圣寿。金明昌四年复修之。邑进士赵廷实记。"

同书同卷又记北乡镇有桥头河，又有大栅村，似即桥头寺、大栅寺所在地。余无考。

讲主戒师 碑文圣旨凡列郃阳七寺。为头和尚六人，当分属七所寺院。其中讲主二人、戒师二人、师一人，无称号者一人。讲主为寺院尊宿，讲经授徒，主持寺院。戒师即授戒之本主。师是戒师的助手。海吉祥是僧名。列维茨基译文将

---

① 亦邻真：《读 1276 年龙门禹王庙八思巴字令旨碑》，《内蒙古大学学报》1963 年第 1 期。

此名与下文"达"连读，作 hai—ki—siang—ta，与达讲主误为一人。① 此六僧住持寺名，不能详考。但可知六人均自立门户，不相统属。讲主当是较大寺院的住持。

立石年月　圣旨碑文题"马儿年四月二十三日大都有时分写来"。引述前旨至武宗曲律，可知此马儿年为仁宗延祐五年戊午。艺风堂拓本在圣旨本文之后，有小字一行，沙睋失拓。经识为"延祐六年八月吉日"。《续修陕西通志稿》卷一六二金石志所录碑文亦有此行文字，编者按云："盖五年之旨，至六年刻诸石也。"② 前引孙星衍《寰宇访碑录》著录此碑，据立石年代题为延祐六年八月，可证沙睋失拓的文字，孙氏所见拓本亦完好无损。

了常立石　艺风堂拓本在前引文"吉日"之下可识"住"字，以下即模糊难以识辨。《续修陕西通志稿》录文作"住持□□□普慈大师了常立石"。冯承钧《元代白话碑》作"住持僧明慧普慈大师了常立石"。此碑立于郃阳光国寺，立石之了常当是光国寺的住持僧，但圣旨碑文所列七寺六住持僧人中并不同见了常其人。可能的解释是，延祐五年四月圣旨颁发之后至延祐六年八月立石之前的这段时间里，了常来光国寺住持寺院。了常具有大师称号，其地位当高于圣旨碑文之六僧。

刻石书丹　"立石"以下又有小字"路井镇赵珪刊"。艺风堂拓本依稀可辨。《通志稿》及冯书均录入。赵珪当是本县的刻石匠人。"刊"即刻石。路井镇即郃阳县露井镇，在县西南。乾隆《郃阳县全志》卷一西乡镇条："四十里曰露井，相传村井得瑞露而甘，故名。一曰路井。"

立石署名左侧碑末小字。"乡士白克中译书丹并额"。拓本可辨。《通志稿》、冯书录入。白克中其人无考，自称乡士，当是本县文士。所谓"译书丹"似是书写汉译碑文。碑额文字未见。

---

① Lowicki 前引书 p. 25.
② 《续修陕西通志稿》卷一六二金石二十八收录光国寺碑汉字碑文全文，题《蒙汉会文圣旨碑》。本卷编者署名武树善。此书金石志各卷有单刻本，题署《陕西金石志》。

郃阳光国寺碑上截拓本　采自沙畹

[14] 郃阳光国寺碑（1318年）　207

郃阳光国寺碑下截拓本　北京大学图书馆藏

[15] 濬州天宁寺碑
（1321 年）

　　河南浚县大伾山元天宁寺原有碑一通。额书"大元帝师法旨之碑"，汉字正书。上截八思巴字音写蒙语，下截汉字白话译文。碑阴刊大伾山天宁万寿禅师宗派之图，汉字正书。清嘉庆时，濬县（今浚县）知县熊象阶纂《濬县金石录》，收录汉译法旨及碑阴汉字残文，未收八思巴字"国书"。其时此碑尚存，但碑文已有磨泐，碑阴尤甚。法人沙畹（Ed.Chavannes）曾据熊录将碑阳法旨汉字碑文刊入1908 年《通报》。1930 年刊顾燮光《河朔访古新录》卷八，记此碑已断裂为三。1931 年出版冯承钧《元代白话碑》，原碑已毁，据熊录收入，误以为"藏汉文"。

　　缪荃孙艺风堂原藏有此碑的旧拓，为带额的蒙汉文全拓，无碑阴。后归北京大学文科研究所收藏。今存北大图书馆。1952 年，我曾编入《北京大学文科研究所所藏八思巴字碑拓序目》，在《国学季刊》七卷三号刊布。1954 年又据以录入《元代白话碑集录》，仅录白话汉译法旨，未刊八思巴字原文。此拓本摹拓的具体时间不详。碑刻下截自左上方至右下方有一较深的裂痕，以致汉译文字多有缺失。八思巴字碑文则较为清晰可读。近年北京图书馆金石组编印《北京图书馆藏中国历代石刻拓本汇编》出版，元代卷刊有此碑碑阳拓本的全拓，碑身下截尚未断裂，应是现存较早的旧拓。

　　现参据原北京图书馆及北大图书馆两拓本，将八思巴字碑文音写旁译，汉译碑文重加校录，酌为笺释，并对此帝师生平略加探考，以供研讨。碑文中习见的名词，已经注释者，不重注。[①]

　　大元帝师法旨之碑所刊颁布法旨之帝师，名公哥罗古罗思监藏班藏卜。此人是元代帝师中的一位重要人物，也是八思巴款氏家族复兴的关键人物。至元十七年（1280 年）八思巴病逝后，加号帝师。[②] 依据生前的定议，至元十九年，诏立

[①] 参阅拙著《元代道观八思巴字刻石集释》，载《蒙古史研究》第五辑，内蒙古大学出版社 1997 年版。
[②] 参阅拙著《元代吐蕃国师帝师玉印及白兰王金印考释》，载《文史》2002 年第 3 辑。

八思巴弟恰那多吉之子（八思巴养子）答耳麻八剌剌吉答承袭。八思巴另一弟意希迥乃之子达尼钦波桑波贝擅自来到大都，意图袭封，遭到元廷的谴责，流放江南。至元二十三年，二十岁的答耳麻八剌病死，无子。此后三任帝师都由八思巴的弟子承袭。八思巴所属款氏家族遂不再继承。元成宗赦免桑波贝，来大都，又命回萨迦主教座，生子公哥罗古罗思监藏班藏卜。元仁宗封立此子为帝师，帝师的承袭遂又归于款氏家族。以上史迹具见达仓宗巴班觉桑布著《汉藏史集》及阿旺贡噶索南著《萨迦世系史》等西藏史籍，不须备引。

《汉藏史集》下篇《萨迦世系简述》章对此帝师的生平有简要的叙述，录出如下：

> 达尼钦波桑波贝返回吐蕃后，羊卓本钦（即本钦阿迦仑）奉献给他一名女子，名叫玛久芒喀玛贡噶本，又叫昂莫。她生了喇嘛圣者公哥罗古罗思监藏班藏卜。公哥罗古罗思监藏班藏卜生于其父三十八岁的阴土猪年（己亥，1299年），他的生平事迹与上师八思巴相仿。他到了朝廷，当了硕德八剌英宗格坚皇帝的上师，被封为帝师，成为教法的大首领。他于二十九岁的阴火兔年（丁卯，1327年）二月在大都梅朵热瓦的大寺院去世。①

《元史》本纪与释老传记此人事迹，每有歧互。其他汉藏史籍记事也互有异同。杜齐（G. Tucci）《西藏画卷》曾收入此僧藏文法旨，略论其事②，野上俊静、稻叶正就《元代帝师考》③，陈庆英、仁庆札西《元朝帝师制度述略》④以及近刊张云《元代吐蕃地方行政体制研究》⑤等书都曾就此帝师生平有所论列。现结合天宁寺碑所著年月的考察，对几个有疑义的问题略加梳理如次。

（一）帝师封授　《元史·仁宗纪二》：延祐二年（1315年）二月"庚子，诏以公哥罗古罗思监藏班藏卜为帝师，赐玉印，仍诏天下"。同书《释老传》也作二年，无月日。释念常《佛祖历代通载》作延祐三年。野上《元代帝师考》从三年说。今案《元史》本纪源于《实录》及《经世大典》，诏封具载年月日，当有所

---

① 陈庆英译：《汉藏史集》，西藏人民出版社1986年版，第210页。"公哥罗古罗思监藏班藏卜"，陈译作"贡噶洛追坚赞贝桑布"。为便于讨论，仍用元译。下同。
② *Tibetan Painted Scrolls*, Rome, 1949.
③ 《元代帝师考》，原载《石滨先生古稀纪念论丛》，日本大阪，1958年。邓锐龄中译本，中国社会科学院藏族研究所编印，1965年。
④ 《元朝帝师制度述略》，载《西藏民族学院学报》1984年第1期。
⑤ 《元代吐蕃地方行政体制研究》，中国社会科学出版社1998年版。

据，较为可信。西藏沙鲁有此帝师颁给娘库瓦的法旨，延祐三年龙儿年四月八日写于大都，可为旁证。前引《汉藏史集》称他是英宗上师，当是就西归萨迦时而言。成书于元代的搽里八公哥朵儿只《红史》称他是仁宗、英宗、泰定帝三朝帝师，与《元史》本纪的记事相合。①

（二）西归受戒　《元史·英宗纪一》：至治元年（1321年）十二月甲子"命帝师公哥罗古罗思监藏班藏卜诣西番受具足戒，赐金千三百五十两、银四千五十两，币帛万疋，钞五十万贯"。《萨迦世系史》记他二十四岁即至治二年在萨迦，可与《元史》本纪互证。《元史·释老传》记："（延祐）二年，以公哥罗古罗思监藏班藏卜嗣，至治三年卒。旺出儿监藏嗣，泰定二年卒。"公哥罗古罗思监藏班藏卜卒于泰定四年（1327年），有现存泰定二年写于大都的帝师法旨可证。"至治三年卒"的记事，学者公认为错误，当是西归之误记。旺出儿监藏之名《元史》仅此一见，并无诏封帝师的记录。陈庆英等《元朝帝师制度考略》认为：公哥罗古罗思监藏班藏卜西归受戒，旺出儿监藏代摄帝师。尔后，公哥罗古罗思监藏班藏卜又返回大都复任。此说当是最为合理的解释。关于返回的年代，伯戴克（Laciano petech）《元代西藏史研究》定为泰定元年（1324年），引据藏文《热隆噶举金蔓》关于公哥罗古罗思监藏班藏卜此年返回大都途中路经春堆的记事为证，当属可信。②

（三）卒年记录　前引《汉藏史集》记公哥罗古罗思监藏班藏卜于泰定四年二月病死于大都，《红史》记载相同。学者多以为可信。《元史·泰定帝纪二》泰定四年四月，以公哥列思八冲纳思监藏班藏卜嗣为帝师，也可为证。但《元史·泰定帝纪二》泰定四年二月壬午条见："帝师参马亦思吉思卜长出亦思宅卜卒，命塔失铁木儿、纽泽监修佛事。"此名为前此所未见，因而曾被认为是另一帝师。伯戴克教授认为此人只能是公哥罗古罗思监藏，但名字错讹。陈庆英等先生指出，此名系公哥罗古罗思监藏班藏卜之藏语法号，意译为"本尊好相克敌法王"。后又经张云先生订正，译为"智量炽盛觉王"。两者即是一人，遂无疑义。

一个疑难的问题是，《元史·泰定帝纪二》泰定三年冬十月壬午条又见："帝师以疾还撒思加之地，赐金银钞币万计。敕中书省遣官从行，备供亿。"伯戴克教授解释为"事实上未能成行"，次年死于大都。此说虽亦可通，不免稍涉牵强。另一种可能是，以疾还的帝师乃是前此代摄帝师的旺出儿监藏。是年病卒。《元史·

---

① 陈庆英、周润年译：《红史》，西藏人民出版社1988年版。
② 伯戴克著，张云译：《元代西藏史研究》第4章，注56，云南人民出版社2002年版。

释老传》所记"泰定二年卒"乃三年之误。此解虽无直接证据，但于文献有关纪事，似可求得通解。姑备一说，以待他证。

综上各点可知，作为萨迦款氏家族后裔的公哥罗古罗思监藏班藏卜生于元成宗大德三年（1299年）。元仁宗延祐二年（1315年）受封为元朝帝师，恢复了款氏家族的承袭。英宗至治元年（1321年）十二月末奉命西归。次年，在萨迦受具足戒。泰定元年（1324年）返回大都。泰定四年二月在大都逝世。濬县天宁寺碑帝师法旨署鸡儿年即至治元年（辛酉）十月十五日写于大都。适在是年十二月甲子（二十五日）帝师奉命西归前两月有余。

西藏现存此帝师的藏文法旨五件，广州南华寺也存藏文法旨一件。以八思巴字写蒙语的法旨，仅见天宁寺一件。刊刻立石也仅见此碑。

碑额　汉字正书
大元帝师法旨之碑

上截　蒙古书　左至右行
八思巴字转写及旁译

(1)　qa　anu　Jar-liq　jin
　　　哈罕　　　圣　旨　里

(2)　di　shi　gun　ge　lo　gos　gial　tsan　ban　tsan　bu　hua
　　帝　师　公　哥　罗　古（罗）思　监　藏　班　藏　卜　法

　　Ǐi　manu
　　旨　俺的

案帝师名汉译"古罗思"一字，藏语原为 gros，复辅音。八思巴字省作 gos。

(3)　c'e-ri-u-dun　no-
　　　军人的　　　官

(4)　-jad　da　c'e-rig　ha-ra-
　　　人每　根底　军　　人每

(5)　-na　ba-la-qa-dun　da-ru-
　　　根底　城子里　　　达鲁

(6)　qas　da　[no-jad]　da　jor-c'i-qun　ja-bu-qun
　　花赤每　根底　[官人每]　根底　去住　　　行走

èl-cʻi-ne　　　　do-jid-
使臣每根底　道人（和尚）每

案八思巴字 no-jad 两字，两拓本均残，据下截汉译法旨及其他八思巴字碑文拟补。

(7)　　-da　［ir-ge-］ne　duʻul-qa-què
　　　　根底　百姓每根底　　教谕的

案八思巴字 ir-ge 两拓俱缺，据下截汉译及他碑拟补。以下补字均同此例。

(8)　　hụa　　Ǐi
　　　　法　　旨

(9)　　Jar-li-qun　jo-［su-ar］　do-jid　　èr-ke-ud
　　　　圣　旨　的　体例（依）　道人每　也里可温每

sen-šhi［ŋ］-udʼali-
先生每

(10)　　-ba　alba　qub-cʻi-ri　ʻeu-lu　ʻeu-Jen
　　　　不拣　差发　科敛　　　休　　着（承担）

(11)　　［dèŋ-ri］ji　Jal-ba-ri-Ju　［hi］-ru-e-r　［ʼeo-gun］
　　　　［天］　　　祷告　　　　祝福　　　　给

a-tʻu-［qaji］
　在

(12)　geʻen　taj　miŋ　lu　［sèun］　Jiw　da　bu-kʻun　taj　buè　šan
　　　说道　大　　名　　路　［濬］　州　　所有　大　　伓　　山

(13)　tʻèn　niŋ　zhi　seu-me　dur　［ʼa］-qu　giaŋ　Jeu　laŋ
　　　天　　宁　　寺　庙（寺院）里　　在　　　讲　　主　　朗

gei　zia
吉　祥

(14)　　-ŋ　ba-ri-Ju　ja-buʼaji
　　　　　　收执　　　行

(15)　hụa　Ǐi　ʼeob［eè］　è-de-nu　［seu］-mes　dur　ge-jid　dur
　　　法　旨　给了　　　这些人的　寺　院　　　里　　房舍　里

ʼanu
他每的

案 seu-mes（寺院）一词，原缺一八思巴字 Seu 字。检两拓本，此处均无残损，当是上石时漏刻。今为补足。

[15] 濬州天宁寺碑（1321 年） 213

(16)　èl-c'in　bu　'u-t'u-gaji　u-la'a　　　ši-u-su　　bu
　　　使臣　勿　停住者　　铺马（兀剌）　祗应（首思）　勿

ba-ri-t'u-
拿　要

(17)　-qaji　ts'aŋ　　　t'am-qa　bu　'eog-t'u-geè　seu-me
　　　地税（仓）商税（印）　勿　　给予　　　寺院

de è-le　qa-ri
凡　属

(18)　-ja-t'an　qa-Jar　u-sunbaq　t'e-gir-med　dèm　k'e-bi-　[d]
　　　　田　　　土　　水园　　　碾磨　　　店　　铺

[g] iaj-
解

(19)　-dèn-k'u　qa-la-un　u-sun　haran　'a-du-　[u] -sun
　　　典库　　　热　　水（汤）　人口　　　牲　畜

ja-ud
甚么

(20)　k'e-di　'a-nu　k'ed　k'ed　ber　bol-Ju　ta-ta-
　　　物每　　他每的　谁　　谁　　　为　　征用

(21)　-Ju　bu　'ab-t'u-qaj　k'u-c'u　b [u]　k'ur-ge-t'u-g [eè]
　　　　勿　要者　　　　力气　　勿　　　使

è-jin
这般

(22)　k'e'e　ù-l [u] -ed　bu-run　bu-ši　bol-qa-qun　ha-ran
　　　说道　　不做　　　有　　别（违）　做呵　　　人们

'eu-lu
不…么

(23)　-u'a-ju-qun　ène　ba-sa
　　　　怕　　　这的　又（更）

(24)　hua　Ǐi　t'u　k'e'e -Ju　jo-su　'eu-ge-un　uè-les　bu
　　　法　旨　有　说着　　　体例　无的　　　勾当　　休

u-'eu-
做

(25)　-led-t'u-geè　'euè-le-du-e-su　mun　basa　'eu-lu-u
　　　　者　　　　做呵　　　　　他　　更　　不…么

'a-ju-qun
怕

(26) hụa Ǐi ma-nu ta-kʻi-ja Ǐi [1] eu-bu- [lun]
     法   旨   俺的   鸡   年   冬

[te-ri-] un za-ra-jin
第一   月的

(27) har-ban tʻa-bu-na
     十   五 日

(28) tai du da bu-guè-
     大   都   时分

(29) -dur bi-cʻi-beè
     写来

下截　汉字法旨　右至左行
参据两拓本及《濬县金石录》校录

（1）皇帝圣旨里

（2）帝师公哥罗古罗思监藏班藏卜法旨

（3）军官每根底、军人每根底、城子里达鲁花赤、官人每根底、往来的使臣每根底、和尚每根底、百姓每根底教谕的

（4）法旨。依

（5）圣旨体例：和尚、也里可温、先生每不拣甚么

（6）差发休着者，告

（7）天祝

（8）寿者么道。大名路濬州大伾山天宁寺里住

（9）持的讲主朗吉祥根底，执把行的

（10）法旨与了也。这的每寺院里、房舍里、使臣

（11）休安下者。铺马、祗应休着者。税粮休与

（12）者。但属寺家的水土、园林、碾磨、解典库、

（13）店、铺席、浴堂、人口、头疋，不拣甚么他的

（14）寺院里，休夺要者，休倚气力者。这般

（15）教谕呵，别了的人，他更不怕那甚么。

（16）这的每道有

(17) 法旨，无体例勾当休做者。做呵，他每不怕
(18) 那甚么。
(19) 法旨。
(20) 鸡儿年十月十五日，大都有时分写来。
(21) 泰定三年十月吉日，当代住持普朗等立石。

碑文笺释

帝师法旨 此碑八思巴字写蒙语。首句"皇帝圣旨里，帝师公哥罗古罗思监藏班藏卜法旨"，帝师一词作 dišhi，系汉语音译，帝师为汉语专名，例依原文。公哥罗古罗思监藏班藏卜一名，藏语原作 kun dgav blc gros rgyal mtsha dpal bzang po. 八思巴字写作 guŋ ge lo gos gial tsaŋ ban tsaŋ bu，系据音写蒙语的字母译写。汉译碑文中的译名乃是元代官方文书中通用专名。

藏语中帝师之旨称 gtam。此碑八思巴字作 hua ǰi，系据汉语"法旨"音写。汉译碑文还原为"法旨"。此字之后，八思巴字还有蒙古语 mauu 一词，元人汉译通作"俺的"。此碑汉译省略。

河南郑州元荥阳洞林寺，河北灵寿元寿宁寺下院祁林院，均有大德五年（1301 年）吐蕃帝师吃喇思巴斡节儿法旨碑，汉译碑文均作"法旨"。山东长清灵岩寺有藏汉文大元国师法旨碑，汉译也作"法旨"。具见《元代白话碑集录》。"法旨"一词并非吐蕃帝师专用的译名，也非释家语，而是汉人习用的对佛道各宗教领袖指令的泛称。内地禅师也称法旨。如《野猿听禅》杂剧："外扮山神云：祖师有唤，不知有何法旨？禅师云：山神听吾法旨者。"《濬县金石录》收录金大定十五年（1175 年）《四仙碑》："吾昔奉长真师叔法旨，令此词刻之于石而传不朽。""长真"即全真道七真之一的谭处瑞，碑称法旨。山西平遥太平崇圣宫碑蒙古宪宗二年（1252 年）给文称"清和大宗师法旨"云云。[①] 清和大宗师即丘处机弟子尹志平，继掌全真教事。《古楼观集》有贾铖撰大元清和大宗师尹真人道行碑。元代神仙道化杂剧也称天帝的指令为法旨。如马致远《黄粱梦》杂剧："正末云：今奉帝君法旨，教贫道下方度脱吕岩。"

教谕的 八思巴字写蒙语作 du·ul-qaquè。包培（N. Poppe）在《八思巴字蒙古语碑铭》的"注释 3"将陕西韩城龙门禹王庙令旨碑中的此字译为"颁给

---

① 见《元代白话碑集录》（17），科学出版社 1955 年版。

(给……发生的)"。词汇表中又释为"对……讲话"。"注释"释此词是"由du'ul构成的祈使动词",并对沙畹、符拉基米尔佐夫等人的译释有所评论。① 案此词屡见于八思巴字圣旨、懿旨碑,与法旨同。汉语译文依汉制自作区别,因帝后称"宣",圣旨、懿旨称"宣谕",法旨遂称省谕、晓谕或教谕。此碑译为教谕,与荥阳洞林寺碑同例。

濬州大伾山 元濬州治今河南浚县。隋以前为黎阳县,唐设黎州,宋政和间设濬州。后为金有。元代濬州属大名路。明属大名府。清雍正间设为濬县,改属河南卫辉府。《隋书·地理志中》汲郡黎阳,"有大伾山"。《濬县金石录》收宋乾德五年(967年)《西阳明洞记》刻石,行书"大伾山侧,有龙窟焉"。摩崖存元至元甲午(1294年)题"大伾伟观"四大字。另有元人游山题名多处,均作大伾。《永乐大典》台字"杏花台"引元《一统志》也作大伾山。② 此碑汉译法旨作"大岯山",当是书人有意摹古,并非元代的通称。此山又称黎阳山,元明两代为游览胜地。明人王守仁、李攀龙等俱有诗赋,见熊象阶纂《濬县志》卷九"山水"。

天宁寺 熊编《濬县志》卷一三"寺观考"首列天宁寺,称:"天宁寺,在大伾山东崖。元马去非记,见《金石》。"检《濬县金石录》,马去非并非元人。所撰黎阳大伾山寺准敕不停废记,成于五代后周显德五年(958年)。显德六年七月立石。上刻敕书,下为记文。周世宗反佛废寺,此寺因属"年深寺院"得以不废。敕书称"黎阳县大伾山寺"等三所寺院"宜并令依旧住持者"。马去非撰记称"寺内有错落碑铭,载相续日月。俨三十二相,亦四五百年"。又称"询诸耆老,唯曰大伾,盖前古之寺名"。记文不见建寺年代,敕文记文均称大伾山寺,无天宁寺名。《濬县金石录》所收宋金刻石也不见此寺名。此名最早见于前引摩崖"大伾伟观"题字,下署"佚庵后人刘焘试笔于天宁寺之石壁",时为元世祖至元三十一年甲午(1294年)。刘焘,名臣刘肃之子,大名路总管。见《元史·刘肃传》。

朗吉祥 汉字法旨称天宁寺住持为"讲主朗吉祥"。八思巴字蒙语法旨中此五字据汉语逐字音译。《濬县金石录》收有至顺二年辛未(1331年)天宁禅寺创建拜殿碑,秦川赵存义撰记。内称"本寺当代住持妙悟广慧大师秋岩讲主朗公,年齿精力未衰时节,因缘偕至(中略)如此者凡十有余年"。可知此僧法号妙悟广慧大师,又号秋岩。至顺二年上距法旨颁发的至治元年(1321年)适为十年,可见此僧前此数年已住持此寺。寺称天宁禅寺,法旨碑阴刊禅师宗派之图,可知此僧

---

① 包培著,郝苏民译:《八思巴字蒙古语碑铭》,内蒙古文化出版社1986年版,第190—192页。
② 见赵万里校辑《元一统志》,中华书局1965年版,第74页。

此寺与藏传佛教无关。帝师颁旨保护，当是由于帝师统领中原释教的缘故。

普朗立石 天宁寺碑左下侧有汉字小字一行："泰定三年正月吉日当代住持普朗等立石"。此碑法旨颁于至治元年十月帝师西归两月之前。前文述及，帝师回京当在泰定元年（1324年）夏季，则立石适在帝师返回大都之后。法旨称住持僧为朗吉祥，前引创建拜殿碑称朗公。天宁寺碑立石则自署普朗。《濬县金石录》录载此碑碑阴禅师宗派之图残文，中间一层为普聪等僧名二十二人，下一层马洪演等僧名六十七人，再下一层仍为洪□等僧名。录称"不尽识"。创建拜殿碑立石人也称"本寺尊宿普润"。可知此寺禅师宗派"普"字实为一代之共名。天宁寺碑立石人自署"当代主持普朗"与法旨中之朗吉祥必是一人无疑。普朗当是僧名的全称。《濬县金石录》收录此"大元帝师法旨之碑"，立石之"普朗"缺"普"字，以□表示原缺。沙畹及冯承钧书照录，均缺。检现存两拓本，末行汉字均未磨泐，"普"字清晰可辨。熊录独缺此字，不知何故。

（原载《中华文史论丛》2006年第1辑）

天宁寺碑拓本　北京大学图书馆藏

大元帝師法旨之碑

天宁寺碑拓本　北京图书馆藏

[16] 邹县仙人万寿宫碑
（1335 年）

　　山东邹县峄山元代道观仙人万寿宫，存蒙汉文圣旨碑一通，上载八思巴字书写蒙古语，下载汉字白话直译，曾见于吴式芬《攈古录》卷十九及《艺风堂续编金石文字目》著录。缪氏艺风堂及张氏柳风堂所藏拓本，后归北京大学文科研究所。1952 年，我在《北京大学文科研究所所藏元八思巴字碑拓序目》中曾将此碑拓收入八思巴字写蒙语的甲类碑目。[①] 汉译圣旨 1955 年刊于拙编《元代白话碑集录》。蒙文部分未得刊布译释。1988 年，日本杉山正明先生在英文版东洋文库研究报告（The Memoirs of the Toyo Bunko, 46）中，将日本京都大学文科研究所所藏此碑拓本影印刊布，对碑文八思巴字部分转写并以英语译出，做了很细密的工作。[②] 此碑历经年所，磨损已甚，京都所藏拓本系近人新拓，汉文部分下部全已剥蚀，八思巴字部分也磨泐过甚，多有缺漏。杉山先生细加审辨，对磨损之字，做了若干拟补。北京大学所藏原属柳风堂的拓本系清人旧拓，汉字部分的下部虽有磨泐，仍可辨识，八思巴字部分则大体清晰完整，京都拓本缺损之字多可在此窥见原貌，实为现存此碑最为精良的旧拓。现将此拓本影印刊布，对有关问题略加考释。八思巴字蒙古语部分，依此旧拓，逐行转写，以汉语旁译。碑文汉语直译圣旨，也据此重加校录。原刊《集录》中漏误之字，一并订正。

　　此宫今名仙人万寿宫，或简称万寿宫，为全真道观。全真道观长春真人丘处机弟子李志常，曾被蒙古尊称为"仙孔八合识"，即仙人师父。但此宫之命名与此无关，而是由于峄山有仙人洞府而得名。宫中原有元英宗至治二年（1322 年）"仙人万寿宫重建记"，又有同年立石的"明德真人道行之碑"、"崇德真人之记"，分别记载本宫道士史志道、李志椿事迹。三碑拓本艺风堂均有收藏。近出陈垣

[①] 《北京大学文科研究所所藏元八思巴字碑拓序目》，北京大学《国学季刊》第七卷第三期，1952 年 12 月。
[②] Masa'aki Sugiyama, "The 'Phags-pa Mongolian Inscription of Toɣon-temür Qaɣan's Edict", *The Memoirs of the Toyo Bunko*, 46, 1988.

《道家金石录》已由陈智超先生据拓本补入。[①] 据三碑记事可知，金季峄山蒋庄原有道观名通玄观，全真祖师王重阳传人刘处玄之弟子王贵主领。金哀宗时，平阳人史志道来山中，执弟子礼。王贵死后，宫观毁于金元之际的兵灾。元世祖建国以后，史志道与四方学者重新构建。"明德真人道行之碑"记："相与经营垦辟，补斫缔构，日改月化，新闿殿、创云室、辟田畴，萃冠褐，靓然为一真游之馆。玄门掌教大宗师加赐额曰仙人万寿宫，自是聚徒常盈千指。公谦抑不居，谈泊自然……以至元二十九年（1292年）十二月十三日无疾而化，春秋八十有六。"玄门掌教大宗师即全真掌教张志仙，赐额仙人万寿宫之具体年月不详，当在至元后期，新宫建立后才正式确定了仙人万寿宫这一名称。史志道"谦抑不居"，由其弟子李志椿主领宫事。志道死后，李志椿才正式任为本宫提点住持。李志椿死于成宗元贞二年丙申（1296年），蒙古脱脱大王赐给"明真和阳崇德真人"称号。传嗣杨道远、李道实。英宗至治二年（1322年）李道实住持宫事，宫观又加扩建。康熙《邹县志》收录明于慎行"峄山碑记"，内称"又三里至仙人洞，洞以一石为宫，广二十丈，状如覆釜，可坐千人，有堂有室"。同书庙祠志见"仙人宫，在峄山一鉴亭东，有记"。当即明代碑记。此仙人宫非元代之仙人万寿宫。山川志及庙祠志两见"万寿宫"在峄山东，有元人碑记，实为元仙人万寿宫之省称。庙祠志称"元至正二年重建"，"至正"乃"至治"之误。

仙人万寿宫碑系元顺帝元统三年（1335年）保护宫观的圣旨。杉山先生所据京都拓本，此宫住持李道实等三人授予徽号职名，汉字全已剥落，八思巴字也多有磨泐。杉山先生拟为"洞诚真静通玄大师充崇真大德灵□真人〔Yun?〕下本宗都提点李道实、明道贵德洞微大师吴志全、洞微致虚大师吴道泉俱充提点"。柳风堂所藏旧拓，汉字间有剥损，八思巴字则清晰可读，可据以订补者有以下几点。

"灵□真人"，灵下之汉字剥落，相对之八思巴字清楚地作 in，是汉字"隐"的音译。崇真大德灵隐真人系王贵的徽号，曾见于前引"仙人万寿宫重建记"，又见"明德真人道行之碑"，可证。真人下一字，杉山假设〔Yun?〕。旧拓八思巴字作 mun，是汉字"门"的音译。汉字碑文中，门字也隐约可见。王贵为通玄观主，也即此宫的第一代住持，师弟相传，李道实系出其门，故称"门下"，继述其业。《道家金石录》收录艺风堂藏拓邹县"增修集仙宫记"题名见"邹县峄山仙人万寿宫住持洞诚真静通玄大师仍赐金襕紫服充崇真大德灵隐真人门下本宗都提点李道实"，可为确证。又"洞诚真静"之静字，旧拓八思巴字作 tsʻiŋ，汉字磨泐，

[①] 陈垣编纂，陈智超、曾庆瑛校补：《道家金石略》，文物出版社1988年版，第762—766页。

仍可见水旁作"净"。

"明道贵德洞微大师吴志全",《集录》汉字碑文原作"明道□□洞微大师吴志全",中间两字因模糊难辨而暂缺。今检旧拓,八思巴字作 guè dhij 颇为清晰,贵德两字也因而约略可识。杉山先生参据"重修长生观记"补出贵德二字,是完全正确的。长生观在邹县绎山炉丹峪,为仙人万寿宫属观。"仙人万寿宫重建记"称李道实等"于邹城、于炉丹峪、匡家庄、狼涞村,皆赡宫恒产之所",修创殿堂。"重修长生观记"刊于至正四年,碑记及立石人题名,两见吴志全徽号。记文说他是李道实"门人",立石题名称"住持仙人万寿宫本宗都提点"①。往年在曲阜孔庙见尼山大成殿增塑四配享之碑碑阴赞助官员人众题名,有"制授明道贵德洞微大师住持仙人万寿宫提点吴志全"。

杉山释"洞微致虚大师吴道泉","洞微"二字八思巴字原作 t'uŋ wi。与吴志全之徽号洞微 tuŋ wi 音写不同。八思巴字音译汉语,称号之 t'uŋ wi 当是"通微"。碑拓汉字此二字磨损,《集录》遗落。今细捡旧拓,"微"字全蚀。"通"字轮廓,犹依稀可见。此吴道泉徽号当是"通微致虚大师",而非"洞微"。

杉山释三人"俱充提点"。案李道实既为本宗都提点,不应再称"俱充提点"。京都拓本汉字碑文四字均已剥蚀。八思巴字仅存"俱充"二字之音译。杉山拟补"ti–dem",释"提点"。柳风堂所藏旧拓汉字碑文存"俱充提"三字,下一字磨泐,故《集录》作"俱充提□"。下拓八思巴字四字均存,作 geu čuŋ ti k'eü。末一字 k'eu 读如 k'ü,当是"举"字之对音。《蒙古字韵》举字属鱼韵见纽。汉字碑拓尚可见举字残笔。提举为管领道观的职名。此前至治二年(1322 年)"明德真人道行之碑"立石人见"前本宫提举刘志微"。此后之至正四年(1344 年)"重修长生观记"立石人有"提举张道亨"。此碑元统三年(1335 年)圣旨颁布时,本宫提举以都提点李道实等三人充任,故称"俱充提举"。

此碑圣旨为保护宫观减免差发,与习见之此类圣旨大致相同。值得注意的有以下几点。

一、此碑称引前帝圣旨,自成吉思至亦怜真班。亦怜真班为元宁宗蒙古语名,《元史·宁宗纪》,作懿璘质班。蒙古语圣旨于元太祖均称生前的蒙古语尊号成吉思。元太宗生前尊号"合罕"为世祖以后诸帝所通用,故此后不称尊号而直称其名月阔台。世祖以后,依仿汉人谥号制度,历代诸帝有汉语庙号、谥号,又有蒙语谥号。蒙语圣旨中自世祖薛禅至文宗札牙笃均称蒙语谥号,碑刻中汉译圣旨则

---

① 《道家金石略》,第 1206 页。

据以音译，不改称汉语庙号。因而前代皇帝的称谓形成为生前尊号、蒙古语名与死后的蒙语谥号三者并用的格局。元宁宗为明宗次子，顺帝异母弟。至顺三年（1332年）十月由燕铁木儿等拥立，年仅六岁。次年二月病死，无年号。顺帝即位后，诛除燕铁木儿之子唐其势等，迟至至元四年（1338年），才为亦怜真班加上汉语庙号"宁宗"和汉语谥号"冲圣嗣孝"，但没有蒙语谥号。顺帝一朝，也再没有加给蒙语谥号。此碑圣旨颁于元统三年（1335年），当时亦怜真班既无汉语庙号、谥号，也无蒙语谥号，碑中圣旨遂直称其名，形成与月阔台称谓同例。

二、元朝历代皇帝颁发的此类保护寺观的圣旨，佛、道、基督教与伊斯兰教的教士免除差发，已成惯例。汉译称道人（和尚）、先生、也里可温、答失蛮，为元代直译的白话圣旨碑所习见。此碑称引前帝圣旨蒙汉文都略去答失蛮，显然与前旨的实际不符。这是否由于蒙古翰林院拟旨者的省略，还是刻石道士有意删除，无从深考。这种现象也往往见于其他寺观的圣旨刻石。①

三、元朝历代皇帝减免寺观差发赋税，原不包括地税与商税。蒙文圣旨中地税称"仓粮"，借用汉语仓字。商税称"探合"，源于畏兀语，原意为税契。此二字之后多用 buši，词义为除外。《元典章》收录圣旨汉译"除地税商税外，不拣甚么差发休与者"，是准确的译法。② 但寺观刻石的圣旨往往保留蒙文原文，而汉译则作"地税商税休与者"，显是译者有意误译，以使寺观冒称圣旨，规避赋税。③ 仙人万寿宫碑蒙文圣旨中不见"除地税商税外"字句，汉译圣旨中也没有"地税商税休与者"，回避了有关地税商税的规定，只是笼统地称"不拣甚么差发休当者"。这种书法曾见于《元典章》所录元初的圣旨。道士们仍可以据以逃避地税与商税。

四、此碑圣旨纪年署"元统三年猪儿年"，为前此所未见。我在前引1952年编八思巴字碑拓序目中已指出此点，略谓：此碑汉文圣旨之末，题元统三年猪儿年七月，八思巴字所写蒙语为 'γen t'uŋ qu‑t'u‑ar hon qa‑qajiǰil na‑mu‑run t'e‑ri‑˙un za‑ra。④ 此言元统第三年猪儿年秋季第一月。此种年号岁次与辰属并用之纪年方法，为元代蒙语碑中所不多见。又成都圣旨碑末曾署有"至正"年号，惜下部残缺，其纪年不能详知。韩儒林先生尝疑其不用十二属，殆亦用数字纪

---

① 参见《元代白话碑集录》。
② 《元典章》礼部六，"为法篆先生事"。
③ 参见泾州水泉寺碑注释。
④ 原文标音系统据龙果夫（A. Dragunov）今为改写，以求与本文一致。

年。① 今以此碑纪年之例准之，成都碑当是数序与辰属并用。

　　元代前期蒙文圣旨碑均以生肖纪年，生肖之外又以蒙古语音译汉语年号纪年，目前所见，当以此碑为最早。八思巴字文献中，近年发现西藏保存的至治三年及泰定元年蒙文圣旨已有此书例。年号与生肖并用②。此碑所记元统三年即至元元年，是年十一月诏改年号为至元。圣旨书于七月十四日，故仍称元统。《元史·顺帝纪》是年五月戊子条见"车驾时巡上都"，九月载"车驾还自上都"。七月间，伯颜在大都杀皇后伯牙吾氏，八月尊皇太后为太皇太后。大都宫廷之变，实为皇太后与伯颜之举措，顺帝时在上都。仙人万寿宫圣旨于七月十四日在上都颁发，可以与史互证。

　　京都拓本磨泐之八思巴字，此碑拓可以补识者具见拓影及以下之转写，不再一一说明，读者鉴之。

八思巴字转写及旁译

(1)　moŋ – k'a　dén – ri – jin　k'u – č'un – dur
　　　长　生　　天　的　　　气　力　里

(2)　jé – ke su　ǰa – li – jin　'i – h'en – dur
　　　大　福荫　　福　威　　保　佑　里

(3)　　　　qa·an　ǰar – liq　ma – nu
　　　合罕（皇帝）　圣　旨　　俺的

(4)　č'e – ri – 'u – dun　no – jad – da　č'e – rig　ha – ra – na　ba – la –
　　　　军　　　　官 每根底　　军　　　人 每根底

(5)　– qa – dun　da – ru – qas – da　no – jad – da　jor – č'i –
　　　城子的　　达鲁花赤每根底　官人每根底　　行

(6)　– qun　ja – bu – qun　él – č'i – ne　d'ul – qa – qué
　　　　走的每　　使臣每根底　　宣谕的

(7)　ǰar – liq
　　　圣旨

(8)　ǰiŋ – gis qa – nu
　　　成吉思罕的

---

①　韩儒林：《成都蒙文圣旨碑考释》，协和华西大学《中国文化研究所集刊》第二卷合刊，1941年9月。
②　见《西藏历史档案荟粹》，文物出版社1995年版。

[16] 邹县仙人万寿宫碑（1335 年）

(9) 'eo – k'eo – deè qa•a – nu
月阔台   合罕的

(10) se – č'én qa•a – nu
薛禅   合罕的

(11) 'eol – ǰeé – t'u qa•a – nu
完泽笃   合罕的

(12) k'eu – leug qa•a – nu
曲律   合罕的

(13) bu – jan – t'u qa•a – nu
普颜笃   合罕的

(14) ge – g•en qa•a – nu
洁坚   合罕的

(15) qu – t'uq – t'u qa•a – nu
护都笃   合罕的

(16) ǰa – ja•a – t'u qa•a – nu
札牙笃   合罕的

(17) [r]in – č'én – dpal qa•a – nu ba ǰar – li –•ud dur
亦怜真班   合罕的   及   圣旨每   里

do – jid   ér – k'e –•ud   sen – shiŋ – ud   'a – li – ba   'al – ba
道人（和尚）每   也里可温每   先生每   不拣甚么   差发

qub – č'i – ri   'eu – lu   'eu – ǰen
科 敛   休当

(18) dèŋ – ri j [i] ǰal – ba – ri – ǰu hi – ru –•er 'eo – gun 'a – t'u – qaji
天   祷告   祈福给   与   在（有）

ke•eg – deg – sed 'a – ǰu –•ué é – du –•e ber beo –•e – su u – ri – da – nu
述 说（么道）   有   今   有   先前

(19) ǰar – li –•u – dun   jo – su –•ar   'a – li – ba   qub – č'i – ri
圣旨的   体 例   不拣甚么   科 敛

'eu – lu 'eu –ǰen
休当

(20) dèŋ – ri – [j]i [ǰa]l – ba – ri – ǰu
天   祷 告

(21) bi - da - na   h〔i - ru〕 -ˀer   ˀeo - gun   ˀa - t‘u - qaji   k‘e·en
     俺 每   祈 福   给 与   在（有）   说

ji duŋ   thiŋ J̌iw J̌hiw huen   ji   šan   sen   žin wan   šiw geuŋ   dur   čeu či
益 都 路 滕   州 邹 县   绎   山   仙   人 万   寿   宫   里   住 持

tuŋ šiŋ   ǰin - dzʻiŋ   t‘uŋ huen   taj ši   č‘uŋ   čuŋ ǰin
洞 诚   真   净   通   玄   大 师   充   崇 真

(22) taj〔dhi〕 j liŋ   in   ǰin žin   mun hi̯a   bun tsuŋ   du ti dèm   li
     大 德   灵 隐   真 人   门   下   本   宗   都 提 点   李

taw ši   miŋ taw   guè dhij   tuŋ wi   taj ši   u   ǰi dzu̯en   t‘uŋ wi   ǰi   heu taj
道 实   明 道   贵 德   洞 微   大 师 吴 志 全   通 微   致 虚 大

ši u   taw dzu̯en   geu č‘uŋ
师 吴 道   泉   俱 充

(23) ti geu   t‘e - ri -ˀu - len   sen - šhi - ŋud - de   u - ri - du
     提 举   为 头 儿   先 生   每   根 底   先 前

jo - su -ˀar   ba - ri - ǰu   ja - bu -ˀaji
体   例   收   执   行   的

(24) ǰar - liq   ˀeog -〔b〕 eè   〔é〕 - de - nu geun (ŋ)   gon - dur
     圣   旨   给 与   这   的 每 宫   观   里

ge - jid - dur   ˀa - nu   èl - č‘in bu   ba -ˀu - t‘u - qaji   u - laˀa   ši -ˀu - sun
房 舍   里   他 每 的 使 臣 每 勿   住   下   者   铺   马   祇 应（首思）

bu   b - ri - t‘u - qaji   è - de - nu   geuŋ gon   dur è - le   qa - ri - ja - t‘an
勿   拿   要 者   这 的 每   宫   观   里   属   于

ǰhaŋ tèn
庄   田

(25) qa - ǰar   u - sun baq   t‘e - gir - med   g〔e〕j - dèn - k‘u   dèm
     地 土   水   园   磨   每   解   典   库   店 舍

k‘e - bid   qa - la -ˀun   u - suu   šir - ge   keo - neor - ge - de - č‘e   ˀa - li - ba
铺   席   浴   堂   醋   曲   不 拣 甚 么

ˀal - ba   qub - č‘i - ri   bu ˀab - t‘u - qaji   kéd   kéd   ber bol - ǰu k‘u -
差   发   科   敛   勿   要   者   谁   谁   做

(26) - č‘u   bu   k‘ur - ge - t‘u - geé   ja -ˀu   k‘e - ǰi   ˀa - nu
     气 力 勿   使   者   甚 么   物   他 每 的

[b] u‑li‑ǰu　t‘a‑t‘a‑ǰu　bu　'ab‑t‘u‑qaji　è‑de　ba‑sa　sen‑ši‑ŋud
　　夺要　　征取　　勿　　要者　　　这　　更　　先生每

(27)　ǰar‑liq‑t‘an　k‘e〔‧e〕‑ǰu　　jo‑su‑　'eu‑ge‑'un
　　　　圣旨有　　　　以为　　　　体例　　　无的

'uè‑les　　bu　'euè‑led‑　‑t‘u‑geè　'euè‑le‑de‑‧e‑su　'eu‑lu‑‧u
勾当（事）每　勿　　　做　　　者　　　　做呵　　　　不么

'a‑ju‑qun　mud
　怕　　　他每

(28)　ǰar‑liq　ma‑nu　'uen t‘uŋ　qu‑t‘u‑‧ar　hon　qa‑qaji　ǰil
　　　圣旨　　俺的　　元统　　　第三　　　年　　猪　　　年

na‑nu‑run　t‘e‑
　秋

(29)　‑ri‑‧un　za‑ra jin　〔ha〕r‑ban
　　　首　　　月之　　　十

(30)　deor‑be‑ne　šaŋ‑du da bu‑
　　　四日　　　　上　都

(31)　‑k‘ue　dur　bi‑č‘i‑beè
　　　有时　　分　　写

汉语直译圣旨

下录碑文，据旧拓补订。磨泐之字参据八思巴字碑文及其他文献拟补，加注方括号〔〕。

长生天气力里
大福荫护助里
皇帝圣旨。军官每根底，军人每根底，管城子达鲁花赤官人每根底，往来使臣每根底
宣谕的
圣旨
成吉思皇帝、月阔台皇帝、薛禅皇帝、完泽笃皇帝、曲律皇帝、普颜笃皇帝、洁坚皇帝、护都笃皇帝、札牙笃皇帝、亦怜真班皇帝圣旨：和尚、也里可温、先

生每不拣甚么差发〔休〕当者，告天祝寿祈福者么道说来。如今依着在先体例，不拣甚么差发休当者。告天与咱每根底祝〔寿〕祈福者么道，益都路滕州邹县峄山仙人万〔寿〕宫里住持洞诚真净通玄大师充崇真大德灵〔隐〕真人门下本宗都提点李道实、明道贵德洞微大师吴志全、通〔微〕致虚大师吴道泉俱充提〔举〕为头先生每根底依先〔执〕把行的圣旨与了也。这的每宫观房舍里，使臣每休安下者，铺马祗〔应〕休〔拿〕要者，但属他每宫观里的庄田、水土、园林、碾磨、解〔典〕库、店舍、铺席、浴堂、醋、曲不拣甚么休科要者，不拣是谁〔休〕倚〔气〕力者。不拣甚么他每的，休夺要者。更这先生每有圣旨么道，无体例勾当休做者。做呵，他每不怕那甚么。圣旨。元统三年猪儿年七月十四日上都有时分写来。

（原载《元代道观八思巴字刻石集释》，《蒙古史研究》第五辑，内蒙古大学出版社 1986 年版）

峄山仙人宫碑（1335年）全拓
北京大学图书馆藏

〔17〕周至重阳万寿宫碑
（1341 年，1351 年，1358 年）

此碑在陕西户县本宫。额书"大元宸命"四字，汉字篆书。三截刻。

第一截：至正元年（1341 年）汉译白话圣旨，正书。无八思巴字蒙文。

第二截：左八思巴字蒙文兔儿年即至正十一年（1351 年）圣旨，右汉语白话译旨。

第三截：右至正十八年（1358 年）汉语圣旨，汉字正书。左八思巴字音译汉语。双钩书题"宣付焦德润"。

第一截及第二截汉文圣旨，我曾据北京大学文科研究所藏拓，收录于《元代白话碑集录》，第三截拓影刊入《八思巴字与元代汉语》。第二截八思巴字碑文，1937 年列维茨基（M. Lowicki）曾据伯希和（P. Pelliot）拓本与重阳宫 1314 年旨同刊于前引《方体字蒙古语碑铭》。[①] 1940 年，海涅士（E. Haenisch）刊于前引书音译，附有简注数条。[②] 1941 年包培（N. Poppe）收入《方体字》。[③] 1972 年，李盖特（L. Ligeti）据以译写，收入所著《八思巴字文献》。[④]

第一，第二两截圣旨均颁于顺帝至正年间，与习见的顺帝元统、至元年间此类圣旨，如邹县绎山仙人宫碑、平山天宁万寿寺碑等旨，有一个明显的区别，即旨中称引先帝自太祖成吉思至宁宗亦怜真班，其中不再见文宗札牙笃皇帝。顺帝系明宗和世㻋之子，文宗之侄。致和元年（1328 年）七月，泰定帝也孙铁木儿死。佥枢密院事燕帖木儿等拥立武宗次子图帖睦尔（文宗）在大都继帝位。武宗长子和世㻋在和林之北继位。文宗遣燕帖木儿等北上迎大兄和世㻋来大都即位。随后

---

① 列维茨基（M. lowickl）：《方体字蒙古语碑铭》（les Inscription mongoles inédites en ècriture），《东方学集刊》，维尔诺，1937 年。

② 海涅士（E. Haenisch）：《蒙古统治下中国寺院的赋税优免》（Steuergerechtsame der chinesischen Klöster unter der mangolenherrschaft），莱比锡，1940 年。

③ 包培（N. Poppe）：《方体字》（The Square Script）（原为俄文），莫斯科—列宁格勒，1941 年。
J. R. Kruger 英译本 The Mongolian Monuments in Hp'ags-pa Script. 威斯巴登，1957 年。

④ 李盖特（L. Ligeti）：《八思巴方体字文献》（Mouuments en écriture'phagspa），布达佩斯，1972 年。

又亲自往迎。和世瑓行至上都附近被燕帖木儿毒死。文宗遂承继大统。顺帝即位后追究其父死事。至元六年六月诏撤文宗庙主。《元史·顺帝纪》载诏书说："文宗稔恶不悛，当躬迓之际，与其臣月鲁不花、也里牙、明里董阿等谋为不轨，使我皇考饮恨上宾。""其命太常撤去脱脱木儿（图帖睦尔）在庙之主。"次年正月，下诏改年号为"至正"，说是"与天下更始"。现存石刻至正元年以后的圣旨遂不再见称引札牙笃皇帝。重阳宫此碑与其他刻石为顺帝撤文宗庙主的施行，提供了实证。

现将此碑第一截汉文圣旨重加校录。缺损之字，参据第二截圣旨拟补。第二截八思巴字音写旁译，并酌加笺释数条，前碑已注者，不重出。北京大学图书馆及国家图书馆均藏有此碑拓本。第二截八思巴字部分，海涅士刊布的旧拓，最少磨损，影印于后，以供研考。

一　第一截汉字圣旨校录

（1）长生天气力里

（2）大福荫护助里

（3）皇帝圣旨。军官每根底，军人每根底，管〔城〕子达鲁花赤、官人每

（4）根底，往来的使臣每根底

（5）宣谕的

（6）圣旨。

（7）成吉思皇帝

（8）月阔台皇帝

（9）薛禅皇帝

（10）完泽笃皇帝

（11）曲律皇帝

（12）普颜笃皇帝

（13）洁坚皇帝

（14）护都笃皇帝

（15）亦怜真班皇帝圣旨里："和尚、也里可温、先生、答失蛮每，不拣甚么

（16）差发休当者，告

（17）天祝寿者"说来有。如今依着在先

（18）圣旨体例，不拣甚么差发休当者，告

(19) 天与
(20) 咱每根底祝
(21) 寿者,么道。这诸路道教都提点洞阳显〔道〕忠贞真人住持奉元路大
(22) 重阳万寿宫事井德用为头先〔生每〕根底执把行的圣旨
(23) 与了也。这的每宫观里他每的〔房舍〕里,使臣休安下者。铺马祇
(24) 应休拿者,地税、商税休与者。但〔属宫〕观的庄田、水土、园林、碾磨、
(25) 船只、竹苇、解典库、店舍、铺席、〔浴堂、醋〕曲等物,但凡甚么差发休
(26) 着者。不拣是谁,休倚气力夺〔要者〕。〔更〕每年得来的钱物,不拣甚
(27) 么,交先生每收拾者。损坏〔了宫观呵,交〕用那钱物修补者。更这
(28) 的每其间里,不拣是谁休〔入去沮坏者〕。更这先生每有
(29) 圣旨么道,无体例的勾当做呵,他每〔不怕那甚〕么。
(30) 圣旨。
(31) 至正元年蛇儿年六月〔上都有时分写〕来。

二　第二截　蒙汉文圣旨校译

（一）八思巴字蒙文音译

(1)　moŋ-kʻa　dèŋ-ri-jin　kʻu-cʻun　dur
　　　长生　　天的　　　气力　　里

(2)　je-ke　su　J̌a-li-jin　ˑi-hˑen　dur
　　　大　　福荫　福威的　　护祐　里

(3)　　qaˑan　J̌ar-liq　ma-nu　cʻe-ri-ˑu-dun
　　　皇帝（哈罕）圣旨　俺的　　　军

(4)　　no-jadda　cʻe-
　　　官　每根底　军

(5)　-rig　ha-ra-na　ba-
　　　人　每根底

注：此处有汉字"宝"字,系钤盖御宝,未刻。

(6)　la-ha-dun　da-ru-qas　da　no〔jad〕　da　jor-cʻi　qun
　　　城子的　达鲁花赤每　根底　官人每　根底　过往　的

[17] 周至重阳万寿宫碑（1341 年，1351 年，1358 年） 233

(7) jabu　hun　èl-c'i-ne　dul-ha-huè
　　行走　的　使臣每根底　宣谕

(8) J̌ar-liq
　　圣　旨

(9) J̌iŋ-gis-qa-nu
　　成吉思皇帝的

(10) 'eo-k'eo-deè-qa•a-nu
　　　窝阔台皇帝的

(11) se-c'en　qa•a-nu
　　　薛禅　　皇帝的

(12) 'eol—J̌eè-t'u　qa•a-nu
　　　完泽笃　　皇帝的

(13) keu-lug　qa•a-nu
　　　曲律　　皇帝的

(14) bu-jan-t'u　qa•a-nu
　　　普颜笃　　皇帝的

(15) ge-ge•en　ga•a-nu
　　　洁坚　　皇帝的

(16) qu-t'uq-t'u　qa•a-nu
　　　忽都笃　　皇帝的

(17) rin-c'en　dpal　qa•a-nu　ba　J̌ar-li-ud　dur　do-jid　èr-c'(k')　e•ud
　　　亦怜真　班　皇帝的　又　诸圣旨　里　道人　　也里可温
sen-šhi-ŋad　daš-mad　　'a-li-ba　'al-ba　qub-c'i-ri　['eu-lu]-'eu
先生　　　答失蛮每　　不拣甚么　差发　　科敛　　　休
J̌en　　dèŋ-ri-ji　J̌al-ba-ri-J̌u　hi-
着(承担)　天　　　祷告

(18) -ru-'er　'eo-gun　'a-tu-qaji　ke•ek-deg-sed　'a-J̌u-•uè　è-du-•e　ber
　　　　祝福　　给　　　在　　　说了　　　　有　　　　如今
[beo]　-•e-su　u-ri-da-nu
有　　　　先前

(19) J̌ar-li-qu-duŋ　jo-su-•ar　'a-li-ba　'al-
　　　圣旨的　　　体　例　　不拣甚么

(20)　　-ba　　hub-c'i-ri　　'eu-lu-'eu　　J̌en
　　　　差发　　科钦　　　　休　　　　当

(21)　　dèŋ-ri-ji　　J̌ar-ba-ri-J̌u
　　　　天　　　　　祷告

(22)　　bi-da-na　　hi-γu-·er　　'eo-gun　　'a-t'u-
　　　　咱每　　　祝福　　　　给　　　　有

(23)　　-qaji　k'e'en　J̌eu　lu　taw　gew　du　ti　dem　miŋ　žin　čun　ŋi
　　　　说道　　诸　　路　道　教　都　提　点　明　　仁　　崇　　义

tuŋ　'ɥen　J̌in　žin　čeu　či　h'ɥŋ　'ɥen　lu　taj　J̌euŋ　jaŋ
洞　　元　　真　　人　住　持　奉　　元　　路　大　重　　阳

(24)　　wan　šèw　k'(g)eun　zhi　tsew　dhij　žeun　t'e-ri-·u-t'en
　　　　万　　寿　　宫　　　事　　焦　　德　　润　　为首

sen-šhi-ŋud　de　ba-ri-
先生每　　　根底

(25)　　-J̌u　ja-bu-·aji
　　　　执　　行走

(26)　　J̌ar-liq　'eog-beè　è-de-nu　geuŋ　gonud　tur　c'(g)e-jid　dur
　　　　圣旨　　给了　　　这的　　　宫　　观里　　房舍　　　里

'a-nu　　èl-c'in　bu　ba-·u-t'u-qaji　u-la-'a　ši-·u-su　〔bu〕　ba-ri-t'u-·aji
他每的　使臣　　休　住下　　　　铺马　　　祗应　　　休　　　拿要

ts'aŋ　　t'am-qa　bu　'eog-t'u-geè　geuŋ　gone　è-
仓（地税）印（商税）休　给与　　　　宫　　观

(27)　　-le　qa-ri-ja-t'an　J̌haŋ　tèn　qa-J̌ar　u-sun　baq　te-gir-med
　　　　但凡　属于　　　　庄　　田　　田土　　水　　园林　　碾磨房

oŋqoc'as　qu-lud　mod　ge j-dèm-k'u　dèm　k'ebid　qa-la-·un　u-sun
船只　　　竹苇　　树木　解典库　　　店　　铺席　　热　　　　水（浴堂）

šir-ge　k'eo-neor-ge　k'i-·ed　'a-
醋　　　曲　　　　　等

(28)　　-li-ba　　'al-ba　hub-c'i-ri　bu　'ab-t'u-qaji　k'ed　k'ed
　　　　不拣甚么　差发　　科敛　　　勿　　要　　　　谁　　谁

ber bol-J̌u　k'u-c'u　bu　k'ur-ge-t'ugeè　ja-ud　ke-di　'a-nu　buli J̌u
为　　　　力气　　　勿　倚使　　　　　甚么物件　　　　他们的　夺取

[17] 周至重阳万寿宫碑（1341 年，1351 年，1358 年）　235

t'a-t'a-J̌u　　bu　'ab-t'u-qaji　hon
征用　　勿　　要者　　　年

(29)　dur　o-luh-sad　ja-'ud　k'e-di　jen　mud　sen-šhi-ŋud　'a-sa-ra　˙uǰu
　　　内　　所得　　任何物件　交　他们　先生们　　收取　　者

geuŋ　gon　èb-de-re　˙e-su　t'e-de-ni-jer　seb-len　J̌asa˙u-lun
宫　　观　　损坏　　如　　用它　　　修补　　整治

(30)　-denu　J̌a-u-ra　k'ed　k'ed　bu　o-ro-tu-qai　bu　gur-ci-t'u-qaji
　　　这的每　其间里　谁　　谁　　勿　　进入　　勿　　到

è-de　ba˙sa　sen-šhi-ŋud
这　　更　　先生每

(31)　J̌ar-liq-tan　k'e'e-J̌u　jo-su　'eu-ge-'un　'euè-les　'euè-le-du
　　　有圣旨　　　说道　　体例　　无　　　勾当　　　做

˙e-su　mud　ba-sa　'eu-lu-'u　'a-ju-qun
如　　他每　更　　不…么　　怕

(32)　J̌ar-liq　ma-nu　J̌i　J̌iŋ　har-ban　ni-k'e-du　-'er　hon　t'aw-laj　J̌il
　　　圣旨　　俺的　　至　正　　十　　　一　　　　年　　兔年

qa-bu-
春

(33)　-run　du̱(u)　m-da-du　za-ra　jin
　　　　　　　　　中　　　月　　的

(34)　qo-rin　naji-ma-na　taj　du　da
　　　二十　　八日　　　大　都

(35)　bu-kuè-dur　bi-c'i-beè
　　　有时分　　　写来

注：末行后刊有汉字"宝"字，原钤御宝处。

（二）汉字圣旨校录

（1）长生天气力里
（2）大福荫护助里
（3）皇帝圣旨。军官每根底，军人每根底，管城子达鲁花赤、官人每根底，往来的使臣每根底
（4）宣谕的

（5）圣旨。

（6）成吉思皇帝

（7）月阔台皇帝

（8）薛禅皇帝

（9）完泽笃皇帝

（10）曲律皇帝

（11）普颜笃皇帝

（12）洁坚皇帝

（13）忽都笃皇帝

（14）亦怜真班皇帝圣旨里："和尚、也里可温、先

（15）生、答失蛮每，不拣甚么差发休当者，告

（16）天祝寿者"说来有。如今依着在先

（17）圣旨体例，不拣甚么差发休当者，告

（18）天与

（19）咱每根底祝

（20）寿者，么道。这诸路道教都提点明仁崇义洞元真人住持奉元路大重阳万寿宫
事焦德润为头先生每根底与了执把行的

（21）圣旨也。这的每宫观里，他每的房舍里，使臣休安下者。铺马祗应休拿者，地税商税休与者。但属宫观的庄田、水土、园林、碾磨、船只、

（22）竹苇、解典库、店舍、铺席、浴堂、醋曲等物，但凡甚么差发休着者。不拣是谁，休倚气力夺要者。更每年得来的钱

（23）物，不拣甚么，交先生每收拾着。有损坏了宫观呵，交用那钱物修补者。更这的每其间里，不拣是谁，休入去沮坏者，更这先生每有

（24）圣旨么道，做无体例勾当呵，他每不怕那甚么。

（25）圣旨。至正十一年兔儿年二月二十八日。大都有时分写来。

三　第三截　蒙汉文圣旨校录

（一）左方八思巴字汉语圣旨音释

双钩书题字：　sụen　hụu　ts'ew　dhij　žeun
　　　　　　　　宣　　付　　焦　　德　　润

[17] 周至重阳万寿宫碑（1341年，1351年，1358年） 237

(1) šaŋ t'èn geon miŋ
  上 天 眷 命

(2) γoŋ di šiŋ zi tsèw dhij žeun k'e šiw miŋ
  皇 帝 圣 旨 焦 德 润 可 授 明

(3) žin čeuŋ ŋi tuŋ 'en zin žin dèm
  仁 崇 乂 洞 元 真 人 典

(4) liŋ hu̯un 'en lu taj J̌eun jaŋ wan šiw
  领 奉 元 路 大 重 阳 万 寿

(5) geuŋ ši ŋi liŋ tsew dhij žeun J̌eun ts'hi
  宫 事 宜 令 焦 德 润 准 此

(6) [J̌i] J̌iŋ [ši] ba nèn ba 'ue ži
  至 正 十 八 年 八 月 日

（二）右方汉字圣旨

(1) 上天眷命
(2) 皇帝圣旨。焦德润可授明仁
(3) 崇乂洞元真人，典领奉
(4) 元路大重阳万寿宫事。
(5) 宜令焦德润。准此。
(6) 至正十八年八月日。

四　碑文笺释

普颜笃皇帝　元仁宗爱育黎拔力八达的蒙语谥号。《元史·仁宗纪》：延祐七年正月帝崩，"五月乙未，群臣上谥曰圣文钦孝皇帝，庙号仁宗，国语曰普颜笃皇帝"。元世祖死后，采用汉法，加上汉语谥号庙号，又有蒙古语称号，同于谥号及庙号。普颜笃译自蒙古语 bujanta，原意为有道德的，与汉语仁宗义近。汉语译字无定例，碑刻圣旨中又译普颜都。

洁坚皇帝　元英宗硕德八剌蒙语庙号，又作格坚。《元史·英宗纪》："泰定元年二月，上尊谥曰睿圣文孝皇帝，庙号英宗。四月，上国语庙号曰格坚"。石刻圣旨中，又译杰坚、皆坚、偕坚。八思巴字蒙古语作 geg·en，原有英明、英武之意，与汉语庙号英宗对应。

忽都笃皇帝 元明宗和世㻋蒙语庙号。明宗于天历二年（1329年）八月被害后，《元史·明宗纪》载："十二月乙巳，知枢密院事臣也不伦等议请上尊谥曰翼献景孝皇帝，庙号明宗。"无国语庙号。忽都笃皇帝称号见于《元史·宁宗纪》所载宁宗即位诏书，自称"忽都笃皇帝世嫡"。诏书为虞集撰文，全文刊于《国朝文类》卷九。八思巴字蒙古语 qutuqtu，有圣明之意，与汉语庙号明宗对应。又译护笃图、护都笃。

亦怜真班皇帝 元宁宗亦怜真班。宁宗在位四个月，至顺四年（1333年）病死。《元史·宁宗纪》载"至元四年（1338年）三月辛酉，谥曰冲圣嗣孝，庙号宁宗"，无蒙语庙号。顺帝时蒙语圣旨遂直称其名，又译懿璘质班、亦辇真班。此名源于藏语，意为宝吉祥。参见邹县绎山仙人宫碑注释。

说来有 此碑一、二截汉文两旨，摘引前帝圣旨均称"说来有"。八思巴字蒙古语原作 ge·ek'degsed a ǰu'ui，前一字是"说"复数完成时，后一字是"有"（过去时）。两字连用，汉译碑文中有"么道""么道有来""么道说来""么道说有来""道有""说来"等等不同译法。此碑两旨作"说来有"，与他碑不同。可见元代蒙文圣旨中语词的汉译，并无定例，因人而异，互有不同。

井德用 至正元年六月圣旨称有旨授予诸路道教都提点洞阳显道忠贞真人住持奉元路大重阳万寿宫事井德用。此人原非重阳宫道士，而是河南嵩山中岳庙住持，奉旨来周至主持重阳宫事。《陕西金石志》卷二十六收录耀州（今耀县）"皇元制授诸路道教都提点洞阳显道忠贞真人井公道行之碑"，题"前陕西诸道行御史台御史中丞何约撰文，至正八年九月建"。据碑记可知：井德用字容辅，号鉴峰。碑称"家世雍之右族"，雍指古雍县，即陕西凤翔。至元十八年（1281年）生，幼年去耀州五台山习道。武宗时，全真掌教苗道一召入大都，收为弟子，授诸路道教所幕官，次年除京兆路都道录。碑称"厥后退居五台"，当在仁宗即位，掌教易人之际（参阅前文重阳宫皇庆二年圣旨"全真掌教"条注释）。耀州有武宗加真人号圣旨碑，《陕西金石志》收录，仁宗延祐七年立石。立石人署"耀州五台山静明宫本宗嗣教主持井德用"。井公道行碑又记："天历始元，文宗入承大宝，起凝和于覃怀，复掌教之二年，召委重化，玺书授洞阳显道忠贞大师领诸路道教都提点，仍署嵩山中岳庙住持提点。兼奉完（陕志误'元'）者皇后懿旨，特赐御香，代荐其诚。"凝和即凝和大真人苗道一，文宗时再次出掌全真，故称"复掌教"。陈垣《南宋初河北新道教考》考为至顺元年，引据《元史·文宗纪》"至顺元年闰七月，铸黄金神仙符命印，赐掌全真教道士苗道一"。"掌教之二年"当在至顺三年元统元年顺帝继位之际。《金石萃编未刻稿》收有"祀太玄妙应真人记"，碑在耀州，顺帝至元二年立石。内称："元统乙亥（三年）二月望日，制授洞阳显道忠贞大师诸路道教都提点中岳庙住持都提点井公趣装领嵩山中岳庙等，将之陕右洛（原误'泥'）阳。静明万寿宫特奉完者台皇后懿旨……当赍奉御香祝文，于其处行降致祭。……公唯其命，即于是岁十月，诣还静明，谨择日行礼。"静明万寿宫在耀州五台山，即井德用主持之静明宫。完者台皇后即前引井公道行碑之完者皇后，《元史·后妃传》作"完者忽都皇后奇氏，高丽人"，是顺帝的第二皇后。据此纪事可知井德用于文宗至顺末年受命后，顺帝元统三年又在去嵩山途中返回耀州，奉皇后懿旨致祭。莅任嵩山当已在至元之初。

井公道行碑略记井德用自嵩山调任周至重阳宫之经过。至元五年己卯，全真教掌教完颜德明召井德用至大都长春宫，朝觐顺帝。次年，随顺帝去上都。道行碑记："值部堂大臣议陕西敕赐大重阳万寿宫系重阳辅极帝君修道之区，先君降龙衣永镇之所。迩来典者失人，废几不振，选道价清高者命云。奏公系凝和苗真君同弟，披云宋天师嫡孙，秉彝高洁，可被登庸。奉旨授诸路道教都提点洞阳显道忠贞真（陕志误'道'）人，俾总宫事。诏赴便殿，锡御香。上奉函默诚良久而命之。"周至重阳宫在孙德或住持时达于极盛。此后，重阳宫不再有真人或大师住持宫观，日渐衰落。井德用系苗道一弟子，苗道一师事宋披云弟子祁志诚，一脉相传，故称"宋天师嫡孙"。顺帝在上都便殿，亲自授命，待遇之隆，为前此所罕见。据《元史·顺帝纪》至元六年（1340年）五月去上都，八月回大都。授命当在此三个月之间。至正元年（1341年）六月颁行重阳宫圣旨时，井德用莅任为时未久。

又据井公道行碑记，井德用莅任后"住持不数载，宫中崇殿圣堂堕圮者新之，恒产钱粮昏湮者理之，霞馆芝房未有者创之，仪矩规绳紊乱者振之"。至正三年癸未辞任，越年返回五台。至正八年（1348年）二月病逝。

焦德润　至正十一年圣旨见"诸路道教都提点明仁崇义洞元真人住持奉元路大重阳万寿宫事焦德润"。此人为井德用弟子，继掌重阳宫。耀州五台山，有"御香之记"刻石，记至正元年，井德用在重阳宫、静明宫等处为顺帝焚香代祭及次年正月醮祭等事。至正二年立石。立石人见"洞照明玄虚静大师大重阳万寿宫提点兼宗教事赐紫焦德润"。可知当时已任重阳宫提点。又有"静明宫瑞槐记"刻石，至正四年立石。立石道官四人，内见"洞照明玄虚静大师奉元路大重阳万寿宫提点兼本路道门事赐紫焦德润"，与前碑略同。前引至正八年立石的井公道行碑，立石道官三人，全真掌教完颜德明，静明宫提点杨德荣及焦德润。焦德润的题衔是"门人奉元路大重阳万寿宫提点仁明弘义洞元大师"。大师法号有所改变，但仍无"真人"之称。元代道教真人称号例需朝廷封授。此碑第三截刊封授真人的汉文圣旨及八思巴字音译都署至正十八年八月。即在第二截至正十一年二月圣旨颁布的七年又半之后。至正十一年旨蒙、汉文俱作"真人",称号也全同于十八年封敕,很有可能是立石时改作。

明赵崡《石墨镌华》卷六在移录重阳宫延祐元年蒙汉文圣旨之后,又录"右别二碑署年月字如此"。其中之一即本碑第三截的八思巴字双钩体"宣付焦德润"五字。赵氏误识为"至正十八年八月日"。另一碑为"令旨付李道谦",已见重阳宫碑(1283年令旨)注释。

焦德润卒年不详。重阳宫另有一碑,两截刻。上截右汉字圣旨,左八思巴字音译汉语。碑影已刊入《八思巴字与元代汉语》,移录如下:"上天眷命皇帝圣旨。奉元路大重阳万寿宫都提点杨德荣可授诸路道教都提点明道崇真洞和真人,住持陕西奉元路大重阳万寿宫事。宜令杨德荣,准此。至正二十三年七月日。"下截为同年同月授予杨德荣等保护道观的圣旨,称号与此相同,见《元代白话碑集录》。此杨德荣即与焦德润同为井德用立石的耀州静明宫住持道士。此前未见重阳宫有其他道士住持。如杨德荣系接替焦德润,则焦德润住持重阳宫垂二十年,是值得重视的。

庄田 汉字两旨均见"庄田"一项。八思巴字作 ǰhaŋ tèn,是汉语庄田的音译,为其他八思巴字碑文所未见。习见的禁约骚扰寺观的公告圣旨,多有"水土"一项,八思巴字蒙文作 gaǰar(田地)usun(水利),汉文合译"水土"。重阳宫此碑两旨也都有"水土"一项,但在此之外,又有"庄田",应另有含义。我意 gaǰar 是指宫观道士经营的农田,即所谓"常住田土"。庄田则是收取租谷或役使农民耕作的田庄,因蒙古语中没有相当的语汇,故依汉语音译。全真道掌教等上层道士,早在元朝初年已是"计地产之肥硗,校栋宇之多寡,如豪家大族增置财产,以厚自封殖,而务致富强"。见《甘水仙源录》卷九。孙德或以来,贵盛比于富豪。重阳万寿宫,拥有收取租谷的庄田,自不足为异。此碑至正两旨表明,宫观拥有庄田,不但已为朝廷认可,而且得到明旨保护,给予免取差发赋税的优遇。

树木 八思巴字 hulud(竹苇)之后,有 mod 一词,义为树木,汉字圣旨遗漏未译。重阳宫延祐元年(1314年)圣旨碑见"甘谷山林",碑阴下院题名也见"甘谷内奉仙庵并山林"(见前)。此碑圣旨列入免赋的 mod,当指宫观拥有的林木。

收拾钱物 八思巴字蒙文 hon dur oluqsad ya·ud kʼedi 原义为年所得各种物件。

ya·ud kédi 已见上句，汉译"不拣甚么"。此词即见于《元秘史》之牙兀客，旁译"等物"，已见平谷兴隆寺碑注释。此处可视为种种物件或各种物件。汉字碑文"更每年得来的钱物"，"更"字为译者所加，八思巴字无此字（basa）。"钱"字也是译者所加，当是强调保护道士们的钱财。此译文与第一截至正元年圣旨相同，当是沿袭前者。

汉字圣旨"交先生每收拾者"。"收拾"一词，译自八思巴字 'asara。此字《华夷译语》音译阿撒剌，义译"抬举"。《元秘史》中屡见此字，具有不同的语法形态。音译阿撒剌，旁译"抬举"，又译"收拾"。《元秘史》卷十（223节）总译"凡衣甲弓箭器械等收拾给散者，宫骟马内，教收拾驮捆索者"。两见之"收拾"，音译"阿撒剌周"，旁译"收拾着"。汉语"收拾"一词，原有收聚、收容、收取、收纳等义。"交先生每收拾者"，即教道士们收取、收纳。汉字碑文下接"有损坏了宫观呵，交用那钱物修补者"，八思巴字蒙文原意是宫观如有损坏，教用它修补整治。综合此句的大义是：宫观每年所得财物，由道士们收纳，宫观损坏，用以整修。此项规约为其他宫观禁约圣旨所未见，仅见于此碑至正两旨及本宫另一碑刻的至正二十六年汉译圣旨，这当是由于重阳万寿宫广置资产，富甲一方，为防止地方官员们的觊觎和干预而有此特殊的规定。

其间休入　汉译圣旨："这的每其间里，不拣是谁，休入去沮坏者。""其间里"，八思巴字作 J̌a·ura，此字屡见于《元秘史》，音译札兀剌，旁译有多种译法。用于人事，如兄弟之间，旁译作"间"，用于地区如两山、两水之中间地带旁译"中间"。又译"路间"指途中地面，译"其间"指其地。此碑圣旨"更这的每其间里"，"更"字也是译者所加。"这的每"即他们的，指道士们。"其间里"当指其中地面，即道士们居住的地带。下文接"不拣是谁，休入去沮坏者"。

汉译"休入去沮坏者"，八思巴字作 buorotugoji bu gurc'itugaji。oro 原意进入，为常见之字，《华夷译语》作斡罗，-tugaji 为祈使语气，即不得进入，无可议。gurc'i tugaji 则颇为费解。海涅士前引书将此字与汉译碑文"沮坏"对译。英译本包培书收入此字，释为破坏 to damage，注据海涅士。但未按该书体例举出可供参考的语言资料。gurc'i 似未见于其他文献。此碑八思巴字屡有误漏。我颇怀疑八思巴字 c'i 是 c'u 的误刻。《元秘史》见"古儿"gur 旁译"到"，古儿抽 gurc'u 旁译"到着"。碑刻如是此字，直译即"勿入勿到（去）者"，意在防止骚扰破坏。汉译碑文"休入去沮坏者"是译者引申的意译。此解如可成立，此句的大意，简言之，即"他们那边，谁都不准去"，或雅译"道士住地，诸人不得擅入"。

照那斯图《八思巴字和蒙古语文献汇集》收入此碑，此句译释为"任何人不得对他们进行挑拨离间和诬陷"。不知何据。

纪年 第一截汉字圣旨署至正元年蛇儿年六月，第二截蒙汉圣旨俱署至正十一年兔儿年二月。年号与生肖并用，与早于此碑的元统三年邹县仙人宫碑同例。至正元年六月圣旨碑文，书写地点磨损。《元史·顺帝纪》是年四月巡上都，八月返大都。据以拟补"上都有时分写"等字。

大重阳万寿宫 周至重阳宫碑至元十七年宣付李道谦圣旨，八思巴字音写"重"字作 c'euŋ。延祐元年碑圣旨作 ·c'uŋ，与"崇"字同音。此碑至正十一年圣旨及宣付焦德润旨，重字均作 ǰeuŋ（今拼音字 zhóng），两见同误，当不是刻石之误，而是元季拟旨者之误读。

周至重阳宫碑全拓　北京大学图书馆藏

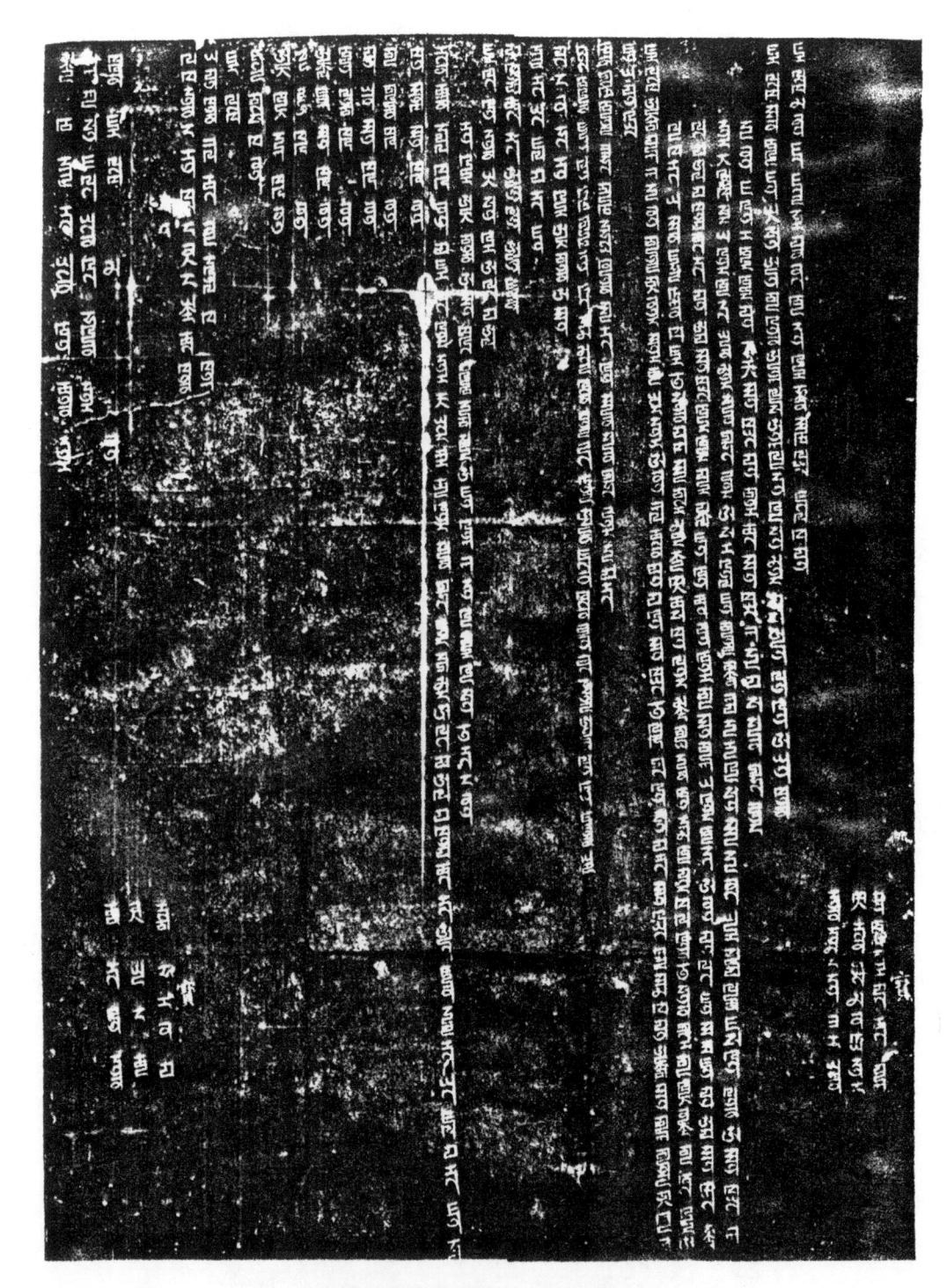

周至重阳宫碑局部拓本　采自 Haenisch

[18] 长安竹林寺碑
（1343年）

　　此碑原在陕西省长安县南五台，今存西安市长安县（区）博物馆。晚清诸家金石目录及张聪纂嘉庆《长安县志》均未著录。1943年蒙古史专家谢再善先生在长安访得此碑，上截八思巴字蒙古语，下截汉字正书。元顺帝至正三年（1343年）圣旨。1951年，谢再善先生曾在《翻译通报》二卷五期撰文介绍，刊布了汉字圣旨的全文，八思巴字未刊。① 1954年，我在编辑《元代白话碑集录》时，曾与谢先生函商，将汉字碑文校订数字收录。2000年蒙古国姜其布（Jangib）先生据长安博物馆藏拓，将八思巴字蒙古语圣旨碑文刊于《蒙古学刊》第15卷。② 2004年，内蒙古教育出版社出版《八思巴字蒙古语文献汇编》将此碑蒙汉文全拓收录，八思巴字转写，无汉语旁译，附有"现代汉语译文"。③

　　据谢先生介绍，此碑是在长安南五台下院井旁发现。《集录》曾据以题为长安南五台下院圣旨碑。今据碑文改题为长安竹林寺碑。碑拓八思巴字蒙古语以拉丁字转写，汉语旁译，酌加校订。对下截汉字碑文重加校录。此碑刊刻不精，蒙汉碑文均有脱漏文句，相互参校拟补。圣旨内容，系宣谕官员使臣禁约骚扰的公告，与常见的此类圣旨，大致相同，只是对骚扰者的处置办法，为前此诸碑所罕见。现将此碑的某些文句，酌加笺释，兼对《文献汇编》的译释略作商讨。见于他碑，已加注释者，不再重注。

一　八思巴字蒙古语碑文音译

　　(1) moŋ-k'a　dèŋ-ri-jin　k'ʻu-cʻun　dur
　　　　长生　　天　的　　气力　　里

---

① 谢再善：《略谈元朝的蒙文翻译》，《翻译通报》二卷五期，人民出版社1951年版。
② ［蒙古］姜其布（E. Janjib）：《蒙古方体字妥欢帖木儿羊年圣旨》，《蒙古学刊》卷十五，乌兰巴特，2000年。
③ 呼格吉勒图、萨如拉：《八思巴字蒙古语文献汇编》，内蒙古教育出版社2004年版。

(2)　　je-k'e　　su　　J̌a-li-jin　　ˑi-heˑen　　dur
　　　　大　　　福荫　　福威的　　　护佑　　　里

(3)　　qaˑan　　J̌ar-liq　　ma-nu
　　　皇帝（哈罕）　圣旨　　俺的

(4)　　c'e-riˑu-dun　　no-jad　　da　　c'e-rig　　ha-ra-na　　ba-la-qa-
　　　　　军　　　　官每　　根底　　军　　　人每根底　　城子

(5)　-dun　　da-ɣu-qas　　da　　no-jad　　da　　jor-c'l-qun　　ja-bu-qun
　　　的　　　达鲁花赤每　　根底　　官人每　　根底　　过往　　　　行走

èl-c'i-ne　　duˑul-qa-què
使臣根底　　宣谕的

(6)　　J̌ar-liq
　　　　圣　旨

(7)　　J̌iŋ-gis　　qa-nu　　'eo-k'eo-deè　　qaˑa-nu　　se-c'en　　qaˑa-nu
　　　成吉思　　皇帝的　　窝阔台　　　皇帝的　　薛禅　　　皇帝的

'eol-J̌eè-t'u　　qaˑa-nu
完者笃　　　皇帝的

(8)　　keu-lug　　qaˑa-nu　　bu-jan-t'u　　qaˑa-nu　　ge-geˑen　　gaˑa-nu
　　　曲律　　　皇帝的　　普颜都　　　皇帝的　　皆坚　　　　皇帝的

qu-t'uq-t'u　　qaˑa-nu
忽都笃　　　皇帝的

(9)　　rin-c'en-dpal　　qaˑa-nu　　ba　　J̌ar-liq　　dur　　do-jid
　　　亦怜真班　　　皇帝的　　　　圣旨　　里　　和尚〔道人〕每

èr-k'eˑud　　sen-šhi-ŋad　　'a-li-ba　　'al-ba　　qub-c'i
也里可温每　　先生（道士）每　　不拣甚么　　差发　　科敛

(10)　　-ri　　'eu-lu-'eu　　J̌en　　dèŋ-ri-ji　　J̌al-ba-ri-J̌u　　hi-ruˑer　　'eo-gun
　　　　休　　承担　　　天　　祷告　　　祝福　　　　　　　　　给

'a-t'u-qaji　　geˑek-deg-sed
在　　　　　说了

(11)　　'a-J̌uˑuè　　è-duˑeber　　beoˑe-su　　u-ri-da-nu　　J̌ar-li-qun
　　　　有来　　　如今　　　　有　　　　先前　　　　圣旨的

〔18〕长安竹林寺碑（1343 年）　247

jo-su-·ar　　’a-li-ba　　’al-ba　　qub-c’i
体例　　　不拣甚么　　差发　　　科敛

(12)　-ri　　’eu-lu-·eu　　J̌en　　dèn-ri　　J̌al-ba-ri-J̌u　　hi-ru-·er
　　　　　　休　　　　承担　　天　　　　祷告　　　　　祝

’eo-gun　　’a-t‘u-qaji　　ge·en　　è-ne　　ši-
给　　　　在　　　　　说道　　　这　　　失

(13)　-la-ši-ri　　□n　　bos-qaq-san　　taj　　J̌iw　　lim　　zhi　　〔’uen　guaŋ　zhi〕
　　　刺失利　　　　　　修建的　　　　大　　　竹　　　林　　寺　　圆　　光　　寺

J̌uŋ　’υen　zhi　　di　　J̌aj　　zhi　　k’i-ed　　seu-mes　　dur
重　　云　　寺　　狄　　寨　　寺　　等　　　寺庙　　　里

(14)　’a-qun　　lim　　gen　　J̌eun　　t‘e-ri-·u-t’en　　do jid　　da　　ba-ri-J̌u
　　　住持　　　霖　　　讲　　　主　　　　为头　　　　　和尚每　　根底　　执

ja-bu-·aji
行走

(15)　J̌ar-liq　　’eo　〔g〕-beè　　è-de-nu　　seu-mes　　dur　　ge-jid　　dur　　’a-nu
　　　圣旨　　　　给与　　　　　这　　　　寺庙　　　里　　房舍　　　里　　他每的

èle-c’in　　bu　　ba-·u-t’u-qaji　　〔t’amqa〕　　ts’aŋ　　bu　　’eogt’ugeè〕
使臣　　　勿　　　住下　　　　印（商税）　　仓（地税）　　勿　　给与

(16)　u-la·a　　si·u-su　　bu　　ba-ri-t’u-qaji　　qa-J̌ar　　u-sun　　baq
　　　铺马（兀刺）　祗应（首思）　休　　　拿要　　　　田地　　　水　　　园林

t‘e-gir-med　　ja·u　　k’-di　　’a-nu
碾磨每（磨坊）　甚么　　物件等　　他每的

(17)　k’ed　　k’ed　　ber　　bol-J̌u　　bu-li-J̌u　　t’at’a-J̌u　　bu　　’ab-t’u-qaji　　’a-na
　　　谁　　　一谁　　　　成为　　　　夺取　　　征收　　　　勿　　要　　　　　凡

qa-ri-ja-t’an　　ja·u　　k’e-di　　’a-
属　　　　　甚么　　　物件等

(18)　-nu　　ha-ran　　jo-su　　’eu-ge-·u　　k’u-c’u　　kur-ge·e-su　　t’en-de
　　　他每的　　人　　　体例　　　无　　　　　气力　　　倚使　　　　那里

bu-k’un　　ba-
有的

(19)　la-qa-dun　　no-jad　　do-ji-dun　　’eo-t’eo-　　-gus-lu·a　　qam-t’u　　qa-
　　　城子的　　　官人每　　和尚的　　　头目　　　　　　　　　　共同

(20) qal-ǰu limp geŋ ǰeu da tʻe·ul-ǰu ʼeog-tʼu-geè è-ne ba-
　　　归断　霖　　讲　主　根底　分付　　　给与　　这　再者

(21) -sa do-jid
　　　　　和尚每

(22) ǰar-liq-tʼu kʻeˑe-ǰu josu ʼeu-geˑun ʼeuè-les bu ʼeue-
　　　圣旨有　　　说道　　体例　无的　　勾当　勿

(23) -led-tʼu-geè ʼeuè-le-du·su mud ba-sa ʼeu-lu·u
　　　做　　　　　如做　　　　他每　更（再）不…么

(24) ʼa-ju-qun
　　　怕

(25) ǰar-liq ma-nu ǰi ǰiŋ qu-tʼu·ar hon qo-nin ǰil ǰu-nu
　　　圣旨　　俺的　至　正　第三　　年　羊　　纪年　夏季的

tʼe-ri·un zar jin qur-ban
首　　　　月　的　三

(26) ši-ne de taj du da bu-kʻuè dur bi-cʼi-beè
　　　初日　　大都　　在　时　里　写了

二　下截汉字碑文校录

(1) 长生天气力里
(2) 大福荫护助里
(3) 皇帝圣旨。军官每根底、军人每根底、管城子达鲁花
(4) 赤、官人每根底、往来使臣每根底
(5) 宣谕的
(6) 圣旨。
(7) 成吉思皇帝
(8) 窝阔台皇帝
(9) 薛禅皇帝
(10) 完者笃皇帝
(11) 曲律皇帝
(12) 普颜都皇帝
(13) 皆坚皇帝

（14）忽都笃皇帝
（15）亦怜真班皇帝圣旨里：和尚、也里可温先生，不拣甚么差发
（16）休当者。告〔天祈福祝寿者道来。如今依著在先体例，不拣甚么差发休当，告〕
（17）天祈福与咱每祝寿者么道。这失剌失利修盖来的大竹林寺、圆
（18）光寺、重云寺、狄寨等寺里，住持的霖讲主
（19）为头和尚每根底执把的
（20）圣旨与了也。属这寺家的房舍使臣休安下，铺马祇应休着者
（21）商税地税休纳者，水土、园林、碾磨，不拣是谁休夺要者。但
（22）属他每的，无体例人每倚气〔力〕呵，那里有的城子里官人每
（23）根底和尚头目一处归断了呵，霖讲主根底分付与者。这和尚每倚着有
（24）圣旨么道，无体例的勾当休做者。做呵，他每更不怕那甚么。
（25）圣旨俺的。
（26）至正三年羊儿年四月初三日大都有时分写来

三　碑文笺释

宣谕的圣旨　此碑蒙汉文圣旨首称宣谕军官军人、城子达鲁花赤及官员、使臣人等，表明圣旨是颁给文武官员的公告，开宗明义，甚为清楚。此类公告圣旨为元代寺院所常见。圣旨的内容是禁约骚扰寺院，不得占住侵夺。圣旨书写的程式是：先说明已有旨授予寺院住持，遵依前帝圣旨体例，免除差发，告天祈福。以此表明寺院免赋奉教为合法，作为下文禁约勒索的依据。圣旨中引述前旨，旨中有旨，犹如元代公文引录上级文书，层层转引，形成惯例。研究者或由于对此类公文程式不甚熟悉，或由于对蒙汉碑文的语法结构未能全面考察，往往误认为此类宣谕公告即是公告中引述的赐予寺院（或道观）住持的护持圣旨，误解滋甚，是应予订正的。[①]

大抵此类公告圣旨多在寺院所在地公布，寺观僧道可以保存或据以刻石，以垂永久。但公告圣旨并非赐予僧道的护持圣旨而是宣谕官员使臣禁约公告，两者不可混误。《文献汇编》收录此碑，在题解中说："妥欢帖睦尔皇帝羊年圣旨是赐与陕西大竹林圆光寺、重云寺、狄寨寺等寺院住持霖讲主为首的和尚们的圣旨。"

---

① 参见《平谷元兴隆寺圣旨碑注释》。

当是沿袭了某些误解。

告天祈福 汉字圣旨碑文第 15 行至第 17 行 "不拣甚么差发休当者，告天祈福与咱每祝寿者么道"。与八思巴字蒙古语碑文对照，明显地脱落了字句。《文献汇编》将 "么道" 之前的文字视为引述前帝圣旨，在 "么道" 之后补出如下文字 "如今依着在先圣旨体例，不拣甚么差发休当者，告天祈福与咱每根底祝寿者么道"。

此处脱落文字不应是译者的删略而是刻石人的漏刻。我意漏刻文字不应在 "么道" 之后，而是在第 16 行 "告" 字之后漏了一行。现据八思巴字蒙文拟补汉字为 "天祈福祝寿者道来。如今依着在先圣旨体例，不拣甚么差发休当者，告"。下接第 17 行 "天" 字抬头。拟补于此的依据是：（一）第 17 行汉字碑文 "与咱每祝寿者"，咱每即当今皇帝。可知此句是当今圣旨而不是引述前帝圣旨。引述前旨可称 "告天祈福祝寿" 但不能有 "与咱每" 一词。现存此类石刻圣旨均可为证，绝无例外。（二）八思巴字蒙文引述前旨 "告天祈福" 句尾是 ge·ekdegsed 'aǰ·ueè。汉译有 "么道有来" 道有来、"道来" 等译法。今旨的 "么道" 八思巴字蒙文作 ge·en，意为述说，两者有别。ge·ekdegsed 是完成式名词，ge·en 是情态动词。汉字碑文第 17 行作 "么道"，可知是今旨 ge·en 之对译。据上两点可证脱落字句不应在 "么道" 之后而是在 "天" 字之前，因重见 "告天" 而漏刻。

汉字 "告天祈福"，八思巴字蒙文作 deŋri（天）ǰalbari ǰu（祷告）hiru·er（祝福）'eu- gun（给）'atugaji（在）。早期圣旨碑文或译 "告天祈福" "告天祝福" "告天祝寿"。"祝寿" 译文当是受到汉文化的影响。尔后两词并用，又译 "告天祈福祝寿" "告天与俺每祝寿"，等等。在八思巴字蒙文中其实只是 hiru·er 一字。竹林寺此碑汉字圣旨 "告天祈福与咱每祝寿者"，并非八思巴字蒙语碑文的直译，而是经过了译旨者的引申和增饰。《文献汇编》的所谓 "现代汉语译文" 将汉字碑文的 "与咱每祝寿者" 改为 "祝寿与我们"。这并不是八思巴字蒙古语的译文，也不符合现代汉语的语序和语法。

差发科敛 八思巴字蒙古语 'alba（差发）qubc 'iri（科敛），汉字碑文作 "差发"，无科敛。元代圣旨碑文中的差发科敛并无严格界定，系泛指正税以外的各种赋役。汉字译文或作差发科敛，或省作差发，多有其例。竹林寺碑此处当不是刻石遗漏而是译旨者有意省略。本文校补漏刻文字，依循其例，不补科敛。

失剌失利 šilac širi，人名。其人无考，当是竹林寺所属州县官员。嘉靖《衢州府志》见大德二年西安县达鲁花赤失剌失里，与此人同名，系另一人，与此无关。此名之下刻石磨损。仅存 -n 字，暂且存疑。下一字 bosqaqsan 字根 bosqa，意为建造，汉译"修盖"。附加-qsan 表示副动词过去时。此字的变格屡见于居庸关八思巴字刻石造塔功德记。①

竹林寺 碑文"这失剌失利修盖来的大竹林寺"，不著所属府县。此碑发现地在长安南五台下院。南五台即长安县南之小五台山。下院当是竹林寺所属下院，但无文献可征。嘉庆《长安县志》山川图小五台山西邻子午谷，谷北有唐代建立的香积寺。山之东石鳖谷有罗汉寺。《县志》寺观志记录县南寺院多处，不见此碑所称之竹林、圆光、重云、狄寨等寺，大抵已废弃无存。碑文称这些寺院都由霖讲主住持，当属佛门同一宗支。又汉字碑文作"大竹林寺、圆光寺、重云寺、狄寨等寺"。八思巴字碑文漏刻"圆光寺"一处。《文献汇编》失校。八思巴字蒙文应补 'uen guaŋ zhi 三字。

执把的圣旨 八思巴字蒙古语碑文 barjǐu（收执）jabuaji（行走）ǰarliq（圣旨）。汉字碑文作"执把的圣旨"。jabuaji 原意行走，在此表示持续状态。即经常收执。② 元代文献或作"常住收执"，即不同于宣读后收回的圣旨而由寺院长期收执，以为凭证。同类圣旨碑文多译"执把行的圣旨"，此碑汉译"执把的圣旨"，似是失译或漏刻"行"字。"执把行的圣旨与了也"即已授予常住收执圣旨。《文献汇编》的"现代汉语译文"译作"圣旨与他们执把"，未能译出蒙古语的本义，也不似现代汉语。

属这寺家的房舍 八思巴字蒙古语作 èdenu seumes dur gejid dur 'anu，此语为同类公告圣旨所习见，前人或有误解。我在周至重阳万寿宫碑延祐元年（1314 年）圣旨注释中曾指出沙畹（Ed. Chavannes）曾误将寺院与房舍视为两事，译为 Que dans les temples et dans les habitations，后人或沿袭其误。③ 寺院与房舍并非同义语的重复，也不是并列的两件事，原义是指寺院中的房舍，使臣不得占住。八思巴字蒙文连用了两个 dur，有的碑文直译为"寺院里房舍里"易滋误会。或译为"这的每寺院房舍里""这的每寺院（宫观）里，他的房舍里"，译法不一。易州龙兴观懿旨碑作"这的每宫观里房舍内"，较胜一筹。④ 竹林寺此碑晚出，改变直译惯例，意译为"属这寺家的房舍，使臣休安下者"。语义甚为明白。我所见元代白话碑文，以此碑所译最为确切，足以订正误解。《文献汇编》"现代汉语译文"

---

① 参阅包培（N. Poppe）、克鲁格（J. R. Knueger），*The Mongolian monuments in Hp-'agspa script*《八思巴字蒙文碑铭》，威斯巴登，1957 年。郝苏民中译本《八思巴蒙古语碑铭译补》，内蒙古文化出版社 1986 年版。
② 包培：前引书。亦邻真：《读 1276 年龙门禹王庙八思巴字令旨碑》，《内蒙古大学学报》1962 年第 1 期。
③ 参见《元代道观八思巴字刻石集释》，《蒙古史研究》第五辑，内蒙古大学出版社 1997 年版。
④ 参见易州龙兴观懿旨碑注释。

没有依据这一佳译,而改作"在他们的寺庙和房舍里"加入"和"字,又陷于误解。

商税地税休纳者 汉字碑文"商税地税休纳者"一句,不见于八思巴字蒙古语圣旨碑文,不能不予以注意。免纳商税地税是元朝优遇僧道的一项措施。大抵蒙古建国初期,只免差发,不免商税地税。顺帝时,免纳商税地税渐成定制。各地寺观圣旨刻石也大都有此规定,屡见不鲜。可证汉字碑文此句并不是立石僧人擅自增加而是八思巴字蒙古语碑文刻石时遗漏。蒙古语"商税"借用回鹘语的 t'amqa(印)用指印契,以称商税。借用汉语 ts'aŋ(仓)以称地税。八思巴字碑文此处可补入 t'amqa ts'aŋ bu(勿)'eoqt'uqeè(给与、交纳)。

《文献汇编》收录八思巴字碑文,不逐字旁译,"凡例"申明以汉字碑文作为旁译"依次附于蒙古文对译文之后",逐行并列,但蒙汉碑文各有漏刻,汉字译文屡有增减,并非完全对译。八思巴字蒙古语碑文中"商税地税休纳者"这一重要遗漏,《文献汇编》未能校出,不无遗憾。

水土 八思巴字蒙古语碑文作 gaǰar(田土)usun(水),汉字碑文合译为"水土",是元人习用的名词。这里是指属于寺家的田土和沟渠塘井等水利。此类元碑,多作此译。《文献汇编》"现代汉语译文"改译作"土地河流"。河流不属寺家产业,别人也不能夺取。将蒙古语 usun 译为河流,显然错误。这一错误当是沿袭了照那斯图对此类碑文的误译。[①]

碾磨 八思巴字蒙古语 terimed,此字源于突厥语,复数形。包培正确地指出,此词的含义应是磨坊(mills)。我在赵州柏林寺碑中检出此字,汉译正作"磨房"。[②] 这是寺院经营的一项产业,故与店、铺席等并列,禁约侵夺。《文献汇编》"现代汉语译文"如译此字为磨房或磨坊,更便于读者理解,不宜再依元代译名作碾磨。

一处归断 汉字碑文"但属地他每的,无体例的人每倚气〔力〕呵,那里有的城子里官人每根底,和尚头目一处归断了呵,霖讲主根底分付与者",此项规约,不见于以前的禁约公告圣旨,是值得留意的。

"归断"一词译自八思巴字蒙古语 qaqalǰu,是元代习用的公文用语。徐元瑞《吏学指南》释归断"谓事应究竟致罪者"即查明原委定罪。周至重阳万寿宫碑至元十七年圣旨,称:"先生每与俗人每有争告的言语呵,倚付了的先生每的头儿与

---

① 参见平谷元兴隆寺圣旨碑注释。
② 见《元代白话碑集》,科学出版社 1955 年版,参见平谷元兴隆寺圣旨碑注释。

管民官一同理问归断。"关于僧俗纠纷一处归断的事例，曾见于《元典章》刑部卷十五"约会"门，至元三十年正月中书省咨文引述圣旨："去年俗人与和尚每有争差的言语呵，和尚每为头儿管民官一同问了断者。"《通制条格》卷二十九词讼条收有皇庆二年六月圣旨，有关规定更为详细具体。略称："僧俗相争田土的勾当有呵，管民官与各寺院里住持的和尚头目一同问了断者。合问的勾当有呵管民官衙门卫聚会断者。和尚头目约会不到呵。管民官依例归断者。"又见《元典章》礼部六释教门和尚头目条，文字略有出入。据此可知僧俗争讼由管民官与和尚头目同断，早有定制，但是属于相争田土等民事纠纷，不同于竹林寺碑所称对"倚气力"者的归断。碑文圣旨所称"属他每的，无体例的人每倚气力呵"系指不法之人仗势侵夺寺属财产（各种物件）。此类事向在禁例，屡见于禁约公告圣旨，但如何处置并无明文。此碑圣旨特为写明由地方官员与和尚头目一处归断，寺院僧人由此获得更多的抵制侵扰的自卫权力。"和尚头目"译自蒙古语 doji dun'eot'eogus。这里显然不是指住持四所寺院的霖讲主而是寺院的知事僧人，讲主住持寺院和讲经，是寺院的尊宿。寺院事务例由都寺、监寺等知事僧司理。作为和尚头目去官员衙门一同归断后，再交付霖讲主处理。

分付与者 八思巴字蒙古语 t'e·ul-J̌u 'eog-t'u-geè。汉译碑文"分付与者"。t'e·ul J̌ul，包培译为托付 to entrust。[①] 此字曾见于《元朝秘史》卷九，音译塔兀勒周，旁译"分付着"，又见于《华夷译语》人事门音译字根塔兀勒，汉义"分付"。元明间汉语口语"分付"，意为委付、交付，与现代俗语"吩咐"不同。《通制条格》卷二八杂令禁书条，至元十年二月见"奏过随朝官员人等每根底多有圣旨分付与的阴阳禁书，都教分付与秘书监者"。《西厢记诸宫调》："贫僧积下几文起坐（私钱），尽数分付足下。"杂剧《鲁斋郎》："我将家缘（家产）家计（家财），都分付与你两口儿。"周至重阳万寿宫碑至元十七年圣旨见"做歹勾当的、做贼说谎的先生每，管城子达鲁花赤官人每根底分付与者"。延祐元年圣旨碑文也见："做贼说谎的先生每有呵，管城子达鲁花赤、官人每根底分付与者。"意即道士犯法交付给达鲁花赤和地方官员处置。竹林寺碑圣旨"城子里官人每根底和尚头目一处归断了呵，霖讲主根底分付与者"，即官员与和尚头目一同归断之后交付给霖讲主处理。《文献汇编》"现代汉语译文"误"分付"为"吩咐"，译为"吩咐给霖讲主"与原意不合。

---

① 包培：前引书。

不怕那甚么 此译文在元代汉语白话圣旨中经常出现，历来受到学者的关注，对蒙古语的古代语法形态和元代汉语的释义，多有探讨。此碑八思巴字蒙古语作 'eulu·u 'ajuqun。'eulu·u 是 'eulu（不）的反诘语，意即"不……么"与 'ajuqun（怕）连用为"不怕么"，碑文译"不怕那"。八思巴字蒙古语碑文并没有与"甚么"相当的语词。汉字碑文中的"甚么"一词并非译自蒙古语而是译者引入汉语俗语以加强反诘语气。方龄贵先生近年发表《为不怕那甚么进一解》一文，自《元典章》《通制条格》《孝经直解》《朴通事》诸书中广泛摘引例句相互参证，释"那"字为疑问语"吗"，"甚么"即反诘语"怎的"。解说甚为精审。① 元杂剧《单刀会》第二折"三条计已定了，怕他怎的"。"怕他怎的"是不怕的反诘。"不怕怎的"是怕的反诘。"怎的"一词在元代以后的汉语普通话（"官话"）中逐渐为"怎么"代替。方先生文中曾注意到太田辰夫《汉语史通考》曾引用旧小说的例句"倚老卖老是怎么着"。现代北京话俗语仍然习见。如责问违法行为"他不怕死怎么着""他不怕坐牢怎么着"。山东地区方言"怎么的"，东北地区方言"咋的""咋着"（咋=怎么），作为反诘语也用于句末，大体相似。我曾释林州宝岩寺碑的"他每不怕那甚么"相当文言体公文"宁不知惧"。惧或怕之后都是省略了谓语"罪过""有罪"或"犯罪"。当时人不言而喻，故可省略，后人不免费解。蔚州飞泉观碑至元十七年汉字圣旨此句译作"他每不怕那不有罪过那甚么"。② 在不怕那甚么之间加入"不有罪过那"，当然不是译自蒙古语，而是译者增释，以求语意更为明白。元代圣旨、法令中常见"如违，要罪过者"是正面的告诫。如做不法的事，"他不怕那"是反诘的警示，雅译可作"倘行不法，宁不知惧"。口语即"如果做违法的事，他不怕犯罪吗"。"他每不怕那甚么"直译为口语，可以拟作"他们不怕〔犯罪〕吗怎么着"。竹林寺碑此句是蒙古语有 basa（更、再）一词，以加重语气。汉译碑文作"他每更不怕那甚么"，即他们再不怕犯罪吗怎么着。《文献汇编》"现代汉语译文"译作"他们也岂不怕"，不免令人难解。

至正三年羊儿年 此碑圣旨年号与生肖并用。八思巴字蒙古语作 J̌i J̌iŋ qu-tu-·ar hon qo-nin J̌il。西藏现存至治三年（1323 年）与泰定元年（1324 年）八思巴字蒙古语两旨已有此例。③ 汉字圣旨碑文见周至太清宗圣宫碑署至顺元年马儿年（1330

---

① 方龄贵：《为不怕那甚么进一解》，《云南师范大学学报》1999 年第 1 期。
② 见《元代白话碑集录》。
③ 西藏自治区档案馆编：《西藏历史档案荟萃》，文物出版社 1995 年版。

年）。邹县绎山仙人宫碑、辉县颐真宫碑均署元统三年猪儿年（1335年）。八思巴字至正三年，蒙古语原意为至正第三个年头，年字用 hon。羊儿年之年用 ǰil，原意为以羊纪年。海涅士（E. Haenisch）《元朝秘史词典》曾注意到 hon 与 ǰil 之异同，有所诠释，可供参阅。①

2007 年 7 月

（原稿提交庆祝方龄贵先生九十寿辰学术研讨会。
刊于《中国蒙元史研讨会暨庆祝会文集》
民族出版社 2010 年版）

---

① 海涅士（E. Haenisch），*Woerterbuch zu Monghol un niuca tobca'an*，威斯巴登，1962 年。

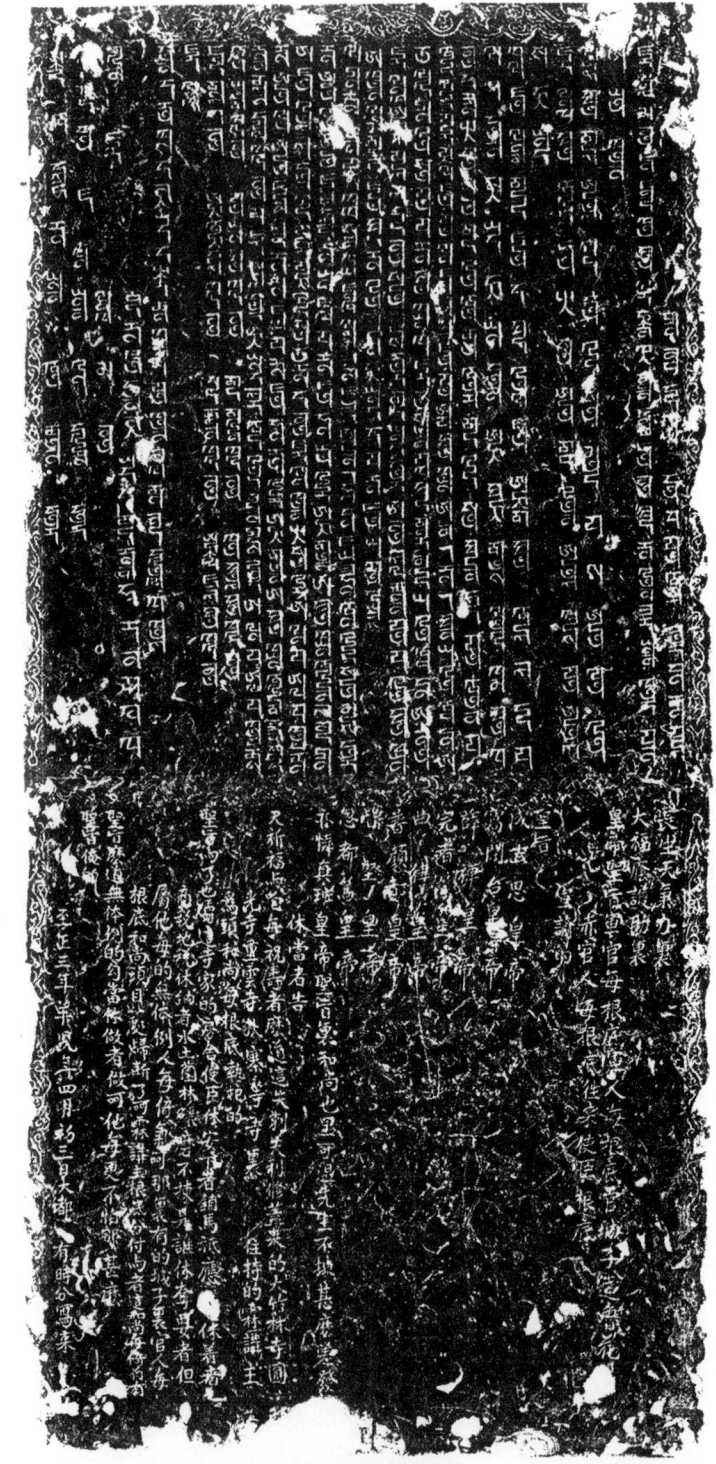

长安竹林寺碑拓本
长安博物馆藏

〔19〕兖州达鲁花赤墓碑
（1318年）

  北京大学藏有山东兖州元代八思巴字碑拓一件，为柳风堂张氏旧藏。原签题"山东泗水"。我曾把它编入《北京大学文科研究所所藏元八思巴字碑拓序目》甲类，题为"济宁路兖州达鲁花赤碑"。前此，未见著录。

  碑拓正中为八思巴字两行，识为拜都之墓记，系译写蒙古语，但拜都之官职衔名则依汉语官名音译。左下方有八思巴字小字一行，译写蒙古语年月地址。现分别转写并译释于次。

碑文左行：

  tsi niŋ lu ts'èn juèn ǰiw da－ru－qa－č'i
  济　宁　　路　前　　兖　　州　　　达　鲁　花　赤

  gem gon bun ǰèw
  兼　管　　本　州

碑文右行：

  ǰeu geun 'a－ʿu-ruq k'eon nuŋ
  诸　军　　　奥　鲁　　　劝　农
  či ba ǰi－du jin he－ʿur gi
  事　拜　都　　之　　　墓　　　　记

  此墓主拜都，事迹无考。清修《兖州府志》于元代宦迹记述甚少，不见其人。元代兖州属济宁路，领县四：嵫阳、曲阜、泗水、宁阳。见《元史·地理志》。拜都之官职"兖州达鲁花赤兼管本州诸军奥鲁劝农事"为元朝授官，故碑文对译汉语音读，但达鲁花赤与奥鲁仍据蒙古语原文译写。达鲁花赤一词屡见于八思巴字碑文，复数形式 da－ru－qas。此碑为单数形，作 daruqa－č'i，译写很准确，为石刻中首次发现。奥鲁八思巴字译写，曾见于传世官印，在碑文中也属首次出现。《元朝秘史》译此词为"老小营"，指蒙古诸军的家属辎重。《元史·世祖纪》载至元九年十二月，"诏诸路府州县达鲁花赤管民长官兼管诸军奥鲁"，遂成定制。此官职前之"前"字，是前任之义，去世前已经卸任。前字与职名联用，此处仍是汉语音译，非蒙古语译写。

"拜都之墓记"等字为蒙古语。元代蒙古官员名拜都者，屡见于元人文集，但都不是这位墓主。he－ˑur 一词释义为墓。此词在近代蒙古书面语中写作 hegür 或 heür，与习用之 bomba 同义。蒙古旧无墓葬之俗，此词原有尸体之义，似是引申为坟墓。蒙古语墓（he－ˑur）字，不见于《元朝秘史》，也不见于《至元译语》、《华夷译语》等字书，在八思巴字蒙古语文献中出现，是值得注意的。末一字 gi 也是蒙古语，有证、记等义，译释为"记"，不是汉语音译。

左下小字一行：

mo－rin ĵil　qa－bu－run　te－ri－ˑun za－ra
马　　　　年　春　　　季　　　首　月

ši－ni　qo－ja－ri'eo dur　bi－čˊi－beè
初　　　二　　　　日　　写　来

此行八思巴字字体甚小，间有磨泐。开头三字 mo—rin ĵil 磨损断裂尤多，但可以肯定为生肖纪年无疑。春季首月等字清晰可辨。末字 bi－čˊi－beè 也无疑问。前此之 ši－ni qo－ja－ri'eo－dur 三字，承内蒙古社会科学院乔吉先生细加审辨，函告 ši－ni 当即蒙古语 sine，义为"新"，此处可释为"初"，三字合为"初二日"。谨志于此，并向乔吉先生致谢。

据上译释，此碑石左侧之八思巴字可译为："午年春正月初二日书。"如依元人直译体可作"马儿年春首月初二日写来"。

《黑鞑事略》记蒙古旧俗"其墓无冢，以马践蹂，使如平地"。《元史·太祖记》，载成吉思汗葬起辇谷。元朝皇帝死后，也都归葬起辇谷，深埋如平地。但汉地的蒙古官员，则往往就地安葬并且起坟立碑，这显然是沿袭汉人习俗。元人文集中录存蒙古官员碑铭，屡见不鲜。以八思巴字写的蒙文碑记，为前此所未见。此碑记虽然文字不多，实为罕见的遗存。因将拓影刊布，略加译释，以供蒙古历史语文研究参考。

（原载《蒙古学信息》1996 年第 3 期）

[19] 兖州达鲁花赤墓碑（1318 年）

兖州达鲁花赤墓碑拓本

[20—23] 泉州基督教徒墓刻石
（1311—1324年）

福建泉州历年出土伊斯兰教及基督教徒墓石刻多种。吴文良先生以数年之力，广事搜罗，汇编成书，题为《泉州宗教石刻》。1956年携书稿来京，在中国科学院考古研究所编校定稿。吴先生来访，送来刊有八思巴字的石刻照片三幅下问。我复信说明石刻八思巴字系译写汉语，并暂拟相应汉字，以供参考。吴先生乃将此信刊入《泉州宗教石刻》第34页，1957年出版。[①]

八思巴字译写汉语不能区别同音字，也不能显示声调，如果没有对译的汉字资料可审辨其音，即难以还原其字。所以只能考索文物性质及相关文献、制度，以研求字义与文义。我当年匆复吴先生的短信，原以为只供参考，未及详求，甚为疏略。刻石现存泉州海外交通史博物馆，往年曾往参观，保存完好。现对刻石文字再加审视，试作进一步的诠释，以供研讨。

[20] 朱氏墓刻石

朱氏墓刻石，高45厘米，宽30厘米。1940年泉州北门城墙出土，见吴文良《泉州宗教石刻》图85。刻石雕铸花纹边框。框内上方浮刻十字架，下有托盘莲花，两旁各有一天使拱手托盘。此浮雕与厦门大学博物馆所藏两种须弥座祭坛式墓石垛图像颇为相似，见吴幼雄《福建泉州发现也里可温碑》一文附图。[②]可知墓主应是基督教的信徒。框内正中刻八思巴字两行，每行四字，自左至右行。两侧各刻汉字小字四字，自右至左读。译释如次。

正中八思巴字

左行：kaj šan J̌eu jèn

　　　开　珊（山）朱　延

[①] 吴文良：《泉州宗教石刻》，科学出版社1957年版。
[②] 吴幼雄：《福建泉州发现也里可温碑》，《考古》1988年第11期。

右行：ko　tshi　'uin　mu
　　　 珂　 子　 云　 墓

两侧汉字

右行：至大四年辛亥

左行：仲秋朔日谨题

正中八思巴字右行末一字还原为"墓"，可以无疑。依据墓记的通例，以上七字应是墓主的乡里姓名。"开珊（山）"据八思巴字音读拟字，似是乡镇地名，但不见于乾隆《泉州府志》，不能确指。如系外府乡镇，墓主当是来自外地的商民侨寓泉州。元代冀宁路文水县有镇名开珊，淮安路海宁州海域有开山岛。音读相近，是否与墓主有关，无文献可证，暂借其字，以待考稽。

"朱"姓据八思巴字读音拟字，也可拟作同音的祝、诸、竺等姓。以下四字"延珂子云"，均据音读拟字。依据通例，可有两种解释。一是墓主朱延珂字"子云"。一是墓主系朱延珂之子名"云"。汉字两行"至大四年辛亥"，"仲秋朔日谨题"。自称"谨题"而不署姓名。释为朱延珂为其子朱云题墓，似更为合理。

元墓刻石，承袭前代，皆有定制。元潘昂霄著《金石例》卷一"碑碣制度"条[①]称五品以上立碑，高不得过九尺。五品以下，不名碑，谓之墓碣。七品以上立碣，高四尺。又有墓表，坟高四尺，立小石碑于其前，亦高四尺，略述其世系名字行实。一般商民墓前立石，潘书称"墓表石"即墓前石。释云："墓表石立于墓前。就地埋定。上额云某人之墓。无文辞。虽无碑者，亦当立此石。"石高无定例，但总在四尺以下。泉州朱氏墓石高约尺半，宽不足尺。题某人墓而无文辞，应属此类。朱氏当是无官阶的普通民众。墓主如是朱云，系朱延珂早殇之子，墓前只立尺余的小石，是可以理解的。此类小石，民间俗称或称墓碑，是"碑"的泛称，不具有严格的制度意义，但刻石只能题某人墓，不能用碑字。

照那斯图先生近年撰文将此刻石八思巴字改译作"开、山、朱、延、珂、訾、云、墓"，又据《蒙古字百家姓》及近刊《姓氏大全》提出："前面七个字都是姓，就是说这座碑是七姓死者墓葬的集体标志。"[②] 案元代有夫妇合葬之墓，但七姓死者合葬一墓共立一石，史无其例。所谓七姓墓葬"集体标志"，随便说解，并无根据。

[①] 潘昂霄：《金石例》，光绪四年戊寅刊《金石三例》本。
[②] 照那斯图：《元代景教徒墓志碑八思巴字考释》，《海交史研究》1994年第2期。

[21] 柳氏墓址界石

  1948 年泉州北门城基出土，见前引吴文良书图 86。高约 34 厘米，宽 31 厘米，是长方形的竖立小石。周雕云纹边框。框内上方正中浮刻十字架，下有卷云。正中八思巴字两行，每行三字，自左至右行。音写汉语。两侧各铸汉字小字四字。今为译释移录于次。

  八思巴字左行：ji guŋ liw
       易 公 柳
    右行：ši mu J̌i
       氏 墓 址
  汉字右行：时岁甲子
    左行：仲春吉日

  以上易公两字系据八思巴字音读拟字。"易"也可拟作伊、益。"公"字也可拟功、工。依例似是乡里名，但不见于府志。是否为堂号或商号之称，也无从确指。"柳"字也可拟刘、留等姓。"氏"字，在吴文良书所录我的短柬中曾误释为济 tsi，今再审视，应改正为氏 ši，柳氏即柳姓家族。后二字 mu J̌i，我还原为墓址。此小石仅高尺许，长方形，又不同于朱氏墓的墓前刻石，视为标示墓址的刻石，较为合理。可与下文"叶氏墓址"刻石互证。小石题书"墓址"是表明柳氏家族墓地界划所在，以防侵占，即通称的界石。

  汉字"时岁甲子"，时字刻石作"旹"，是"时"的古体。吴文良书定此年为泰定帝元年甲子（1324 年）是正确的。

  照那斯图前引文说这是四姓死者墓葬，与前说同样谬误。又改释八思巴字 mu J̌i 二字为"墓志"，称刻石为"墓志碑"，也是不对的。

  墓志是专称，有一定的制度。前引元潘昂霄《金石例》"墓志制度"条："墓志纳之墓中柩前，平放。其状如方石，斗二，底撮，面平而不凹，大小无定制。"上斗即墓志盖，题某官某人墓志，无铭字。下斗前一行刻某官某人墓志铭，叙墓主家世、经历、生死年月，后著铭文。无铭者序事即铭，又见黄宗羲《金石要例》。现存历代墓志刻石甚多。历代文集中也收有大量墓志铭文，为文史研究者所习知，不需例举。泉州柳氏墓地小石，在城基出土，并无上下二斗。如认为是墓志盖，形制内容也都不符。小石为长石，并非底撮面平的方石。墓志盖题写墓主某官某人，也与小石只题姓氏不同。墓志与墓碑截然两事。前引《金石例》卷一"墓志墓碑文字各异"条称："碑上不言志字，只曰某官某人墓碑。"墓志埋于地下，墓碑立于地上，两者不容混同。所谓"墓志碑"含义不清，也与金石体例不符。

[22] 叶氏墓址界石

1954 年泉州北门城基出土。高 42 厘米，宽 28 厘米。见吴文良书图 87。边框形制与柳氏墓址界石略同。只是正中十字架下托以莲花，约占框内三分之二。下部刻八思巴字两行，每行两字。无汉文。

八思巴字左行：jè　ši
　　　　　　　叶　氏

　　　右行：mu　J̌i
　　　　　　墓　址

此小石略高于柳氏墓址界石，精刻莲花十字架，无汉字年月。八思巴字仅四字，无乡里名号。释为"叶氏墓址"，可视为汉字的还原，应无疑义。与前一界石互证，当是叶氏家族墓地的界石。

[23] 杨氏墓道界石

1985 年 11 月泉州北郊后茂村出土。次年 1 月，泉州海外交通史博物馆刘志成先生来信告知，寄赠照片嘱释。此刻石高约 41 厘米，与前揭叶氏墓址界石相若。周雕云纹边框，正中十字架，下托卷云。前引吴幼雄"福建泉州发现也里可温碑"曾刊出拓本图版介绍。[①] 石刻正中八思巴字两行各三字。两侧汉字小字各一行四字。

八思巴字左行：ˑuŋ　še　jaŋ
　　　　　　　翁　舍　杨

　　　右行：ši　mu　taw
　　　　　　氏　墓　道

两侧汉字右行：延祐甲寅

　　　左行：良月吉日

此刻石题延祐甲寅，即元仁宗延祐元年（1314 年），较前揭柳氏墓址刻石更

---

① 参见叶道义、志诚《泉州再次发现八思巴文基督教碑》，《海交史研究》1986 年第 1 期。

早十年。但题写规格大体相同。"翁舍"据八思巴字音读拟释，疑是乡里之名。杨字也可拟阳、羊，应为姓氏。杨氏即杨姓家族。"墓道"二字还原汉字无疑。墓道即墓前甬道，此刻石当立于墓道的开端地界以标志墓地范围，也是墓地的界石。

以上泉州墓地刻石四通，自1940年至1985年四十余年间陆续出土，墓主之地望及姓氏虽尚不能确指，但石刻之性质及文字大义略可考见。综观四石，可供研讨者有如下几点。

（一）四石均刻八思巴字音写汉语，三石兼用汉字，可知墓主均为汉人。刻石无官阶，知为一般居民。有家族墓地，又表明拥有相当财富。元代泉州是中外贸易的商港。外地来此经商者甚夥。如刻石之乡里名称属于外埠，推测墓主为侨寓商人或去事实不远。

元代泉州府城，明代曾有扩展。四刻石出土地均在北门城基以北，即在元代泉州城外的北郊。各家族墓地各立界石以确立范围，划分彼此地界。这显示元代泉州北部，存在一个墓地相连的汉人商民墓区。

（二）八思巴字元朝称为"蒙古国字"。主要用以拼写蒙古语言，兼用以音写汉语。以八思巴字译写汉语主要用于官方文书。先以汉语书写，再以国字对译。传世文物表明，汉人民间也将音译汉语的国字，用之于各种瓷器、印押、铜镜及各类文玩。或用以自重，或用为装饰。墓前碑石，我曾见过以八思巴字蒙语题写的蒙古达鲁花赤墓记，已在《蒙古学信息》刊布。至于汉人民间的私人墓葬以八思巴字译写汉语题记，则为前此所未见。[①] 泉州四石以国字刻石或是因为泉州居民民族众多，刻国字便于各族人识读兼以自重，以防侵犯。

（三）泉州四石年最早者是至大四年（1311年），晚至泰定帝元年（1324年），先后相隔十余年，但石刻上均浮刻十字架及卷云、莲花诸文饰。可知墓主均为基督教之聂思脱里派（景教）的信奉者。[②] 泉州为基督教传播地区。四墓主均奉此教，不足为异，但由此可见，泉州北郊汉人商民墓区实是属于商民中的基督教信奉者群体。元代文献习用"也里可温"泛称基督教各教派及传教士，也用以指称奉教的各族徒众。泉州北郊奉教汉人墓区的发现，为研考也里可温的汉人成分提供了实例，是值得重视的。

（1986年10月写于北京）

---

① 《八思巴字与元代汉语》收有大元武略将军刘公神道碑及蓟国公张氏先茔碑的碑额，八思巴字音写汉语，但碑文仍用汉字正书。以八思巴字音写汉语碑额，不乏其例。

② 参阅陈垣《元也里可温教考》，《陈垣学术论文集》，中华书局1980年版。

[20—23] 泉州基督教徒墓刻石（1311—1324 年）

泉州朱氏墓刻石

泉州柳氏墓址界石

泉州叶氏墓址界石

杨氏墓道界石

附录：碑刻存目

现存八思巴字蒙古语碑刻，前人已有译释本书未再涉及者，编为存目，以备检索。依本书体例，碑题括注碑文年代，不是立石年代。译释文字只举最先发表的论文，其余不遍举。存目的编排也以刊布先后为序。

1. 成都青羊宫碑

韩儒林：成都蒙文圣旨碑考释。成都华西大学中国文化研究所集刊，第一、二卷合刊。1941年。（又见《穹庐集》，上海人民出版社1982年版）

2. 太原石璧寺碑（1289年）

[德] 傅兰克（H. Franke）：《未经刊布的太原八思巴字碑铭》。《亚细亚研究》第17期，1966年。
Eine Unveröffentlichte 'pags-pa Inschrift aus T'ai-yuan. Asiatische Forschunqen. No. 17. 1966

3. 许州天宝宫碑（1336年）

照那斯图、道布：《天宝宫八思巴字蒙古语圣旨碑》。《民族语文》1984年第6期。

4. 登封少林寺碑（1312年）

[日] 中村淳、松川节：《新发现的蒙汉合璧少林寺圣旨碑》。《内陆亚细亚语言研究》第8期，1993年。

5. 户县东岳庙碑（1282 年）

道布、照那斯图、刘兆鹤：《阿难答秦王八思巴字蒙古语马年令旨》。《民族语文》1998 年第 3 期

6. 平遥清虚观碑（1309 年）

哈斯巴根、乌力吉：《平遥县清虚观八思巴字蒙古文圣旨碑考释》。《内蒙古大学学报》2000 年第 6 期

附记：北京昌平居庸关云台券门东西两壁石刻有八思巴字蒙古语造塔记，因不属碑刻范围，本目没有列入。早在 1870 年，维利（Wylie）[1] 曾发表《华北居庸关古佛教石刻铭文译注》，1895 年，波拿帕特（R. Bonaparte）[2] 刊布石刻拓本。此后百余年来，各国学者屡有译注、考释，不需备举。前引包培书有关于蒙古语词汇的注释。历史学考释有宿白《居庸关过街塔考稿》。[3] 国家图书馆善本部曾将馆藏精良的拓本整理剪接。照那斯图《八思巴字和蒙古语文献汇集》据以影印收入。

---

[1] 《英国亚洲学会学报》（J. R. A. S）1870 年 12 月，伦敦。
[2] 波拿帕特：《13—14 世纪蒙古文献》，巴黎，1895 年。
[3] 《文物》1964 年第 4 期。

下编

文物

〔24〕 立皇后玉册

玉册原物未见，仅存一版拓本，原为清末金石家吴式芬旧藏，现存北京大学图书馆。册高25厘米，宽约10厘米。用八思巴字拼写蒙古语，凡四行，字体极为工整，行间为正书汉字。先将八思巴字以拉丁字母转写并旁译如下：

(1)　’a-nu　　k’e’e be-su
　　他们的　　述说

(2)　qa–t′un　o–ro–sa–ˑul–qu　t′eo–reo èŋ　u–ri–du
　　合敦　　建立（入位）　　　理　　　先

(3)　’a–Ju–′u　de–le–geè-ji　Ja–sa=qu–jin　t′eub–hu
　　有来　　　天下　　　　治理的　　　　中

(4)　Ja–′ur　k′e-ˑe be–su　ge–ri–jen　Ja–sa–qu　Jač-‘a
　　间　　　述说　　　　家　　　　治理　　　 ？

第四行末字，当联下版，无考。

汉字四行相间书写，凡十四字，自左向右行："端莫先于立后天下之本爰自于齐"。

前后版无从查考。我意"端"之前当有"之"字。"齐"之后当是"家"字。可读为："□□〔之〕端，莫先于立后；天下之本，爰自于齐〔家〕"。故知为立后玉册。此类册文，例由翰林院汉人文士草拟，文体对仗。此玉册八思巴字蒙古文虽与汉字相间书，但并非习见的汉字音译而是书写蒙语以汉文译义。大意为："说到……立合敦（皇后），理为最先。说到治理天下，治家……"t′eoreo（törö）一词见于《元朝秘史》卷八及卷九，旁译"理"。delegeè 也见《秘史》卷八，音译"迭列该"，旁译"天下"。汉文"天下之本"，蒙译治理天下当中，与原意基本相符。蒙文保存"治家"，可证汉文原作"齐家"，"家"字当在次版。元制：蒙古翰林院有"书写圣旨必阇赤"，见《元史·百官志》，玉册译文当出其手。

《元史》卷一一四"后妃传"，武宗真哥皇后、顺帝答纳失里皇后、伯颜忽都皇后、完者忽都皇后诸传均录有立后册文。苏天爵《国朝文类》卷十也收有立皇后册文三通，分别考察如下。

第一通为世祖至元十年三月立皇后册文。内称皇后弘吉烈氏，遣摄太尉中书右丞相安童授玉册宝章。《元史·后妃传》：世祖昭睿顺圣皇后名察必，弘吉剌氏，"中统初，立为皇后。至元十年三月授册宝"。同书"世祖纪"至元十年三月丙寅，"遣摄太尉中书右丞相安童授皇后弘吉剌氏玉册玉宝"，均与册文相合，知为察必皇后玉册无疑。册文王磐撰。王磐时为翰林学士，兼太常少卿，见《国朝名臣事略》卷十二。

第二通，仁宗皇庆二年三月十六日立皇后册文。称皇后弘吉剌氏，授玉册摄官为中书右丞相秃忽鲁。《元史·后妃传》："仁宗庄懿慈圣皇后，名阿纳失失里，弘吉剌氏，生英宗。皇庆二年六月，册为皇后，上册宝。"可知此册文为阿纳失失里皇后玉册。册文程钜夫撰，并载《雪楼集》卷一。程钜夫时为翰林学士承旨，见《元史》本传。

北京图书馆藏抄本刘敏中集，题《中庵先生刘文简公文集》，卷十五也载有皇庆二年"皇后玉册文"。四库本《中庵集》系自《永乐大典》辑出，无此册文。抄本卷首有元统二年吴善序，也不见于四库本。序中称"所载皇庆二年立皇后玉册文""与国史相表里"，可见此册文为文集旧有，非抄本擅入。《元史·刘敏中传》称武宗时召刘敏中为翰林学士承旨，不载仁宗即位后事，下文即称"以疾还乡里"。《元史·仁宗纪》载至大四年正月武宗崩，仁宗召群臣，同议庶务（见"参政刘敏中"）。程钜夫《雪楼集》卷二十八也有"寄刘中庵参政"诗二首。四库本及抄本刘敏中集均收有"皇庆改元奏议"，可证仁宗皇庆时，刘敏中仍然在朝，奉命草拟立后册文是可能的。抄本《刘敏中集》所收皇庆二年皇后玉册文与前引程钜夫撰立后册文，文字全然不同，文中无立后月日，也无皇后氏族和摄官姓名，只称"皇后某氏""遣某官某"。此文当是刘敏中草拟的文稿，并非刊于玉册的正式册文。

《元典章》卷一收有皇庆二年"立后诏"，文字与程、刘两文俱不相同。称皇后弘吉剌氏，无摄官名氏。当是民间传抄之本。

第三通"皇后册文"，无年月。册文称皇后瓮吉剌氏。授册摄官为中书右丞相旭迈杰。旭迈杰任相在至治三年十二月泰定帝即位之后，可知此册文为泰定帝立后册。泰定帝皇后名八不罕，弘吉剌氏，见《元史·后妃传》。立后授册在泰定元年三月，见《元史·泰定帝纪》。册文袁桷撰，并载《清容居士集》卷三十五。袁桷在仁宗时为翰林直学士，知制诰。英宗时升侍讲学士。《元史·袁桷传》据苏天爵"袁文清公墓志铭"（见《滋溪文稿》）说他"泰定初辞归，四年卒"。据此册文可知，袁桷辞朝，当在泰定帝立后之后。

《国朝文类》所收册三通之外，虞集《道园学古录》卷二十一另有"皇后册宝文"一通，并见《道园类稿》卷十二。册文无年月，也无摄官姓名。只称皇后瓮吉剌氏。虞集自泰定帝时拜翰林直学士，入值经筵。《元史·虞集传》称"文宗在潜邸，已知集名，既即位，命集仍兼经筵"，又除奎章阁侍书学士。册文中之皇后瓮吉剌氏当是《元史·后妃传》之文宗皇后弘吉剌氏卜答失里。立后授册在天历二年，见《元史》"文宗纪"及"后妃传"。册文称："肆朕旧劳于远外，兼夙夜以忧勤。暨予力济于艰难，亦后先而辅佐"，是指卜答失里后助文宗谋夺皇位。

我所见元代文献中的历朝立后册文，略如上述。计凡八后，即世祖后察必、武宗后真哥、仁宗后阿纳失失里、泰定帝后八不罕、文宗后卜答失里及顺帝三后。八后册文均不见此玉册拓本中的文句，可见这一玉册并非八后中的任何一位皇后。

八后而外，《元史》纪传明确记载授予玉册的皇后，还有成宗后卜鲁罕和英宗后速哥八剌。《元史·后妃传》：卜鲁罕皇后，伯岳吾氏。元贞初立为皇后，大德三年十月授册宝。[①]英宗庄静懿圣皇后，名速哥八剌，亦启烈氏。至治元年册为皇后。《元史·英宗纪》并详记其事，至治元年十二月辛丑，"立亦启烈氏为皇后，遣摄太尉中书右丞相铁木迭儿持节授玉册、玉宝"。

据上考察可知，仅存一版的这一玉册很可能是成宗皇后伯岳吾氏卜鲁罕或英宗皇后亦启烈氏速哥八剌的立后册。至于确属何人，尚待他证。

玉册拓本的留存，提供了如下的启示。（一）元代立后玉册未见传世。据此版拓本可以窥见玉册的形制、尺寸，并可得知原系蒙汉文并书，并不只是文献中著录的汉文。玉册拓本也为八思巴字蒙古文献又增添了一类前所未见的文物。（二）传世八思巴字诏旨，大致分为两类。一类是先以汉字雅言书写，再以八思巴字音译汉字。另一类是先以八思巴字书写蒙古语，再以汉语直译，即所谓白话译文。此玉册乃先有汉文雅言的册文，再以八思巴字蒙古文义译，为前此所未见。由此可知，元代翰林院书写的蒙汉对译诏旨，译例并非一律。（三）玉册一版的八思巴字蒙古语译文，提供了若干前此未见的词汇，足资研究参考。即如习见的合敦一词，在八思巴字蒙文文献中也还是第一次出现。

（原载《考古》1994年第10期）

[①] 成宗元妃失怜答里早逝。《元史·后妃传》与卜鲁罕后相混，误作"大德三年十月立为后"。钱大昕《廿二史考异》已订正。参见中华书局校点本《元史》，后妃传校勘记（八）。

立皇后玉册拓本

〔25〕 加上皇太后尊号玉册

　　原物未见。孙氏埙室藏一版拓本，黄盛璋兄摹赠，嘱为考释。此拓本曾影刊于 1936 年 4 月中国画研究会编《艺林月刊》第七十六期。拓本存玉册背面一"六"字，题为"元顺帝上皇太后尊号玉册第六版"。附有题记五行，引《元史·顺帝纪》说明题名之依据，署"退翁雪窗书"。拓本高约 25 厘米，宽约 10 厘米。八思巴字与汉字相间书，各三行。现将八思巴字以拉丁字母转写，并依原行款录出相应汉字如下：

(1)　jèw　J̌aŋ　ži　giw　čuen　kéi
　　　瑶　章　而　久　瑑　启

(2)　jeu　t'è　ji　ts'aj　li　gin　gèn　še　taj　uè　taj
　　　瑜　牒　以　载　摛　谨　遣　摄　太　尉　太

(3)　ši　c'in　'uaŋ　ŋiw　šiŋ　seŋ　ba-jan　huaŋ
　　　师　秦　王　右　丞　相　伯颜　奉

　　与前释立后玉册不同，此册的八思巴字并非蒙古语义译，而是汉字的音译。原版八思巴字与相应汉字同在一行，但并非逐字相对，间有参差错落。

　　此玉册文未见著录，当也是翰林院汉人文士草拟，文体对仗。联前版当读为"□瑶章而久瑑，启瑜牒以载摛"。瑶章、瑜牒都是玉册的雅称。久瑑即待琢。摛义为藻翰。秦王伯颜，《元史》卷一三八有传。《元史·顺帝纪》载：至顺四年六月己巳，顺帝即位于上都，辛未，"命伯颜为太师，中书右丞相"。十月，改元元统，十一月"封伯颜秦王，锡金印"。"伯颜传"误系封秦王于元统二年，屠寄《蒙兀儿史记》卷一二六已校正①摄太尉是行册礼时遣官的专称。《元史·礼乐志一》册宝摄官条载：上皇太后册宝，摄太尉一人。上太皇太后册宝，同。授皇后册宝，摄太尉一人。授皇太子册，摄太尉一人。顺帝册立三皇后之册文，已具见《元史·后妃传》。立太子则晚在至正十三年六月，伯颜早在至元六年已被黜，随

---

① 参见中华书局校点本《元史》卷一三八校勘记（七）。

即病死。立皇后、立太子均称"授册",上皇太后、太皇太后尊号则称"奉"。此册版最后存一"奉"字,可知为上皇太后或太皇太后尊号的玉册。

顺帝时,加上皇太后和太皇太后两尊号者,实为一人,即文宗后卜答失里,顺帝妥欢帖睦尔是明宗的长子。卜答失里是他的婶母。文宗谋害兄明宗夺得皇位,改元至顺。至顺元年四月,卜答失里谋杀明宗后八不沙。三年八月,文宗病死。卜答失里扶立明宗幼子宁宗,以皇太后称制。宁宗即位四个月而死。卜答失里又立十三岁的妥欢帖睦尔继位,仍称皇太后。顺帝元统二年十月,奉玉册加上皇太后尊号为"赞天开圣仁寿徽懿昭宣皇太后",见《元史·顺帝纪》。

卜答失里加号太皇太后,在至元二年八月。《元史·顺帝纪》是月己卯,"议尊皇太后为太皇太后,许有壬谏以为非礼,不从。"许有壬《至正集》不见有关奏议,据《元史·许有壬传》,当是群臣集议时的谏言。本传略谓:"帝诏群臣议上皇太后尊号为太皇太后,有壬曰:皇上于皇太后,母子也。若加太皇太后,则为孙矣。非礼也。众弗之从。(下略)"所谓"众弗之从",主要决于卜答失里倚任的伯颜。伯颜任右相后,不复置左相,独专相权,秉持国政。至元六年二月顺帝与脱脱等谋议,罢黜伯颜出朝。六月,又诏撤文宗庙主,废太皇太后卜(不)答失里,迁于东安州安置。《元史·顺帝纪》载诏书称:"不答失里本朕之婶,乃阴构奸臣,弗体朕意,僭膺太皇太后之号。"可见加上太皇太后尊号,并非顺帝之意,而是由于卜答失里与"奸臣"即伯颜合谋,以提高其地位。卜答失里历经明宗、文宗、宁宗、顺帝四朝,关系四帝之废立,实为元季历史上一位值得重视的人物。

据上考察,此册版可以是卜答失里加上昭宣皇太后尊号的玉册,也可能是加上太皇太后尊号的玉册。《元史·顺帝纪》载元统二年加上皇太后尊号的诏书说:"爰协众议,再举徽称,而皇太后以文宗皇帝未祔于庙,至诚谦抑,弗赐俞允。今告祔礼成,亦既阅岁,始徇所请。"册文有"□瑶章而久琢"语,较大的可能是元统二年加上皇太后尊号的玉册。

关于玉册拓本的八思巴字译文,应当指出"摛"字音写之误。摛 chī(痴),见《说文》手部。宋本《玉篇》作"耻离切"。此册文八思巴字音译为 li,当是出于蒙古翰林院必阇赤的误读。《蒙古字韵》作 či,属彻母,是正确的。《蒙古字韵》一书现在只有大英博物馆藏传抄朱宗文校本,有脱页,不见"牒"字。先韵"遣"字列于八思巴字 kèn 之下,属溪母。册文"遣"作 gèn,属见母,与《字韵》不同。《四库全书总目提要》经部小学类存目"蒙古字韵提要",说本书是"公文案牍通行备检之本"。更准确地说,应当是供汉人识读八思巴字的通行备检之本,而并不是蒙古翰林院应用的范本。因供一般汉人查阅,遂依通行的韵书编录,并不完全反映汉语官话（Mandarin）的实际语音。① 所以，现存元代八思巴字音译汉语的文献，八思巴字译音往往与《蒙古字韵》不同。《蒙古字韵》自是可供参考的重要资料，但并不能作为识别元代八思巴字文物的唯一依据。这是研究者应当留意的。玉册拓本中的伯字，《蒙古字韵》作 Baj，在佳韵。伯颜原为蒙古语的汉译，玉册作 Ba-jan，乃是直接译自蒙古语。

（原载《考古》1994 年第 10 期）

---

① 参见中野美代子（Miyoko Nakano），*A Phono logical Study in the 'phags-pa Script and the Meng-ku Tzu-yun*，pp. 103 – 104。

王右丞相伯顏奉
以載檢謹遣攝太尉太
而久瑑戌

加上皇太后尊号玉册拓本

[26] 叶尼塞州蒙古长牌

1846年，俄国叶尼塞（Yenisei）州的米奴辛斯克圆场（Minu sinsk Circuit）发现一枚蒙古长牌，高约12.2英寸，宽3.65英寸，银质。两面铸鎏金八思巴蒙古字，音写蒙古语，正面三行，背面两行，上部有圆孔，包铁，书汉字"宿字四十二号"。最初发现者据说是俄国商人阿南（G. M. Anan'yin），现存俄国圣彼得堡艾尔米达日（Hermĭtage）博物馆。

1847年俄国学者阿瓦库姆（O. Awakum）和格里戈里耶夫（V. Grigor'yev）分别发表文章将牌面八思巴字译为俄文，但误释为蒙哥汗牌。随后，施密德（I. J. Schmidt）著文予以订正，刊于1848年俄国皇家科学院文史简报。[①] 1850年，班札罗夫（D. Banzarov）又发表《铸有蒙古汗敕令的金属牌子》一文，继续有所讨论。[②] 1926年，英国育尔（H. Yule）出版译注本《马可波罗书》刊入此牌图影，称为叶尼塞牌（yenisei tablet），并有注释，介绍了施密德的译文。[③] 此牌遂为世人所习知。1941年，包培（N. N. Poppe）出版他的俄文名著《方体字》收入此牌图影，称为米奴辛斯克牌。在注释中订正了前人对牌面文字aldaqu一词的误译，对古代蒙古语的语音和语法作了精辟的论述。[④] 所拟俄文译文，遂为研究者所认同。1957年出版的克鲁格尔（J. R. Kmeger）英译本中又转译为英文。[⑤]

此牌发现一百六十年来，屡经各国学者关注，已发表的论著多侧重于牌面铭文的释读。关于此长牌的性质，只有日本箭内亘综考各种牌符的《元朝牌符考》有所涉及。[⑥] 本文拟对蒙元长牌制度的源流作一历史的考察，以确定此牌的性质与

[①] 施密德（I. J. Schmidt）：《中国元朝时期的蒙古字铭文》，《俄国皇家科学院简报》4（9），圣彼得堡，1848年。参看孟库耶夫（N. Ts. Munkuyev）：《辛菲罗波尔（Simferopol）的一面新的蒙古牌子》，《匈牙利东方学集刊》第16卷第2期，1977年。

[②] 班札罗夫（D. Banzarov）：《镌有蒙古汗敕令的金属牌子》，《俄国地理及古币学会报告》第2卷第1期，1850年。

[③] 育尔（H. Yule）：《马可波罗书》第2卷7章，纽约，1926年，第353页。

[④] 包培（N. N. Poppe）：《方体字》，莫斯科，苏联科学院，1941年。

[⑤] 包培著，克鲁格尔（J. R. Kmeger）译：《八思巴字蒙语碑铭》，威斯巴登，1957年。

[⑥] 箭内亘：《元朝牌符考》，原载日本《满鲜历史研究报告》第九，1920年。陈捷、陈清泉译箭内亘《元朝制度考》（上海，商务印书馆1933年版）收入。

用途。对于尚存疑义的 aldaqu 汉译"按答奚"一词再加诠释，以供研究参考。

一 长牌源流——释金牌

元代朝廷颁授的牌符，约有两类，一类是官员佩带的长牌，一类是差使乘驿的圆牌。① 牌符及驿传制度都并非蒙古新创而是直接或间接地继承了汉文化的传统。早在先秦时代，诸侯国已有兵符之制，以取信于兵将调遣。历秦汉至隋唐而有所发展。《旧唐书》卷四三《职官志二》记符宝郎掌管的牌符有三类。铜鱼符：起军旅，易守长。传符：给邮驿，通制命。随身鱼符：明贵贱，应征召。符分三种，太子玉符、亲王金符、庶官铜符。辽朝建国，多承唐制。《辽史》卷五七《仪卫志三》"符契"条记有两类。金鱼符，用于"发兵"；银牌，"授使者"，"给驿马若干"。王易《燕北录》释为"执牌驰马"。银牌即唐之传符，《宋史》卷一五四《舆服志六》"符券"即称"唐有银牌，发驿遣使"。王易《燕北录》另记有"长牌有七十二道，上是番书敕走马字。用金镀钑成。见在南司内收掌"②。用于使臣取索物色及进贡，带在腰间。金朝定制，有较多的变易。《金史》卷五八《百官志四》"符制"条记："收国二年九月，始制金牌，后又有银牌、木牌之制。盖金牌以授万户，银牌以授猛安，木牌则谋克、蒲辇所佩者也。故国初与空名宣头付军帅，以为功赏。"唐代随身鱼符由朝廷与太子诸王各执一半，契合以应征召，犹是符契之制。金初依军官官阶授牌佩带，只存"明贵贱"，不复有"应征召"之义，而演为行功赏。另有递牌，付马铺传递合递圣旨文字。又有虎符，原用于发兵，左右勘合取信，"斟酌汉唐典故，其符用虎"③。其后演为以金虎符授予一方统帅，便宜从事，成为授予全权的凭证和荣誉象征。《金史》卷九三《宗浩传》记金章宗时"北边有警，命宗浩佩金虎符驻泰州，便宜从事"。金亡以前哀宗"以女鲁欢为总帅，佩金虎符"。见《金史》卷一一六《石盏女鲁欢传》。又赐国安用金虎符，"便宜从事"。见《金史》卷一一七《国安用传》。金制，设符宝郎掌金银牌，设符宝局司铸造储藏。④

《元朝秘史》记蒙古建国前史事，不见有关牌符之事。蒙古军有自己严密的军事组织，调兵遣将，不需符契。蒙古建国，赏赐功臣，也没有赏授金银牌的记录。

---

① 参见拙文《元代圆牌两种之考释》，《历史研究》1980年第4期。
② 引文据厉鹗《辽史拾遗》卷十五引《燕北录》。近年影刊《说郛三种》本《燕北录》，文字有误，不取。
③ 《金史》卷五八《百官志四》"符制"条，百衲本。
④ 《金史》卷五二《百官志二》卷二五《地理志中》"南京路"条。

蒙古授金虎符始见于太祖七年壬申（1212年）。《元史》卷一四九《刘伯林传》："壬申岁……进攻西京，录功，赐金虎符，以本职充西京留守兼兵马副元帅。"蒙古旧制并无金虎符。此前一年，太祖自将攻西京，金元帅奥屯襄败逃。赐给刘伯林的金虎符，当是来自对金作战的缴获，用为赏赐。此后，太祖八年赏赐史天祥的银牌，九年赏赐俺木海、史天倪的金牌①，当也是缴获的金朝牌符，并非蒙古自铸。

太祖十年（1215年）五月，蒙古军攻破金中都，太祖"遣忽都忽等籍中都帑藏"②。七月，耶律留哥称辽王，攻破金东京。《元史》卷一四九《耶律留哥传》载："留哥潜与其子薛阇奉金币九十车，金银牌五百，至按坦孛都罕人觐。""按坦孛都罕"系蒙古语金畜群，当是水草丰美的牧地，在桓州凉陉。人觐在十一月。耶律留哥奉上的金银牌，应是金东京府库备赏的储存，多至五百。中都府库的储存，当数倍于此。耶律留哥降后，赐金虎符，仍辽王。此金虎符当来自金中都府库。太祖于十一年返回蒙古，此后连年西征，金朝旧地，命木华黎统辖。金降将多居原职，金朝各机构也多沿旧制。有理由认为，统治秩序确立后，原金朝铸造牌符的机构，可将金朝的金银牌改铸或重铸为蒙古国的牌符，以备赏用。此事并无直接记录，但有关文献的记事，可为旁证。

全真道士李志常撰述《长春真人西游记》载："成吉思皇帝遣侍臣刘仲禄县（悬）虎头金牌，其文曰'如朕亲行，便宜行事'及蒙古人二十辈传旨敦请。"③时在太祖十四年己卯（1219年），即攻破中都两年以后。长春真人丘处机在莱州昊天观。传旨敦请的诏书载在陶宗仪《南村辍耕录》卷一〇《丘真人》，内称："伏知先生犹隐山东旧境，朕心仰怀无已，岂不闻渭水同车、茅庐三顾之事，奈何山川悬阔，有失躬迎之礼，朕但避位侧身，斋戒沐浴，选差近侍官刘仲禄备轻骑素车，不远千里，谨邀先生暂屈仙步。"④此诏书出自汉族文人之手，力求典雅。简单说来，大意是：听说您还隐居山东，我本应亲自去请您，因为路远，有些失礼。谨在此恭候，选派刘仲禄去请先生。成吉思汗授予刘仲禄悬带的金牌不可能还是金朝的金虎符，而应是足以传达旨意的蒙古自铸的金牌。李志常所述"其文曰'如朕亲行，便宜行事'"，未必是牌面的原文而是译述大意。前引金代的金虎符原为授予"便宜从事"的全权。刘仲禄悬带金牌以示"如朕亲行"，授予全权代表的

---

① 《元史》卷一四七《史天祥传》，卷一二二《俺木海传》，卷一四七《史天倪传》，百衲本。
② 《元史》卷一《太祖纪》。
③ 《长春真人西游记》卷上，王国维注本卷上页二，《蒙古史料校注四种》，北京，清华学校，1926年。
④ 《南村辍耕录》，中华书局1959年版，第121页。

身份，是完全适当的。

《蒙鞑备录·官制》条："鞑人袭金房之制"，"所佩金牌，第一等贵臣带，两虎相向曰虎斗金牌，用汉字曰'天赐成吉思皇帝圣旨，当便宜行事'。其次素金牌，曰'天赐成吉思皇帝圣旨，疾'，又其次乃银牌，文与前同"①。此书王国维考为宋人赵珙撰，已为学界所认同。赵珙以金人降宋，为淮东都统司计议官，宋嘉定十四年即元太祖十六年（1221年）去河北蒙古军前议事，同年返宋，著此书记其见闻。赵珙并未去漠北，所记多得自在燕京的传闻。所以，书中所记虽有依据但往往不尽准确，多有出入。王国维《笺证》曾指出"此虎斗金牌即虎头金牌之音讹"，又指出："俄国属地所出蒙古金牌，上镌回纥字或蒙古字，未见有镌汉字者。"② 赵珙所记长牌文字是否汉文，颇可怀疑（参见下文）。但所记牌分三等，与金朝旧制相合，应属可信。可见蒙古国不仅铸有自己的金虎符，也还有素金牌和素银牌。

彭大雅《黑鞑事略》徐霆疏云："鞑人止有虎头金牌、平金牌、平银牌。"又云："牌上镌回回字，亦不出于长生天底气力等语尔。"徐霆随使蒙古曾出居庸关至草地见蒙古太宗窝阔台，时在太宗六七年间，彭大雅使宋又在其前，亦至蒙古草地。两人所记事较《蒙鞑备录》的只凭传闻更为翔实可信，所谓"回回字"即塔塔统阿所创蒙古畏兀字无疑。彭大雅并记"惟用兵战胜，则赏以马或金银牌"③，也与史事相符。

以上三书记蒙古金银牌事，大致相同，所记牌上文字则互有歧异。李志常随丘处机西行，与刘仲禄朝夕相处，亲见金牌，记事自较赵珙的得自传闻，更为可信。所称"其文曰"没有说明是蒙文还是汉文。"便宜从事"云云金代是赐金虎符的宣诰中语，并非牌上文字。李志常所记"如朕亲行，便宜行事"很可能是自刘仲禄处得知其义，并不是原文。徐霆记太宗时所见牌符三种，"牌上镌回回字""长生天底气力"云云应是可信记录。

赵珙《蒙鞑备录》所记燕京传闻，疑点最多。（一）虎斗金牌为虎头金牌之传讹，王国维已校。（二）"成吉思皇帝"尊号不见于李志常记事，前代牌符也未见镌有皇帝尊号。（三）便宜从事系宣诰中语。（四）素金牌"成吉思皇帝圣旨，疾"之疾字无解，或是由于与海青牌或乘驿牌的传闻混误，或出于其他原因误书。贵

---

① 王国维：《蒙鞑备录笺证》，前引《蒙古史料校注四种》本，页十。经检对涵芬楼明抄本《说郛》、明嘉靖本《古今说海》、四明丛书《历代小史》所收《蒙鞑备录》，此段引文并无不同。

② 王国维：《蒙鞑备录笺证》，前引书，页十。

③ 王国维：《黑鞑事略笺证》，前引《蒙古史料校注四种》本。

臣佩牌不可能有此"疾"字，是可以肯定的。（五）所谓"用汉字曰"，含义不清。是镌有汉字还是用汉字释义，原有歧解。研究者或据以认为成吉思汗时铸有汉字成吉思皇帝圣旨的牌符。照此理解，则是太宗即位后即将成吉思汗铸牌全部销毁，改铸畏兀字牌。但兹事体大，史无明文，也不合情理。总之，《蒙鞑备录》所记牌分三种应属可信，具体描述系属孤证，不见于其他文献记录，不可尽信，只可存疑。①

依据以上的分析，我以为理解为成吉思汗在攻破金中都后依据缴获的金朝金银牌改铸为蒙古畏兀字牌，太宗时继续行用，更接近于事实。

太宗创设驿站，颁发差使乘驿圆牌，不在本文讨论范围，不再置论。关于颁赏悬佩长牌未见具体记事。波斯志费尼（Juvaini）《世界征服者史》记定宗贵由曾颁授河中地区的异密（Emir）虎头牌子。② 宪宗即位，曾授予彰德路达鲁花赤金符，又授虎符。③ 法国传教士鲁不鲁乞的游记中记宪宗蒙哥曾授予一名蒙古使者金牌。④ 世祖中统元年（1260年）曾授予内附高阳人王绰金牌，又升佩金虎符即虎头金牌；又授金朝降人贺贲、张禧金牌。⑤《元史》卷四《世祖纪一》载，中统二年六月"秦蜀行省言，青居山都元帅钦察等所部将校有功，诏降虎符一、金符五、银符五十七，令行省铨定职名给之"。随着占领区的扩展和作战的胜利，投附降将和有功将校日益众多。元世祖遂依仿金朝旧制，将一定数量的金银牌交付行省长官或军帅铨定颁给。此制的实行，使金银牌的颁给不需具名奏报，可及时授予降人及有功将校，以安军心，鼓舞士气。但佩牌的颁给并无明细的规定，行之数年，滥发滥赏，日益混乱。世祖灭宋统一全国前后，曾采取一系列措施，对佩牌进行

---

① 日本京都大学藏有铜质金字长牌一面，系1934年得自热河。见岛田贞彦《考古学上所见的热河》及羽田亨《元朝驿传考》（《东洋文库》，1930年）。牌子正面铸汉字"天赐成吉思皇帝圣旨疾"，全同于《蒙鞑备录》。背面两字不可识，羽田亨据王易《燕北录》释马契丹字"走马"。羽田书出，遂为中外学者所引用。近年长田夏澍先生提出异议，以为必非契丹字（见《中国北方古代文化国际学术研讨会论文集》，1995年）。又承契丹字研究专家刘凤翥先生面告，背面两字与契丹字无关，更与契丹字"走马"无涉。成吉思汗圣旨牌何以不铸蒙古畏兀字而镌刻早已不为人们识认的契丹字，也难得其解。我曾检索女真字文献及《女真译语》，也全不相类。上世纪三十年代，因罗振玉等人热心于收藏古民族文字文物，商人投其所好，伪造的契丹字、西夏字、八思巴蒙古字赝品所在多有。热河此牌的真伪，甚可怀疑，不足为据。近年我国一文物商品处又购得与热河牌全同的银质金字牌一件出售。有关方面曾送我鉴定，显然是据热河牌仿制，但字体制作更为粗劣，背面两字较热河牌下移，作伪之迹，甚为明显。此牌的图影，见史树青《鉴古一得》卷首，学苑出版社，2001年。

② 志费尼（Juvaini）：《世界征服者史》上册，何高济译，内蒙古人民出版社1980年版，第300页。波义尔（J. A. Boyle）英译本第一卷，曼彻斯特，1958年，第257页。

③ 胡祗遹：《紫山先生大全集》卷一五《大元故怀远将军彰德路达鲁噶齐杨珠台公神道碑》，三怡堂丛书本。

④ 道森（C. Dawson）编：《出使蒙古记》，伦敦，1955年；吕浦、周良霄译注，中国社会科学出版社1983年版，第178页。

⑤《元史》卷一六六《王绰传》，卷一六九《贺贲传》，卷一六五《张禧传》。

整顿，逐渐形成较完备的制度规定。梳理有关记事，可以推知大概。

长牌文字——元世祖至元六年（1269年）颁行八思巴创制的蒙古新字。八年正月有旨"省部台诸印信并所发铺马劄子并用蒙古字"①，但并未涉及牌符文字。《元史》卷一〇《世祖纪七》：至元十五年七月"诏虎符旧用畏吾字，今易以国字"即八思巴蒙古字，但还是只限于数量较少的虎符即虎头金牌，而没有涉及数量巨大的平金牌和银牌。《元典章·礼部之二·牌面》至元十六年九月圣旨，据七月间枢密院奏"圆牌子上头写着蒙古字有，做官底牌子上也写着蒙古字呵，怎生"，中书省议复"牌子每根底都收拾了呵，写了蒙古字"，旨准。② 圆牌即差使乘驿圆牌，至元七年罢废海青牌后即已另行打造蒙古字圆牌，"做官底牌子"即官员佩带的长牌金银牌。此诏旨准将牌子"都收拾了"是一项重大的举措。这不仅使十年前即已颁行的蒙古字得以推行，也为牌子制度的整顿创造了必要的前提。

军官授牌——收拾牌子的诏旨颁发之前数月，曾诏准中书省奏，对牌子进行"分拣"即整顿。《元典章·礼部之二·牌面》载有至元十六年正月直译体圣旨，节录如下：

> 如今官人每带着大牌子、金牌、银牌多底一般。又合带牌子底勾当出来了，不合带牌子底勾当出来了。不合带牌子底勾当里入去呵也不肯纳了。牌子不曾好生分拣，兼自出产底金子少，有用着底金子多。众官人每商量了，如今分拣怎生。品从官人合与甚牌子明白了呵，不合与牌子底追收入官。这般呵宜底一般呵。奉圣旨：那般者，钦此。③

奏文所称"大牌子"即虎头金牌或金虎符。大牌子、金牌、银牌"多底一般"说明颁赏之滥，不应带的也自佩带，不肯交纳。中书省请予分拣，即分别检定，以明确"品从官人合与甚牌子"。中书省同时还奏请将离职、升职、罢职和身故官员的牌子追收，获准。

此次"分拣"自是一项巨大工程。《元史》卷一〇《世祖纪七》载当年六月西川既平，"其军官第功升擢，凡授宣敕、金银符者百六十一人"。可见"多底一般"并非虚语。收拾分拣，取得的重要成果是确立了军官品级授牌制度。至元二

---

① 《元典章·礼部之四·学校》"蒙古学校"条。
② 《元典章·礼部之二·牌面》"追收军民官牌面"条。
③ 《元典章·礼部之二·牌面》"追收牌面"条。

十一年二月，枢密院与中书省、御史台合议，奏准。军官职名品级，万户、千户各分为上、中、下三等，百户分上下两等。七千军以上为万户府，万户正三品，副万户从三品，俱佩虎符。五千军以上为中万户府，三千军以上为下万户。万户佩虎符，副万户佩金牌。千户所七百军以上为上，五百军以上为中，三百军以上为下。上中下千户所正、副千户俱佩金牌。百户七十名军为上，五十名军为下。上下百户俱银牌。① 牌与符本系两事，元人不再区别，习称虎头金牌为虎符或金虎符。金牌、银牌都是正式名称，也称金符、银符。或加"平""素"等字，是通俗称谓。战争年代因军功大小授牌，漫无标准，军官职名品级制定后，依职级授牌佩带，形成固定的常制，是一项重要的改革。所以说"金银牌面所以著军旅之符（标志），昭尊卑之等，朝廷公器，法度所关"②。从唐代"明贵贱"的随身鱼符、辽代的长牌、金代万户猛安谋克佩带的金银木牌发展到元代军官依职名品级佩带的虎符金银牌，经历了一个演进的过程。

牌面形制也有所改革。主要是万户佩带的金虎符嵌入明珠，又分为三等，有三珠、两珠、一珠之别③，金银牌均为长牌，无纹饰无明珠，故被称为"平""素"。

奉使悬牌——奉使悬牌刘仲禄已开先例。元世祖命郝经出使宋朝，赐佩金虎符。④ 军官授牌制度订立后，至元二十二年六月"遣马速忽、阿里赍钞千锭往马八国求奇宝，赐马速忽虎符，阿里金符"⑤。同书卷一二五《赛典赤赡思丁传》见赛典赤子马速忽，云南诸路行中书省平章政事，奉使者似即其人。《元史》卷一六《世祖纪十三》又载至元二十八年九月"以铁里马礼部尚书，佩虎符，阿老瓦丁、不剌并为侍郎，遣使俱蓝"。同年十二月"以铁灭马兵部尚书，佩虎符，明思昔答失马兵部侍郎，佩金符，使于罗孛卜儿"。前引《元典章》至元十六年换与蒙古字牌面的圣旨奏准"军官每根底逐旋换与了，管民官根底与不与，后底商量"⑥。上举奉使官员都不是军官而是文职的所谓"管民官"，朝廷特派出使外国，授虎符金符佩带以表示其身份地位，与驰驿差使圆牌不同。奉使悬牌也与军官授牌不同，使命完成后即需将牌子交回，不再佩带。

---

① 《元典章·吏部之三·官制》"定夺军官品级"条。
② 《元典章·礼部之二·牌面》"军官解典牌面"条。
③ 《元史》卷九八《兵志一》。
④ 《元史》卷一五七《郝经传》。
⑤ 《元史》卷一三《世祖纪十》至元二十二年六月条。百衲本作"马八图"，中华书局点校本校改为"马八国"，今从之。
⑥ 《元典章·吏部之二·牌面》"追收军民官牌面"条。

军官授牌和奉使悬牌以外，朝廷还可依某种需要特授牌面。这属于个别特例，不在制度规定范围。

长牌佩带——《元史》卷九《世祖纪六》至元十四年三月乙巳"命中外军民官所佩金银符，以色组系于肩腋，庶无亵渎，具禹令"。这是一道明确规范长牌佩带的敕令。往年箭内亘著《元朝牌符考》曾引录此条敕令并加按语："按唐之银牌以韦带贯上部之窍佩之。宋之银牌以红丝绦贯而佩之，元代亦相似也。但元代在此种规定以前如何佩用，其法难详。"①箭内所述唐宋制度未注出处，当出《宋史》卷一五四《舆服志六》。志云：太平兴国三年（978 年）"复制银牌，阔二寸半，长六寸，易以八分书。上钑二飞凤，下钑二麒麟。两边年月。贯以红丝绦"。又记端拱中"又罢银牌，复给枢密院券"。元至元十四年上距宋太平兴国三年已三百年，未必有直接的联系。至于此前如何佩带，史无明文。影印元刊本《元典章》礼部二目录，透露了消息。牌面目录见"禁怀插项挂牌面，至元八年"。可惜有目无文，不得其详。沈刻本《元典章》也有此目，但无年代，也不载公文原文。从文目可以推知：当时佩带牌面并无定制，或怀插，或项挂，不成体统，因而被指为对皇帝名义颁授的牌面的"亵渎"。无名氏杂剧《雁门关》第一折正末唱："休俄延，莫等待，将金牌怀内揣。"②可见怀揣金牌已习为常事。至元十四年敕令旨在整顿此事，规定以"色组"即彩色绶带系于肩腋，所佩金银牌悬于腰间，以示对牌面的尊重，兼以整肃军官威仪。

叶尼塞州长牌上部有包铁的环孔，即唐代所谓"窍"，是色组所系。环孔有"宿字四十二号"等字。育尔本《马可波罗书》注释译为 pabulication No. 42。此处的"宿字"出自《千字文》。元承金制，编号用《千字文》。近年陆续发现的地方政府自铸的巡牌，也都用《千字文》编号，是元代的惯例。

牌面回纳——据前引至元六年奏请分拣公文，军官升职、罢任、身故均应将所佩牌符回纳。军官转为民官也需将所佩牌符交纳，见《元史》卷一二三《赵阿哥潘传》。军官身故，一般需交纳生前所受牌符，但子孙世袭军职者仍可继续佩带。《元史》卷一九《成宗纪二》元贞二年二月"诏奉使及军官殁而子弟未袭职者，其所佩金银符归于官，违者罪之"。未袭职者归官，袭职者可不回纳，当是沿袭世祖时的旧制。所以《元典章·礼部二》所收仁宗皇庆二年五月公文称"金银牌面乃国家之公器，著臣子之尊卑，军官受之，子孙袭替，绵绵不绝，比之民职，

---

① 箭内亘：《元朝制度考》，中译本，第 165 页。
② 《孤本元明杂剧》（一）《雁门关存孝打虎》，中国戏剧出版社 1958 年版，第三页。

特加优重"。前一年八月的圣旨见"但是勾当里委付来的官人每,不拣是谁,但不系管军的与了的牌面,他每的都拘收了者"①。

管理体制——金代有符宝郎,掌御宝及金银牌事,隶属礼部。元世祖中统元年,承金制设符宝郎。至元十六年,改设符宝局,给六品印。次年,在工部设符牌局,掌打造虎符等牌符事。至元十八年,又将符宝局升置典瑞监,掌宝玺金银符牌,秩正三品,比于六部尚书,权任甚重。② 大德十一年武宗升典瑞监为典瑞院,十二月,中书省臣言:"旧制,金虎符及金银符典瑞院掌之,给则由中书,事已则复归典瑞院。"③ 此所谓"旧制"自是世祖时定制。可见自至元十六年分拣后,设符牌局打造牌符,典瑞监掌管,中书省承诏颁授,三者相互制约,以加强监管,预防泛滥,构成管理体制。

综上所述,元世祖在统一前后的几年间,采取一系列措施,逐步建立起较完备的佩牌制度。此后在实行中,虽曾出现各种违制现象,如越级佩牌,恃牌经商,典当牌面,不遵制回纳等等,历朝屡加禁约,但未再作制度上的改订。元世祖所制订的各项规定一直是元代历朝奉行的定制。

需要讨论的问题是:授予千户佩带的金牌是金质还是金字?叶尼塞州的银质金字长牌是金牌还是银牌?

历代用于传递公文的驰驿牌,例用金字牌。《宋史》卷一五四《舆服志六》记:"又有檄牌,其制有金字牌、青字牌、红字牌。金字牌者,日行四百里,邮置之最速者也。"《金史》卷三九《百官志四》"符制"递牌条:"至皇统五年三月,复更造金银牌,其制皆不传。"大定二十九年,制牌"朱漆金字者,敕递用之"。蒙古太宗时,驰驿圆牌又称金字圆符、银字圆符。元世祖改铸八思巴蒙古字,仍沿用旧制。铁质金字和银字圆牌都有实物可证。④ 驰驿差使圆牌与军官、使臣佩带的长牌是完全不同的两种类型,但所谓"金牌"即金字牌可供研究参考。

调兵遣将的兵符,用黄金铸造,仅见于《辽史》,只造七枚。《辽史》卷五七《仪卫志三》"符契"条载:"金鱼符七枚,黄金铸。长六寸,各有字号。每鱼左

---

① 《元典章·礼部之二·牌面》"军官解典牌面"条,"拘收员牌"条。
② 《元史》卷八八《百官志四》,卷八五《百官志一》。
③ 《元史》卷二二《武宗纪一》。
④ 铁质银字八思巴蒙古字圆牌,1881年曾在俄国西伯利波果托尔(Bogotol)发现一枚。波兹德涅夫(Pozdneyev)撰有《铁牌上古代蒙古字解读》,刊于《圣彼得堡皇家学士院学报》39卷2期。近年甘肃发现自西藏流入的铁质银字牌,文与前同。参见前引拙作《元代圆牌两种之考释》。铁质金字圆牌见西藏自治区档案馆编《西藏历史档案荟萃》之七,题为《八思巴文蒙古语金字圣牌》,文物出版社1995年版。

右判合之，有事，以左半先授守将。使者执右半，大小、长短、字号合同，然后发兵。事讫，归于内府。"金代斟酌汉唐制度，用铜虎符。宋代调遣兵将的所谓"金牌"实为朱漆金字木牌。源于兵符的军官佩牌，金代万户的金牌，元代千户的金牌，如何铸造，史无明文。元世祖定制佩带金牌的四、五品军官副万户、千户，遍布全国各地，应是一个庞大的人群。前引至元十六年正月中书省奏称："出产底金子少，有用着底金子多。"《元典章·礼部二·印章》载"印章品级分寸料例"诸王一二等用金印，三等用金镀银印。驸马及一二品官均用银印，三品以下用铜印。照此规格，数量巨大的四、五品军官佩带的长牌是否全用黄金打造，甚可怀疑。① 所以箭内亘《元朝牌符考》曾提出："金符似有二种，一金制，一银符镀金者。"② 箭内此说自是持重之论，但确认"银符镀金"即是"金符"。

综合有关记载来判断，叶尼塞州的银质金字长牌释为千户佩带的金牌，应是最为合理的诠释。

俄国叶尼塞州系元朝漠北地区。元世祖即位后设和林宣慰司都元帅府统辖。武宗时建岭北等处行中书省，统和宁路总管府。依据以上的考察，1846年叶尼塞州米奴辛斯克发现的八思巴蒙古字长牌，应是元世祖统一全国建立制度以后的年代里，由工部牌符局铸造，中书省颁授给漠北地区戍军千户佩带的金牌即平金牌。此解是否有当，愿与学界同人共作商讨。

二　长牌文字——释按答奚

俄国叶尼塞州米奴辛斯克发现的银质金字长牌，两面铸八思巴蒙古字写蒙古语。正面三行自中行起读，次左行，再次右行。反面两行，先左次右，左行接正面右行联读。音译如下：

正面：

中行　moŋk'a
　　　　长生

左行　dèŋ-ri-jin　k'u-c'un dur
　　　天　　的　　气　力　里

---

① 近年来我国民间出现与叶尼塞州长牌形制文字全同的金质合金长牌，黄金含量在百分之五十以上。据说文物市场上已陆续出现数枚，号为金牌，是否元代遗物尚待鉴定，不敢引以为据。

② 箭内亘：《元朝制度考》，中译本，第164页。

右行　qaʾan　ne-re　qu-tʻuq-taji
　　　　　合罕　　名号　　神圣
背面：
　　左行　bol-tʻu-qaji　kʻen　ʼeu-lu　bu-
　　　　　成为　　　　谁（任何人）　不
　　右行　širequ　ʼal-da-qu　ʼeu-kʻu-gu
　　　　　遵从　　治罪　　　处死

1846年此牌发现后，次年在俄国科学院院报刊布。阿瓦库姆最先译为俄文，因不了解中行起读的体例，将moŋkʻa误释为蒙哥汗（宪宗）。后经施密德、班札罗夫先后撰文订正。德韦利（G. Deveria）、柔克义（W. W. Rockhill）都曾予以关注，有所探讨。[①] 育尔英译《马可波罗书》刊入此牌图影，并加注释，对译释情况作了介绍。1941年，尼古拉·包培教授出版综考八思巴字蒙古语的名著《方体字》俄文版，对八思巴字音写古典蒙古语的语音和语法特点，作了全面的论述。书中收入此牌，称为米奴辛斯克牌，对牌面铭文作了译释，订正了前此的某些误译。[②] 1957年，又对此书有所修订，由约翰·克鲁格尔译为英文再版。[③] 1986年我国学者郝苏民据英译本译为中文，补入若干注释，题为《八思巴字蒙古语碑铭译补》出版。[④] 牌面铭文的英译是：

By the strength of eternal Heaven. Let the name of the emperor be sacred. He who has no respect shall be guilty and die.

中译是："依靠永恒天的力量。愿皇帝的名字是神圣的。不尊敬的人将有罪并死。"

包培的译文，较前人更为准确，已无可议。现只就此铭文词组的元代汉译和aldaqu一词含义的演变，再作些探讨。

正面八思巴字蒙古语三行构成的短语，西方学者似未注意到《经世大典·站赤》所收蒙古太宗元年十一月的制书已有汉译，原文作"上天眷命，锡皇帝之徽名"[⑤]。蒙文moŋ-ká dèŋ-ri-jin ku-cún dur，汉文文献中曾有"赖着长生天的气

[①] 施密德：《中国元朝时期的蒙古字铭文》；班札罗夫：《镌有蒙古汗敕令的金属牌》；德韦利（G. Deveria）：《蒙汉碑铭考释》，《亚洲杂志》第9卷第8期，1896年；柔克义（W. W. Rockhill）：《鲁不鲁乞东游记》，伦敦，1900年。
[②] 包培：《方体字》注113，俄文版，第128页。
[③] 包培、克鲁格尔：《八思巴字蒙古语碑铭》注68—70，第101—102页。
[④] 郝苏民译注：《八思巴字蒙古语碑铭译补》注68—70，海拉尔，1986年，第233—236页。
[⑤] 《永乐大典》卷一九四一六"站赤"条引《经世大典》，中华书局影印1986年版，第7192页上。

力"、"托着长生天的气力"等译文,汉字直译作"长生天的气力里"。太宗制书出于耶律楚材为首的必阇赤,行文力求典雅。"上天眷命"出于《尚书·大禹谟》"皇天眷命"。这一语意的雅译,似初见于此制。有元一代雅译圣旨一直沿用,成为相对稳定的译语。"锡"字古义为赐,译自背面联读的蒙古语 bohuqaji,祈使格第三人称,原意"成为……"有祝愿之意。此指天赐。徽名译自 nere qutuqtaji。nere 为习见的蒙古语"名字"。关于 qutuqtaji 包培在注释中指出:"在蒙古书面语中没有这个词,但有一个意思是神圣的、圣洁的词 qutuɣtu。源于 qutuɣ 圣洁、幸福,这里带有后缀-taj,实质上与-tu 同一意义。"① 汉译不依蒙古语序而译为"徽名"。徽字古义美德、圣德。皇帝生前尊号习称徽号。"徽名"因而沿用。除却颂扬之义,此句的实际意义是在表明长牌是以皇帝圣名颁授,用接下文不准不遵。

背面文字,左一行联上读文字外,kén 'eulu bušíregu aladaqu 'eukugu 短语的汉译也见于上引太宗制书训谕项下。原文作:朝廷差去使命,有牌子文字者"若不听从之人,亦断按答奚罪戾,仍处死"。kén 原意为"谁",用如人称代词,英译 who,甚切。bušíregu 有尊敬、遵从、听从等义。旧译"若不听从之人",是妥切的。关键词 aldaqu,音译按答奚,原意为"罚"。加"断""罪"二字以明其义。'eukugu 原意为"死"或"处死"。意译加"仍"字,以明示与按答奚为两事。长牌此两字,施密德曾译为 "to be slain and must die." 误译 aldaqu 为杀。包培订正为 shall be guilty and die. 将有罪并死,在注释中指出:aldaqu 这个词的字面意思是犯法、犯罪,这里应理解为"将被认为犯了法的或有罪的"。郝苏民中译本案语称包培"第一次指出了这一点"。包培进而指出 aldaqu 是古典蒙古语的未来时名词(nom futuri),不是动词,又在"语言特征"的论述中指出古典蒙古语书面语的 qu/ku,口语是 xɐ/xə,其说颇精审。汉译"按答(打)奚"曾见于彭大雅《黑鞑事略》。② 彭氏于太宗五年出使蒙古,太宗元年的文书中已多次出现"按答奚"译名,彭氏只是记录见闻,并非创译,不可误解。方龄贵先生曾注意到"奚"字在《蒙古字百家姓》和《蒙古字韵》中都写作 hei。③ 龙果夫(D. Dragunov)《八思巴字与古官话》中奚字拟"古官话"(mandarin)ɣi,与八思巴字 hei 相对应。以汉语古读的"按答奚"音译古典蒙古语口语的 aldaqu 是相当切当的

---

① 包培:《方体字》注 70 及词汇表,英译本第 102 页,中译本第 235 页。
② 《黑鞑事略》:"有过,则杀之,谓之按打奚。"王国维:《黑鞑事略笺证》,前引书,页十七。
③ 方龄贵:《通制条格释词五例》释按答奚。原载《内陆亚洲历史文化研究》,1996 年。又见方龄贵《元史丛考》,民族出版社 2004 年版,第 176—180 页。

音译，不需置疑。① 可见包培的意译"将有罪并死"，与太宗时的汉译，是完全符合的。

一般说来，蒙元汉文的官方文书引用蒙古语汇，只是在汉语中没有足以表达其特定意义的词汇时，才不用意译而用音译。蒙古太宗制书中的 aldaqu 一词为什么不用意译而采用音译？它有什么样的特定的内涵，是需要进一步探讨的。

此字以 alda- 为字根，不同的语法形态可用为名词或动词，屡见于太宗时成书的《元朝秘史》。② 成吉思汗建国，封赏功臣"九次犯罪不罚"。总译"犯罪"，音译阿勒答勒（aldal），旁译"罚"。总译"罚"，音译阿勒答（alda），旁译也作"罚"。③ 蒙古建国前的氏族部落制时代，没有文字和法律，甚至也还没有法律观念和后来出现的犯罪观念。明初汉译的所谓"犯罪"和"罚"，依据同一蒙古语词 alda。"当罚者罚"即对部落成员公认为应予惩罚的行为，以公认的手段予以惩罚。据《元朝秘史》、志费尼《世界征服者史》及中外旅行者所记的见闻，蒙古建国前后依传统惯例惩罚的行为包括违背公认的规约、奴隶逃移反抗、贵族诱占他人奴隶、偷盗私有财物牲畜、违反传统风习和道德规范、以巫术惑众等等广泛的范围。惩罚的手段包括柳条拷打、流放远地、军前服役、赔偿财物、没收家产生口、侵占财物奴隶断归原主等等，视犯罪情节而有所不同。

成吉思汗在 1203 年灭亡克烈部后，制定了行军法令，称为札撒（Jasaq）。建国前后连年作战中陆续建立各项规制，在 1219 年的忽里勒台大会上，将军法札撒扩展为国法，以蒙古畏兀字逐条写明，与会各部共同遵守，成为蒙古第一部成文法典。全文已失传，从散见于现存文献中的残文可知，为整顿战乱中的社会秩序，处置极严。列入札撒的犯罪行为，多处死刑。④ 札撒颁布后，原来蒙古各部传统的惩罚（aldaqu）惯例，并未废止，而是经过厘定与札撒并存，继续遵行。志费尼《世界征服者史》记载"他（成吉思汗）废除了那些蒙古族一直奉行、在他们当

---

① 照那斯图：《释蒙元时期长方形圣旨牌文字》（《民族研究》2007 年第 4 期）释 'aldaqu、ük'ugu 为动词，说"牌文都以形动词将来时-kú/-gu 这一未终止形动词形式结尾，后面没带任何助词，这不符合蒙古语句法的常规"。"笔者质疑，这些牌子最后应有一个 boltúq'ayi 使结尾成为 'aldaqu 'ukügu boltúq'ayi 才能成为完整的祈使句。"这一质疑，难以成立。包培释两字为未来时名词，顺理成章，当更符合古代蒙古语的实际。以汉语为例，汉律"杀人者死"，其义自明，无须改为"要被处死"。关于汉译按答奚，照那文指责"彭大雅在音译中所犯的错误是对 aldaqu 的 – qu 用'奚'而未用当时习惯用的'忽'，制造了一则不准确的对音"，全属误解。

② 参见《元朝秘史》卷八。

③ 孟库耶夫《辛菲罗波尔的一面新的蒙古牌子》曾有长条注释，介绍有关按答奚的译释文献，指出此字不是现代蒙古语而是一个古字（old word）。

④ 志费尼：《世界征服者史》中译本，上册，第 27—35 页。参看梁赞诺夫斯基（V. A. Ria-sanovsky）《蒙古诸部习惯法》单行本，哈尔滨，1929 年；《成吉思汗大札撒》，《哈尔滨法学院学报》第 10 期，1938 年。

中得到承认的陋俗，然后制定从理性观点看来值得称赞的法令"。中译本"法令"一词译自波义尔（J. A. Boyle）英译本的 usage，原义可译惯例。① 拉施特（Rashid al-Din）《史集》第一卷第二册也记载，1219 年成吉思汗"召集了会议，举行忽里勒台。在他们中间对［自己的］领导规则（āin）、律令（yāsā）和古代习惯（yūsūn）重新作了规定后，便向花剌子模王国出征了"②。依据这些记事，原来奉行的治罪惯例曾经过删节重定。这些旧例被称为"旧约孙"（yūsūn，或译体例、道理）。成吉思汗颁布的"札撒"和删定的"约孙"遂构成为蒙古国家的两项基本法。所以，志费尼说："谁个胆敢反对他，他就执行他颁布的札撒和法令。"③ 拉施特《史集》记载成吉思汗的"训言"说："只要嗣承汗位的后裔们依然遵守并永不改在全民族中普遍沿用的成吉思汗的习惯（yūsūn）和法令（yāsāq），上天将佑助他们强国，使他们永远欢乐。"④

经过以上的考察，不难理解按答奚一词的特殊的意义和内涵。在蒙古建国前的部落时代，此词的原义是按照传统惯例罚所当罚。建国之后颁布札撒大法，传统惯例经过删定继续遵行，按答奚的字面意义仍是惩罚或治罪，但实际的内涵已限制在传统惯例即"古老约孙"的范围，不包括可处死刑的军政大法札撒和其他地方法规如金朝旧地的金律在内。简言之，按答奚一词的内涵已演变为依照古约孙治罪。札撒是专用名词，约孙是普通名词，可用以泛称"体例"、"道理"，古老约孙又有其历史特点。所以元代文书有所谓"照依札撒行事"，却不能说"照依约孙行事"。音译的按答奚遂演为汉语词汇不能代替的专用名词，官方文书习称"断按答奚罪"，即依据传统惯例"约孙"治罪。

徐元瑞《吏学指南》"杂刑"类释："断按打奚罪戾，谓断没罪过也。"⑤ "罪戾"即"罪过"。释按打奚为"断没"只是在"仍处死"时才是正确的。因为既处死刑不能再施以笞杖徒流等刑，只可没收家产、生口乃至籍没其妻子为奴。但在不致处死的一般情况下，断按打奚罪包括多种治罪处置，依罪行情况而定，并不都是罚没。文献所见事例，如前引《经世大典·站赤》太宗元年制书训谕项下"使臣不经由铺路往来者断按答奚罪戾"。"无牌子有文字往来者，亦断按答奚罪"。这些都是使臣因公事违制，与财产人口无关，不应是断没家产。《通制条格》载同

---

① 志费尼：《世界征服者史》中译本，上册，第 28 页；英译本，第 25 页。
② 拉施特：《史集》第一卷第二分册，余大钧、周建奇中译本，商务印书馆 1983 年版，第 272 页。
③ 志费尼：《世界征服者史》中译本，上册，第 27 页；英译本，第 24 页。中译本"法令"，英译本作 Ordinances，可译条例，亦指约孙。
④ 拉施特：《史集》第一卷第二册中译本，第 355 页。
⑤ 徐元瑞：《吏学指南》，浙江古籍出版社 1988 年版，第 79 页。

年十一月条画：道士不得占居佛寺，僧人不得占居寺观，如有违犯"并断按答奚罪戾"①，应是断归原主，而不应是断没家产。《至元辩伪录》卷二所载中统二年圣旨，宣谕道士焚毁化胡经，退还占据寺院产业，违者"断按打（答）奚罪过者"②。这一断罪也不应是没收道士家产。断按答奚罪包括罚没但不等于罚没。否则，官方文书尽可直书断没或罚没，何必音译费解？正由于按答奚是依约孙治罪，包括了札撒法令以外的多种罪过和多种处治手段，汉语词汇难以表达特定的含义，所以不得不采用音译，是可以理解的。

太宗窝阔台即位后，恪守太祖遗训，以札撒与约孙为执法的依据，现存为数不多的太宗制书中多次出现"断按答奚罪"的敕令，为后世所援引。世祖即位后，中统、至元间的诏令中，也多次出现"断按答奚罪"。最后一次出现，是至元二十八年正月禁俗人做道场的圣旨，内称"如今已后，除和尚每不拣谁夜头休做道场者""断案答奚罪过者"③。此条当是旧约孙禁巫术惑众的引申。值得注意的是，此旨之后，元代官方文书中不再出现按答奚这一译名。

要探讨至元二十八年以后"按答奚"译名消失的原因，不能不注意到元廷在这年颁布了第一部汉文法典《至元新格》。元世祖即位后统治广大汉地实行汉制，曾参照金律制定"中统权宜条例"。尔后又命姚枢、史天泽、刘肃等汉臣参与制法，先后颁行条例数种。《元史》卷一六《世祖纪十三》：至元二十八年五月"何荣祖以公规、治民、御盗、理财等十事缉为一书，名曰《至元新格》，命刻版颁行，使百司遵守"。刻版颁行的《至元新格》未见传世。日本植松正氏曾从《元典章》、《通制条格》等书辑出数十条，内容多是有关行政执法的制诰条令。④大约只是有关诏书条例的汇编，还远不是完备的法典，但是它的颁行标志着元朝法制的一个转折，从原来以蒙古札撒、约孙为国法的时期转入以继承汉法为主的新法时期。《元史》卷一〇二《刑法志》序说："元兴，其初未有法守，百司断理狱讼，循用金律，颇伤严刻。及世祖平宋，疆理混一，由是简除繁苛，始定新律，颁之有司，号曰《至元新格》。"《元史·刑法志》的内容源于文宗时所修《经世大典》宪典。《刑法志》序称"其初未有法守"，对蒙古的札撒与约孙一字不提，表明《经世大典》宪典也不曾援引札撒、约孙。文宗时文士柯九思宫词"勋贵先陈祖训

---

① 《通制条格》卷二九商税地税条己丑年二月条画，浙江古籍出版社1986年版，第329页。
② 《至元辩伪录》卷二鸡儿年皇帝圣旨。此鸡儿年得为世祖中统二年辛酉。参见蔡美彪《元代白话碑集录》，科学出版社1955年版，第104页附录。
③ 《通制条格》，第335页。
④ 植松正：《汇辑至元新格并解说》，《东洋史研究》第30卷第4期，1929年。

严"自注："凡大宴，世臣掌金匮之书，必陈祖宗大札撒以为训。"[①] 大札撒平时藏于金匮，朝会大典陈列供奉，说明札撒仍是皇室贵族尊奉的祖宗大法，也说明它已不是元朝百司日常奉行的常法。古老的约孙作为蒙古族的旧例显然更不能适应元朝统一后多民族社会的统治需要，只有某些惯例，如笞杖十减为七、偷牲口一赔九等等[②]，仍然作为"国之旧制"、"蒙古体例"继续行使。从总体上说，古老的约孙已不再是基本国法的一个体系，而只是作为个别惯例而延续。原来为表达"依约孙治罪"这一特定内涵而采用的音译"按答奚"译名，也就随之失去了意义。

世祖以后的官文书不再见"按答奚"译名，但蒙古语原字 aldaqu 仍在继续行用，不过它已不再用为限于约孙的专用名词，而演为泛指治罪的一般字汇。文献中虽然尚未发现此字的蒙汉对译，但可以推知，汉译文书中的"有罪""治罪""要罪过者"等语译自 alda 或 aldatuqai 无疑。八思巴蒙古语文献中此字曾见于近年刊布的至正二十二年（1362 年）元廷封授土蕃招讨使的公告圣旨。[③] 此旨第 33 行出现 'eulu·u 'ajuqun 'aldaqun，此语的汉译曾见于中统二年圣旨，汉译"不怕罪过那甚么"[④]，但后来的圣旨等文书多将 'aldaqun "罪过"一词省略，作"不怕那甚么"或"不怕那"。西藏现存这一公告圣旨仍存 'aldaqun 一词，实属难得。此旨系颁给土蕃官民僧众的公告，全句是"若不遵从之人，不怕罪过那甚么"。'aldaqun 一词当然不是指依蒙古的古约孙治罪，而是泛指依元朝法律治罪，是十分清楚的。

综上考察，以 alda-为字根的 aldaqu 这一古老字汇，本义是处罚、治罪，但其实际含义则随着历史的发展有所不同：（一）蒙古建国前的氏族部落时代，含意是依据公认的惯例，罚所当罚。（二）蒙古建国颁布札撒之后，含意限于依据传统惯例即古约孙治罪。汉文音译按答奚。（三）元朝颁行《至元新格》之后含意是泛指依元律治罪，用为一般性的动词或名词，有治罪、断罪、罪过等汉译。

叶尼塞州发现的长牌，打造及颁授年代俱不详。元世祖收缴旧牌改铸八思巴蒙古字长牌在至元十六年，此后新设的符牌局继续打造，但未见改易形制与文字的记录。依据改铸时文字的含义，元人应译"断按答奚罪"。但此牌长期继续行用，字义已有改变，译为"治罪处死"亦无不可。所以此牌镌刻的八思巴蒙古字，

[①] 见顾嗣立编《元诗选》三集戊集，中华书局 1987 年版，第 183 页。
[②] "笞杖十减为七"，语见《元史·刑法志》序引王约奏。"偷头口一个赔九个"，见《元典章·刑部之十一·诸盗》，第 478 页下。
[③] 西藏自治区档案馆编：《西藏历史档案荟粹》之六，原误题为《妥欢帖睦尔皇帝颁给云丹坚赞的圣旨》。
[④] 《至元辩伪录》卷二鸡儿年圣旨，参见《元代白话碑集录》，第 104 页。

依元译成例，可作"上天眷命，锡皇帝之徽名，若不听从之人，断按答奚罪并处死"。末句亦可作"断罪处死"。

处死而又断罪，犹如现代判处死刑没收家产，是严厉的罪刑。军官佩带的长牌镌此严刑，应是极而言之的警示之语，并非实判。实际的含义不过是说：若不听从，定予严处。今译自可明意而止，不必过于拘泥。

叶尼塞州长牌发现后七年，西伯利亚纽克（Nyuki）地区又发现一形制、文字基本相同的长牌。1858 年以来，俄国境内又陆续发现金帐汗颁发的蒙古畏兀字长牌两件。[①] 这些长牌各有其特点，前人曾有考释，本文都没有涉及。这篇小文只是以最早发现的叶尼塞牌为例，对蒙古长牌制度的源流以及有待深究的古字"按答奚"的词义，再作些诠释。论证不当之处，企盼专家指正。

（原载《中华文史论丛》2008 年第 2 期）

---

① 育尔：《马可波罗书》第 2 卷，第 353 页。参见孟库耶夫《辛菲罗波尔的一面新的蒙古牌子》。

采自育尔（H. Yule）《马可波罗书》（*The Book of Ser Marcopolo*）

〔27〕兰州圆牌

此牌为甘肃省博物馆于1965年在兰州收集而得。1966年1月，该馆乔今同同志来函告知此牌系由西藏地区流入，寄赠拓本，嘱为考释。牌为铁质圆形，牌面错银八思巴蒙古字五行。乔今同同志认为：牌面文字"似预先制作好，然后再嵌镶在铁板上，两面凸出"。兰州发现的达一圆牌与俄国托木斯克州巴尔塔尔斯克出土者，属于同一类型。该牌初刊于1881年俄国科学院院报，附见于波兹德涅夫《古蒙古字铁牌释读》一文。

一 牌的种类

关于元代的牌子制度，中外研究者多有探讨，也引起过一些误解和混淆。依据现存文物和文献记载，元代由朝廷铸作、颁发的牌子，应当区分为性质完全不同的两类。

第一类，是所谓"做官底牌子"。

元制规定，各级军官按照不同等级佩带牌子，以表示其身份、地位和权力。此类牌子统由朝廷颁发。军官职任有所升降或去职时，应按制度"倒换"或交还。世袭军官则可以"子孙袭替"。

此制起源甚早。赵珙《蒙鞑备录》记成吉思汗时制度："所佩金牌第一等贵臣带，两虎相向曰虎斗金牌，用汉字曰成吉思皇帝圣旨，当便宜事。其次素金牌，曰天赐成吉思皇帝圣旨疾。又其次乃银牌，文与前同。"窝阔台时，徐霆著《黑鞑事略疏证》，谓"鞑人止有虎头金牌，平金牌，平银牌"。此制后在蒙古四汗国普遍施行，波斯史家志费尼著《世界征服者史》载有贵由时代的牌子，并谓异密（emir）中之优越者授以虎头牌[①]。忽必烈建立元朝后，至元二十一年规定军官职名品级，上、中、下万户府，上、中、下千户所和上、中、下百户均授牌。其中

---

① Boyle英译本卷1，第25页。

三品者虎符（即虎头金牌），四品五品者金牌（即素金牌），六品七品者银牌①。忽必烈时来中国的马可波罗，在他的《游记》中也有关于元代万户、千户、百户分别带有虎头符、金牌、银牌的记事，与元朝文献所载大致相符。《元史·兵志》又记："万户佩金符，符为虎形，首有明珠，而有三珠、二珠、一珠之别。"马可波罗也说，元代充带十万人的军队统帅，金牌刻有文字，"在这些字的下面刻有一个狮子（虎）像。在狮（虎）上面绘着日月形"②。据此，元代的所谓虎头金牌又有三等的区别，按照不同品级，在上部分别嵌有一至三颗明珠，中部铸蒙古字，下部即"符趺"铸有虎形。这在元牌中应是最为贵重的一种，但还没有发现过实物的留存。

兰州发现的圆牌显然不是这一类型。

第二类是遣使牌子。

此类又可区分为两种。一种是蒙古皇帝或元朝朝廷直接派遣负有特殊使命的使臣临时颁发的牌子。它的作用是据以执行使命，行使特予的权力。如成吉思汗派去敦请丘处机的使臣刘仲禄"悬虎头金牌，其文曰如朕亲行，便宜行事"。忽必烈派遣老波罗兄弟充罗马教廷专使，曾给他们一个金牌，马可波罗等回国时，忽必烈派遣他们致书于罗马教皇及法兰西等国王，也给他们两个金牌。又如大德五年，使臣答术丁等"钦赍圣旨悬带虎符，前赴友情合答束番国征取狮豹等物"（《站赤》）。这些金牌都应当属于此类。《鲁不鲁乞游记》记载蒙可汗派遣致书法兰西国王的使臣，金牌是半腕尺长（约十寸左右）的长牌③。大抵此种朝廷特遣使臣酌牌子也是长形金牌。

另一种是军务遣使的圆牌。

《经世大典·站赤》序云："站赤者，国朝驿传之名也。凡站，陆则以马以牛，或以驴，或以引车，水则以舟。其应给驿者皆以玺书。而军务大事之急者，又以金字圆符为信，银字者次之。其符信皆天府掌之，其出给在外者，皆国人之为官长者主之，他官不得与也。"（永乐大典本《站赤》）这里所说的圆符即圆牌，是应军事急需遣使之用，它的作用是取信于驿站。圆牌由朝廷掌管、颁发，但可以发给外地蒙古官长，由各地官长遣发使用。

关于金字和银字圆牌的区别，《元史·刑法志》说："诸朝廷军情大事，奉旨遣使者，佩以金字圆符给驿"，"诸王公主驸马亦为军情急务遣使者，佩以银字圆

---

① 见《元典章》卷九《吏部》，参见《元史·百官志》。
② 张星烺译拜内戴拖本《马哥孛罗游记》，第146页。
③ Dawson, *The Mongol Mission*, 第159页。

符给驿"。事实上，以银字圆牌遣使，并不限于蒙古诸王。元初阿术元帅府即掌有海青牌。四川分省也曾请求颁给圆牌，"以备驿传"。元代文献中曾称此类圆牌为"差使圆牌"（《元典章·兵部三》），当是较为确切的名称。

据上论证，兰州发现的圆牌，可定名为"银字差使圆牌"。它是由居守地方的蒙古诸王贵族或军事官长所掌管，用以派遣使臣，以昭示于沿途的驿站。

二　圆牌的形制与文字

兰州发现的圆牌，附有佩带用的圆环，正反两面上部都铸有虎头纹样。正面错银凸出八思巴蒙古字五行，背面也有错银凸出的相同文字五行，但字体为反体，实即正面文字的字背，并非另铸文字。这与第聂伯河的蒙古畏兀字长牌、米奴辛斯克的八思巴蒙古字长牌两面蒙古字联读的情形是不同的。

与此牌同一类型的苏联托木斯克州出土的圆牌，虎头纹样较为模糊，波兹德涅夫曾误认为是中国的龙。后来又被人们误认为海东青，从而以为即是元代文献中所说的海青牌，或马可波罗所说的鹰牌。兰州发现的圆牌，纹样极为精细完整，明显的是虎头而非海东青。

关于元初文献中习见的海青牌，由于尚无实物发现，它是否铸有海东青图像以及它与金银字圆牌的关系，曾是学者中争议未决的问题。但是，《元典章》中收载的一件公文，已可对此问题作出回答。《元典章》卷二十九《礼部·改换海青牌面》条：

> 至元七年闰十一月，中书兵刑部承来中书省札付，准部省咨核：今有和礼火孙文字译该：钦奉圣旨，海青牌底罢了那海青者，海青牌替头里蒙古字写了呵，教行者。……并咨各处行省通行照会各各元发海青牌面备细数目咨来，却行关发蒙古字牌面，倒换施行。

这件公文清楚地说明，至元七年闰十一月以前行用的海青牌曾铸有海青图像，以后即取消了海东青，而改写蒙古字，即此前一年正式颁行的蒙古国字（八思巴字）。从此，新铸的蒙古字牌即代替了原来的海青牌。兰州圆牌的实际情况正与此相符，并且还证明，蒙古字圆牌是以虎头代替了原来的海东青。

牌面八思巴蒙古字五行，自左至右行。波兹德涅夫曾将托木斯克州圆牌的相同文字，译为俄文。今据此牌八思巴蒙古字原文，逐行译释如次：

第一行　moŋ-k'a　deŋri-
　　　　　长生　　天

第二行　-jin　k'u-č'un　dur
　　　　的　　气力　　里

第三行　qa·a-nu　J̌ar-liq　k'en
　　　　汗的　　圣旨　　谁

第四行　è-se　bu-ši-re·e-su
　　　　不　　尊敬

第五行　al-da　t'u-qaji
　　　　罚　　者

第一至第三行 Jarliq 作句，为八思巴蒙文碑中所常见。元代汉文白话碑及《元朝秘史》等文献中，通译为"长生天气力里皇帝圣旨"。元碑中的文言译文作"上天眷命，皇帝圣旨"，J̌arliq 一词，蒙古语"圣旨"，乃来自突厥语的 yarliq。此句从无异议，不须多论。

需要讨论的是第五行的 alda-t'uqai。波兹德涅夫译为"死""杀"。①后来的研究者，多从此译。然而，这是不确切的。这显然是同蒙古语的杀 ala 一词混误了。蒙古语杀，《元朝秘史》音译作"阿剌"，它以元音 a 收尾，联结-da 作动词被动式，则中间应加上"q"。《元朝秘史》卷九作"阿剌黑答"，旁译"被杀"，是很精确的。此牌面的 alda，绝不是 alaqda，十分清楚。尼·包培在译释中已看到此点，提出异议，改译为"有罪"。②

案此词虽不见于八思巴蒙古字碑文，但在《元朝秘史》的音译里，却可多次遇到。用作名词"罪"作"阿勒答勒"（aldal），"有罪"作阿勒答勒坛（aldal-tan），用作动词则音译作阿勒答（alda），旁译"罚"。更加凑巧的是，圆牌作为动词命令式联结 tuqai 的这个词，也可在《秘史》里见到。《秘史》卷九记述成吉思汗的斡难河大会封赏功臣，勃罗忽勒九次犯罪不罚。"不罚"蒙古语音译作"不阿勒答秃孩"旁译"休罚者"。此字法国伯希和还原作 alda-tuqai。③ 圆牌的 alda-tuqai 显然不是"杀"，而就是《秘史》旁译"罚者"一词，是确然无疑的。

此所谓罚，有惩罚、治罪之意，《秘史》总译也译作"罪责"。牌面的"谁不尊敬"，有"谁不遵从"、"若不听从"等义。合起来，当与元代文献中常见的

---

① поибнет，умрет，引见苏联科学院刊尼·包培《方体字》注 113。
② Вудет виновен！见前引书第 80 页及注 113。
③ 见伯希和音译本《蒙古秘史》（P. Pelliot, Histoire Seerete des Mongols）巴黎，1949 年版，第 84—85 页。

"违者治罪"、"如违究治施行"、"如违，要罪过者"等语相当。

据上译释，此圆牌的牌面文字，当依元人译法作"长生天气力里皇帝圣旨，如违，要罪过者"。

三 差使圆牌的行用

差使圆牌由朝廷铸造，故牌面上铸有皇帝圣旨的名义。但它原来只是用于一般传送军情政令，以取信于沿途驿站，并无其他用途。元朝曾规定："以圆牌督董军情急务，余事不得发遣。"但由于各地诸王贵族都自行掌握圆牌，有权发牌遣使，"滥给"圆牌的现象，甚为普遍，甚至"但干细务并商贾之事，皆佩圆牌而行"。差使圆牌不仅滥给使臣，也还直接给予往来贸易的色目商人。元朝廷多次对此下令禁断，依然难以遏止。差使圆牌实际上成为诸王贵族滥遣人员出外谋利对沿途站户进行敲剥的凭证。

元朝在各地区建立的驿站制度，便利了各地的交通，但对各地站户却是沉重的负担。驿站所在地，签发当地蒙、汉、色目各族人民充当站户，与民户分立。站户不纳赋税，但要供应驿站需用的车马和往来使臣的饮食。使臣持有差使圆牌即可向站户任意勒索，倘不如意，便加打骂。使臣往往非法选要铺马，或为私人长行马勒索草料，或取要钱物，或违反规定的"分例"，恣意索取酒食。如差往江南的使臣"不食猪肉鱼雁鹅鸭等，必须羊肉"。差往东北女真地带的使臣，"见在之肉不食，必须活羊烹之"。持有牌札的使臣甚至"恃威挟势，颐指风生"，"命妓纵酒，无所不至"。元朝的站户制度实际是"富者出籍，贫者充役"。充役的贫苦站户，既要补买铺马，又要承受无穷的勒索，往往被迫逃亡，或卖掉妻子儿女应役。即以圆牌发现地甘肃为例。至元十四年（1277年），"永昌府站户一百二十户当役困乏，鬻其妻子地产"。至元十六年（1279年）临洮、巩昌等十站的站户"比年灾伤缺食，驿马倒毙数多，官政逼迫，未免鬻妻卖子，以至逃亡"。至大四年（1311年）陕西行御史台奏呈：甘肃等处驿路"站户被害，鬻产破家，卖及子女"（以上引文，并见《站赤》）。围绕着圆牌遣使的历史景象，正是这样一幅阶级压迫的画图。

（原载《历史研究》1980年第4期）

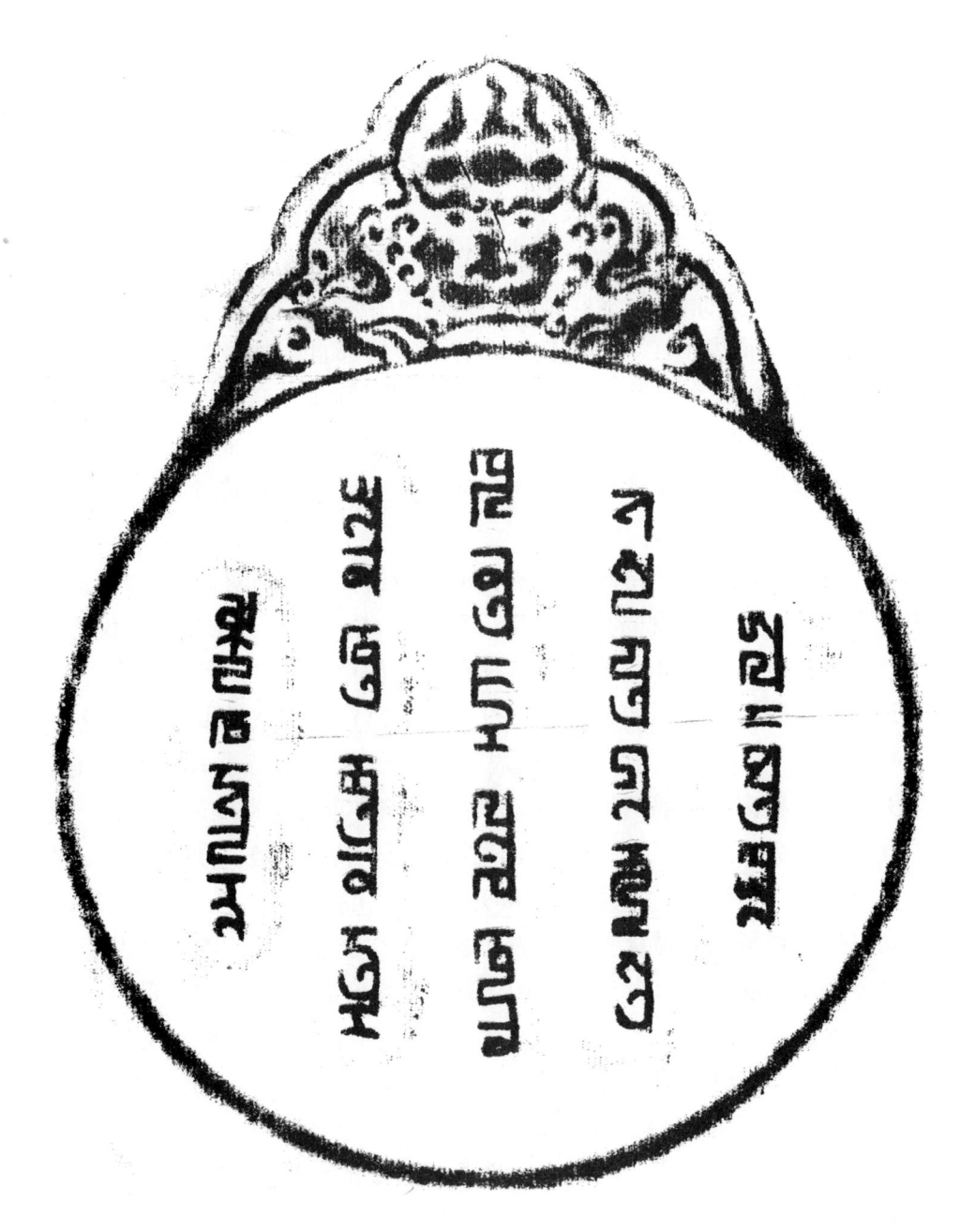

兰州圆牌拓本（原大）

[27] 兰州圆牌

兰州圆牌

〔28〕省府巡牌

　　元代三体字圆牌一件，现藏北京故宫博物院。中国社会科学院考古研究所藏有金石家黄浚尊古斋拓本，收入《尊古斋金石集》稿本。近年上海据另藏本刊行，也收有此牌拓本。铜质。牌首铸叶蒂，全高约16厘米，圆径14.5厘米。牌面文字三行，自右至左：第一行汉字篆书，第二行八思巴蒙古字，第三行蒙古畏兀字。原发现地不详。

　　第一行汉字篆书四字，铸刻窳劣，极不工整，经识为"省府巡牌"。

　　第二行八思巴蒙古字，即元人所称蒙古国字。凡四字，音读为 bun shiŋ zeun pai，系音写汉语，释为"本省巡牌"。

　　第三行为元人所谓蒙古畏兀字。凡三字，音读为 bun sien seinbai，当也是音译汉语"本省巡牌"，巡牌二字联书。

　　背面文字三行。左汉字正书"至正二十五年，月，日"。中为八思巴蒙古字一字，音读为 shiŋ，音写汉语"省"字。左行汉字正书"天字廿六号"。

　　省府一词不见于史志，疑即省堂。故又称本省。此巡牌似为行省颁发，尺寸较大，当不是发给县尉弓手，而是巡行于本省各府县的官员。元代路府州县均置巡军弓手，职司巡逻。各地区又分别设有巡河、巡盐及漕河巡防捕盗官司，因地而设，不遍置。①

　　罗振玉《历代符牌图录》收录明代各地之夜巡牌墨本，共有八种之多。均明白铸刻"夜巡"字样，称夜巡令牌或夜巡铜牌，当是沿袭元制之旧。此牌不著夜字，当是由于用途不限于巡夜，与传世之夜巡牌不同。

　　三十年代时，日本鸳渊一氏曾在北京得到圆形令牌拓本一件，后经羽田亨氏收入所著《元朝驿传杂考》。令牌一面正中为汉字"令"字，两侧铸汉字"关伪防奸，不准借带，违者治罪"。另一面铸蒙古畏兀字两行，八思巴字两行，左为波斯字，当即所谓亦思替非文字。羽田氏旁注八思巴字为"jar tanrar mau‑sereg-

---

① 具见《元史》"世祖纪""成宗纪"及"百官志""食货志""兵志"诸卷。

deku，并附日译。① 1941 年苏联包培（N. Poppe）著《方体字》收入此碑三体字一面之照相。据称此牌原为柯绍忞所有，后流入苏联科学院东方学研究所。包培书中对八思巴字有音释，在注释中又对蒙古畏兀字音译，与八思巴字内容相同。② 汉译可作"令，察（防）奸恶"。故此牌可称为"防奸令牌"，持此牌者被授予察觉奸恶之权，但并未铸巡牌字样。省府巡牌与防奸令牌，都铸有与八思巴字内容相同的蒙古畏兀字，这是值得注意的。蒙古畏兀字创制于成吉思汗时期。现存蒙古畏兀字刻石，自最早的亦松哥刻石（成吉思汗石）至河南登封少林寺碑圣旨③，均在世祖至元六年（1270 年）颁行八思巴字之前。八思巴创制的蒙古字，在至元六年二月下诏颁行。见《元史·世祖纪》颁行诏书并载于《元史·释老传》。《元典章·礼部四》载有至元八年正月圣旨，内称"省部台诸印信并所发铺马札子并用蒙古字"，又称"今后不得将蒙古字道作新字"。八思巴创制的蒙古字确定为官方文字，并不得再称为"新字"，而成为法定的"国字"或"国书"。但蒙古畏兀字似仍在行用，直到至元二十一年（1284 年）五月，颁给中书省的敕书中，还申令"奏目及文册皆不许用畏吾字，其宣命札付并用蒙古书"。此后，蒙古畏兀字虽仍在伊利汗国通行④，在元朝官方文件中则逐渐停用。元代官方文字何时再度使用蒙古畏兀字，不见明文诏令。现存蒙古畏兀字刻石，如张氏先茔碑、竹温台碑、云南王藏经碑、忻都碑、兴元阁碑等均在顺帝统治时期。《元史·顺帝纪》载元统三年四月诏令，"禁汉人南人习学蒙古色目文字"。同书《许有壬传》记元统时廷议，欲禁汉人南人勿学蒙古畏吾儿字书，有壬皆争止之。元顺帝时对汉人防范极严，故已禁学习蒙古字即八思巴字，又议禁学蒙古畏兀字。这条记事从反面说明蒙古畏兀字当时已再度行用，汉人学习议加禁止，蒙古人习用，并不在禁例。大抵元朝末季，蒙古畏兀字又渐通行，这当是由于八思巴兼顾汉语，书写蒙古语时以一个方体字译写一个音缀，使蒙古语多音词一字分离为数字，行用多有不便。省府巡牌背面，明白有"至正二十五年，月，日"字样，可证防奸令牌也当铸于顺帝时期。

更值得注意的是，此省府巡牌与防奸令牌不同，八思巴蒙古字与蒙古畏兀字都是用以译写汉语而不是蒙古语。八思巴字在创制时，即旨在"译写一切文字"，

---

① 羽田亨：《元朝驿传杂考》，东京，1930 年。
② 包培：《方体字》，苏联科学院 1941 年版，第 81、129 页。
③ 中村淳、松川节：《新发现的蒙汉合璧少林寺圣旨碑》，《内陆亚细亚语研究》1993 年第 8 期。道布、照那斯图：《河南登封少林寺出土的回鹘式蒙古文和八思巴字圣旨碑考释》，《民族研究》1993 年第 5 期。
④ 参见道布《回鹘式蒙古文文献汇编》。

兼用以译写蒙汉两种语言。八思巴字音写汉语的文献，传世甚多，为研究者所习知。蒙古畏兀字音写汉语的文物，则为前此所未见。前引顺帝时蒙古畏兀字诸碑，只是蒙古语碑铭中，对某些专称、官名、地名、汉人名氏等夹用音译汉语原名。此省府巡牌中"本省巡牌"四字均为汉语音译，在现存文献中尚无先例。由此可知，蒙古畏兀字在元代末季不只用于蒙古语也还用以音写汉语，为蒙古文字史研究，增添了新知，也为《元史·许有壬传》关于汉人学习蒙古畏兀字的记事，提供了注脚。

蒙古畏兀字原来只用于写蒙语，译写汉语时，s 与 sh、z 不分，b 与 p 不分，以同一声母字代替，不如八思巴字分别用字，更能反映汉语的读音。八思巴字本省巡牌中的巡字，作 zeun，eu 读如 ü。牌面 u 末笔与 n 字首笔误合为一，以致形同 ei，当是出于书写者或铸刻者之疏误。《蒙古字韵》中巡字在真韵正作 zeun，牌面蒙古畏兀字作 Sein，当是沿袭八思巴字误书，而并不是汉语的实际语音。又可知，此牌的蒙古畏兀字"本省巡牌"乃是依据八思巴字译写。

(原载《内陆亚洲历史文化研究——韩儒林先生纪念文集》，
南京大学出版社 1996 年版，第 14—17 页)

省府巡牌拓本
中国社会科学院考古研究所藏

308 下编 文物

省府巡牌背面

[29] 扬州出土巡牌

圆牌系扬州拆除元代旧城时，于南门西城根内侧出土。《文物》1962年第11期曾载有耿鉴庭同志的报道。圆牌铜质。牌上有叶蒂纹饰，上有供系带子的圆孔。正面汉字，中间大字一行"宣慰使司都元帅府"，左右两行："公务急速"，"持此夜行"。左侧："玄字拾号"。背面铸有波斯字及八思巴蒙古字各一行。

这是不同于前述两类牌子的另一种类型。它不是由元朝朝廷颁发，而是地方军事机构自行铸造使用的。因此，牌上的纹饰不用虎头或海东青，而是饰以叶蒂。元朝颁发的牌子有金、银、铁等类，此牌则用铜铸制。牌面文字阳刻凸起，也不用金字或银字，与金、银字差使圆牌完全不同。

此种圆牌，曾经发现的，只有所谓"防奸"牌一件。此牌1925年曾在北京流传。当时在北京的留学生鸳渊一氏曾将牌面拓本寄赠羽田亨氏。羽田在所著《元朝驿传杂考》一书中发表。牌亦铜质，高三寸八分，宽三寸五厘。正面汉字，中间一大字"令"字，左右两行："关伪防奸，不许借带，违者治罪"，均阳刻凸起。另在边缘处阴刻"地字五十号"等字。背面铸波斯字、八思巴蒙古字、蒙古畏兀字各两行。羽田释为"令察奸恶"，与正面汉文同义。羽田书中说：据鸳渊氏称，原牌或已售与外人，携去上海。案此牌后流入苏联，为В. И. 潘克拉托夫（Пандратов）所有。1941年苏联科学院刊《方体字》一书曾附有原牌照片。羽田氏曾据拓本怀疑即是海青圆牌。实则此牌上部纹饰也是叶蒂，并非海青，与前述海青圆牌或差使圆牌无涉。据牌面文字，当是元朝统治者镇压人民反抗斗争的令牌。

扬州出土圆牌与此令牌当属于一类，波斯字一行，共三字。原牌磨泐，只有最后一字较为清晰，Kst。八思巴蒙古字一行，耿鉴庭报道中未加释义。音读为"muqu diqu gereé"。muqudiqu一词，在八思巴蒙古字碑刻及其文物中，还没出现过。承罗依果教授指出，此字当是muquriqu的误刻，即见于《元朝秘史》278节的"木忽里",意为巡行,并指出波斯字后两字可释为夜行。[①]

圆牌正面左右汉字两行:"公务急速,持此夜行。"这是依据元朝法定的禁令。"诸夜禁:一更三点,钟声绝,断人行。五更三点,钟声动,听人行。违者笞二十一。有官者听赎。其公务急速及疾病死丧产育之类不禁。"见《元史·刑法志》。

扬州,元初设路,原属江淮等处行省。至元间,设置淮东道宣慰司,统领扬州及淮安两郡。中间一度废置,后改立河南江北等处行省,复立淮东道宣慰司。扬州路,在长时期内都是属于淮东道宣慰司统辖,只是到了元朝末年,即元朝统治即将覆灭的至正十五年(1355年),才有所谓"淮东等处宣慰使司都元帅府"的设立。扬州出土的圆牌只能是属于这一机构,铸发的时间只能是在至正十五年之后。

淮东等处宣慰使司都元帅府设立的时刻,河南、江淮等处早已到处爆发了农民起义,猛烈地打击着元朝的统治。就在至正十五年这一年的己未,农民起义的领袖刘福通自砀山夹河迎立小明王韩林儿,建都亳州,立国号宋,改元龙凤。这是一个重大的历史事件。宋政权的建立显示了起义农民推翻元朝统治的坚强决心,树立了新的旗帜。元朝末年的农民战争从此走上了一个新的阶段。淮东等处宣慰使司都元帅府的设立,是在二月壬申,正是韩林儿建号宋的三天之后。《元史·百官志》记它的职能是:"统率濠、泗义兵万户府并洪泽等处义兵。招诱富民,出丁壮五千名者为万户,五百名者为千户,一百多者为百户,降宣敕牌面与之。"(并见《元史·顺帝纪》)这里所谓"义兵",即镇压农民起义的地主武装。元朝蒙古统治者"招诱富民"即汉人地主,镇压农民起义减价一半(五千名为万户,五百名为千户)卖官授爵,"淮东等处宣慰使司都元帅府"就正是这样一个"招诱""统率"地主杂牌军的机构。所谓"降宣敕牌面与之"当指"做官的牌子"即军官佩带的金银牌,但这只是授与万户、千户等封官的地主首领。扬州出土的铜牌当是由"宣慰使司都元帅府"更广泛地给予地主武装。

牌面"玄字拾号"和所谓"防奸"令牌的"地字五十号"一样,系沿袭金朝的旧制,以《千字文》作为编号的顺序。于此也可见,这种铜牌,当时必已铸发了相当多的数量。

附记:本文原载《历史研究》1980年第4期。今据罗依果文作了校订。拓本系扬州李梅阁先生手拓,并致谢意。

[①] Igor de Rachewilfz,"Two recentiy published Pai-tzu discovered in china",*ACTA*,Orient. Hung. Tom. 36. 1983. 牌面波斯字系由利兹微(S. A. A. Rizzvi)博士参释。

[29] 扬州出土巡牌

扬州巡牌拓本（正面）

扬州巡牌拓本（背面）

〔30〕洛阳出土令牌

2000年7月，中国社会科学院考古研究所洛阳唐城队在隋唐洛阳城东城遗址发现叠放在一起的元代防奸令牌5枚[1]，考古队韩建华同志近日寄来拓本嘱为考释。此种令牌20世纪20年代曾有一枚在北京流传，为柯绍忞所有，其后辗转流入苏联科学院东方学研究所，我在《元代圆牌两种考释》[2]、《蒙古字圆牌两种音释》[3]等文中曾一再提及。此次洛阳发现此种令牌竟有5枚之多，是值得重视的。

令牌为铜质，圆形，高13厘米，宽10.8厘米，上部有叶蒂纹饰，均与传世令牌相同。日本羽田亨氏曾怀疑其纹饰是鹰头，因而认为此种令牌可能为海青圆牌。[4] 洛阳新出五枚令牌，纹饰清晰，确为叶蒂无疑。海青牌用于军事急递，与此种令牌无涉。

牌正面为汉字，中央有一大字"令"，故称令牌。"令"字左、右两侧各有汉字六个，自右至左联读。右为"除伪防奸不许"，左为"借带违者治罪"。周设方框，框外铸有纹饰。

传世此牌右行"除"字磨泐，曾被拟释为"关"。洛阳出土令牌笔画清晰，可确知为"除伪防奸"。除伪之"伪"，为元代律科专名。徐元瑞《吏学指南》律科释名："诈伪：谓诈以谲正，伪以冒真也。"《元典章》刑部卷十四"诈伪"门列有诈罪及伪罪之断例。伪有伪造省印敕牒、伪造盐引、伪造茶引、伪造矾引、伪造税印、伪造历日、伪造官文书、伪造印信诸项。可知，伪罪主要是指伪造官方文引印信，元朝对此处治极严。《元史·刑法志》诈伪条记载：伪造省印敕牒为首者处死，伪造盐引、茶引者也处死，伪造宝钞者处以重刑。防奸之"奸"乃是一切奸恶的泛称。《吏学指南》释"防盗"："禁弭奸宄也"。防奸之"奸"包括民间的盗贼，也包括反抗元朝统治的民众。

---

[1] 韩建华：《河南洛阳市出土5枚元代"防奸"铜令牌》，见《考古》2003年第9期，第96页。
[2] 蔡美彪：《元代圆牌两种考释》，《历史研究》1980年第4期。
[3] 蔡美彪：《蒙古字圆牌两种音释》，见《内陆亚洲文化研究》，南京大学出版社1996年版。
[4] 羽田亨：《元朝驿传杂考》，日本东洋文库，1930年。

牌背面方框内铸有三种文字。正中两行为八思巴创制的蒙古字，即通称的八思巴字，自左向右读；右侧两行为元人所称的蒙古畏兀字，即成吉思汗时畏兀儿人塔塔统阿依据回鹘字母创制的蒙古字，也是自左向右读；左侧为波斯文字，即元人所称亦思替非文字，横写，自右向左读。八思巴字是元朝法定的官方文字，颁行后，原有的蒙古畏兀字就已停止使用，但民间仍在行用，至元末行用渐广。波斯文是元朝所称的色目人或回回人的通用文字。除奸令牌通用于蒙、汉、色目各族人之中，故在正面汉字之外又铸刻上述三种文字。

1925年在北京流传的令牌，日本羽田亨氏曾将其拓本刊入其所著的《元朝驿传杂考》，并对牌面八思巴字进行了转写、诠释，将J̌ar tunqap释为"令"、Maquni释为"奸恶"、Seregdekü释为"觉"[①]。1941年，苏联科学院刊包培著《方体字》一书刊入此牌三体文字牌面照片，并从蒙古语言学角度详加评注：J̌ar tunqaq译为公告，是由jar和tunqaq构成的复合词，意思是布告、公告、通告；Ma·uni Seregdekü译为提防坏人；Seregdekü是由蒙古书面语Sere（感觉）产生的被动式词干的未来式名词形式，这种形式表示必要性；Ma·uni是Ma·un的宾格形式，同蒙古书面语的Maqui/Maqu，即邪恶的、不道德的、坏的。[②]

J̌ar一词蒙古语原有"令"的意义，J̌ar tunqaq意为公开宣示的命令，即明令。Ma·uni泛指邪恶、坏人坏事，依元人译例，释为奸恶是妥帖的。Sere一词的被动式词干的完成式动词曾见于《元秘史》卷五，音译为"薛列克迭伯"，旁译"被觉了"，即"被发觉了"或"被觉察了"。"觉察"一词为元代公牍所习用，包培释为"谨防（Beware）"也是正确的解释。依仿元人译例，牌面八思巴文字可释为"明令：觉察（防）奸恶"或"明令防奸"。蒙古畏兀字两行，音义均同于八思巴字，不需重释。波斯文铸造欠精，间有不清不确之处。经向南京大学刘迎胜同志请教，他音写为"ahtiyal ma-kunand bad-rukh Kunah-st"，汉译为"不得耍奸计"、"邪恶者有罪"。依仿元人译例，似亦可译作"不许诈伪，犯奸有罪"。

传世令牌在右侧边郭阴刻"地字五十号"。洛阳出土的五枚令牌，边郭也各刻有编号，分别为天字四十四号、天字八十九号、地字十三号、地字四十八号、地字七十五号。此系沿袭金代旧制，以《千字文》天地玄黄为序，次列数码。令牌编号旨在防止伪造。洛阳出土的五枚令牌，其编号多至七十五、八十九，可见河

[①] 羽田亨：《元朝驿传杂考》，日本东洋文库，1930年。
[②] 见郝苏民自《方体字》英译本转译的中译本《八思巴字蒙古语碑铭补译》，内蒙古文化出版社1986年版，第236—237页。

南地区发放的令牌数量很大。曾在北京流传的令牌，不仅形制、文字与洛阳出土的令牌相同，编号也衔接，很可能也是出自河南。

传世令牌研究者多着眼于对蒙古文字的释读，而对令牌的性质与用途未及多论。今考此种令牌当是由地方官府发给应役的巡防弓手或应捕人，执行捕盗之用。《元史·兵志》弓手条记载："元制，郡邑设弓手，以防盗也。"元世祖时，州县城池村店均设巡防弓手，于诸色人等户内每一百户，取中户一户充役。仁宗时定制，弓手命役三年，于相应户内补换。诸路府所辖州县，设县尉司、巡检司捕盗，称捕盗官。应役的弓手，依各地民户多少而设，无定额，专一巡捕，又称应捕人，"弓手不敷，于附近百姓内差拨"。以上史实俱见《通制条格》和《元典章》刑部"防盗"门。应捕人是由民户轮换充役而并非编管的兵丁，需有凭验才能执事。令牌是官府的明令，也是发给应役者的凭证。牌正面铸写"不许借带，违者治罪"，正由于是发给应役的民户，故有不许借带的规定。

此类令牌不同于中书铸发的差使牌，是由地方官府铸造，由各地的牌符局管领其事。洛阳出土的五枚令牌，很有可能是当地铸造。洛阳为元朝河南府治。河南被称为"诸盗出没之所"。元末农民起义蜂起，邓州王权起义军曾攻下河南府城，称"北琐红军"。此后，河南一直是起义军与元军和地方武装的战场。洛阳出土的令牌无铸造年代，但牌面所铸蒙古畏兀字，元世祖时曾明令禁用，只是元朝末季才又在民间行用。现存蒙古畏兀字书写的碑石多种，均属元顺帝时期。由此可知，令牌的铸造不可能是在元朝初年，而只能是在其末季。依据这些情况推测，洛阳出土的令牌很可能是元朝末季的河南府铸造，它的大量铸发当与农民反抗斗争的兴起不无关系。

（原载《考古》2003 年第 9 期）

洛阳令牌拓本（正面）

[30] 洛阳出土令牌　317

洛阳令牌拓本（背面）

〔31—37〕 吐蕃国师帝师玉印及白兰王金印

1959年6月，中央文化部组织西藏文物工作组赴西藏考察。7月间，工作组的专家阴法鲁、王忠两先生写信给我，寄来西藏噶厦档案中发现的元代八思巴字印章的印模多方，嘱为译释。我将诸印译出，略加考释，寄送有关方面研究参考。尔后，其中某些印章曾经展出或刊布，附有译文。考释文字迄未披露。

1995年，西藏自治区档案馆编《西藏历史档案荟粹》一书由文物出版社出版。其中元朝档案部分收录西藏自治区文物管理委员会藏八思巴字国师、帝师印五方，白兰王印一方，照相刊布。有译名，无释文。其中有我前所未见者二方。我曾译释，《荟粹》未收者一方。这些元印，对于研究元代西藏历史及国师帝师之封授，颇有关涉。但又存在若干费解的疑难，有待疏解。近年陆续出版陈庆英等先生汉译藏文史籍多种，为研究这些元印提供了依据。因就前后所见元代八思巴字印七种，参据汉藏史籍，重加考释，以供研究参考。

〔31〕 国师之印

《荟粹》刊入元朝档案之十八。玉质。双龙盘纽。方形，边长10.9厘米。八思巴字音写汉语，自左至右行。两行，每行两字。音释如下：

  gué šī ži jin
  国 师 之 印

《元史》释老传八思巴传称："中统元年，世祖即位，尊为国师，授以玉印。"同书世祖纪多出"统释教"的纪事，"国师"作"帝师"系后来追改。释念常《佛祖历代通载》卷二十一收有王磐撰八思巴（原作拔思发）《行状》，称"庚申，师年二十二，世祖皇帝登极，建中元统，尊为国师，授以玉印，任中原法主，统天下教门"。传与状合，当可信据。

国师称号，原为朝廷封授佛教大师的荣称。八思巴被尊为国师，又赋有"统释教""统天下教门"的职任，是以吐蕃萨迦的宗教首领任为管领全国各地佛教事务的僧官。尔后，蒙古中枢建制，至元初，"立总制院而领以国师"。总制院后改名宣政院，"秩从一品，掌释教僧徒及土蕃之境而隶治之"①。八思巴以国师领总制院，既为中枢统领全国释教的僧官，又是掌管吐蕃全境军政机构的官长，权位甚重。中统时，蒙古通用文字是源于古回鹘文的所谓蒙古畏兀字。所赐国师玉印，也应是应用此种文字或汉字。但西藏并无此种玉印留存，文献中也未见著录。

现存"国师之印"玉印刊铸的文字，乃是八思巴奉忽必烈之命，依据藏文字母创制的蒙古新字（后改称蒙古国字）至元六年二月下诏颁行。诏书说"自今以往凡有玺书颁降者并用蒙古新字"②。此后逐步推广到一切行移文书、奏目、印章、牌符等各类官方文字。至元八年正月又颁圣旨一通，申明各项规定，内见"省部台诸印信并所发铺马劄子，并用蒙古字"③。此项规定不仅通用于全国，而且施行于域外。《元史·世祖纪》至元十八年十月己亥"议封安南王号，易所赐安南国畏吾字虎符，以国之书之"。虎符即虎头牌。安南远在域外，故迟至至元十八年因议封王号，才更换畏兀字牌为国字牌。可见元世祖一朝，更换印章牌符的规定，一直在大力推行，以使蒙古新字代替原来的蒙古畏兀字。

《元史·释老传》称新字制成后"遂升号八思巴曰大宝法王，更赐玉印"。"大宝法王"，乃系佛教尊号，与表示职任的国师称号，自可并行，分别赐印。中统元年所赐国师玉印，依规定须更换为新字玉印。八思巴是新字的创制者更当率先实行。由此可以认为，拉萨现存的这方八思巴字"国师之印"乃是至元六年新字制成后更换的新印，即新赐玉印。

依据元代印章制度，国师之印应属朝廷颁赐的官印。元代官印，质地、印纽、分寸、文字均有严格规定。诸王用金印及金镀银印，边长三寸二分或一分。正一

图一　国师之印

---

① 《元史》卷八十七《百官志》"宣政院"条。
② 《元史》卷二百二释老传；《元典章》诏令。
③ 《元典章》礼部学校。

品用银，三寸三分。① 玉印只用于宗王公主及边域民族、宗教首领。国师之印边长约当元尺三寸三分左右，与正一品印尺寸约略相当。八思巴以国师领总制院，可比于正一品。但玉印高于金印，双龙盘纽又为最高象征，位在诸王之上。元代吐蕃僧人加号国师者非只八思巴一人，但此后被尊为国师的高僧，其地位都不能与八思巴相比。西藏现存双龙纽玉印"国师之印"非八思巴莫属，应无疑义。

[32] 八思巴大宝法王印

《荟粹》未收。玉质，方形，边长约 6 厘米，小于国师之印。八思巴字左至右行，三行，译为藏语。音释如下：

'pags-pa　rin-č'en　bak-šis
八思巴　　宝　　　法师

依据八思巴字构字法，一字标示一个音缀。此印每行两字，构成一词。首字是藏语八思巴的准确的音译。元代汉籍中或译八合思巴。第二字藏语，义译为宝，音译辇真。第三字出于蒙古语，源于突厥语，元代汉译八合失，义译法师或师傅。三行合译，依元代译例，音译"八合思巴辇真八合失"，义译为"八思巴大宝法师"。

此印显然是在八思巴加号大宝法王后颁赐。依汉文封号，实即八思巴大宝法王印。法王一词汉语用于高僧的尊号，但在佛典中原为佛的称号。《维摩经》慧远疏云："佛于诸法得胜自在，故名法王。"② 可能由于这些缘故，印文没有采用藏语的却杰 chos-rje 一词③而应用了当时习用的"八合失"。蒙古习用八合失称法师，也为元代汉人所熟知。事实上也是人们对八思巴的称谓。陶宗仪《辍耕录》帝师条称帝师法号为"巴思八八合失"④。少林寺碑也见蒙古畏兀字 bagsba bagši。⑤ 汉语法王原用以尊称法师，并非世俗的君王。印文采用八合失一词，正与本义相符。

此印与前释"国师之印"相较，有如下的特点。（一）蒙古新字颁行诏书中曾称"特命国师八思巴创为蒙古新字，译写一切文字"。但朝廷所颁官印，汉语官职为汉语，蒙古语官职为蒙语。大宝法王为汉语封号，此印译写"大宝"是藏语，

---

① 《元典章》礼部印章。
② 参阅丁福保《佛学大辞典》法王条。
③ 陈庆英《元朝帝师八思巴》第 151 页说："藏文史料关于八思巴的称号中却从来不见大宝法王的称号，而通常称八思巴为卓衮却杰（意为众生依怙法王）。"但不用大宝。案佛典中"大宝"为菩萨称号。
④ 《辍耕录》卷十二。
⑤ 参见道布、照那斯图《河南登封出土的回鹘式蒙古文和八思巴字圣旨碑》，载《民族语文》1993 年第 6 期。

佛教习用语，法王或法师是通用的尊称。
（二）八思巴本名慧幢，幼称八思巴，意为圣智，但八思巴一名实际已用为他个人的专名。官印依例只铸官名不铸人名。此印不同。（三）官印分寸有定制，此印小于"国师之印"，与八思巴官品等级不合。依据这些特点，可以确认，此印并非正式的官印，而是赐给八思巴本人的名号印。大宝法王原为高僧封号。此印用于宗教系统，与行使政权的官印"国师之印"同时颁赐，分别行用。

图二　八思巴大宝法王印

前引《佛祖历代通载》所收王磐撰八思巴《行状》，首称"皇天之下一人之上开教宣文辅治大圣至德普觉真智佑国如意大宝法王西天佛子大元帝师班弥怛拔思发帝师"。此为八思巴死后赐号，又见《元史·释老传》。《行状》内称国字制成颁行，"升号帝师大宝法王，更赐玉印"。研究者或据以认为，新字制成后，八思巴即升号"帝师"。近年刊行有关论著，多作此解。《中国通史》第七册也曾持此说。现在看来，实系误解。行状作于八思巴死后，故据赐号尊称为帝师。此句当读为：升号帝师"大宝法王"，而并非：升号"帝师大宝法王"。《元史·释老传》作"遂升号八思巴曰大宝法王"。直称其名，并加一"曰"字，语义遂更明了。此玉印作"八思巴大宝法王（师）"而不作"八思巴帝师大宝法王"，可为确证。约在同时颁赐的"国师之印"也可为证，应无可疑。

此玉印原存萨迦，我在 1959 年曾加译释，迄未披露，故不为学人所知。今为刊布，以供参考。

[33] 统领释教大元国师印

《荟粹》刊有照片。玉质，龙纽，方形，边长 10.4 厘米。八思巴字译写汉语，自左至右行。凡四行，每行二字。音释如下：

　　　t'uŋ　liŋ　ši　gew
　　　统　　领　　释　教

taj 'ṷen guê ši
大 元 国 师

此印形制文字均与元代官印制度相符，是朝廷颁发的正式官印。分寸与前释“国师之印”约略相当，属于同一等级。八思巴封授国师统领释教，屡见记载。八思巴死后，继承者即袭称帝师。此印必是授予八思巴无疑。“统领释教”铸于官印即成为官职的组成部分。国师前书大元国号，以示朝廷封授，统领全国。此印颁赐年代未见记载。至元八年十一月诏建国号大元。八思巴已于此年夏季离大都，去甘肃临洮①。至元十一年三月返回萨迦，弟亦邻真袭位。依此行止，此玉印的颁赐当在至元八年十二月至十一年三月之间。此间，八思巴虽在外弘法，仍以国师身份行事。大元国号建立，授予铸有“大元”国号的新印，是可以理解的。

此玉印的留存，可以确切证明，“统领释教大元国师”乃是八思巴生前的正式官号和封号。忽必烈采用汉法，在有功之臣去世之后加给高于在世官职的官号和谥号。八思巴释家圆寂，不便赐谥，遂将大宝法王尊号和统领释教大元国师官号扩展为长达三十八字的大元帝师赐号（见前引王磐《行状》）。死后不宜再称“统领释教”，遂易为“西天佛子”。帝师与国师均为师僧尊号，但蒙古大汗至高无上，“帝师”，即大汗之师，“一人之上”即大汗之上，自是崇高无比。八思巴生前被封为国师，死后赐号帝师，汉籍记载十分清楚。王磐以次，后人（包括《元史》编者）追记八思巴事迹，或尊称为帝师，这犹如以帝王庙号、功臣谥号追记其人生平，并非生前已有庙号或谥号。后世编录刊刻旧著，改用死后封号，文献中也多有其例，易滋误会。

藏文史籍阿旺贡噶索南著《萨迦世系史》记八思巴三十六岁的阳铁马年，即至元七年（1270 年），忽必烈建国号大元之前已封八思巴为“皇天之下大地之上西天佛子化身佛陀创制文字辅治国政五明班智达八思巴帝师”②。此事不见于《元史》及元末成书的藏籍《红史》，其他文献也未见佐证，当是死后赐号的讹传误记。《萨迦世系史》成书于明朝末年（1642 年），追记约四百年前的元初史事，犹如今人论述明末史事，虽有前人文献可据，因缘误记，在所难免。忽必烈采汉法封授之制，封号例用汉语，不用蒙语或藏语。汉文文献所记，依据原文。传于藏地，辗转翻译，口耳相传，以致字句歧互，也不难理解，未可据为典要。前引释念常《佛祖历代通载》卷三十二录有胆巴《说根本有部出家授近圆羯磨仪轨》序，

① 参见《元朝帝师八思巴》第七章。

② 阿旺贡噶索南：《萨迦世系史》，陈庆英等译注本，第 147 页。

内称八思巴（原作发思巴）"乃吾门法主大元帝师，道德恢隆，行为叵测"云云。末署"时庚午至元七年冬至后二日序"。学者或引以为据，以证成至元七年加封帝师之说。但忽必烈建号大元，诏告天下，在至元八年十一月，此前一年，如何能有"大元帝师"之号？这显然是后来编者窜入或改作，不辩自明，是不可信据的。

统领释教大元国师玉印的留存，足以说明，大元建号以前并无帝师封号。八思巴于至元十一年三月返抵萨迦后，其弟亦怜真袭位。《元史·世祖纪》至元十三年九月见"命国师益怜真作佛事于太庙"。可见八思巴在世时，袭位者仍号国师，可供参证。

图三　统领释教大元国师印

[34] 大元帝师统领诸国僧尼中兴释教之印

《荟粹》收录。玉质，方形，边长9.6厘米。八思巴字音写汉语，自左至右行，四行，每行四字。音释如下：

1. taj 'υen di   šhi
   大   元   帝   师

2. t'uŋ liŋ žeu gue
   统   领   诸   国

3. shiŋ ni žuŋ heiŋ
   僧   尼   中   兴

4. ši   gew ži   jin
   释   教   之   印

此玉印之颁赐及印文，具见《元史·释老传》，内称："亦摄思连真嗣，（至元）三十一年卒，乞刺斯八斡节儿嗣。成宗特造宝玉五方佛冠赐之。元贞元年，又更赐双龙盘纽白玉印，文曰：大元帝师统领诸国僧尼中兴释教之印。大德七年卒。"

成宗即位何以更赐此印，这需要对八思巴家族状况和帝师的传授作一些考察。

至元十一年，八思巴返萨迦后，亦怜真袭为国师，至元十六年卒。次年，八思巴示寂。《元史·世祖纪》载至元十九年十二月，"诏立帝师答耳麻八剌剌吉答，掌玉印，统领诸国释教"。答耳麻八剌剌吉答系八思巴弟恰那多吉的遗腹子，由八思巴抚养。八思巴在世时已定议袭位。"掌玉印"，即继续执掌原颁赐的"统领释教大元国师"玉印，而并没有更赐玉印。阿旺贡噶索南著《萨迦世系史》载，八思巴之弟意希迥乃之子、年长于答耳麻八剌的达尼钦波桑波贝，在八思巴死后自行来到大都朝廷，因而受到指责，被流放到江南。① 前此成书的达仓宗巴班觉桑布著《汉藏史集》称桑波贝"被迫长期住在江南蛮子地方，所以在达尼钦波达玛巴拉（即答耳麻八剌）去世后的十八年中，萨迦昆氏（《元史·释老传》作'款氏'）的清净家族和事业无人继承"②。答耳麻八剌死于至元二十三年（1286年），年二十岁，一子夭亡，无后。

图四　大元帝师统领诸国僧尼中兴释教之印

此后十八年中，《元史》世祖纪及成宗纪记载帝师的继承者是：亦摄思连真（世祖至元二十三年授任），吃剌斯八斡节儿（至元三十一年六月授任）③，辇真监藏（成宗大德八年正月授任）。

此三人事迹，《元史》无征。《汉藏史集》下篇第二章"萨迦派各部弟子的历史"记述萨迦班智达（八思巴伯父）及八思巴的弟子分在东部、西部、上部及康萨钦波等四部。亦摄思连真（新译意希仁钦）是八思巴弟子、东部夏尔巴家族秀莫杰尊加布的长子，辇真监藏（新译绛样钦坚赞）是第三子。乞剌斯八斡节儿（新译札巴俄色）足康萨钦波部松巴家族扎巴钦赞之子，曾任八思巴的管庙长老、答儿麻八剌的侍从。

---

① 参见《元朝帝师八思巴》，第173页。
② 达仓宗巴班觉桑布：《汉藏史集》，陈庆英译本，第208—209页。
③ 吃剌思八斡节儿授任帝师事，《元史》世祖纪在至元二十八年十二月，成宗纪在至元三十一年六月。重出。参据释老传，应以至元三十一年为是。成宗纪作"合剌思八斡节而"，合字为乞字之误。

由此可见，元世祖末季，帝师的传授已不再是八思巴的款氏家族而是选自非款氏家族的八思巴弟子，但未及颁赐新印。成宗即位之始，乃有此新印之赐。大元帝师玉印的颁赐当是反映了帝师传授的变动。

此大元帝师玉印的印文，与"统领释教大元国师"的文例不同。八思巴以后的继承者均沿袭帝师称号，此印首次铸入印文，列于文首，在"统领"之前。大元建号时，南宋尚未灭亡，此印颁赐时大元早已一统。"诸国"当包括畏兀、西夏、吐蕃、大理以及原属金、宋的汉地，实指诸族。标出"僧尼"当是由于包有江南汉地。"释教"前增入"中兴"二字似是由于款氏家族衰落的缘故。

大元帝师玉印为单龙纽，《西藏历史档案荟粹》刊有照片。《元史·释老传》所称"双龙盘纽"系误记。边长9.6厘米，较大元国师印（10.4厘米）略低一等。这当是表明八思巴地位的无上崇高，后继者不容逾越。

[35] "相加班帝师"印

此印玉质，刊于《西藏历史档案荟萃》之元朝档案第十七。1959年我所见诸印中无此印。1985年《文物》第9期曾载文介绍，题"桑结贝帝师印"[1]，《荟粹》译名作"桑杰贝帝师印"，无释文。此人《元史·成宗纪》作相加班，今从元译。

此印之印文结构，颇为奇特。长宽各约8.7厘米。边框之内约6厘米为朱文阳刻，双钩，依八思巴字构字法直写三个音缀，自左至右行，为藏语相加班一名的对译。下方约1厘米，白文阴刻，横写八思巴字字母四个，自左至右行，为帝师二字的译写。今为音释如次：

朱文　saŋs　gias　dpal
　　　相　　加　　班
白文　ti　ši
　　　帝　师

元译相加班三字，依八思巴字构字法辅音元音直写，读音直接译自藏语，字母形制及构成与译写蒙、汉语不尽相同，接近于藏文。帝师二字用八思巴字字母，但依藏文写法，自左至右横写，为前此所未见。汉语帝师二字，八思巴音译应作di shi。"大元帝师"印即如此。此印作ti ši，系据藏语读音，或可说是藏语中汉语借词的读音。所以，此印实为八字巴字译写藏语，与前释八思巴大宝法王印同例。

---

[1] 程竹敏：《西藏文管会收藏的元代印章》，载《文物》1985年第9期。此印题为桑结贝帝师印。程文对灌顶国师印及国师之印、统领释教大元国师印、大元帝师印也各有简要的介绍，可供参阅。

前文曾述及，元代官印例不铸人名，只铸官职。此印以人名为主的特征和上述诸特征都表明，它也和八思巴大宝法王印一样，不是行使政权的官印，而是帝师个人行用的名号印。

相加班其人，记载无多。《元史·成宗纪》大德九年三月："以吃剌思八斡节儿侄相加班为帝师。"《汉藏史集》说他是吃喇思八斡节儿的弟弟的儿子。两者记载相合。《元史·仁宗纪》皇庆二年九月又见"以相儿加思巴为帝师"。释老传作"相家班嗣，皇庆二年卒，相儿加思巴嗣，延祐元年卒"。相加班、相家班、相儿加思巴显是同名异译。《元史》本纪重出，或有脱文，释老传遂误作两人。《汉藏史集》记其生平说"他先是执掌康萨拉章，后来到了朝廷，担任完泽笃皇帝、曲律皇帝、普颜笃皇帝的帝师，于四十八岁时在朝廷去世"。相加班历任成宗、武宗、仁宗三朝帝师，当属可信。

图五　相加班帝师印

《元史·仁宗纪》延祐二年二月"诏以公哥罗古罗思监藏班藏卜为帝师"，又见同书释老传。可证相加班卒于延祐元年。《汉藏史集》载公哥罗古罗思监藏班藏卜为达尼钦波桑波贝之子，生于阴土猪年即大德三年（1299年），延祐二年已十六岁。帝师的承袭遂又归于八思巴的款氏家族。

[36] 灌顶国师之印

此印刊于《西藏历史档案荟萃》元朝档案之二十。照片单龙纽，玉质，方形，边长10.4厘米。1959年未见。八思巴字译写汉语，左至右行，每行两字，共六字。《荟萃》题释"灌顶国师之印"，是。音译如下：

gun diŋ gue shi ži jin
灌　顶　国　师　之　印

元代封授灌顶国师并赐玉印，《元史》及《汉藏史集》各见一人。

《元史·顺帝纪》至元三年（1337年）："征西域僧加剌麻至京师，号灌顶国师赐玉印。"同书宁宗纪,至顺三年(1332年)十月见"皇弟帖古思受戒于西僧加儿麻哇"。元代文献例称吐蕃为西番,西北及中亚地区为西域,与《明史》吐蕃入西域传不同。加剌麻称西域僧或西僧,是否来自吐蕃,未见其他记载,无从确证。玉印如何自京师流入西藏,也颇费解。

《汉藏史集》下篇述萨迦世系,称达尼钦波桑波贝有子南喀勒贝洛追坚赞贝桑布(或译南合罗思八罗古罗思坚藏班藏卜),说"他生来聪明智慧,具足功德。尤其是得到萨迦派两尊护法神的法力护佑,元明宗和世㻋护都笃皇帝由朝廷封他为灌顶国师,赐玉印。他护持法座十九年,于三十九岁的阴水羊年(癸未,1343年)在细脱森康去世"[①]。

图六　灌顶国师之印

案元明宗和世㻋于文宗即帝位之次年即天历二年(1329年)正月,在岭北宣告即位,随即启程来大都,八月间行至上都附近的王忽察都之地遇害,死。途中似未必能顾及封赐吐蕃国师,《元史·明宗纪》也无此记录。一种可能的解释是:《史集》所称由朝廷封赐,仍是来自大都的文宗,但文宗此时已遣使北上,奉迎和世㻋为帝。《史集》编者不详其中原委,遂有此记事。

南喀勒贝之父桑波贝在元成宗时自江南被召回朝,奉命返回萨迦,主持教派,即任萨迦堪布。泰定元年去世。南喀勒贝"护持法座十九年",依卒年推算,正是开始于泰定元年(1324年),即继承其父,主持萨迦派法座。《红史》及《萨迦世系史》均有此记录,应无可疑。加封灌顶国师则在此后五年。

灌顶国师不同于大元国师或帝师,而是作为尊号封赐给萨迦派法座的主持。灌顶国师玉印与萨迦国师、帝师诸印一起留存在西藏,正说明了这一因缘。

据上考察,可以认定:西藏现存灌顶国师玉印与《元史》所见加剌麻无关,而应属于萨迦款氏家族的南喀勒贝洛追坚赞贝桑布。

---

① 达仓宗巴班觉桑布:《汉藏史集》,陈庆英译本,第210—211页。

[37] 白兰王印

此印我曾于 1959 年译释，尔后在各地屡经展出，辗转刊布，渐为人所熟知。但只有"白兰王印"译文面世，释文未刊。有关白兰王其人其事，也尚待进一步探考。

《西藏历史档案荟萃》刊出此印照片，在元朝档案之二十二。经审视为驼纽。编者测定为铜质鎏金，边长 11.3 厘米。八思巴字译写汉语，左至右行，两行，每行两字。音读如下：

pai　lan　'uen　jin
白　　兰　　王　　印

《元史·英宗纪》至治元年十二月，己未"封唆南藏卜为白兰王，赐金印"。泰定纪，三年五月乙卯，"以帝师兄锁南藏卜领西番三道宣慰司事，尚公主，锡王爵"。同书释老传作"泰定间，琐南藏卜遂尚公主，封白兰王，赐金印，给圆符"。又同书诸王表金印驼纽诸王见"白兰王：琐南藏卜，至治元年封。后出家。泰定四年还俗，复封"。《元史》所记唆南又作锁南、琐南，可知史源不同，但记事基本一致，当属可信。现存金印驼纽白兰王印，形制文字均与《元史》记载相合，此印为英宗至治元年（1321 年）封赐唆南藏卜之王印，应无可疑。所谓"出家"当是受具足戒。泰定间尚公主，又恢复王封。

图七　白兰王印

关于唆南藏卜其人，《汉藏史集》萨迦世系简述章载："由康萨传承的帝师桑结贝（即相加班）为达尼钦波桑波贝向朝廷善为申辩，元成宗完泽笃皇帝将达尼钦波桑波贝从江南迎请回来，承认他是萨迦昆（款）氏家族血统。"[①] 桑波贝在朝廷娶妻，生子唆南藏卜。《史集》又称唆南藏卜生于阴铁兔年，"后来受育黎拔力

[①] 达仓宗巴班觉桑布：《汉藏史集》，陈庆英译本，第 209 页。

八达皇帝封他为白兰王,并将公主门达干嫁给他。他在返回吐蕃时在朵甘思去世"。

关于唆南藏卜的生年,陈庆英先生在汉译本此节"阴铁兔羊"后括注说:"辛卯,当为公元1291年,但此时元成宗还未继位,达尼钦桑波贝还未从江南召回,故此纪年有误。"① 案相加班任帝师在大德九年(1305年)三月,桑波贝奉召入朝,不得早于此时。娶妻生子则应在大德十年之后。以此推算,唆南藏卜在十五六岁时受王封。泰定间,年逾二十,得尚公主,应属合理。《史集》称封王的皇帝为爱育黎拔力八达即元仁宗,当系传闻之误,应以《元史》所记元英宗至治元年为可信。此节所记门达干公主,下文又作布达干公主。汉译本边注引《萨迦世系史》作布达干公主。此公主不见于《元史》公主表,世系不明。

《汉藏史集》载有不见于汉文文献的重要记事,即唆南藏卜死后,异母弟贡噶勒贝坚赞贝桑布(公哥罗思八监藏班藏卜)娶了其嫂布达干公主,元顺帝妥欢帖睦尔封他为白兰王,统领三道,赐金印,即承袭了其兄的王封和金印。蒙古与藏族原有收嫂的婚俗,所记应属可信。《史集》又记此王于阳火鼠年(1336年)去世,其子札巴坚赞贝桑布(公哥吃剌思巴监藏班藏卜)受封为白兰王,即承袭了父爵②。据此,则白兰王号与白兰王印实为兄弟父子等三人前后拥有③。

白兰一词原为古羌族的译名。唐代以来,常用为藏族之美称。封王,系世俗的尊荣,与佛事无涉。桑波贝被元朝流放到江南十余年,被赦回朝后又受命返回萨迦,继承款氏家族,主持教派法座。元廷封授其子,出嫁公主,意在羁縻,甚为明显。唆南藏卜兄弟由是成为元朝的驸马诸王。

一桩待考的疑案是《汉藏史集》还记有另一个白兰王,是八思巴之弟恰那多吉(恰那朵尔只)。《萨迦世系史》沿袭其说。元末成书的公哥朵儿只《红史》中无此记载。

据《汉藏史集》记事,小于八思巴四岁的恰那曾与其兄八思巴随伯父萨迦班第达去凉州,往见蒙古皇子阔端。阔端以女许嫁。后随八思巴去燕京朝见元世祖忽必烈。《史集》记事称:"他朝见薛禅皇帝后,薛禅皇帝封他为白兰王,赐给金印。"④ 案八思巴与恰那于至元元年(1264年)离京返藏,所记朝见封赐当是中统

---

① 达仓宗巴班觉桑布:《汉藏史集》,陈庆英译本,第209页。
② 达仓宗巴班觉桑布:《汉藏史集》,陈庆英译本,第212—214页。
③ 参阅陈庆英《元朝在西藏所封的白兰王》,载《西藏研究》1983年第4期;张云:《元代吐蕃地方行政体制研究》第一章第三节。
④ 达仓宗巴班觉桑布:《汉藏史集》,陈庆英译本,第206页。

年间之事。但细绎其事，诸多疑问。

一、忽必烈采用汉法加封王号，始于中统二年封皇子真金为燕王。中统三年，成吉思汗弟别勒古台之孙爪都以翊戴功封广宁王。《元史》所记中统年间封王者仅此二皇室。当时，封王之制初建，如恰那封王赐印自是足以惊世的国之大事，自应载入国史。但依据实录编纂的《元史》无此记录，其他文献也未见佐证。藏文《红史》不载其事，更加可疑。

二、中统年间，八思巴蒙古字尚未创制，如有赐印，只能刊用汉字或蒙古畏兀字，但汉藏文献中均无此记录，也未见此印留存。

三、据《汉藏史集》记事，恰那多吉卒于阴火兔年即至元三年（1267年）。生前并未及见八思巴创制的蒙古字颁行，不可能更换蒙古新字的新印。

四、恰那多吉死后，遗腹子答耳麻八剌由八思巴收养，未见有承袭白兰王封的记录，尔后，袭为帝师，并无王封。

五、唆南藏卜为桑波贝之子，封白兰王并非承袭而是英宗初封。如此前已有白兰王之封授，不应重建此封号。

依上分析，可以确认恰那多吉与现存"白兰王印"毫无关涉。封王事不见于《元史》及《红史》，多有可疑，无从证明，也令人难以置信。是否由于恰那多吉与唆南藏卜都曾娶蒙古宗室女，因而将两人事迹混误，也不无可疑。

《汉藏史集》书中见有"今年的阳木虎年"。东嘎洛桑赤列先生考订为成书于藏历第七绕回之木虎年即公元1434年[1]，明宣德九年。上距元初已一百七十余年。此书详载元代吐蕃史事及世系、教派之源流，为汉文史书所未见，自是研究西藏历史的重要著作。但所记汉地及关涉朝廷诸事，未必都有原始文献可据，而往往得自故老传闻，因而书中所记年代、人物行止，每有混误，需要仔细地加以鉴别。有关恰那多吉封白兰王赐印事，如无新证，审慎对待，只可存疑，而不宜信以为据。

综上考释，关于现存白兰王印，可以得到以下几点认识。一、此印为元英宗至治元年封赐白兰王唆南藏卜之王印。二、唆南藏卜之弟贡噶勒贝坚赞只桑布（公哥罗思八坚藏班藏卜）及其子札巴坚赞贝桑布（公哥吃剌思巴坚藏班藏卜）相继袭封白兰王，持有此印。三、《汉藏史集》所记恰那多吉封白兰王赐印事，多有可疑，史无明证，存以待考。

综考上述八思巴蒙古字七印，元代吐蕃国师帝师封赐之迹，约略可寻。概述

---

[1] 陈庆英译《汉藏史集》卷首"汉藏史集写作年代简介"。

如下：

（一）八思巴制成蒙古新字颁行后，赐予双龙盘纽玉印，音写汉语"国师之印"，官印。

八思巴加号大宝法王，赐予音写藏语玉印"八思巴大宝法王（师）"名号印。

大元国号建立后，颁赐龙纽玉印，音写汉语"统领释教大元国师"官印。

八思巴死后，赐号"皇天之下一人之上开教宣文辅治大圣至德普觉真智佑国如意大宝法王西天佛子大元帝师"。

（二）八思巴死后，其侄答耳麻八剌剌吉答袭为帝师。长侄达尼钦波桑波贝被流放到江南。答耳麻八剌剌吉答死后，无子。款氏家族无人承袭。夏尔巴家族亦摄思连真嗣。

八思巴之康萨弟子乞剌斯八斡节儿继为帝师。元成宗赐予龙纽玉印，音写汉语"大元帝师统领诸国僧尼中兴释教之印"官印。

承袭帝师的相加班，赐予音写藏语玉印"相加班帝师"名号印。

（三）元成宗召桑波贝回朝，仁宗时已成年之子公哥罗古罗思监藏班藏卜封授帝师。帝师之承袭又归于款氏家族。

桑波贝奉命返回萨迦，主持教派法座。卒后，其子南喀勒贝洛追坚赞贝桑布承袭，封灌顶国师，赐玉印"灌顶国师之印"。

桑波贝在大都之子唆南藏卜，尚蒙古公主，封白兰王，赐予金印"白兰王印"。返回吐蕃后去世。其弟及侄先后承袭王封。

元代吐蕃国师帝师之封号传承，中外学者论述多有不同。今以八思巴字印实物为据，参以汉藏史籍，略加梳理。不知是否得当，有待方家指正。

（原载《文史》2002 年第 3 辑）

[38] 亦都护高昌王玉印

辽宁某氏家藏元印一方，经友人之介，寄来照片与印模，嘱为考释。印模曾见于罗振玉编《贞松堂唐宋以来官印集存》。印玉质，纽龙形。印方形，宽5.9厘米，高5.3厘米。无背款。印文为元代八思巴蒙古字，凡三行，自左至右行，释其音读如下：

1. Šaŋ du idu
2. qud gaw č'aŋ 'u
3. aŋ un bel ge.

第1行，Šaŋ du 二字应是上都之音译。

第1行末一字与第2行第一字合为 idu-qud，可释亦都护，为畏兀（今译维吾尔）首领称号。元虞集撰高昌王世勋碑称："亦都护者，其国主号也。"[1] 此译名见于《元史》本纪、列传，均作亦都护[2]。波斯志费尼《世界征服者史》

高昌王玉印

第一部第五节："畏吾儿突厥人称他们的首领为亦都护（idi-qut），义为幸福之主"。波义尔（J. A. Boyle）英译本有注云："志费尼明显地把这个名称的第一部分跟 idi '主'、'主人' 相混了，idi，举例说，出现在复合名字 Ulush-Idi 中（见第13章），意思是兀鲁思的主人。'幸福之主' 应为 qut-idi。实际上，义为'神圣陛下'的 idi-qut（比较《元秘史》第238节的亦都兀惕（Idu'ut），乃是畏吾儿人从早期的拔悉密（Basmil）那里借用的称号。见巴尔托德《突厥史》第37页。"[3] 唐代拔

---

[1] 虞集：《道园学古录》卷二四，《道园类稿》卷三九。又见苏天爵《国朝文类》卷二六。
[2] 亦都护译名，又见赵孟頫《全公神道碑》，《松雪斋文集》卷七。
[3] 引自志费尼《世界征服者史》上册，何高济译本，第49—51页。

悉密部首领号亦都护，曾见于突厥文毗伽可汗碑。《元秘史》音译亦都兀惕，系据蒙古语转译，消失喉塞声母。旁译作"人名"，是明人的误释。① 八思巴字往往清浊声互译，此印文中之 d 即《元秘史》之"惕"t。元代汉译亦都护，则是省略了尾音。

第 2 行第二、三两字 gaw čʹaŋ 为汉语"高昌"之音译无疑。末一字 ʹu̯ 应与第 3 行的 aŋ un 两字联读。ʹu̯aŋ 为汉语"王"之音译。依据八思巴音译汉字的正字法，一个字必须联结为一体。此印分写，不合规范，当是由于迁就印面布局而形成的特例。-un 应是蒙古语表示所有格的附加成分。这里，镌印者不把"高昌王"三字作为汉语音译，而是视为来自汉语专名的蒙古语词，故依蒙古语法，附加 -un，以表示所有格"的""之"。

第 3 行 bel ge 应联读。此词曾见于藏文（萨迦格言）的八思巴字蒙语译文残片。吐鲁番发现的八思巴字蒙译《萨迦格言》木板印刷残片共有四片。刊有 bel-ge 一词的残片初刊于 1925 年卡特（T. E. Canter）著《中国印刷术的发明和它的西传》书内。② 此后，阿尔托（P. Alto）、海涅士（E. Haenisch）、李盖特（L. Ligeti）、照那斯图等续有诠释。③ 原文此句为：sajid boq-das-un bel-ge。义为"善人圣者的标志"。belge 一词有标志、标记等义。④ 印文中此词实用为印记。

据上音释，此印文虽包含来自汉语和畏兀语专名的音译，而实为八思巴字蒙古文。全文应读作 Šaŋdu iduqud gaw čʹaŋʹu̯aŋ un belge，汉译可释"上都亦都护高昌王之印记"。

畏兀亦都护巴而术阿而忒的斤在成吉思汗时归附蒙古。依据氏族收养的惯例，为成吉思汗养子，列于第五。成吉思汗以女也立安敦公主婚嫁。子孙仍世袭亦都护称号，入备宿卫，屡奉命出征有功。具见虞集《高昌王世勋碑》及《元史·巴而术阿而忒的斤传》。元仁宗时加封亦都护纽林的斤为高昌王。纽林为巴而术阿而忒之重孙，曾奉命出镇吐番，武宗时嗣亦都护。畏兀先世于唐末西迁，世居古高昌之地，史称高昌回鹘。故虞集《高昌王世勋碑》称"仁宗皇帝始稽故实，封为高昌王"。时在延祐三年（1316 年）（见《元史·诸王表》三）。此后，"亦都护

---

① 《元朝秘史》卷一〇。
② 卡特：《中国印刷术的发明和它的西传》，吴泽炎译本，第 136—137 页。
③ 阿尔托：《蒙古方体字萨迦格言第二残片》，《芬兰乌戈尔学会会刊》57（5）1—6，1954 年。海涅士：《柏林的吐鲁番藏品·蒙古卷》，1959 年。李盖特：《蒙古八思巴字萨迦格言残片》，《匈牙利东方学报》第 17 卷，1964 年。照那斯图：《八思巴字和蒙古语文献汇集》，1991 年。
④ 参见包培《八思巴字蒙古语碑铭》译补，郝苏民译本，第 272 页。

高昌王"遂成为沿用的称号，位比诸王。

纽林以下，世袭"亦都护高昌王"号者，史籍所见共有七人。纽林延祐五年卒，子帖睦儿补化于英宗至治时袭封。文宗天历二年（1329年）让王爵于弟篯吉（又作藏吉）。前引虞集碑文叙至篯吉而止。《元史·文宗纪》至顺二年五月"高昌王藏吉薨其弟太平奴袭位"。《元史·诸王表》作至顺三年。太平奴以后，袭王位者为月鲁帖木儿。《元史·顺帝纪》至正十三年六月见"亦都护高昌王月鲁帖木儿薨于南阳军中，命其子桑哥袭亦都护高昌王爵"。月鲁帖木儿承嗣王位，年代不详。钱大昕《元史氏族表》作"至正十三年嗣亦都护高昌王"，是误读《元史·顺帝纪》，以其卒年误作嗣位之年。桑哥是年袭位，卒年不详。桑哥之后袭王爵者为帖睦儿补化之子不答失里，传子和赏。元亡，在永昌降明，见宋濂撰"故怀远将军高昌卫同知指挥使司事和赏公坟记"①。此玉印无背款文字，铸于何时，始于何人，均无文献可征。印文首书"上都"二字，当与亦都护入备宿卫有关，是否另有含义，无从确证。

元制，诸王用金印或金镀银印，从三品上用银，四品以下用铜。②虞集碑文记仁宗封高昌王，"别以金印赐之，设王傅之官。其王印行诸内郡，亦都护之印则行诸畏吾而之境"。据此可知，仁宗曾颁赐亦都护高昌王金印两方，分别行使于内郡与畏吾而之境，是为行使王权的官印。依元制，印文应是以八思巴字音译汉字。此两印均不见传世记录，但与此玉印无关。

元代官方的玉印，见于记载者约有两类。一为太子诸王公主的私人印记。仁宗为太子时，"遣使四方旁求经籍，识以玉刻印章"，见《元史·仁宗纪》。此类玉印用于珍藏书籍字画，并非行使政权的官印。传世书画经仁宗皇姊大长公主收藏者钤有"皇姊图书""皇姊珍玩"等印，大约也是此类玉印。③另一类是朝廷颁给宗教领袖的玉印。元廷曾颁赐八思巴及吐蕃历代帝师国师玉印，统领释教，见《元史·释老传》。此类玉印仍有多种，在西藏自治区保存。近刊《西藏历史档案荟萃》一书即收有元代颁赐吐蕃帝师、国师玉印五方的照片与印模，极为精美。印文均以八思巴字音译汉语，与元代官印同一制度。元代吐蕃虽然政教合一，但宗教领袖仍颁玉印，与颁赐吐蕃白兰王的金印和万户府的铜印有别。

饶有趣味的是，亦都护高昌王玉印的龙形印纽与西藏现存元廷颁赐的"灌顶国师印"玉印的龙纽形制极为相似，几近相同。《元史·释老传》载，成宗元贞元

---

① 宋濂：《宋文宪公全集》卷一五。
② 《元典章》礼部卷二，印章品级。
③ 参阅傅申《元代皇室书画收藏史略》，台北，1981年。

年赐帝师乞剌斯八斡节儿"双龙盘纽白玉印，文曰大元帝师统领诸国僧尼中兴释教之印"，此印刊于前引《西藏历史档案荟粹》，与《元史》记载相符。《荟粹》所刊另一"统领释教大元国师印"与此"灌顶国师印"均为单龙纽玉印。由此可以旁证，高昌王单龙纽玉印也是朝廷所颁赐，而不是高昌王私铸，但这并非朝廷颁赐的行使王权的官印，而是供亦都护高昌王个人行用的印记。

元代畏兀文物，传世无多，此类印记为前此所未见。八思巴字音写蒙语的印文也极少见。亦都护高昌王一词是第一次出现于八思巴字文献。

（原载北京师范大学史学研究所编《历史科学与理论建设——祝贺白寿彝教授九十华诞》，北京师范大学出版社1999年版）

[39] 怀庆达鲁花赤之印

中国历史博物馆近年陆续收集到元代八思巴字印押多方。友人史树青先生寄来印模嘱释。其中由元朝中书颁发的官印，例由礼部铸造，以八思巴字音写汉语官名，金石家多有收藏。官职名称多有文献记录，有些官印在印背并铸有汉字官名，不难识别。音释后提供馆方参考，无多可记。但其中怀庆达鲁花赤印一方，值得作一些考察。

此印铜质，正方形，周边约合元尺二寸三、四分，与元代印制相符。印文六行，自左至右行。八思巴蒙古字译写汉语。音释如下：

(1) ɣuaj 怀　　　k'iŋ 庆
(2) dhiŋ 等　　　č'eu 处
(3) gon 管　　　min 民
(4) dzeŋ 匠　　　da 打　　　pu 捕
(5) ɣu 户　　　da 达　　　ruŋ 鲁　　　hua 花
(6) č'i 赤　　　ǰi 之　　　jin 印

印背文字两行，间有磨泐。
左行：中书礼部造　　延祐□年八月
右行：□□□□管　　□□达鲁花赤印

印文"怀"字，八思巴字作 ɣuaj，屡见于碑文及《蒙古字百家姓》。"庆"字作 k'iŋ 也见于碑文。① 怀庆即金元之际的怀州。《元史·世祖纪》，宪宗六年丙辰"宪宗命益怀州为分地"，是忽必烈京兆分地之外扩展的封邑。成宗大德九年，爱育黎拔力八达（仁宗）与母后弘吉剌氏奉诏出居怀州。仁宗即位后，因怀州是即位前的潜邸所在，延祐六年三月改怀孟为怀庆路。具见《元史》仁宗纪及地理志。

管民匠打捕户官职见《元史·百官志四》中政院条。中政院下设"管领大都

---

① 《八思巴字与元代汉语》（增订本）第四编字汇。

等路打捕民匠等户总管府"，秩正三品，达鲁花赤一员，总管一员，并正三品。至元二十六年始置总管府，各地设提领所二十五处，内列怀孟，为其中之一。仁宗改怀孟为怀庆路①，直隶中书省，自成建置。故有管民匠打捕户达鲁花赤的设置，据官印长度，也该是正三品。

据上考察，印背磨泐文字可补为"〔怀庆等处〕管〔民匠〕达鲁花赤印"，并不是八思巴字印文的全文而是省称。铸造年代当是延祐六年八月。

印面八思巴字书写汉语，较为规范，多与碑文相合，只是达鲁花赤一词的译写有所不同。

达鲁花赤之印

达鲁花赤作为蒙古的特殊官职，原是成吉思汗西征时在占领区特设的监治官员。元朝建国后遍设于中枢至地方的各机构，权位在行政官员之上。前人对此多有论述，不需赘引（参见龙门建极宫碑注释）。1946年翁独健著《元典章译语集释》参据前人著述，释daru为蒙古语动词制裁、镇压。"语根daru加γu则为名词。Daru γu加či或čin义为镇压者、制裁者、盖印者"②。1953年柯立夫（F. W. Cleaves）发表专文，继续作了考释。③蒙古语曾见于《元朝秘史》续集卷一，音译荅鲁合臣，还原daruqacin。音译出于明初译员，并非元代旧译。蒙元文献中，蒙古太宗十年（1238年）凤翔长春观公据已见"管匠人底达鲁花赤"，但似未成定名。在此之后的户县草堂寺阔端太子令旨（1245年）、周至万寿宫弥里杲带太子令旨（1250年）都见"荅剌火赤"译名。④元朝建国定制后"达鲁花赤"译名遂成为法定的官名，为人们所习用。现存元代蒙汉石刻公告文书，八思巴字写蒙语，屡见复数形的daruqas，汉译作"达鲁花赤"或"达鲁花赤每"而不作达鲁合思。这表明汉译"达鲁花赤"已是固定的官职名称，所以复数不再另译。怀庆路此印，背文作"达鲁花赤"，印文作Da-ruu-hua-č'i，为他处所未见，需要作些分析。

---

① 《元史·地理志一》怀庆路条。
② 翁独健：《元典章译语集释》，《燕京学报》第37期，1946年。
③ F. W. Cleaues, "Duruya and Gerege", *H. J. A. S.*, Vol. 16, 1953.
④ 具见《元代白话碑集录》。

八思巴字音写汉字的缺点是不能区分声调和同音字。音写蒙语的缺点是以音节为书写单位，使多音词被割裂。蒙古语达鲁花赤本来是一个词，被写成四个八思巴字。Da-ruu 应是蒙古语 Da-ru 字根的音写，但 ru 下多出 u 字母殊不可解。

更为奇特的是，此官名的后两字 hụa-či 又是音写汉语。hua 是音写花字无疑，见于《蒙古字百家姓》。či 为"赤"字见《蒙古字韵》支韵。此官名译写蒙古语原名，应作 da-ru-qa-či。如作为汉语官名音写，则当作 da-lu-hua-či。官印既不是全写蒙语又不是全写汉语，而是蒙古语 da-ruụ〔？〕加汉语 hua-či。这种特殊的结构，很难从官名制度或语言结构得到解释。不能不令人怀疑是译写或铸刻的疏失。此官印题中书礼部造，当出于礼部铸印局。铸印局秩正八品，只设大使、副使、直长各一员，无蒙古译史之职。通常只是铸刻八思巴字汉语官名。"达鲁花赤"源于蒙古语又成为汉语官职专名，铸印者不察，出现译写的错误是可能的。

达鲁花赤既成为汉语官名，民间通俗用书，曾简称为"花赤"。《事林广记》别集官制类"随朝职品"，自敬言院列"花赤、上都大使，正六"，以次上都、大都留守司、宣抚司、安抚司、教坊司、拱卫司以及大都打捕民匠总管府之官职均简称"花赤"。外任诸衙门官职中自各处万户府至路州府县也都简称"花赤"。[①] 蒙古语达鲁花赤的达鲁 da ru 是字根，花赤是附加。简称为花赤，是完全不顾蒙古语源，只是作为汉语职名任意缩减，并没有什么道理可说。官印将达鲁还原蒙语，"花赤"音写汉语，是否与"花赤"一名的通行有关，难以确指。

达鲁花赤又省称为"达鲁赤"，见杨维桢《东维子文集》旌德县监亦怜真公秩满序。称"国朝监官，郡邑咸设达鲁赤"，"吏与令丞得相可否议论，然后白之达鲁赤"，"朝家近令以大事责守令，达鲁赤任与令等"[②]。"达鲁赤"一名，文中三见，当不是传抄之误。将达鲁花赤省称为达鲁赤，大概只是文人的简化，并没有多少道理。

（据 1965 年存稿增订）

---

① 《增类事林广记》别集卷一，中华书局影元刊本，1963 年。
② 《东维子文集》卷四，《四部丛刊》影旧抄本。

[40] 宁远务关防课税条印

《文物》杂志1993年第6期刊登周九宜先生关于"湖南宁远出土一枚铜质八思巴文宁远务官押"的报道，并刊出印文，使读者得见全貌。此印于1983年5月在宁远古城基址出土，"铜质，长21.4、宽7.4厘米。方纽。正中阳刻八思巴文字"。"上方边框横刻'宁远务'，两侧边框竖刻'如无此印''形同匿税'，均为阳刻汉文，此官押作为印信凭证，用于当时行商贩运税赋验收。(见图)"

周先生于印文八思巴字无释。案元代传世文物，汉字与八思巴字并用，约有两类。一是八思巴字与汉字对译；另一类是八思巴字与汉字合书联用，两种文体书写不同的文字内容，联成一体。此印属第二类。八思巴字六字的音读可构拟如次：

guan hu̯aŋ ku̯o šue tew jin

元代八思巴蒙古字兼用于拼写蒙古语和汉语。拼写汉语时，同一字体可适用于若干汉语同音字。所以，必须有相关文献可供参考，才能准确地将拼写的汉字复原。此印文八思巴字拼写汉语，上方有"宁远务"，两侧有"如无此印""便（周文误作"形"）同匿税"等汉字，足资参证。我以为此印八思巴字音写的汉字六字，可还原为"关防课税条印"。

八思巴字第一字音译"关"字，甚明。第二字以 hu̯ 音写汉语轻唇音 f，可复原为"防"。"关防"一词，原有核查、查验之义，以防诈伪。《宋史·选举志》载，南宋理宗绍定时，举人考试，"奸诈百端，真伪莫辨"，"乃命诸郡关防，于投卷之初，责乡邻核实，严治虚伪之罪"。又载："端平元年，以牒试已罢，解额既增，命增额州县措置关防。"此词屡见于元代官方文书。《通制条格》卷二十九载大德八年七月中书省刑部呈："官府用印，本以关防诈伪，取信于民。"关防义为核查防范，用为动词，与后世用作名词者不同。元代文书习用于核查商务和税务。如《元典章》卷二十二"户部"载元世祖至元十三年圣旨条画，内称"商税：各处若不关防，中间作弊，百般欺隐课程"。《通制条格》卷十八载至元二十四年七月，尚书省枢密院呈："各军若为私己，勾当诸处买卖等事，于本管奥鲁官司具状陈告，行移所管有司，依例出给文引，两相关防，似为便当。"《元典章》卷二十二载至元二十八年颁布的"至元新格"中，有"院务课程"一款，内称："诸院务课程，当该上司，常须设法关防，每月体度。"关防的课程项目称为"关防节目"，负责关防查验的官员和机构泛称为"关防官司"。

"课税"之义甚明。"务"，系元代课税机构，官员称为"务官"。宁远县，元属湖广行省道州路。宁远务即设于宁远县的关防课税官司。不仅行商货贩须到务投税，田土买卖等交易也都要到务投税。元仁宗延祐时，曾发生买卖田土越境投税案件。《元典章新集》"户部"载至治元年江浙行省准中书省咨文，称："今后凡有买卖交关一切契券，皆合坐落本管务司投税。"买卖交关的契券，又称"契本"，由元朝户部用铜板印造，颁发各地，收取少量费用，原收至元钞一钱，后增至三钱。见《元典章》卷二十二"契本"条。商人或交易人在契本上写明交易物体，到务查验纳税。"如无契本，即同匿税"，也见《元典章》卷二十二"契本"条。各地务官查验收税后，在契本上用印，以为关防凭证。所以，此印的汉字印文称"如无此印，便同匿税"。

"条印"见陶宗仪《辍耕录》卷三十"印章制度"条，略谓："《通典》云，北齐有木印，长一尺，广二寸五分，背上为鼻纽，长九寸，厚一寸，广七分，腹下隐起篆文曰督摄万机，惟以印籍缝。今骑缝合缝条印，盖原于此。"又见徐元瑞《吏学指南》，称"长条印"，亦引《通典》北齐长印，谓"其原始此"。案《通典》此条见于"礼部"二十二，北齐"督摄万机"长印乃皇帝御玺，与元代课税条印无涉。陶、徐两家引用此条，只在说明长形缝印的起源。《元典章》卷二十二载至元二十二年正月福建行省禁约内一项，由于"各务税契又多不用上司元降契本，止办务官契尾，更有连数契作一契押者，其弊多端"，"禁约务官人等今后应有交关文契赴务投税，须要依例连粘契本，方许印押"。可见务官收税时另有契尾存查，犹如近世之"存根"。投税之契本与务官之契尾需连粘用印，所以陶宗仪说是"骑合缝条印"。明刘辰《国初事迹》载明太祖时，"议用半印，行移关防"。所谓"半印"即是连粘印缝，但行用范围，有所扩展。

前引《吏学指南》"玺章"条，将元代官方印章分为四类：一、御宝；二、印信；三、长条印；四、木朱印。御宝是皇帝的印玺，可置不论。木朱印是寺观自造的印记。元成宗大德八年曾予禁毁，见《通制条格》"追毁木印"条。印信与长条印都由官府铸造，颁发给官员掌管使用，但二者又显然有别。印信是正式的官印，由礼部铸印局铸造，原料、重量、尺寸依不同品级而有不同的规定。《元典章》礼部印章条载有"印章品级分寸料例"表，记述甚详。诸王用金印，驸马至正三品官员用银印，从三品至九品用铜印。传世元代铜质官印时有发现，均用八思巴蒙古字。印文为官署或官员职名，称某官印或某官之印。汉官用八思巴字译写汉语。蒙古官职以八思巴字拼写蒙语。条印则由户部铸造，用于课税契本，均为铜质，故又称为"契本铜印"。官员印信为方形，课税印用长条形，两者形制有明显的区别。

现存元代寺观免除差发赋税的蒙汉文圣旨碑刻，八思巴字蒙古语 Tam-qa 一词，原义为"印"，相对的汉译为"商税"，研究者或以为费解。案蒙古印章制度乃源于畏兀（古代的维吾尔族）。Tam-qa 一词，《至元译语》音译为"探合"，系出于突厥—畏兀语。蒙古税收制度源于汉制。税粮归仓，故蒙古语中借用汉语"仓"字以称谓粮税。商税需有契本关防用印，遂借用探合一词以称谓商税，所以，蒙汉文圣旨碑中，八思巴字蒙古语"仓、探合"，汉文中则译为"税粮、商税"或"地税、商税"。探合一词原为各种印章的泛称，用称商税则应指此种"关防课税条印"。宁远务条印的出土，为此提供了实证。

明初沿用元代条印旧制，又称条记。尔后应用渐广，遂将此种长形关防条印泛称为"关防"。《大明会典》卷三十五户部钞关条记："隆庆二年，令北新、淮安、扬州、许墅、九江、临清、河西务各钞关主事各铸给关防。"钞关系明宣德间新设，收取船钞。钞关主事"铸给关防"，是已将关防一词用为关防条印的专名。同书卷七十九礼部印信制度条载，将军、五军都督府、六部以下至地方官员印信，用不同尺寸的方印，但"各州县儒学、仓库、驿递、闸坝、批验所、抽分行、竹木局、河泊所、织染局、税课司、阴阳学、医学、僧道司俱未入流。铜条记，阔一寸三分，长二寸五分，厚二分一"。《大明会典》礼部所记，乃明万历时制度。元代用为关防课税的铜条印，这时已扩大到课税以外的所谓"未入流"，因而不能颁发方形印信的其他机构。同书同条又记："总制、总督、巡抚等项并镇守及凡公差官，铜关防，直钮，阔一寸九分五厘，长二寸九分，厚三分，九叠篆文。"明代总制督抚等官原非常设官职，而是属于所谓"公差官"，所以也不能颁发方形印信而给予长形的铜关防。关防的应用范围，日益扩大。清承明制，长形关防应用更广，具见光绪朝《大清会典》礼部，不备引。

明沈德符《万历野获编》卷十三记明朝印制说："本朝印记，凡为祖宗朝额设者俱方印，而未入流者则用条记。其后因事添设，则赐关防治事，即督抚大臣及总镇大帅亦然，俱带印绶，则谓之印亦可。"随后记述了一个故事：嘉定一县令见巡检申文，用钦降方印于年月上，大怒，批曰："何物卑官，辄敢藐视上台，私用方关防，法当重究。"沈德符评论说："凡关防未有方者，此等学问见识，不特可恨，亦可哀哉。"沈氏讥讽县令不知方形印信与长形关防之别，但似亦未知关防条印之制源于前朝。明季文人于元朝制度多不甚了了，因而往往将沿袭前朝之旧制误认为创于本朝。这大概是由于这类"学问"多不见于史籍，只有考察前朝文献与文物才得了然。

据上考释，湖南宁远出土的铜质八思巴文印应定名为"元宁远务关防课税条印"。元代铜质方形官印，流传甚多，此类条印则为前此所未见。此印的出土，不仅提供了一件罕见的八思巴字文物，也还有助于探讨元明两代税收制度与印章制度的沿革，是值得珍重的。

（原载《文物》1995年第7期）

[41] 总把之印

这份资料是1951年2月浙江永嘉的于越同志寄给中央文化部文物局的。友人罗福颐先生将来信及印模送我嘱释。来信说："浙江永嘉芙蓉陈族大众共同保存了七百年的黄金印——这是南宋灭亡时（帝昺），民族英雄陈虞之、陈规叔侄等率全族抗元兵失败，退芙蓉崖三年，孤军作战，粮尽援绝，跃马坠死芙蓉崖，部众五百人全部壮烈牺牲后，丢失在崖腰之物。"又说到这颗印的保存方法是："由芙蓉陈族大众轮值之，众头家保存，方式公开而民主。本族及外族人有可靠保证均得向众头家索看，看后即当面归还。"

陈虞之抗元的事，清康熙《永嘉县志》卷十曾有记载说：

> 陈虞之，登咸淳第，为扬州教授，迁秘书校勘兼国史院。元兵至温，虞之率子侄乡人千余登芙蓉岩，誓以死守。越一岁，为所败。虞之自刎，妻子乡族八百余人皆死之。

信里所记，与此大略相同，只是年代和人数稍有差异。想来当地可能还有记载此事的史料，而这段壮烈的故事也必定在人民中间相当流行。县志中没有提到陈规，宋史卷三七七有陈规传，说他在建炎之际守德安府、顺昌府抗金，大败金兀术（并见德安守城录）。但这个陈规是密州安丘人，无论在时间上或地理上都找不出他和陈虞之的关系来。不知是否为另一人，还是由于他曾在江南抗金，民间把他和抗元的传说混淆起来而讹传了。

* * *

印面上的文字，经识为元代八思巴蒙古字。据《元史》的记载：这种文字在至元六年（1269年）始"颁行天下"[①]；南宋帝昺投海死于至元十六年（1279年），当时八思巴蒙古字虽然已在元朝统治的范围内推行，但这种文字的元印决不

---

① 参看拙著《北京大学文科研究所藏元八思巴字碑拓序目》，北京大学《国学季刊》第7卷第3号。

可能是南宋人所遗，更非陈规之物。

原信里对这颗印作了如下的说明：

> 质：黄金，成色颇纯。量：印底长二寸五分，高五分。印柄高二寸，底长一寸五分，底阔五分。印背有行书"抗托之印"四字与"书礼部"三字。印面何字须待金石家及宋元史家之考证断定。

我把印面上的八思巴蒙古字，细加寻绎之后，已经推出它的对音。现在先按照苏联语言学家龙果夫所拟构的标音系统①标注如下：

tsuŋ pa ži jin

这里的第一个字应该对汉字的"总"字。总字在古汉语和"古官话"里都是"tsuŋ"②。第二字当对"把"字，别的地方所见此字也有作"ba"的，八思巴字译写唇音时，往往以浊对清，以清对浊③。第三字当是"之"字，这个字在八思巴字碑刻中时常见到，都这样写。第四字是"印"字，用"j"开头，与古官话相同。四个字合起来就是"总把之印"。

这里附带要说明的是：这四字是直行从左向右读。元代八思巴字的钱钞、官印、碑刻大都如此。这就是陶宗仪书史会要中所说的"其文右行，其字方古严重"。这种影响在当时极为普遍，甚至有些汉文碑刻也从左向右写了。

*　　　*　　　*

"总把"是元代的军职，地位并不太高。《元史》卷九十八兵志上说：

> 内立五卫，以总宿卫诸军，卫设亲军都指挥使；外则万户之下置总管，千户之下置总把，百户之下置弹压，立枢密院以总之。遇方面有警则置行枢密院，事已则废。……万户千户死阵者，子孙袭爵。死病，则降一等。总把百户老死，万户迁他官，皆不得袭。是法寻废，后无大小皆世其官，独以罪去者否。

---

① A. Dragunov, *The hphags-pa script and an-cient*, Mandrin, 1930.
② 引据龙果夫书。又龙果夫书中记八思巴字总作 dzuŋ，八思巴字 Dz 和 Ts 字形很相近，龙氏书中此字只见到一次，我怀疑他是认错了。
③ 说详龙果夫书。

元人时常喜欢把"总"字写作"揔"或"捴"①。我觉得印背面的汉文行书大概就是"揔（捴）把之印"四字，因年久漫漶，看不清楚，所以在原信里被误认作"抗托之印"了。

又这种官印在当时大都是由中书礼部造发，总把的印也不例外。《元典章》卷二十九礼部二有一段记载说：

> 大德四年（1300 年），御史台咨准枢密院咨准中书省照会：礼部呈：本部铸选印信内管军官多有承袭承替升转人员，本管官司随即将元掌印信拘收，申解枢密院，转呈都省发下本部销毁。歇下窠阙，其补阙人员到任，即行索要印信……今后谓如有下百户升充上百户升转，将元掌印信镇守地面各处行省腹里枢密院拘收封面，听候补阙人员到任，就便给付。其余必合追毁，创铸印信，依例施行，具呈。照详得此，即不见拘收印信备细缘由剖付枢密院。照勘得至元二十年六月二十八日准御史台准行台咨备山南湖北道提刑按察司申：江陵路黄保告汪士达自割身死数内干连人梁材授到敕牒印信充总把，为无军管，于高宣慰衙内充总领勾当。又照得元告人黄保亦受敕牒银牌印信总把，无军管领。照得：江南归附后，官员多有似此带行虚受其职，给到印信，见行收掌之人若不尽行取勘拘收，切恐因而诡诈行用，深为未便。（下略）（沈刻本《元典章》卷二十九页十下至十一上）

元军占领江南后，"总把"这个官有好多是"无军管领""虚受其职"，所以要拘收他们的印信。可见当时"总把之印"的造发、掌管都已显得有些紊乱。遗失流落，自不无可能。"取勘拘收"也未必真的能"尽"。但从这段记载里，我们可以看出：总把的印，无论在什么情况下，最初都是由中书礼部铸造发给的。② 再证以

---

① 总字写作手旁，并非自元朝始，不过元人用的更普遍了。大徐本《说文》系部总字下；"臣铉等曰：今俗作揔非是"（钮树玉《说文解字》校录本如此，另本作捴）。又广韵：总字"俗作惣"。

② 柯绍忞《新元史》卷五十五百官志礼部条："至元二十九年以四宾库改置铸印局，掌凡刻印销印之事。"案王恽《中堂事记》上（《秋涧大全文集》卷八十）记中统间已有铸印官三人，是铸印局之设置，不是至元二十九年。

现存的元代官印的一些实例，我们可以推知：原信里所说背面的汉文行书"书礼部"三字必是"中书礼部造"五字，"中""造"二字大概已经剥落了。

＊　　＊　　＊

元代的这类官印，就我们所见，以八思巴蒙古字居多。《元典章》卷三十一礼部四有一条说：

> 至元八年（1271年）正月日，皇帝圣旨："……一、省、部、台诸印信并所发①铺马劄子并用蒙古字。（下略）"

这里所说的"蒙古字"就是两年前颁行的八思巴"蒙古新字"，从这年起就把"新"的称呼取消了。②

再有，关于元代总把的职品和印制：元典章里的规定是千户以下最高不过从五品③，印章是"二寸，铜二斤十四两，物料钱九钱九分八厘。从五品以下依次递减五厘"（《元典章》卷二十九页十）。原报告所说二寸五分，略可相当。但按照《元典章》的记载：从五品以下的印都是铜质，只有诸王的印才是金的。原报告所说"黄金印，成色颇纯"，很有问题。因为还没有见到原物，不敢马上武断。但人们对古印未加审辨，夸大其事，也是很可能的。

罗振玉《隋唐以来官印集存》里收有元八思巴字"管军总把印"一方，总字篆法与此印略有不同。只书"总把之印"四字的元八思巴蒙文印，我这还是第一次见到。

1951年5月写于北京大学

（原载《文物参考资料》1958年第1期）

---

① "所发"沈刻本作"发所"，今据陈垣《元典章校补》改过。
② 并见《元典章》卷三十一前引至元八年圣旨。
③ 《元典章》卷七吏部官制职名条内没有把总把正式列入。《元史》卷七世祖纪："至元七年四月癸未，定军官品级，万户总管千户百户总把以军士为差。"又《典章》卷九吏部官制军官条："至元二十一年定夺诸官品级：上千户所千户从四品，副千户从五品；中千户所千户正五品，副千户从五品；下千户所千户从五品，副千户正六品。"千户所内列有弹压。而无总把。参以《元史·百官志》纪事，可知总把不但是不重要而且也是不常设的一个小官。《元史·兵志》规定它是设在千户之下，它的确实品级还不能详知，但我们可以推定最高不过从五品，可能还要低些。

[42] 传世印押

清季名家杨守敬曾以十数年之力，收集传世的元代印押，得五百余方，印拓成书，题为《元押》，光绪三年刊行，流传不广。近年编印《杨守敬全集》收入[①]。我应邀为本书写了简短的前言，对元代印押制度作了如下的说明：

> 元代的印押，是在当时历史条件下发展起来的一种特殊的事物。陶宗仪《辍耕录》卷二刻名印条记："今蒙古色目人之为官者多不能执笔花押，例以象牙或木刻而印之。宰辅及近侍官至一品者，得旨则用玉图书押字，非特赐不敢用。按周广顺二年平章李縠以病臂辞位，诏令刻名印用。据此，则押字用印之始也。"宋朝制度，地方主簿批销文书，必须亲自书押，不许用手记，见《宋史》职官志主簿条。据陶宗仪所记，元代蒙古色目官员不能执笔花押，故而刻印以代。但传世元代印押似尚未见有象牙、木质或玉质，而多为民间通用的铜质印押。印文不仅有蒙古字，且多有汉字。可见此类私刻印押，在元代蒙汉人中已经通用，也不限于蒙古色目官员。陶宗仪所说的"花押"和"押字"，原有区别。花押原指押者自创的一种难于摹仿的图记，以为证验。押字则是姓氏或名字的签署。元人例用一字，或蒙或汉。

杨书所收元押，在自序中称"姓名押"，多取姓或名中一字铸一押，与公私印章不同。元代官印传世逾百种，前揭吐蕃、高昌印外，中原各地官印多以八思巴蒙古字篆刻汉语官职名称。私印也多用汉字篆书。汉字姓名押用楷书，故又称"一字真书押"。杨氏《元押》所收多属此类。也收有八思巴蒙古字押数枚。

关于八思巴字音写汉语的元押，往年助罗常培先生编著《八思巴学与元代汉

[①] 谢承仁主编：《杨守敬全集》第十二册，湖北人民出版社、湖北教育出版社2001年版。

语》时，在绪论中曾经述及，当时所见不多，未及详考。此后四十余年来，各地博物馆和文物、收藏家陆续发现收藏传世八思巴字押，往往寄来拓本或印模，嘱为译释。年久积存渐多，相互比较研思，对印押的文义及性质用途，逐渐有所领悟，深愧前此的论述疏略不周。因就积存的印押，依据我现在的认识分为六类，每类各举例二三，试为译释，以供研讨。附刊例举的印拓，以阿拉伯字编号。文中所列号码即附图编号。

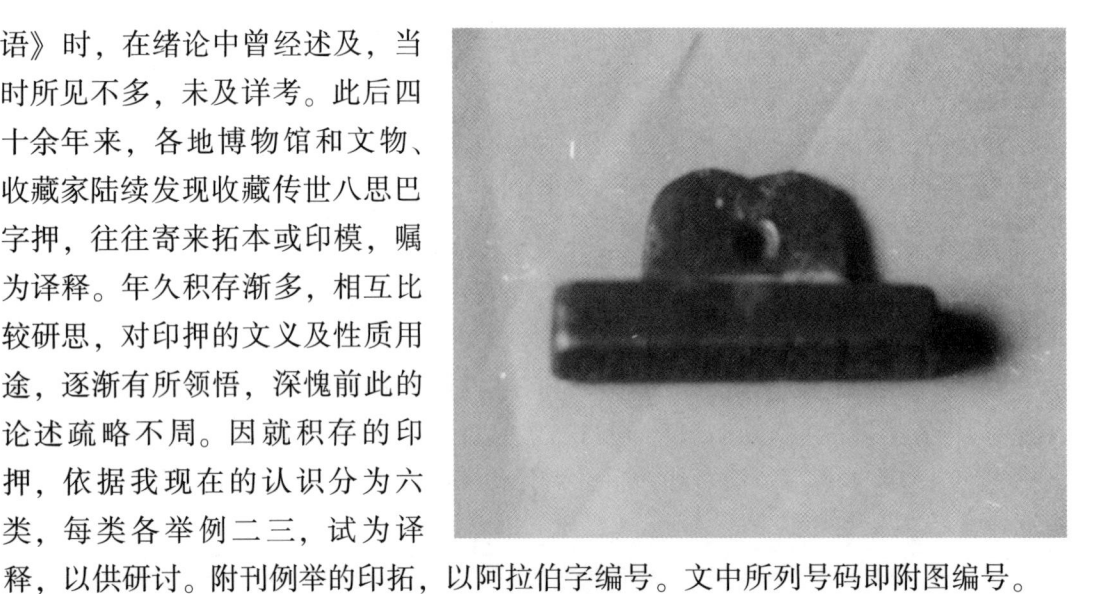

姓氏押 汉字元押一姓一押。我所见八思巴蒙古字译写汉字的姓氏押，约有三种。一是以八思巴字译写汉姓一字，与汉字押同例，同姓的汉字押可以为证。二是蒙汉合璧。上为汉字姓氏，下为八思巴音写。三是上为八思巴字音写汉姓，下为汉字。各举一例，将八思巴字转写译释如下。

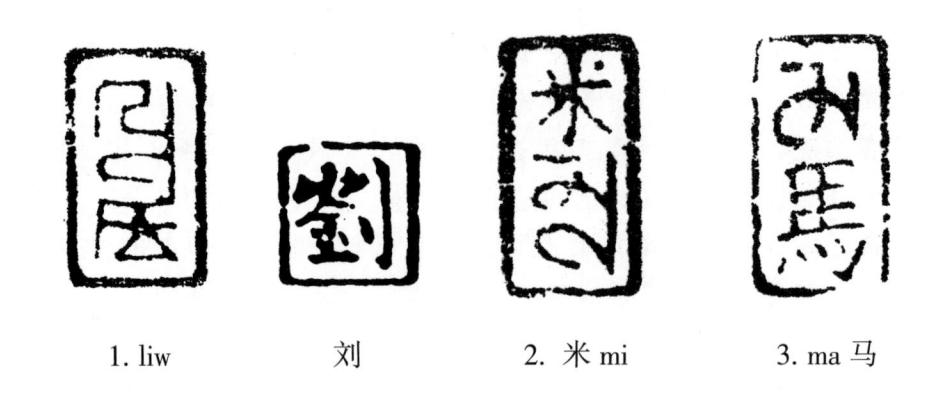

1. liw 刘　　　2. 米 mi　　　3. ma 马

花押 花押原为手画图形，自行设计，以防摹仿作伪。前引《辍耕录》说，蒙古色目官吏不能执笔，改为刻印。其实汉人民间已流行，将花押铸入铜押，以求便利。罗振玉《赫连泉馆古印存》曾收有无字花押四方。往年我在北京东华门坊市获一铜押，形似八思巴字，审视不成字形，其下又有图形，疑即无字的花押。另见一押的印模，上为八思巴字音写汉姓"孙"字，下部为一图记，可以确认为花押。又一押上刻八思巴字二字似是姓名，下刻花押。由此可知，当时又有在八思巴字押字之下，同时铸刻花押的风习。以下各类印押，常见此例，可以互证。

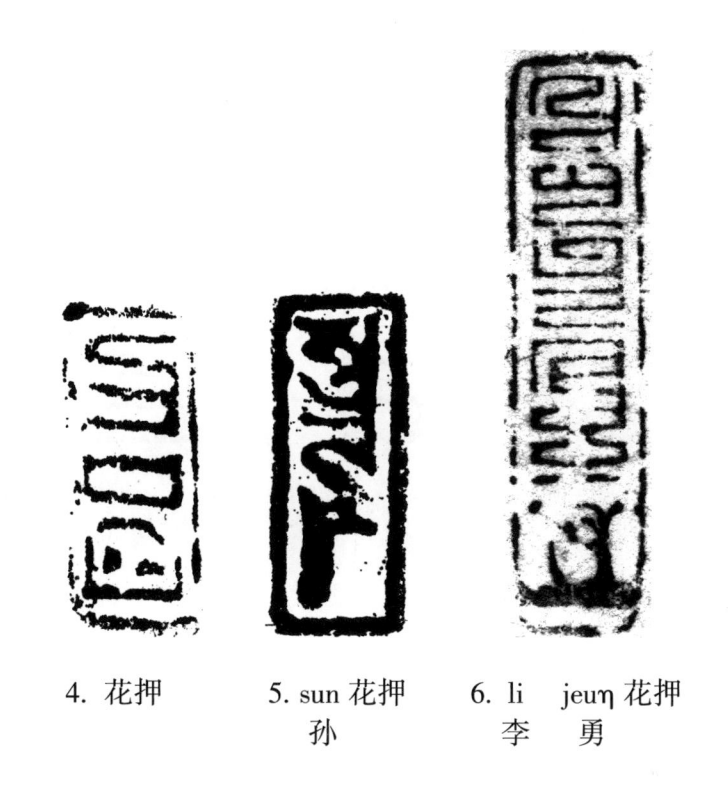

4. 花押　　5. sun 花押　　6. li jeuŋ 花押
　　　　　　　孙　　　　　　李　勇

姓名押　汉字一字姓名押，或取姓氏或取名字中的一字，不能刻全名。八思巴字印押有数字连写，初疑为蒙古语音译，细审之后，仍是音写汉语二字或三字，当是全名，与汉字押的惯例不同。此类名押无相关资料可据，八思巴字所写汉字难以准确还原，只能依同音字暂拟。其中⑧押第一字 ˙euŋ 字不见于其他八思巴字文献，如是 ˙euŋ 可译"雍"，如是 'uŋ 可译"汪"。元代八思巴字音写汉语并没有规范词典。文人私著《华夏同音》《蒙古韵编》《蒙古字韵》以及通俗的《蒙古字百家姓》，或依前代韵书，或据本地方言。同一汉字在不同文献中往往出现不同的写法。即如《蒙古字百家姓》中的某些姓氏在同书的不同版本中，写法也有不同。所以，此押的八思巴字很有可能是误刻，也不排除是反映了某地方音。但所译必是汉语而不是蒙古语，是可以肯定的。

7. ɣo túŋ gi
何同济

8. ˙eυŋ san hun
雍（？）珊芬

9. ˙a li
阿利（丽）

姓氏寄押　传世八思巴字印押上汉下蒙，八思巴字作 gi，此种印押极易与上汉下蒙的姓名押相混，因而曾被学者误认为是上字姓氏的音译。我曾怀疑 gi 是否"记"字的音译，所见既多，相互比对，才发现此字实为"寄"字，是元代文人用于书信往来的寄押，钤于信封之上，兼供赏玩。持此解以考察八思巴字两字押，遂发现并非名押也是寄押，文为某寄。八思巴字自左至右行，印押或右行或左行，并不一致。此类寄押传世也较多，可知行用较为广泛。又见有"某寄"之下又刻花押，以及不同于习见长方形或方形押的各种图形押。各举数例如下。

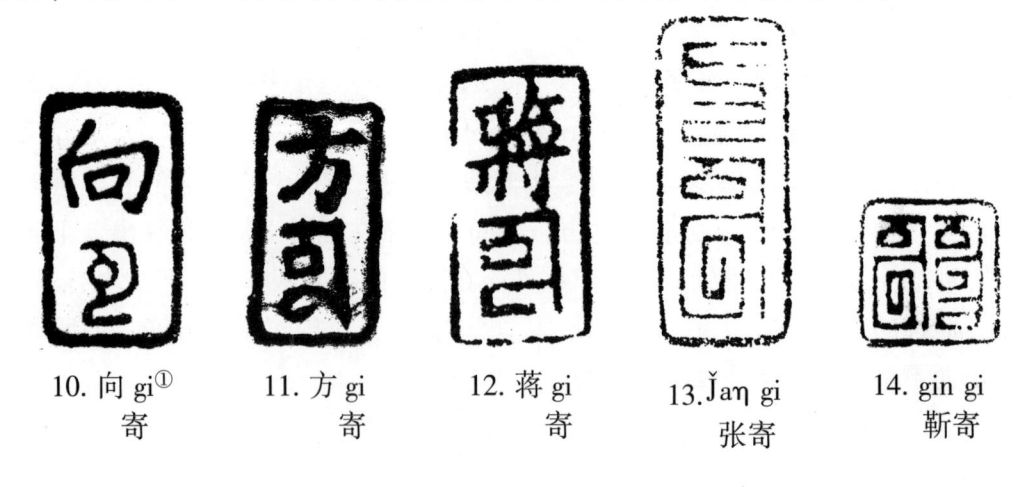

10. 向 gi[①]
寄

11. 方 gi
寄

12. 蒋 gi
寄

13. J̌aŋ gi
张寄

14. gin gi
靳寄

---

① 此押 g 字不应下延，i 字形近于 e，参照同类寄押，仍拟释"寄"（gi）。

15. kei gi　　16. Ši gi 花押　　17. 'ʮaŋ gi　　18. Šaw gi
　祁寄　　　　　　石寄　　　　　　王寄　　　　　　邵寄

寄字押　传世八思巴字铜押只有一个 gi 字，圆形。《八思巴字与元代汉语》绪论曾举以为例，未予译释。现在看来，这并不是姓氏押而应是无姓氏的寄字押，可以通用钤寄，所以流传较多。另见有无姓氏寄押，下刻一花押以代姓氏，例举如下：

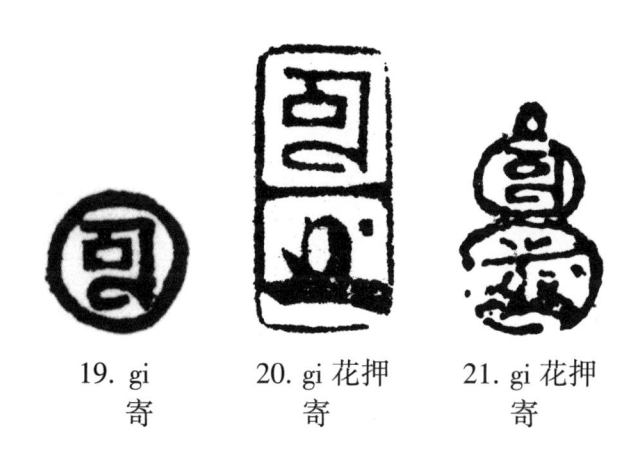

19. gi　　　　20. gi 花押　　21. gi 花押
　寄　　　　　　寄　　　　　　寄

封押　这也是流传较多的一种。长形押文八思巴字 hụuŋ 识为封"字，又有"封寄"二字，下加花押。"谨封"押，二字中间置花押。鱼形八思巴字押 K'am γo 二字，识为"勘合"。古代兵符两半相合为验，谓之勘合，后世广泛用于文书契约。此押似也是用于文书的封寄。此类封押可溯源于汉代的封泥。清代文人寄送书信也往往钤盖"封""谨封""护封"等印章，多为石质。从封泥、封押到石质的封章，经历了一个演进过程。

22. hu̯uŋ
封

23. hu̯uŋgi 花押
封寄

24. gin 花押 hu̯uŋ
谨封

25. K'am ɣo
勘合

吉祥押 八思巴字押译写汉语一字或两字，并非姓氏，证以同音汉字押，知为祈求吉祥的用语，如福、福寿、吉利等是。此类吉祥押可钤于书柬或文书，以求吉祥，实为玩赏。例释如次，附录同类汉字押，以供参证。

26. hu̯u
福

27. hu̯u
福

28. hu̯u siw
福寿

29. hu̯u'an
福安

30. gi li
吉利

[42] 传世印押

　　以上仅就所见，酌为分类拟释。传世印押，当还有其他类型，不尽于此。但上举类例已可表明，八思巴字译写汉字并不限于官方文字，而且也为汉人民间应用于押印姓氏、通信往来、祈求吉祥等许多方面。这种应用大抵犹如现在用拉丁化拼音汉字作装饰，以供鉴赏，并不具有更多的意义。但这也说明，八思巴蒙古字颁行后，已渐为汉人文士所通晓，并不难识别。元代社会有多种通俗性的蒙古字书，供人检索。民间认知国字，应无困难。但书写刻字未必准确。元代官印由官府专门机构铸造，篆刻较为规范，私刻印押，则难免笔画差误。如八思巴字元音 i e u 字形相近，往往混误，是需要注意鉴别的。

　　最后，我想提到美国加利福尼亚大学范福和（Darid M. Farquhar）教授的论著《元代官印与印押》（The Official seals and ciphers of the Yuan period）。著者除辑释官印外，又从各种金石书中辑录八思巴字押六方，拟释未加比定。现为录出，试加译释，以供参考。其中寄 gi 字圆押已见前文，不重录。编号前加 F 字以示区别。F1. 原 28 号，采自刘体智《善斋玺印录》。F2. 原 29 号，采自罗福颐、王人聪《印章概述》。F3. 原 32 号，采自日本东亚考古学会《内蒙古长城地带》。F4. 原 33 号，采自刘体智前引书。F5. 原 34 号，采自罗振玉《赫连泉馆古印存》。

　　汉字自右至左行，八思巴字左至右行。私押不拘此例。F1 右一字 han，拟释"韩"。《蒙古字百家姓》韩字作 γan。八思巴字写汉语，往往清浊互易。晓匣两纽相通，开口呼入匣纽。《百家姓》是规范的写法。私押拼写不规范，仍拟"韩"字。左一字 gi 为寄字，下方花押。F1、F2、F3 均为姓氏寄押。F4、F5 为姓名押。

F1 左行　han　gi　押
　　　　　韩　　寄

F2 右行　čin　押　gi
　　　　　陈　　　寄

F3 右行　Ši　gi
　　　　　施　寄

F4 左行　wun　gin　　F5 左行　'eu　ts'eun
　　　　　闻　庆　　　　　　　于　俊

　　本文附图，除采自《元押》及自藏者外，均来自原中国历史博物馆、故宫博物院、各地博物馆及文物收藏家拓赠，在此一并致谢。

〔43〕 加官进禄牌

　　罗振玉《历代符牌图录》卷下收有八思巴字长牌图影二件，题为"元国书牌"。两图的形制文字均相同，是此牌之正反两面。牌高约7厘米，宽约2.5厘米。上部虎形，下呈方形。牌面文字为八思巴字，共四字，颇为工整。往年我助罗常培先生编著《八思巴字与元代汉语》时，曾收录此牌在绪论中作为八思巴字文物之一例，指出此四字当属译写汉语，未及音释。1971年日本中野美代子女士在所著《蒙古字韵与八思巴字的音韵学研究》一书中提及此牌，并将牌面八思巴字还原为汉语"该管旌间"四字，[①] 这在语音上虽无隔碍，但字义颇为费解。

　　王国维《观堂集林》卷十八有《元铜虎符跋》，略谓："上虞罗氏藏铜牌一，上端文隐起作虎首，首下有孔以便系佩。孔下蒙古字一行，两面同。余谓此即《元史》之虎符也。元之虎符俗云虎头牌。"[②] 案元世祖时定制，万户佩虎头金符，副万户以下佩金牌，百户佩银牌（具见《元史·兵志》及《元典章·吏部》官制条）。俄国叶尼塞州长牌，银质鎏金，高约12.2英寸，宽3.65英寸。牌面八思巴字音写蒙古语，我已有考释，不赘引。[③] 罗氏刊布的小铜牌，质地、尺寸、形制、文字都与虎符无关。王国维的解说，显然出于误解。此牌原物未见，《历代符牌图录》注为"罗氏自藏"，今不知流落何处。我曾就此事询问过已故友人罗福颐先生，也不得其详。罗氏自藏的这个小牌，倘若确是真品，只能有一种可能的解释：它并不是官府铸发的牌符，而是民间依仿佩牌自造的祈求吉祥兼供赏玩的小福牌。

　　元代社会以八思巴字书写吉祥语，施于文玩，似乎已形成一时风尚。参考所见八思巴字文物及社会习俗，我以为牌面四字很可能是"加官进禄"的误刻或异写。试为拟释如下：

---

① 中野美代子（Miyoko Nakano）：《蒙古字韵与八思巴字的音韵学研究》（*A phonological Study in the phags-pa Seript and the Meug-ku-Tzu-yun*），堪培尔英文版，1971年。
② 《海宁王静安先生遗书》第八册；《观堂集林》卷十八。
③ 《叶尼塞州蒙古长牌再释》，《中华文史论丛》2008年第2期。

gaj（ia） gon tsiŋ（n） leu（ü）
　加　　　官　　进　　　禄

牌面 gaj 字曾见于《蒙古字韵》，入麻韵，"该"字系于其下，为中野女士所本。"加"字在八思巴碑刻及字书中均作 gia。我怀疑牌面 gaj 是 gia 的误刻或是音写某地方音。

gon 音写"官"字，屡见于八思巴字碑刻与字书，无可议。

tsiŋ 字音写精、旌等字见于碑文及《蒙古字韵》。我怀疑八思巴字是 tsin 的误刻。tsin 音写"进"字，屡见于碑文，也见《蒙古字韵》。

Leu 字八思巴字母 eu 音读为 ü。碑文及字书见音写闾、陆、绿、逯等字。汉字"禄"，碑文、百家姓、《蒙古字韵》均作 lu。元代是汉语"官话"形成时期，有些字可以通读，如绿字，可读如 lü，也可读如 lu。作为姓氏的逯字《蒙古字百家姓》作 lu。《蒙古字韵》八思巴字作 leu。可见牌面 Leu 字释"禄"，不难通解。

八思巴音写汉语的文物，往往出现笔画歧互，这主要由于几个方面的原因。一是八思巴字写汉语，并未见有官方法定的规范字典。民间流行的字书，知有李宏道《蒙古韵编》杜伯原《华夏同音》及现存朱宗文校订的《蒙古字韵》抄本等数种，都是文人依据汉语韵书私编的备检之本。民间参考应用，依据实际读音，采取近似的字体，并不尽合韵书的规定。（二）书写的文人或刻铸的工匠，因不熟悉八思巴字结构，依仿摹写，不免失误。现存八思巴字官方文书也常出现语音的误写或笔画的误刻。民间铸刻器物，规范准确者并不多见，漫不成体者也所在多有。（三）元代汉语"官话"已渐形成，但各地民间的方音仍有不少差异。龙果夫曾认为有官话、土话之别，罗常培区分为"读书音"和"说话音"。[①] 民间以八思巴字拼写各地实际读音，自然不尽一致。以民间通行的《蒙古字百家姓》为例，即如我的姓氏"蔡"字，复刻泰定本作 ča，至顺刊本作 tsaj，声母韵母都不相同。这应当不是刻写之误，而是反映了方音的差异。

罗氏藏牌，官字与禄字，音释无障碍。加字与进字，可能是铸写有误，也可能是记录了某地方音。结合元代社会习俗来考察，释为"加官进禄"，应较"该管旌闾"更为合理。加官进禄是文人习用的吉祥语。近年出版王树伟整理的杨守敬《飞青阁钱谱》卷十五压胜吉语钱，收有一枚小铜钱，正面铸有汉字楷书"加官进禄"四字。整理本注云："加官进禄。背无文，径一·八厘米，《古泉汇》著录。"同书又收有"嘉官进禄"大钱一枚。注云："嘉官进禄。楷书，正读。背下一鹿，

[①] 参阅《八思巴字与元代汉语》（增订本），第四编，中国社会科学出版社 2004 年版。

上有云气之状。径六·一厘米。《古钱大词典》上编第382页著录。"① 此钱"加"写作"嘉"意在求字面的吉庆，并无他意。"加官进禄"铜钱与加官进禄铜牌，文玩形制不同，祈求吉祥，并无二致。

吉祥钱也有用八思巴字之例，《飞青阁钱谱》卷十五另收一钱。注云："富贵，左右读。上下二蒙文，字不甚清晰。字在花纹之内。背下鹿形上月形，左右似黼黻花纹。好孔四出，制颇奇妙。径五·二厘米。"检视上下两字，系八思巴字写汉语。上字čaŋ，应是"长"字。下字较模糊，视其轮廓当是miŋ"命"字。先上下次左右，合读为"长命富贵"。同书同卷收有汉字正书的"长命富贵"钱，可为佐证。

传世元代铜镜，也常见铸刻八思巴字铭文，以求吉祥。1946年湖南宁远县城出土元代铜镜一方。周九宜先生寄来拓本、函告：该镜出土时是铜绿色，菱形花边，径宽19.5厘米，边厚0.4厘米。纽四侧对称式铸有凸线纹丹炉，平地素面，炉壁上各铸八思巴字。审视拓本上下及左右，炉壁各铸八思巴字两字。上下字体相同，左右相同，字体都是反刻，以供印拓。上下炉壁两字 taj k'i 音写汉语，似是"大吉"。"吉"字《百家姓及蒙古字韵》均写作 k'ei。《字韵》k'i 字系有"寄""级""亟"等字，同在支韵。民间铸字，取其音近，与韵书不尽合是可能的。左右两炉壁铸有相同的两字，左一字也是 k'i 右一字不甚清晰，不再拟释。大抵也是属于祈求吉祥语。我另见过收藏家所藏大型元代铜镜，铸有八思巴字十余字旋读。惜笔画过于错乱，无法全部音释，可识者不过二三字，但铭文系祷祝吉庆，是可以肯定的。

拟释为"加官进禄"的小铜牌，与传世的福寿吉利押、长命富贵钱，吉祥铭文镜等当属同类型的铜质文玩。八思巴字音写汉语的吉祥语，笔画未必精确，自可明意而止，不需过于穿凿。但这类文玩的制作反映了当时的社会习俗，也表明八思巴字拼写汉语的应用，并不限于公文官印等官方文字，扩展了人们的视野。本文只是就中外学者持有不同的理解的罗氏藏小铜牌，试加拟释，例举吉祥文物，以为佐证。以八思巴字书写吉语或作为装饰的文物，各地多有收藏，今后也还会陆续有所发现，是值得留意的。

附记：本文初稿原载1996年出版的《内陆亚洲历史文化研究——韩儒林先生纪念文集》，题为《蒙古字元牌两种音释》。收入本书的这篇文字，系据初稿改作。

---

① 《杨守敬集》第十二册，湖北人民出版社2001年版。

罗振玉藏牌

[43] 加官进禄牌   359

汉字"嘉官进禄"钱

蒙汉字"长命富贵"钱

汉字"长命富贵"钱

360 下编 文物

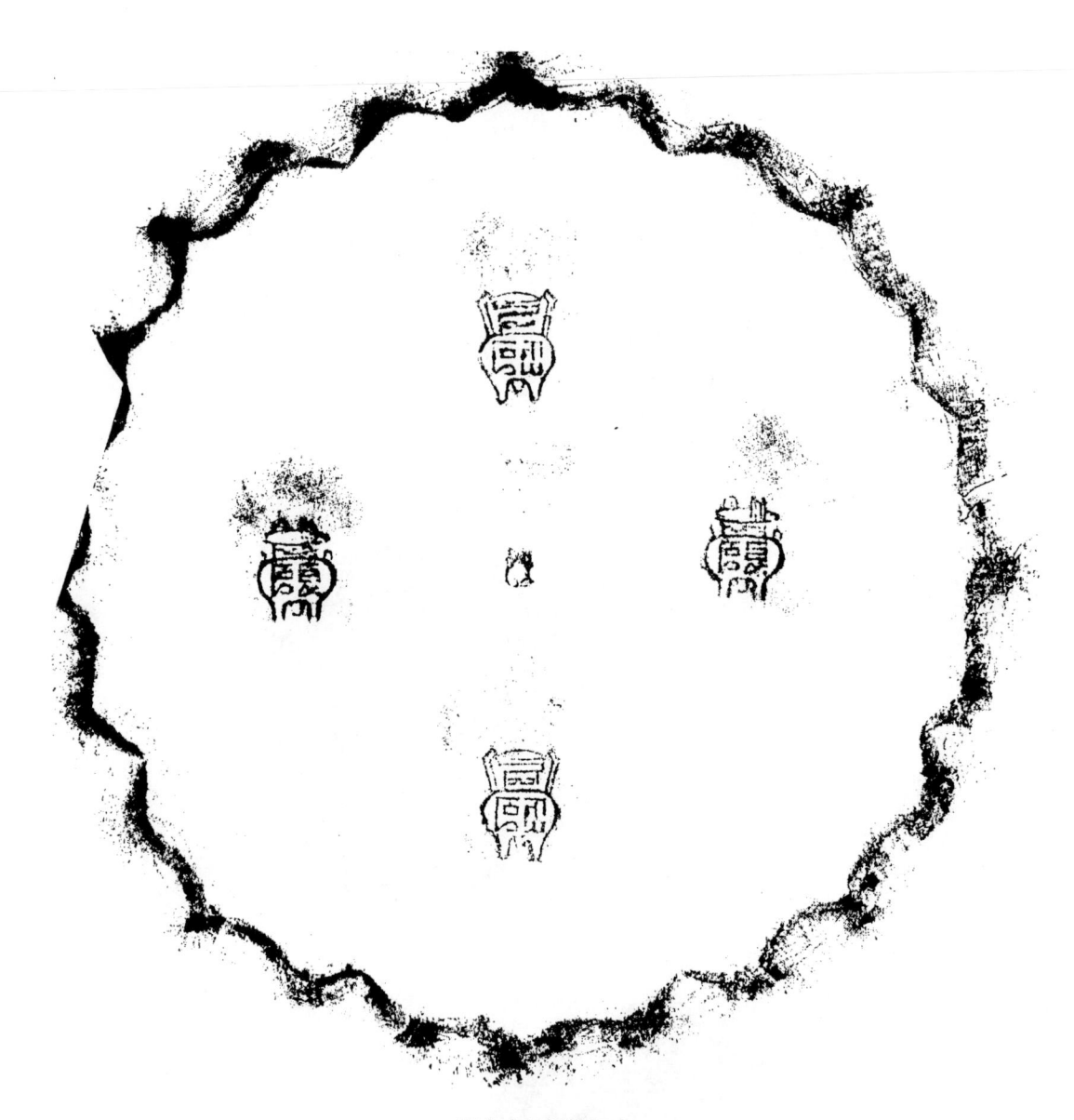

湖南宁远铜镜拓本

附录

八思巴字蒙语词汇简表

本表收录本书八思巴字碑铭中的蒙语词汇，依转写字母顺序排列，以备检索。一般只取词干本义，不具录语法变格。碑文中不常出现和译名不同的词汇，括注转写页码备查。经常出现的习见词汇，不再括注。散见于文物的蒙语词汇，依序补入。

a

ab- 拿、要
aduʻusun 头匹（牲畜）（111）（125）（171）（196）
　　　　头疋（201）
ajimɑq 爱马（投下）（33）
　　　　各枝儿（124）（138）（141）
aju- 害怕
aǰuʻuè 有来
ala 凡是
alba 差发
alda- 治罪、罚（289）（300）
aliba 不拣甚么
al tʻamqa 金印（朱印）（112）
am 庵（140）（171）
amu 米（32）
ansiʻuaŋ 安西王（7）
anu 他每的
aŋgide 分支（172）

aqa 兄（111）
aqu- 有的
asara 收取（235）
atʻuqai ……者、那般
'aʻula 山（172）
aʻuruq 奥鲁（257）

b

ba 及、和
bajidu 拜都（257）
bakšis 师傅、法师（320）
balaqad 城子
baʻu（tuqaji） 停住、安下
belge 标记、印记（332）
bičʻibeè 写了
bičig 文书（令旨）（7）（8）（112）
bida 咱每、俺每
bol- 成为
bosqa 修建（247）
bu 勿、休
buguè 在……时

bujan 功德、好事（110）（111）
bujant'u qa·an 普颜笃皇帝（225）
　　　　　　　　普颜都皇帝（246）
buku- 有的
buli (ǰu) 夺取、征收
burin 众（111）
buši 别（背离）除……外（7）（59）
　　　（110）（125）（141）（213）
bun tsuŋ 本宗（226）

č

čeuči 住持（226）（234）
čintawmiŋ 陈道明（185）①
čuengeizian 诠吉祥（196）

č'

č'aqa·ants'aŋ 察罕仓（142）（172）
　　　　　　　（186）
č'eolge 路（124）（140）
č'erig 军
č'eri·udun nojad 军官每
č'eri·udun haran 军人每
č'eumeè'y̌en 枢密院（138）
č'idqu（t'uqaji） 顿放（32）
č'iŋgis qa·an 成吉思合罕（58）

d

dalan bulaq 七十泉（井儿）（100）
daruqač'i 达鲁花赤（257）
daruqas 达鲁花赤

　　　　　宣差（124）
dašmad 达失蛮（7）（31）
　　　　答失蛮（233）
delegeè 天下（271）
dèm 店舍
dèŋri 天
deorbe 四（227）
diǰajzhi 狄寨寺（247）
dojin 道人（和尚）
dolo·an 七（159）
dot'ona 内里的（138）
dulawzhi 独乐寺（75）
dumdadu 中间的（35）（125）（235）
dur 里、之中
du·ulqaquè 宣谕
　　　　　省谕（7）
　　　　　教谕（212）
dutidèm 都提点（226）
duŋjinžin 董真人（8）

è

èbdere 损坏（235）
ède 这的、这
èdu·e 如今
ègil 凡俗（33）（142）
èjin 这般
èlčin 使臣每
èle 但凡
ène 这

---

① 音译汉语的道士封号全称，本表不再收录。下同。

ère‧ut'en 有罪（142）
èrk'e‧ud 也里可温
　　　　也里克温（7）(124)(200)
èsu 如果

eo（ö）

eog- 给
eo‧er 自己（141）
eoč'i 奏报（35）(142)
eok'eodeè qa‧an 窝阔台皇帝（75）
(200)(233)(246)
月阔台皇帝（139）
(225)
月古台皇帝（184）
月可觯皇帝（157）
月阔歹皇帝（196）
eolǰeè tu qa‧an 完者都皇帝（139）
(184)
完泽秃皇帝（157）
完泽笃皇帝（171）
(200)(225)(233)
完者笃皇帝（195）
(246)
eot'eogus 头目、长老

eu（ü）

eubulun 冬（35）(125)(214)
euč'uged 小的（138）
eudzu̯engon 玉泉观（124）
euèled 做
euèles 勾当、行为、事务

eug‧e 言语（33）(142)
eugulel 争讼（142）
euge‧uè 无、没有
euhu̯uŋ maw 玉峰茂（99）
euǰen 承担
eukú（gu） 死（289）
eulu 休
eulu‧u 不……么？

g

gam 甘（小地名）（172）
gaw č'aŋ 'uaŋ 高昌王（332）
gaw ǰin žin 高真人（引）
gaŋguèzhi 光国寺（201）
ge‧e- 说
gei ǰiw 蓟州（75）
gein ǰiw 泾州（60）
gejdènk'u 解典库
gejid 房舍
gejtè 戒牒（140）
gengeizian 坚吉祥（195）
gerijen 家室（271）
geuŋ 宫
gi 证记（257）
giajdènk'u 解典库（158）(201)
(213)
giaŋǰeu 讲主（196）(212)
geŋǰinžin 姜真人（8）
giŋ čewhu̯u 京兆府（9）
gon 观

gugu 姑姑（140）

gungelogosgial tsanban tsanbu 公哥罗古罗思监藏班藏卜

gurci 到（235）

h

hajgeizian 海吉祥（201）

haran 人口、人每

harban 十（76）（125）（196）（214）（235）

he'ur 坟墓（257）

heč'us 末尾（61）（76）（100）（112）

heiŋ leuŋ zhi 兴隆寺（75）

heiŋ 'eu ši taj 行御史台（138）

heiŋ ǰuŋ šeu šhiŋ 行中书省（138）

henlegč'in 典当（142）

heuk'er 牛（61）（158）

hia'ṵen 下院（171）

hiru'er 祈福

hon 年（227）（235）（248）

hṵa 椋（172）

hṵa ǰi 法旨（211）

hua ŋèm zhi 华严寺（75）

hṵaŋémhaj 花严海（60）

hṵu giaŋ ǰu 福讲主（201）

hṵuŋ'ṵenlu 奉元路（171）（201）（234）

γ

γiwt'umèw 后土庙（8）

γoduŋ 河东（110）

γoǰuŋhṵu 河中府（110）

γojaŋ hṵen 郃阳县（201）

γoŋt'ájγiw 皇太后（123）

γoŋtshi 皇子（7）

γuŋ'ṵengeuŋ 洪元宫（124）

i

iduqud 亦都护（332）

ihe·en 护助

iǰi 懿旨

irgen 百姓（124）（139）（212）

j

jabu 行走

jamun 衙门（138）

jan ts'u zhi 延祚寺（110）

ja·u – 甚么

ja·uk'e 任何物件

jèk'e 大

jenhiagon 烟霞观（124）

jeu 峪（172）

jeu 'ṵaŋ mèw 禹王庙（8）

jeuŋ niŋ zhi 永宁寺（201）

jeuŋ 'ṵen ǰeu 瑢院主（110）

jèw mèw 尧庙（8）

ji šan 绎山（226）

ji du lu 益都路（226）

ji ǰiw 易州（124）

jisu 九（112）

jorč'i 去，往来

josu 理法、体例

juèn J̌iw 兖州（257）

J̌

J̌aja·at'u qa·an 札牙笃皇帝（225）

J̌albari (J̌u) 祷告

J̌ali 福威

J̌aŋ dhij lu 彰德路（157）

J̌aŋdhijč'eolge 彰德路（185）

J̌aŋ law 长老（96）（100）（158）

J̌aŋ'ụen J̌i 张元志（124）

J̌ar 命令（314）

J̌arliq 圣旨

J̌arqu 官司（公事）（140）

J̌arqula (J̌u) 理问、判断（34）（142）

J̌asa·ul 整治（235）

J̌asa (qu) 整治、治理（111）（271）

J̌eu geun a·uruq 诸军奥鲁（257）

J̌haŋ tèn 庄田（226）（234）

J̌hiw hụen 邹县（226）

J̌i'eogusan 公告（74）

J̌il 纪年

J̌inžin 真人

J̌ingeiziaŋ 珍吉祥（110）
　　　　　 振吉祥（158）

J̌iŋgisqan 成吉思皇帝（罕）（75）
　　　　（157）（184）（224）（233）
　　　　（246）

J̌iŋgisqa·an 成吉思皇帝（合罕）（98）
　　　　（110）（170）（195）
　　　　（200）

J̌orir 指示（74）

J̌ukijer 依理、依例（33）（141）

J̌un 夏（196）（202）

J̌uŋgiaj ši 冲戒师（201）

J̌uŋ šeu shiŋ 中书省（138）

J̌uŋ 'ụen zhi 重云寺（247）

K

Kewthiwzhi 桥头寺（201）

Kụuŋshi 琼师（201）

K'

K'ebid 铺席

K'ed 谁

K'edi 物件每

K'e·e 述说

K'eo neor ge 曲（麴货）（33）（141）
　　　　（234）

K'erber 如（35）（142）

K'eu leug qa·an 曲律皇帝

K'i·ed 等、及（125）（172）（201）
　　　（234）

K'ik'un 做（34）（141）

K'uč'un 气力

K'urge- 发出、倚使（气力）

K'urtele 直到（110）

L

laŋgeizia 朗吉祥（212）

law 涝（小地名）（172）

leuŋheiŋgon 龙兴观（124）

lišan 立山（96）

limgeŋǰeu 霖讲主（247）

lim ǰiw 林州（99）（157）

litawk'èm 李道谦（31）

litawši 李道实（226）

litidèm 李提点（32）（33）

Liwzhiǰiŋ 刘嗣正（76）

m

manu 俺的

ma·uè 坏事、做歹（34）（314）

morin 马（76）（202）

mèw 庙（140）（171）

mede（ǰu） 管理、知（140）（201）

meor 道子（教法）（59）（139）

mod 树木（234）

moŋk'a dènri 长生天

mubizhi 木避寺（201）

mud 他每

muèbuè 渼陂（172）

mun 他的、他自己

muquri（qu） 巡行（309）

n

na 日（196）

najiman 八（142）（172）（186）

namurun 秋（142）（158）（172）（186）（227）

nere 名、名号（60）（141）（289）

nik'edu·er 第一（235）

nojad 官人每

noqaji 狗

o

olan 众多（33）

olon 众（139）（141）

oluhsad 所得的（235）

oro 位置（8）（31）

orosa·ul 入位、建位（271）

orotuqai 进入（235）

oŋqoč'as 船

p

'pags-pa 八思巴（320）

piŋ jaŋ hu̯u 平阳府（7）

piŋ jaŋ lu 平阳路（110）

piŋ jeu huen 平谷县（75）

q

qa·an 皇帝（合罕）

qabur（un） 春季（8）（100）（112）（235）

qadana 外边的（138）

daqala·ul 提调（管领）（185）

qaǰal 田土

qala·un usun 浴堂（热水）

qamt'u 共同（34）（142）

qan 皇帝（罕）（7）（32）（139）
qaqal 归断（33）（141）（248）
qaqas 明白的（141）
qaqaji 猪（227）
qarban 三（100）(248)
qarijat'an 属于
qa·uli 惯例（172）
qojar 两个、二（75）（76）
qonin 羊（248）
qorin 二十（8）（112）（142）（172）
qubč'ir 科欽
qudal 作伪、说谎（34）（141）
qudaldu 出卖（142）
quju (ǰu) 请求（33）（141）
qulaqaji 贼（34）（141）
qulud 竹苇（32）（234）
quluqa 鼠（8）
qulusun 竹林（111）
qut'u·ar 第三（227）
qut'uqtaji 神圣的（289）
qut'uqt'u qa·an 忽都笃皇帝（233）（246）
护都笃皇帝（225）

r

rinč'endpal qa·an 亦怜真班皇帝（225）（233）（246）
rinč'en bakšis 大宝法王（师）（320）

s

saqiqun 守护的（109）

sa·u- 住坐（32）（140）
seblen 修补（235）
sečen qa·an 薛禅皇帝
sènšhiŋ 先生（道士）
seon·uè shi 宣慰司（138）
sere 觉察（314）
seume 寺院
seunǰiw 潊州（212）
se·use 小薛（109）
shič'eon 四川（32）
sišeu 西蜀（32）
su 福荫
sué c'ɥen šan shi 水泉禅寺（60）
sundhij·eu 孙德彧（140）
sunǰinžin 孙真人（141）
suŋ taw č'eun 宋道春（124）

š

šaŋdu 上都（76）（159）（227）（332）
šemsi 陕西（31）
šèn·iŋ 善应（185）
širaw 师号（140）
šigemoni 释迦牟尼（59）
šilаširi 失剌失利（247）
šilde 县镇
šilt'a(ǰu) 推称（33）（141）
šine 新、初（日）
šire·esu 尊敬（300）
širge 醋
ši·usu 祇应（首思）

šiw šiŋ zhi　寿圣寺（201）
šuè piŋ šan　瑞屏山（75）

t

ta du　大都
taj ši　大师（226）
tajdhi　大德（226）
tajbuèšan　大伾山（212）
tajgiaŋǰu　达讲主（201）
tajǰiwlim zhi　大竹林寺（247）
tajmiŋlu　大名路（212）
tajts'aj zhi　大栅寺（201）
thiŋ ǰiw　滕州（226）
tigeu　提举（226）
tìdèm　提点（124）（185）
tuŋ ǰiw　同州（201）

t'

t'a　你每
t'abun　五（35）（196）
t'aha·ul（ǰu）　分付、托付（34）（141）
t'aipiŋšèn zhi　太平禅寺（158）
t'ajǰaŋlaw　泰长老（75）
t'aj šaŋ law geun　太上老君（139）
t'ak'ija　鸡（214）
t'albi　存放（140）
t'amqa　印、商税
t'ašmad　达失蛮（31）
t'at'a（ǰu）　征用

t'egirmed　磨、磨坊
t'emeč'eldu　争议（141）
t'ende　那里
t'ènniŋzhi　天宁寺（212）
t'eoreo　理（271）
t'erged　车辆
t'eri·un　头、开头、首
t'eušiǰu　委付（140）
t'odqa‑　脱脱和孙（109）

ts

tsewdhijžeun　焦德润（234）
tsiniŋlu　济宁路（257）

ts'

ts'aŋ　仓（地税）
ts'en? uq-bal　璨□班（60）

u

uǰi dzu̯en　吴志全（226）
uǰuŋguèts'iŋ zhi　五塚国清寺（201）
ula·a　铺马
uqad　理会（35）（142）
uridu　先前
uruqa　子孙（110）
usu　水（水土）（8）
usun　水、水利
utawdzu̯en　吴道泉（226）

u̯

u̯aŋtsinšèn　王进善（124）

u̯aŋtawgei　王道吉（124）
u̯enšihu̯en　元氏县（195）
u̯en tʻuŋ　元统（227）

Z

zara　月

zimgiajšhi　心戒师（201）

注释及释名索引

以汉语拼音为序，括注数字为碑刻文物编号

A

阿难答令旨（2）
安西王（1）
安西王令旨（2）
安西王谕旨（2）
俺每（10）
按答奚（26）
奥鲁（19）

B

八思巴大宝法王印（32）
拔都（1）
白兰王印（37）
宝严禅寺（6）
保定路（8）
彬公长老（10）
卜答失里（25）
不拣甚么（10）
不拣甚么差发休着（2）
不拣怎生呵（9）
不兰奚（10）
不怕那甚么（18）
不以（10）

C

仓（6）
茶罕（10）
察罕巴剌哈孙（13）
察罕仓（9）（11）（12）
差发科敛（18）
差使圆牌（27）
昌黎云峰寺（5）
长春肇兴（9）
长命富贵钱（43）
长牌文字（26）
长生天气力里（1）
常住产业（9）
陈道明（12）
成吉思罕（6）
成吉思合罕（3）
成吉思皇帝（1）（2）（3）（7）
成若安（1）
船栈车辆（9）
祠庙宫观（1）

D

达鲁花赤（1）（19）（39）

注释及释名索引　373

达失蛮（2）
答失蛮（4）
大都（2）（7）（8）（13）（14）（15）（17）（18）
大福荫（1）
大元帝师统领诸国僧尼中兴释教之印（34）
大重阳万寿宫（17）
丹阳真人（9）
地税商税（3）（8）
地税商税外（1）
地税商税休与者（7）
地税商税休着者（2）
帝师法旨（15）
店舍（2）
董若冲（1）
独乐寺（4）

F

非不拣甚么差发（7）
分付与者（18）
封押（42）
奉元路（11）
伏牺庙（1）
辅道体仁文粹开玄真人（9）

G

甘谷山林（11）
甘水（11）
高真人（2）
告天祈福（1）（18）

各枝儿头目每（8）
宫观产业（8）
宫观里房舍内（8）
勾当（2）
关防课税条印（40）
管和尚头目每（7）
灌顶国师印（36）
光国寺（14）
光宅宫（1）
归断（2）

H

Haran（14）
韩城（1）
合敦（24）
合罕皇帝（3）
和尚（2）（10）
河渎庙（1）
河解（1）
后土庙（1）
忽都笃皇帝（17）
花严海印水泉禅寺（3）
华严寺（4）
怀庆（39）
皇帝（3）
皇太后懿旨（8）

J

吉祥（42）
蓟州平谷（4）
加官进禄牌（43）
建极宫（1）

姜善信（1）

姜真人替头里董真人（1）

将着行的圣旨（4）

讲主戒师（14）

交（10）

交先生每根底为头儿（1）

焦德润（17）

教谕的（15）

洁坚皇帝（17）

解典库（2）

戒牒师号法名教他与者（9）

金牌（26）

金印令旨（7）

禁约（1）

靳道元（1）

靳贞常（1）

京兆分地（1）

京兆府（1）

泾州（3）

井德用（17）

净严寺（4）

靖应真人（1）

K

开读使臣（4）

开化寺（13）

科敛（14）

L

兰州圆牌（27）

朗吉祥（15）

涝水（11）

李道谦（2）

李道实（16）

了常（14）

林州（6）

令旨付李道谦（2）

令旨省谕（1）

龙门（1）

龙兴观（8）

洛阳令牌（30）

M

忙哥剌（1）

渼陂（11）

蒙古长牌（26）

磨（2）

磨涧下方延祚寺（7）

N

内外大小衙门官人每（9）

碾磨（4）（18）

宁远务（40）

牛儿年（10）

女冠每（9）

P

平阳分地（1）

平阳路（1）

平阳路河东府河东县（7）

铺马祗应休与者（2）

铺席（2）

普朗（15）

普颜笃皇帝（17）

Q

七十泉（6）
其间休入（17）
秦王伯颜（24）
丘处机（2）
丘神仙的道子里委付了也（9）
曲出（9）
曲醋（2）
曲律皇帝（10）
全真道（1）
全真掌教（9）

R

热水堂子（4）
瑢院主（7）
入口（11）

S

三处水例（11）
僧人（3）
陕西五路西蜀四川（2）
善应储祥宫（12）
商税地税休纳者（18）
上都（3）（4）（10）（16）
神禹庙（1）
甚么物件（4）
省府巡牌（28）
圣旨俺的（4）
圣旨体例（8）
失剌失利（18）
使臣（14）

释迦牟尼的道子（3）
收拾钱物（17）
收执的圣旨（3）
收执行踏的令旨（1）
树木（17）
水泉寺（3）
水土（4）（18）
税粮商税休与者（6）
税粮休与者（11）
税休与者（12）
舜庙（1）
说来有（17）
寺院房舍（4）
孙德彧（9）
孙真人文书（9）
孙志坚（1）

T

他不怕那（3）（4）
太平禅寺（6）
太上老君教法里（9）
泰长老（4）
檀越（10）
汤庙（1）
替头里（2）
天的气力里（7）
天乐真人（9）
天宁寺（15）
田产物业（1）
条印（40）
铁哥（4）
同州郃阳（14）

统领释教大元国师印（33）
头疋（11）
吐蕃国师之印（31）
推称各枝儿投下（9）
脱脱和孙（7）

W

娲皇庙（1）
完泽秃皇帝（10）
王进善等（8）
王重阳（2）
为头儿（2）
委付头目（9）
闻奏（2）
无体例勾当行呵（7）
吴道泉（16）
吴志全（16）
五松振吉祥（10）
五塚国清寺（14）

X

匣罕皇帝（1）
仙人万寿宫（16）
先生（2）
相加班帝师印（35）
小薛大王令旨（7）
兴隆寺（4）
行省札付（11）
行踏（2）
姓名押（42）
姓氏寄押（42）
休倚令旨（1）

休著者（12）
修理（1）
修理整治（7）
宣差（8）
宣付李道谦（2）
宣付圣旨（2）
宣谕的圣旨（18）
薛禅皇帝（6）
濬州大伾山（15）

Y

延祚寺（7）
言语（10）
兖州（19）
演道材馆（9）
扬州巡牌（29）
也里可温（2）
叶尼塞州（26）
一处归断（18）
亦都护高昌王印（38）
亦怜真班皇帝（17）
亦依依例接待（10）
印押（42）
禹（1）
禹王庙（1）
玉峰茂（6）
浴堂（2）
御宝（2）
元氏县（13）
园林（2）（4）
圆牌文字（27）
月古歹罕（6）

Z

扎撒（10）
彰德路（12）
掌教玄（门）（9）
照依累降圣旨（1）
照依先前圣旨体例（1）
这的每宫观庵庙（9）
这的每宫观庵庙里房舍里（11）
这的每宫观里（2）
珍吉祥（7）
真定路（13）
真人名号（2）
镇海之碑（3）

知集贤院道教事（9）
执把的圣旨（18）
撼赖（10）
中书省枢密院御史台官人每（9）
重阳万寿宫（2）
州城县镇（1）
竹林寺（18）
竹苇（2）
庄田（17）
子子孙孙祈福（7）
总把之印（41）
邹县（16）
作践（10）
做呵，他不怕那甚么（12）

后　记
——忆包培

《八思巴字碑刻文物集释》完成编校工作，即将付印之际，我想起八思巴字蒙古语文献研究的奠基人和引路人包培教授。

尼古拉·包培（Nicholas Poppo）（1897—1991）祖籍俄国，生在中国，长在俄国，死在美国。毕生从事乌拉阿尔泰语系各民族历史语言的研究。先后刊布专著五十余部，涉及广泛的领域。一位苏联学者称赞他是"当代俄国最伟大的语文学家和东方学家"，"他的研究深刻而精确，探索领域之广甚至一个研究机构都望尘莫及"。他对蒙古语的研究注意到蒙元时代中古蒙古语的特征和各族系方言的异同，对蒙古语与通古斯语、突厥语的比较研究也有独特的贡献。关于八思巴蒙古字研究的代表作是他在四十四岁时完成的名著《方体字》。这部书原来是计划中的《蒙古文字史》的第一卷，所以只涉及八思巴创制的方体字。西方学者注意到这种文字的遗存，约始于1838年德国学者贾柏莲（Gablentz）对重阳万寿宫碑八思巴字碑文的介绍。此后一百年间，俄国、法国、英国、日本的东方学家都有人关注八思巴蒙古语的遗物，但主要还是局限于个别遗物的译释和转写。包培的《方体字》一书才从整体上对八思巴字创制的结构作出全面的剖析。他当时所能利用的资料，除人们熟知的居庸关云台的石刻佛经外，各地寺观的公告碑刻只有四通。但依据他对中古蒙古语的深刻理解，在《方体字》的《导论》中拟定了八思巴字蒙古语的辅音和元音字母的音值，对八思巴蒙古字的正字法和语音、语法特征做了全面的考察，从而阐明了八思巴字音写蒙古语的构制体系。有了这部书，八思巴蒙古字便人人可以识读。直到现在，仍是举世公认的八思巴蒙古字研究的经典著述。

1950年我国出版了《方体字》的影印本。那时，我正在北京大学文科研究所整理八思巴字蒙汉语碑拓，编写序目。读包培的著作得到许多重要的启示，对这位前辈学者深为景仰。1957年，包培得到他的助手克鲁格尔（Krueger）的协助，把《方体字》译成英文，增补了一些新资料，改题为《八思巴字蒙古语碑刻》出版。我在1955年出版的《元代白话碑集录》有幸得到他的关注，对其中刊有八思巴字的碑刻，摘编碑目补入了英文版的《文献目录》，并对《集录》做了简要的介绍。1980年，我曾托在美国的友人把我新发表的译释八思巴字文物的文章带给他求教。他写信给我，有所指点，并给我寄来一份他八十岁以前的著作目录。虽然有过这些文字交往，但直到1985年10月我去美国西雅图访问时，才有机会和他会见，当面请教。几次倾谈，受到不少教益。

包培长我三十岁，那年他已年近九旬，但仍然精神矍铄，思维敏捷，对过去的事情，记得很清楚。1941年，他的《方体字》出版没有多久，德国法西斯军队就发动了对苏联的侵袭。包培所在的苏联科学院东方学研究所向乡间转移，他被德军俘虏。1945年，德国战败。包培又从德国被遣送到美国，接受盟军总部的审查。1949年才获得自由，恢复工作。此后就留在西雅图华盛顿大学任教。谈起往事，包培说他非常感激华大的泰勒（Tyler）教授。那时，苏联科学院没有再来请他，是泰勒聘请他去西雅图，此后就在这里工作了四十年。作为外籍教授待遇不高，教学任务很重，资料也欠缺，但他仍坚持克服困难，继续从事东方学和阿尔泰语系的研究。四十年间先后刊布专著和论文一百二十余种，做出许多新贡献。他的《著作目录》的编者在前言中介绍说："包培献身于工作的精神是无与伦比的。""他到美国的头几年，便忙于追回第二次世界大战期间和其后艰苦岁月（1941—1949）失去的工作时间。""当别人出去享受西雅图的美丽风光，游山玩水时，他却坐在写字台前。他打趣地说：我就像人们穿破鞋子一样，打字机打坏了一台又一台。"包培几十年勤奋治学，直到晚年，仍不休止。华大的陈学霖教授曾陪同我去包培家里拜访。出乎我的意料，他的住处竟是间简陋的地下室，陈设也很简单。听他说起，他的夫人早已去世，儿子在美国东部工作，这里只是他一人独居。住在楼上的一位邻居，原是他的学生，为他送饭，照顾他的饮食起居。谈话间，发现他的电视机屏幕上呈现出和屏幕同等大小的蒙古字。他解释说，因为他视力模糊，不能看小字文献，只好借助屏幕放大，一个字一个字地阅读。这不禁使我肃然起敬，也不禁感到震惊。一位举世闻名的东方学大师，年近九旬，过着如此俭素的生活，目力不济，还在研读不止。这种献身学术的精神的确是无与伦比。此情此景，使我很受感动，留下了深刻的记忆。

包培的父亲是清末俄国驻华领事馆的官员，光绪二十三年（1897）包培出生于山东烟台，雇请一位王姓的乳母哺养。包培还记得那位王妈妈，说："我是吃中国人的奶长大的。"他对中国怀有特别亲切的感情。对我说：汉语是非常进步的语言。比如说"来"，昨天来，今天来，明天来，一个来字就可以表述清楚。不像英语came、come、coming、will be coming等等，连说"no mining, no mining"，没意义，没意义。他对汉语结构深有了解，但不能讲汉语，也不能直接阅读汉字历史文献。他一再说，这使他的研究工作受到局限。所以《方体字》一书对编入的蒙汉对译碑文，只转写蒙语，没有移录汉文。有关注释多赖几位苏联汉学家的帮助。初版的"序言"提到潘克拉托夫"对遗物中出现的人名地名做了认真的校正，还翻译了中国历史文献中有关方体字的记录"。阿列克谢耶夫"解释了一些僧道称号和寺观名称。"包培一再向我说起，希望中国学者能利用中国保存的八思巴字遗物和历史文献，弥补他的不足。1983 年，在为《方体字》的中文版所写的英文序言中也说到中国保存着"包括八思巴字在内的很多古代的珍贵文献"，"中国学者必定会对这些资料组织细密的研究。"最后说："我深信由于中国学者的积极推进，蒙古学必将取得更大的成就。"据我的理解，包培对我的几次谈话和中文版序言中说的这些话，都不是一般的客气话，而是对中国学者的恳切期望。

包培著作的中文版是由甘肃兰州西北民族大学郝苏民教授以数年之力翻译成功的。我和包培会见时，还没有出版。但 1983 年译者已和著者建立了联系。包培曾对我谈到这件事，说他的著作能够译为中文在中国出版，他十分高兴，应该对郝教授表示感谢。中文版题为《八思巴字蒙古语碑铭》，1986 年由内蒙古文化出版社出版。包培关于八思巴字结构的阐释得以为更多的中国学者所了解和应用，约有二三十位学者参据包培的著作先后发表研究文章，推进了这方面工作的开展。

我那次访问，在西雅图近两月，11 月 23 日离开。11 月 30 日承语言学教授余蔼芹女士盛情，邀约包培和我在她家共进晚餐，以便畅叙。她特地准备了中国式的涮羊肉，边吃边谈，直到深夜。这是我和包培最长的一次交谈，也是最后一次交谈。我邀请他来中国参加蒙古史学会的学术会议，他说：很想去中国，但年事已高，不便远行。那天晚上话别以后，就再没有机会见面了。

回顾我对八思巴字蒙古语碑刻的译释工作，从包培那里得到许多启迪。他所揭示的八思巴字蒙古语构制体系，为这项工作铺平了道路。我对碑文的译释方法和表述方法也是遵循他的路数做些拓展，主要是刊入蒙汉碑文全文，转写增添了旁译，注释扩大了范围。诠释八思巴字碑刻需要考索历史文献，我原来也是这样想的。他对中国学者的期望，更使我受到鼓励。还应提到，包培奉献平生的敬业精神，为我树立了学习榜样。一想起他年近九十清苦攻读的情景，便增添了工作动力。

本书出版，正值包培教授逝世二十周年，追记一些往事，权作纪念。

蔡美彪

2010 年 10 月